LONDON
런던

정기범·박서재 지음

시공사

Contents

- 4 저자의 말
- 5 저스트고 이렇게 보세요
- 6 한눈에 보는 런던 키워드

베스트 오브 런던

- 10 런던 하이라이트
- 16 런던 야경 스폿
- 20 런던에서 뮤지컬 & 연극 즐기기
- 24 명작 회화
- 30 잉글랜드 프리미어리그
- 34 꼭 먹어봐야 할 음식 리스트
- 40 애프터눈 티
- 46 지금 제일 핫한 런던 카페
- 48 펍에서 즐기는 맥주 한잔
- 54 세계적인 영국 브랜드
- 56 영국 패션 & 브랜드 디자이너
- 60 영국 뷰티 브랜드
- 63 뷰티 추천 아이템
- 65 쇼핑 런던!
- 66 영국 대표 인물
- 70 영국 왕실 사람들
- 74 영국의 역사

런던 여행의 시작

- 80 기초 정보
- 84 런던, 언제 가면 좋을까
- 86 크고 작은 런던 축제
- 88 환전과 런던 물가
- 91 스마트폰 & 전화
- 92 런던 들어가기
- 95 공항에서 런던 시내로
- 100 런던 시내 대중교통
- 104 런던 교통 패스
- 106 10개의 런던 여행 꿀팁

추천 여행 일정

- 112 런던은 처음입니다만
- 113 쇼핑 마니아를 위한 추천 일정
- 114 유유자적 추천 일정
- 115 런던과 근교 도시 구석구석 일정

런던 여행 정보

●--- AREA 1 웨스트민스터
- 120 관광 명소
- 134 레스토랑
- 135 카페
- 135 펍

●--- AREA 2 소호
- 138 관광 명소
- 150 레스토랑
- 157 카페
- 158 펍
- 160 쇼핑

●--- AREA 3 메이페어
- 170 관광 명소
- 174 레스토랑
- 176 카페
- 178 쇼핑

●--- AREA 4 메릴본-피츠로비아 & 캠든 타운-프림로즈 힐
- 182 관광 명소
- 189 레스토랑
- 198 카페
- 202 펍
- 203 쇼핑

●--- AREA 5 시티
- 212 관광 명소
- 221 레스토랑
- 226 카페
- 228 펍
- 229 쇼핑

AREA 6 서더크
- 232 관광 명소
- 236 레스토랑
- 237 카페
- 239 펍

AREA 7 켄싱턴 & 노팅힐
- 242 관광 명소
- 247 레스토랑
- 250 카페
- 252 쇼핑

AREA 8 나이츠브리지 & 첼시
- 256 관광 명소
- 260 레스토랑
- 261 카페
- 262 쇼핑

AREA 9 블룸즈버리 & 이즐링턴
- 266 관광 명소
- 272 레스토랑
- 276 카페
- 280 펍
- 280 쇼핑

AREA 10 쇼디치 & 컬럼비아 로드 & 베스널 그린
- 284 관광 명소
- 288 레스토랑
- 294 카페
- 300 펍
- 300 쇼핑

근교 여행 정보
- 308 브라이턴
- 314 그리니치
- 320 SPECIAL 리치먼드
- 322 옥스퍼드
- 328 케임브리지
- 336 바스
- 344 SPECIAL 런던 비스터 빌리지
- 346 SPECIAL 메이킹 오브 해리 포터

런던의 숙소
- 350 허니문을 위한 럭셔리 호텔
- 355 개성을 추구하는 여행자를 위한 디자인 호텔
- 360 실속파 여행자를 위한 체인형 호텔
- 361 가족 여행을 위한 호텔
- 362 출장자를 위한 비즈니스 호텔
- 366 젊은 여행자를 위한 호스텔

런던 여행 준비
- 368 항공권 & 숙소 예약
- 370 여권 발급
- 372 각종 증명서 & 예방접종
- 374 신용카드 & 면세점 쇼핑
- 375 환전 & 짐 싸기
- 376 출국하기 & 귀국하기

- 394 런던 기초여행회화
- 396 인덱스

지도 찾아보기
- 378 웨스트민스터
- 379 소호
- 380 메이페어
- 381 메릴본-피츠로비아 & 캠든 타운-프림로즈 힐
- 382 시티 & 서더크
- 383 켄싱턴 & 노팅힐
- 384 나이츠브리지 & 첼시
- 385 블룸즈버리 & 이즐링턴
- 386 쇼디치 & 컬럼비아 로드 & 베스널 그린
- 387 브라이턴
- 388 그리니치
- 389 옥스퍼드
- 390 케임브리지
- 391 바스
- 392 런던 중심부
- 393 런던 지하철(튜브) 노선도

저자의 말

24년 전, 프랑스 정착 후 가장 먼저 여행한 국가가 영국이었다. 한때 전 세계 4분의 1을 차지했던 대영제국의 아우라를 곳곳에서 찾을 수 있는 런던은 내게 신세계 같았다. 런던의 매력에 빠져 취재를 시작한 건 무려 4년 전 일이다.

우리나라 사람들에게 유럽 여행의 관문이 되는 런던은 유럽의 첫인상을 결정하는 중요한 역할을 한다. 그렇기에 다른 도시보다 정성들여 취재에 임했다. 주요 관광 스폿은 물론 영국 음식은 맛없다는 편견이 사실이 아님을 밝혀주는 런던의 레스토랑, 감각적인 인테리어의 카페 등 스폿 300여 곳을 엄선했다. 또한 창업이나 비즈니스에 영감을 주는 스폿도 담아내려 노력했다. 이제 이 책을 들고 떠나면 된다. 책에 나온 스폿들을 따라가다 보면 세련된 런더너로 거듭날 수 있다.

4년간의 작업 동안 함께하신 하나님의 은혜와 사랑하는 아내 숙현, 보물 같은 딸 하은이와 아들 하영이의 격려와 응원이 큰 힘이 되었다. 마지막으로 영국에서 생활한 경험과 해박한 지식으로 이 책이 빛나도록 도와준 박서재에게도 감사의 마음을 전한다.

글·사진 정기범

1996년 프랑스로 건너와 광고전략·커뮤니케이션 학위를 취득하고, KBS 방송국의 VJ, 패션 매거진의 포토그래퍼로 활동했다. 20여 년간 매거진, 중앙일간지, 항공사 홈페이지 등에 콘텐츠를 기고했으며《유럽 100배 즐기기》,《시크릿 파리》등 20여 권의 여행 가이드북을 집필했다. TV 예능 프로그램 〈꽃보다 할배 시즌 1〉, 〈뭉쳐야 뜬다〉, 〈국경 없는 포장마차〉, 현대자동차 등 현지 프로듀서로 참여했고 여행 플래너로 활동 중이다. 전직 항공사 직원이었던 아내와 함께 파리에서 게스트하우스, 한국 레스토랑을 운영하고 있다.

게스트하우스 '로뎀의 집' 홈페이지 www.rothem82.com | 한국 레스토랑 'Ma-shi-ta' 홈페이지 www.ma-shi-ta.com | 이메일 france82@gmail.com |

글 박서재

영국 브리스톨대학교에서 공연학 석사 학위를, 프랑스에서 바리스타 및 소믈리에 자격증을 취득했다. 연세대학교 미디어문화연구 박사과정 수료 후 공연과 전시를 기획하고, 전라북도 군산에서 복합문화공간 '카페 라 비아 파리 Café la vie à Paris'를 운영 중이다.

이메일 plibrary@hanmail.net

저스트고 이렇게 보세요

이 책에 실린 모든 정보는 2023년 3월까지 수집한 정보를 기준으로 했으며, 추후 변동될 가능성이 있습니다. 특히 교통수단의 운행시간, 요금, 관광 명소와 상업시설의 영업시간, 입장료 등은 수시로 변동될 수 있으므로 책은 여행계획을 세우기 위한 가이드로 활용하고, 직접 이용할 교통수단은 여행 전 홈페이지 검색이나 현지에서 다시 한번 확인하고 여행을 떠나길 바랍니다. 변경된 내용이 있다면 편집부로 연락주시길 바랍니다.

편집부 justgo@sigongsa.com

- 책에서 소개하고 있는 지명이나 상호명, 외래어 발음은 국립국어원 외래어 표기법을 최대한 따랐습니다.
- 관광 명소, 레스토랑, 상점의 휴무일은 정기휴일을 기준으로 실었고, 부활절이나 크리스마스 등 명절에는 문을 닫는 경우가 많으므로 유의하길 바랍니다.
- 관광 명소는 중요도에 따라 별점★ 1~3개까지 표시했습니다. 별점은 어디까지나 참고용이며 여행자의 취향에 따라 동선을 짜면 됩니다.
- 레스토랑을 소개한 페이지에 제시된 예산은 1인 식비 또는 메인 메뉴를 기준으로 했습니다.
- 영국의 통화는 파운드(£)이며 £1는 약 1,562원입니다(2023년 3월 기준). 환율은 수시로 변동되므로 여행 전 확인은 필수입니다.

지도 보는 법

관광 명소와 상업시설의 위치 정보는 '지도 p.80-F'와 같이 본문에 표시되어 있습니다. 이는 80쪽 지도의 F 구역에 찾는 장소가 있다는 의미입니다.

구글지도 위치정보제공

스마트폰으로 아래 QR코드를 스캔하면 책에서 소개한 장소들의 위치정보를 담은 '구글지도Google Maps'로 연결됩니다. 홈페이지 또는 애플리케이션을 통해 간편하게 위치정보를 확인할 수 있습니다.

지도에 삽입한 기호

관광 명소 ●		호텔 ❽	
레스토랑 ❽		기차역 ✈	
카페 ❻		지하철역 ❽	
바 ❻		유람선 선착장 ❽	
쇼핑 ❽		관광안내소 ❶	

한눈에 보는 런던 키워드

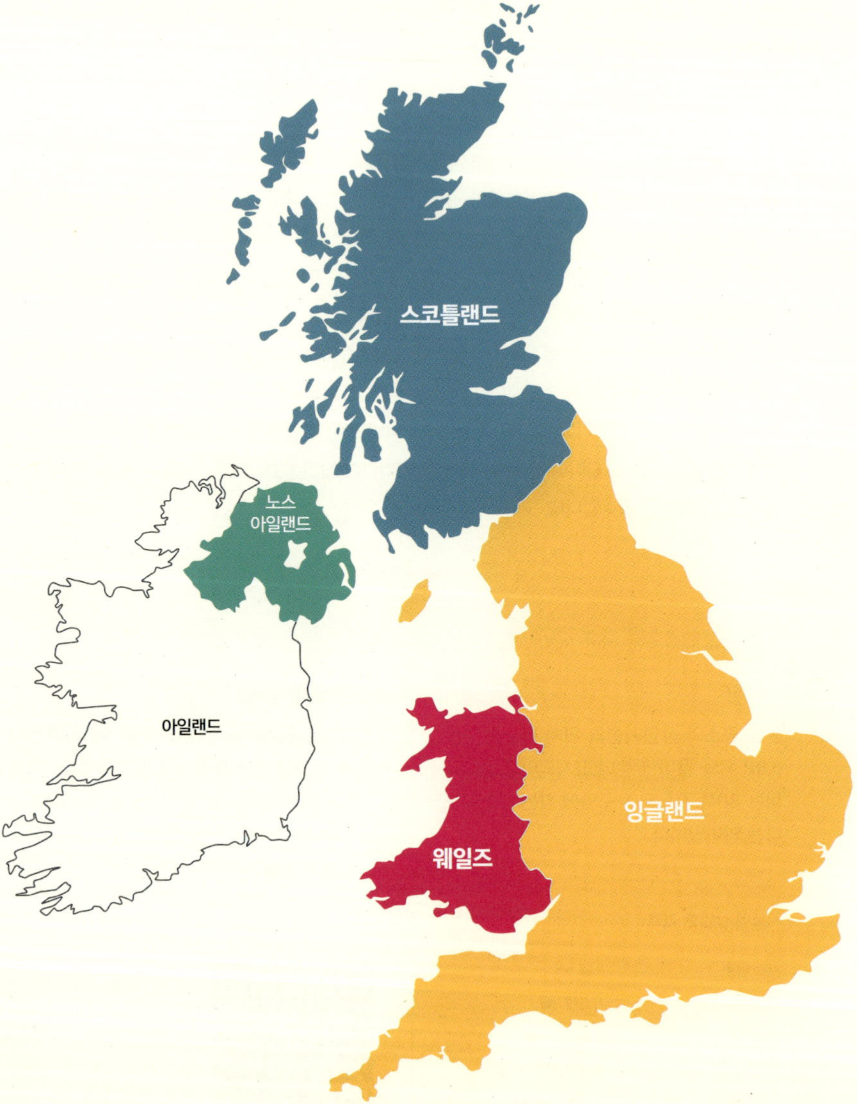

스코틀랜드

노스
아일랜드

아일랜드

웨일즈

잉글랜드

#정식 국가명
그레이트 브리튼
북아일랜드 연합왕국
(잉글랜드, 스코틀랜드,
웨일즈, 북아일랜드)

#비행시간
인천-런던 직항편 기준
최소 12시간 30분
(2023년 3월 우크라이나-러시아
전쟁으로 우회 노선 이용 중,
14시간 30분 소요)

#수도
런던 London

#통화
파운드(£, GBP)
£1 = 1,562원
(2023년 3월 기준)

#전압
240V
(G 타입 변환 플러그 필요)

#긴급 전화번호
999
(경찰 & 구급차)

#평균기온
1월 월평균 최고 기온 8℃
7월 월평균 최고 기온 20℃
(여름-겨울의 기온차가 크지 않음
일교차가 있고, 날씨가 변화무쌍함)

#국가번호
44

#물가
버스 1회권 £2
생수 1병 £0.50~0.80
스타벅스 카푸치노 1잔 £3.85
펍 맥주 1잔(1파인트) £8

#시차
9시간
(서머타임 적용 시 8시간)

#TMI
#신사의 나라 #웨스트엔드 #뮤지컬
#영국 드라마 #대중음악 #톨키니스트
#홍차 #스포츠 #축구 종가 #프리미어리그
#소프트 파워 #찰스 3세 국왕

BEST OF
LONDON

베스트 오브 런던

LONDON HIGHLIGHT

런던 초행자라면 이곳만은 꼭!
런던 하이라이트

과거 약 45개국의 식민지를 가졌던 '해가 지지 않는 나라' 대영제국의 수도 런던에서는 다양한 문화유산을 만날 수 있다. 영국 왕실에서 관리하는 명소, 과거 식민지에서 가져온 유물이나 유명 컬렉셔너들의 작품을 소장한 박물관, 버킹엄 팰리스 등은 런던에서 꼭 가봐야 할 곳들이다.

런던 타워(p.219)

1066년 노르만족의 잉글랜드 정복 당시 지어진 성으로, 장미전쟁이 발발했을 때 에드워드 5세 왕과 요크 공작 리처드가 갇혔고, 엘리자베스 1세 여왕 또한 이복형제인 메리 1세 여왕에 의해 이곳에 갇혔다고 한다. 무기고 및 영국 왕립 조폐국, 영국 왕관 보관소 등으로 이용되었으며 530캐럿 다이아몬드와 왕관 등이 주요 볼거리다.

버킹엄 팰리스(p.120)

영국 왕실을 호위하는 '근위병 교대식'은 화려한 유니폼을 입은 기마대와 병사들이 여행자들에게 퍼포먼스를 보여주는 행사다. 오전 11시 30분에 시작되는 교대식(겨울 시즌에는 격일, 우천 시 취소)을 제대로 보려면 최소 1시간 전에는 미리 가서 자리를 잡고 관람하기를 추천한다. 여유가 있다면 화려한 영국 왕실 미술관과 마구간을 포함한 22개의 방을 돌아보는 것도 좋다.

웨스트민스터 사원 (p.130)

엘리자베스 2세 여왕을 비롯해 역대 40명의 영국 왕들의 대관식이 행해진 역사적인 사원으로 영국 왕실이 소유하고 있다. 엘리자베스 1세 여왕, 셰익스피어, 뉴턴, 처칠 등 영국 유명 인사의 무덤도 볼 수 있다. 경내는 30여 개의 스테인드글라스를 통해 들어오는 빛이 평화로운 분위기를 만들어내 천천히 걷다 보면 마음이 편해진다.

세인트 폴 대성당(p.213)

중세 르네상스 양식으로 지어진 건축물로 1666년 런던 대화재로 불타버린 성당을 유명 건축가 크리스토퍼 렌Christopher Wren이 복원했다. 찰스 3세가 과거 고 다이애나 왕세자비와 결혼식을 올렸으며 전 영국 총리 처칠의 장례식이 거행되기도 했던 이 성당은 바티칸 시국의 성 베드로 대성당에 이어 전 세계 성당 중 두 번째로 큰 규모를 자랑한다. 성당 꼭대기에 오르면 런던 시내를 조망할 수 있다.

빅토리아 & 앨버트 박물관 (p.243)

유리, 도자기, 장신구, 텍스타일, 가구 등 미술과 디자인에 관심 많은 사람에게 추천하고 싶은 박물관. 특히 영국 복식과 공연의 역사를 말해주는 각종 소장품이 볼만하다. 현대 디자인의 아버지 윌리엄 모리스William Morris를 테마로 한 모리스 룸Morris Room에서는 애프터눈 티를 즐기며 특별한 시간을 보낼 수 있다.

하이드 파크(p.170)

영국 왕실 공원 중 하나로 런더너들의 쉼터로 알려져 있다. 녹지에 누워 여행으로 쌓인 피로를 풀기에 제격이다. 공원에는 서펜타인The Serpentine이라는 이름의 호수를 비롯해 산책로와 보트 선착장, 갤러리, 카페, 레스토랑 등이 곳곳에 자리하고 있어 여유롭게 둘러보며 산책하기에 좋다.

런던 아이(p.132)

런던 시내를 한눈에 조망할 수 있는 높이 135m의 대관람차로 유럽에서 가장 높다. 해 질 녘에는 런던의 환상적인 경치를 즐길 수 있어 인파가 몰린다. 인기 스폿이므로 오래 기다리지 않으려면 미리 예약하자. 후원사에 따라 명칭이 달라지는데, 현재는 라스트미닛닷컴이 후원사이므로 '라스트미닛닷컴 런던 아이'라고 불린다.

타워 브리지 (p.218)

배가 지나갈 때 다리가 위로 열리는 도개교이자 쇠사슬로 지탱하는 현수교로 템스강 위에 놓인 런던의 상징물이다. 1894년 건축가 호레이스 존스Horace Jones가 설계했으며 총 길이는 260m에 달한다. 타워 브리지를 배경으로 한 아름다운 야경은 런던 여행에서 빼놓을 수 없는 볼거리다.

영국 박물관 (p.266)

과거 식민지에서 수집한 방대한 유물 800만여 점을 소장하고 있는 곳으로 영국에서 가장 큰 국립 박물관이다. 프랑스 루브르 박물관, 이탈리아 바티칸 미술관과 더불어 '유럽 3대 박물관'으로 꼽힌다. 나폴레옹이 이집트 로제타 마을에서 발견한 로제타 스톤Rosetta Stone, 파르테논 신전의 지붕 아랫부분인 엘긴 마블스Elgin Marbles 등 세계적인 진귀한 유물들을 대거 소장하고 있다.

내셔널 갤러리(p.138)

초기 르네상스부터 19세기 후반에 이르는 작품들을 소장한 미술관으로 1824년에 개장했다. 르네상스 시대의 이탈리아 화가 레오나르도 다빈치Leonardo da Vinci, 파울로 우첼로Paolo Uccello, 미켈란젤로 부오나로티Michelangelo Buonarroti, 산드로 보티첼리Sandro Botticelli, 조반니 벨리니Giovanni Bellini의 작품을 비롯해 요하네스 페르메이르Johannes Vermeer, 렘브란트 판 레인Rembrandt van Rijn와 같은 바로크 시대 화가의 작품, 인상파 화가의 작품까지 시대를 아우르는 2천여 점의 미술품을 볼 수 있다.

NIGHT VIEW

런던 시내 한눈에 담기
런던 야경 스폿

유명 건축가들이 앞다투어 설계한 런던은 유럽의 금융과 상업을 이끄는 중심지답게 고층 빌딩이 즐비해 뉴욕의 마천루를 연상케 한다. 여행 도중 멋진 건축물을 올려다보는 재미도 쏠쏠하지만 높은 건물에 올라 런던 시내를 한눈에 내려다보는 일도 즐겁다. 반짝이는 불빛들이 로맨틱한 광경을 만들어내는 런던의 야경을 즐기며 하루를 마무리해 보자.

런던 아이 London Eye(p.132)

'대관람차' 정도로 해석되는 관람용 건축물. 1999년 새천년을 기념하기 위해 영국항공이 지었으며, 2000년에 일반에게 공개되면서 '밀레니엄 휠'로 불렸다. 프랑스 파리의 에펠탑처럼 한시적으로 운행하다 폐쇄할 계획이었으나 새로운 런던의 상징으로 여행자들에게 사랑받으며 런던 시로부터 운행을 영구 허가받았다. 총 32개의 캡슐이 회전하며, 한 캡슐당 25명이 탑승할 수 있다. 해 질 녘에 높이 135m에서 바라보는 런던 시내는 환상적이다. 예약 필수.

샤드 The Shard(p.235)

지하철 타워 브리지 역과 연결된 전면 유리 전망대. 2013년에 완공되었으며 높이 310m로 유럽에서 가장 높은 건물이다. 엘리베이터를 타고 69층에 내려 계단을 통해 72층 전망대로 올라가면 런던 시내의 모습을 360도로 감상할 수 있다.

> **TIP**
>
> ### 고층 빌딩에서 즐기는 애프터눈 티
>
> 샤드 31층의 '아쿠아 샤드Aqua Shard(p.238)'에서는 뮤지컬 〈피터팬Peter Pan〉을 테마로 한 애프터눈 티를 즐길 수 있다. 미리 예약해야 하며 호텔 출입구 옆에 나란히 있는 전용 출입문을 통해 올라갈 수 있다. 샹그릴라 호텔 35층의 '팅TĪNG'에서도 럭셔리한 애프터눈 티를 즐길 수 있다. 건물 1층에 마련된 엘리베이터를 타고 입장하면 된다.

스카이 가든 Sky Garden(p.216)

런던의 스카이라인을 볼 수 있는 가장 매력적인 장소 중 하나로, 무료로 입장할 수 있어 여행자들에게 인기가 있다. 35층에는 '스카이 팟Sky Pod'이라는 바가, 36층에는 '다윈Darwin'이라는 브라스리Brasserie가 있으며 37층에는 전망대와 레스토랑이 있다. 스카이 가든은 카나리 워프 그룹이 설계했는데, 무전기와 비슷한 외관을 하고 있어 '워키토키 타워'라고도 불린다. 템스강 사이로 샤드를 마주해 런던의 야경을 보기에 최적이다.

TIP

더 추천하고 싶은 런던의 전망대

세인트 폴 대성당 전망대
세계에서 두 번째로 큰 성당

테이트 모던
7층 카페와 10층 전망대
낡은 화력발전소의 창조적인 변신

런던 시청사 전망대
달걀 모양의 독특한 건축물

LONDON THEATRE

문화예술 마니아라면 주목!
런던에서 뮤지컬 & 연극 즐기기

런던 웨스트엔드는 뉴욕 브로드웨이와 더불어 세계적인 뮤지컬의 메카로 통한다. 참고로 오전부터 이른 오후까지는 런던 시내 주요 관광 명소를 돌아보고, 잠시 애프터눈 티를 즐긴 후 공연을 관람하는 순으로 코스를 짜면 보다 효율적으로 시간을 관리할 수 있을 것이다.

TIP

공연 티켓, 알뜰하게 구입하는 방법

① 영국 최대 예매 홈페이지 '티켓 마스터(www.ticketmaster.co.uk)'를 통해 뮤지컬 티켓을 예매할 수 있다.

② 각 공연장 홈페이지를 미리 확인하여 양도 할인Concession 또는 당일 할인 티켓Day Ticket이 있는지 알아본다.
참고로 모든 공연은 시기에 따라 할인율이나 수량이 제각각이며, 할인 행사는 수시로 변경된다. 이를테면 지난해의 학생 할인이 올해에는 없어질 수도 있다. 공연 당일의 예약 상황에 따라 티켓 할인 여부가 결정되는데, 할인 티켓으로 구매한 좌석은 좋지 않은 경우가 많다. 오전 10시쯤 극장으로 찾아가 현장에서 예매하는 방법도 있다.

③ 소호 레스터 스퀘어의 '디스카운트 티켓 부스Tkts London'에서도 티켓을 살 수 있다. 최대 50%까지 할인된 가격(티켓 한 장당 수수료 £3)으로 티켓을 살 수 있어, 이른 시간에 가서 기다리는 것이 좋다.

④ 격주로 런던 웨스트엔드 공연 리스트를 발간하는 〈런던 시어터 가이드〉(officiallondontheatre.com)를 확인해 보자. 특히 봄과 가을에는 뮤지컬뿐만 아니라 극장 정보까지 하나하나 꼼꼼히 확인해 보는 것이 좋다. 그 시즌에는 유명 배우가 무대에 서는 경우도 있기 때문. 그런 공연은 놓치지 말고 예약을 서두르자.

디스카운트 티켓 부스 Tkts London
Add The Lodge, Leicester square, London
Open 월~토요일 10:00~19:00, 일요일 11:00~16:00
Web www.tkts.co.uk

뮤지컬

오페라의 유령
The Phantom of the Opera

1996년 초연 이래 현재까지 인기리에 상연되고 있는 작품. 프랑스 추리작가 가스통 르루Gaston Leroux가 1910년에 발표한 소설을 뮤지컬로 만들었다. 오페라 하우스에서 숨어 살던 유령이라 불리던 사나이가 가수 크리스틴과 사랑에 빠지면서 그녀의 성공을 위해 노력하다가 사라진다는 스토리로, 클래식한 음악과 유럽을 배경으로 한 무대가 인상적이다. 초연 이래 총 누적 관람객이 1억 4천만 명에 육박하며, 총 30개국 151개 도시에서 상연되고 있다.

허 마제스티스 시어터 Her Majesty's Theatre
How to go 피커딜리 서커스Piccadilly Circus 역에서 도보 3분 **Add** Her Majesty's Theatre, Haymarket, London
Tel 084 4412 2707 **Web** uk.thephantomoftheopera.com

뮤지컬

레 미제라블
Les Miserables

1985년 런던 초연 이래 30여 년간 전 세계 44개국 319개 도시에서 22개 언어로 7천만 명 이상이 관람한 뮤지컬. 〈오페라의 유령〉과 더불어 제작자 카메룬 매킨토시가 프랑스에서 빅토르 위고Victor Hugo의 소설을 뮤지컬화한 것이다. 작중 주인공 장 발장이 빵을 훔친 죄로 19년을 감옥에서 지내고 석방되지만 전과자에 대한 사람들의 선입견으로 어려움을 겪다가 우연히 만난 미리엘 신부의 은혜에 감동하여 새로운 인생을 시작하고 출세하는 내용이다. 2012년 개봉한 영화의 흥행으로 다시 인기를 얻으면서 많은 관객을 끌어들이고 있다.

퀸즈 시어터(존드하임 시어터) Queen's Theatre(Sondheim Theatre)
How to go 피커딜리 서커스Piccadilly Circus 역에서 도보 3분
Add 51 Shaftsbury Avenue, London **Tel** 084 4482 5160 **Web** www.lesmis.com

마틸다 Matilda

영국을 대표하는 극단 RSC에서 제작했다. 다른 나라로 라이센스를 팔지 않아 전 세계 뮤지컬 마니아들을 웨스트엔드로 오게 만드는 작품이다. 말괄량이이자 엉뚱한 상상 속에 빠져 사는 소녀 마틸다가 신비로운 능력을 통해 진짜 어머니를 찾고, 자신을 괴롭히던 교장 선생님과 삼촌 부부를 혼쭐낸다는 내용이다. 이미 영화와 동화로 전 세계에 알려져 있어 아이들뿐만 아니라 어린 시절의 추억을 찾고자 하는 성인에 이르기까지 팬층이 두텁다. 자녀를 동반한 런던 여행이라면 고민하지 말고 이 작품을 관람하길 추천한다. 공연은 영어로 진행되지만 시각적으로도 볼거리가 충분하다.

뮤지컬

케임브리지 시어터 Cambridge Theatre
How to go 피커딜리 서커스Piccadilly Circus 역에서 도보 3분 **Add** 32-34 Earlham Street, London
Tel 084 4412 4652 **Web** uk.matildathemusical.com

위키드 Wicked

1995년 베스트셀러 소설 《위키드》를 기반으로 한 뮤지컬로, 소설 《오즈의 마법사》의 알려지지 않은 뒷이야기이다. 나쁜 마녀로만 알고 있던 오즈의 서쪽에 사는 '초록 마녀'는 오즈의 마법사의 모함으로 나쁘다고 알려진 것일 뿐, 성격은 괴팍해도 착하고 의리 있는 마녀였다는 설정으로 스토리를 구성했다. 제작 당시 미국-이라크 간 외교관계를 우회적으로 비판하고 조롱한 작품으로도 명성이 높았다. 동화 같은 분위기에 음악적 완성도가 뛰어나며, 초록이라는 테마 색에 맞게 싱그럽고 아름다운 무대도 인상적이다. 브로드웨이에서 최초로 9년 연속 박스 오피스 1위를 기록한 것을 비롯해 공연되는 모든 도시에서 흥행 신기록을 세우고 있다.

뮤지컬

아폴로 빅토리아 시어터 Apollo Victoria Theatre
How to go 빅토리아Victoria 역에서 도보 1분 **Add** 17 Wilton Road, Pimlico, London
Tel 084 4871 3001 **Web** www.wickedthemusical.co.uk

뮤지컬

라이온 킹 Lion King

디즈니 사의 야심작으로 '미국에서 제작된 뮤지컬은 런던에서 참패한다'는 설을 깨고 롱런하는 뮤지컬이다. 의상 디자이너 출신인 연출가는 동물들의 움직임과 동선을 의상으로 자연스럽게 표현해 공연장을 아프리카 초원으로 옮겨놓은 듯한 느낌을 준다. 1997년 미국 미네소타주 미니애폴리스의 오르페움 시어터에서 초연했으며, 1997년 10월 브로드웨이의 뉴암스테르담 시어터에서 프리미어 공연이 열렸다. 당시 토니 상 6개 부문을 휩쓸면서 브로드웨이가 내놓은 최고의 뮤지컬로 기립 박수를 받았다. 가수 엘튼 존Elton John이 뮤지컬 작곡가로 참여했으며, 어린이 관객의 선호도가 높다.

리시움 시어터 Lyceum Theatre
How to go 코벤트 가든Covent Garden 역에서 도보 1분   Add 21 Wellington Street, London
Tel 084 4871 3000   Web thelionking.co.uk/london

연극

해리 포터와 저주받은 아이
Harry Potter and the Cursed Child

4억 5천만 부라는 경이로운 판매 부수가 말해주듯 전 세계 79개 언어로 번역되면서 폭발적인 반응을 얻은 J.K 롤링J.K Rowling의 《해리 포터 시리즈》 중 여덟 번째 이야기를 연극으로 꾸민 작품이다. 37세가 된 해리 포터가 마법부에서 공직 생활을 하는 모습을 담고 있다. 존 티파니John Tiffany와 원작자 J.K 롤링이 공동으로 연출했으며 2016년 웨스트엔드에서 초연되었다. 뉴욕 브로드웨이에서도 흥행에 성공했다.

팰리스 시어터 Palace Theatre
How to go 레스터 스퀘어Leicester Square 역에서 도보 3분   Add 113 Shaftesbury Avenue, London
Tel 033 0333 4813   Web www.palacetheatrelondon.org

FINE ARTS

영국에서 놓치지 말아야 할
명작 회화

런던 내 박물관이나 미술관에서 만날 수 있는 명작의 향연을 즐겨보자. 런던 시내에 있는 주요 국립박물관은 입장료를 따로 받지 않는 대신 희망하는 사람에게 기부금을 받고 있다. 관람 후 약간의 기부금(£3~5)으로 성의 표시를 하는 것도 좋다.

세계에서 가장 관람객이 많이 찾는 박물관 중 하나인 내셔널 갤러리

세계에서 가장 넓은 실내 스퀘어가 있는 영국 박물관

> 내셔널 갤러리

얀 반 에이크 Jan van Eyck
⟨아르놀피니 부부의 초상 The Arnolfini Portrait⟩

정밀한 세부 표현과 수학적 원근법이 돋보이는 15세기 네덜란드 화가 얀 반 에이크의 작품이다. 아르놀피니 부부의 초상화로 그들의 결혼 서약 장면을 그린 것이라는 설이 유력하다. 남녀가 서로 손을 잡는 행위부터 장면 내 숨겨진 요소를 찾아 해석하는 재미가 있다.

산드로 보티첼리 Sandro Botticelli ⟨마르스와 비너스 Mars et Venus⟩

르네상스 시대의 화가 보티첼리는 강력한 재력을 가진 메디치 가문의 후원을 받아 ⟨비너스의 탄생⟩과 ⟨프리마베라⟩를 그렸다. 깊이 잠든 마르스의 귀에 아기 사티로스가 소라 나팔고둥을 불지만 마르스는 움직임이 없다. 아기 사티로스는 전쟁의 신 마르스의 갑옷, 투구, 창을 입고 장난치고 있다. 어쩐 일인지 비너스는 잠을 이루지 못하고 있다.

TIP

런던 주요 박물관, 에코 테러리즘 주의보

영국의 환경 단체 '저스트 스톱 오일'이 기후 위기의 심각성을 알리기 위해 2022년 7월에 레오나르도 다빈치 ⟨최후의 만찬⟩ 복제본과 존 컨스터블의 ⟨건초 마차⟩에 손바닥 부착 시위를 벌였고 10월 14일 내셔널 갤러리에서는 반 고흐의 ⟨해바라기⟩에 토마토 수프를 끼얹은 일이 있었다. 예술품 훼손 시위가 거세지자 런던의 주요 박물관들은 여행용 가방은 물론 물이나 액체의 반입도 금지하고 있다.

미켈란젤로 부오나로티 Michelangelo Buonarroti
〈그리스도의 매장 The Entombment〉

당시 이탈리아 피렌체 시청의 요청으로 제작한 〈다비드 상〉, 바티칸 시국의 시스티나 대성당 천장화를 그린 화가 미켈란젤로가 1510년에 그린 미완성 작품으로 무덤과 우측의 성모 마리아가 미완성의 상태로 그려져 있다. 예수의 모습에서 미켈란젤로의 초기 회화 스타일을 엿볼 수 있다.

레오나르도 다빈치 Leonardo da Vinci
〈암굴의 성모 Virgin of the Rocks〉

'동굴 속 성모 마리아'라는 의미를 지닌 작품으로 동명의 작품이 프랑스 루브르 박물관에 있으며 소설 《다빈치 코드》로 유명해졌다. 1483년부터 3년 동안 그린 작품으로 중앙에 성모 마리아, 왼쪽에 아기 예수, 오른쪽에 아기 세례 요한과 천사 유리엘이 묘사돼 있다. 세례 요한이 한쪽 무릎을 꿇고 손을 모으고, 맞은편 아기 예수는 오른손을 들어 이에 응답한다. 성모 마리아가 아기 예수와 아기 세례 요한을 찾아온 이야기를 그렸다. 화가 다빈치 특유의 스푸마토 기법(윤곽선을 모호하게 그리는 방식)으로 그려졌다.

한스 홀바인 Hans Holbein
〈대사들 The Ambassadors〉

르네상스 시대의 독일 화가 한스 홀바인은 헨리 8세 왕의 궁정화가로 초상화를 그렸다. 좌측의 인물은 프랑스에서 영국으로 파견된 대사이자 그림을 주문한 장 드 당트빌로 당시 영국에서 로마 가톨릭교와의 단절을 막기 위해 파견된 것으로 전해지며 우측의 인물은 그의 친구이자 훗날 프랑스 대사가 된 조르주 드 셀브다.

디에고 벨라스케스 Diego Velázquez
⟨비너스의 단장 Venus at her Mirror⟩

스페인 미술의 거장 벨라스케스의 유일한 누드화로 큐피드가 거울을 들고 아름다운 비너스의 얼굴을 비추고 있다. 당시 스페인에서는 종교적 이유로 누드화를 금기시했으나 그는 몇 점의 누드화를 그렸고, 유일하게 이 작품이 전해지고 있다. 신체비율을 현실적으로 표현했는데 원근법을 지켰던 화가의 화풍과 달리 종교 스캔들을 우려해 신화 속 인물을 넣은 점이 눈에 띈다.

렘브란트 판 레인 Rembrandt van Rijn
⟨63세의 자화상 Self-portrait at the age of 63⟩

빛과 어둠의 화가, 렘브란트가 그린 작품. 네덜란드 출신인 렘브란트는 자세, 표정 등의 사실적인 묘사와 음영을 이용한 섬세한 질감 묘사로 대상을 완벽하게 재현해 당대 가장 촉망받는 초상화 화가로 손꼽혔다. 특히 자신의 모습을 회화로 남긴 것으로 유명한데, 다양한 옷차림, 멋진 자세와 독특한 표정 연출이 특징이다. 내셔널 갤러리에 전시된 이 작품은 렘브란트가 63세에 그린 자화상으로, 죽음으로 아내와 아들을 먼저 떠나 보낸 그림 속 렘브란트의 모습에서 깊은 슬픔이 느껴진다.

윌리엄 터너 William Turner
⟨전함 테메레르의 마지막 항해 Fighting Temeraire⟩

영국 근대미술의 아버지로 불리는 윌리엄 터너는 영국 국민작가로 추앙받고 있다. 공기처럼 가벼워 보이는 그의 그림은 전쟁을 피해 영국으로 건너온 모네에게 영향을 주었다. BBC 방송국에서 가장 위대한 영국 미술품으로 꼽히기도 했다. 이 그림은 당시 영국 해군 군사력이 강했던 시기에 그려졌는데, 증기선의 등장으로 해체를 앞둔 전함의 마지막 항해를 그리고 있다.

조르주 쇠라 Georges Seurat 〈아니에르의 물놀이 A Swimming Pool in Asniere's〉

신인상주의를 대표하는 프랑스 화가 쇠라의 작품. 31세로 요절한 그는 인상파의 색 원리를 체계화했고 화면의 조형 질서를 만들어낸 것으로 유명하다. 이 작품은 1883년 파리 근교에 있는 아니에르 강변에서 휴식을 즐기는 사람들의 모습을 그린 것으로 쇠라의 최초 대작이다. 사람들의 평화로운 일상을 점묘법으로 표현했다. 그의 작품은 보통 1년 이상의 제작 기간이 걸렸는데 질감을 살리기 위해 특정 부분은 여러 색으로 덧칠되었다.

빈센트 반 고흐 Vincent Van Gogh 〈해바라기 Sunflowers〉

이 작품은 화가 고갱이 고흐를 찾아 프랑스 아를로 찾아올 즈음, 방을 장식하기 위해 그린 해바라기 4점 중 한 점으로 15송이의 해바라기를 그렸다. 해바라기는 태양을 상징하고 노란색은 행복의 상징으로 비춰지는데, 이전에 그가 그린 꽃들이 대부분 누워 있었던 것에 반해, 고갱을 기다리면서 그린 해바라기 4점은 화병에 꽂혀 있는 것이 특징이다. 두터운 물감으로 짓이겨놓은 듯한 질감과 노랑의 강렬한 색채가 인상적이다.

TIP

무료로 관람할 수 있는 런던의 주요 국립박물관

① 영국 박물관 The British Museum
② 내셔널 갤러리 The National Gallery
③ 국립 초상화 미술관 National Portrait Gallery
④ 테이트 모던 Tate Modern
⑤ 자연사 박물관 Natural History Museum
⑥ 과학 박물관 Science Museum
⑦ 빅토리아 앤 앨버트 박물관 Victoria and Albert Museum
⑧ 테이트 브리튼 Tate Britain
⑨ 디자인 박물관 Design Museum
⑩ 월리스 컬렉션 The Wallace Collection

* 무료지만 약간의 기부금으로 성의를 표시해도 좋다.

> 영국 박물관

〈람세스 2세 흉상 Ramses II〉

람세스는 고대 이집트 태양의 신 '라'에 의해 태어났다는 의미의 '라 메스시스'의 그리스어 발음이다. 고대 이집트 신왕국시대의 전성기를 이끈 람세스 2세 왕은 66년간 이집트를 통치했으며 150여 명의 후손을 두었다. 학계에서는 여러 기록과 시기를 종합적으로 분석해 이스라엘 민족이 이집트에서 탈출하는 과정을 기록한 구약성서 《출애굽기》 당시의 이집트 왕을 람세스 2세 왕으로 추정하기도 한다.

〈로제타 스톤 The Rosetta Stone〉

기원전 196년에 만들어진 비석으로 고대 이집트 프톨레마이오스 5세 왕이 사제들에게 큰 은혜를 베푼 것을 찬양하는 내용이 적혀 있다. 1799년 지중해 연안의 이집트 도시 라시드에서 진지를 구축하던 프랑스군이 발견했다. 프랑스군은 이를 본국으로 가져가려 했지만, 당시 이집트 원정 실패로 고립되어 있었다. 이런 상황에서 영국군이 프랑스군을 본국으로 귀환시켜 주는 조건으로 로제타 스톤을 넘길 것을 요구하여 영국으로 오게 되었다고 전해진다.

〈엘긴 마블스 Elgin Marbles〉

기원전 5세기경에 만들어진 파르테논 신전 조각상은 1799년 오스만 투르크 제국에 영국 대사로 부임한 엘긴 백작에 의해 조사가 시작되었다. 엘긴 백작은 그리스 당국의 허가를 얻어 신전을 스케치하고 실측했다. 이후 그는 영국 정부의 하원 의원에게 £35,000에 이 작품을 매각했다. 그의 이름을 따 '엘긴 마블스'로 불리는 이 조각은 17개의 환조와 15개의 메토프, 길이 75m의 벽면 프리즈 부조 장식으로 구성되어 있다. 최근 그리스 대통령이 엘긴 마블스의 본국 환수를 주장하고 있어 언제까지 영국 박물관에 있을지 모르는 작품이다.

PREMIER LEAGUE

축구 종주국의 자존심
잉글랜드 프리미어리그

잉글랜드 프리미어리그(EPL)는 세계적인 스타 플레이어들이 대거 출전해 전 세계 축구 팬들에게 사랑받는 리그다. 한국 선수로는 토트넘 홋스퍼의 손흥민, 울버햄튼의 황희찬이 맹활약하고 있다. 스타 플레이어들이 뛰는 경기를 직관하는 것도 즐거운 추억이 될 것이다.

리버풀 FC Liverpool Football Club

홈 구장 안필드 스타디움 Anfield Stadium | 잉글랜드 리버풀

1892년에 창단하여 18번의 잉글랜드 프리미어리그(1부) 우승, 7번의 FA컵 우승, 6번의 UEFA 챔피언스 리그 우승을 차지한 적이 있는 명문 구단으로, 2019년 챔피언스 리그에서도 결승에 올랐다. 현재 감독은 위르겐 클롭Jurgen Klop. 스타 플레이어로는 브라질의 호베르투 피르미누Roberto Firmino, 이집트의 모하메드 살라Mohamed Salah, 브라질의 미드필더 파비뉴Fabinho, 잉글랜드의 제임스 밀너James Milner, 트렌트 알렉산더 아놀드Trent John Alexander-Arnold 등이 있다.

Web www.liverpoolfc.com

맨체스터 시티 FC Manchester City Football Club

홈 구장 에티하드 스타디움 Etihad Stadium | 잉글랜드 맨체스터

1880년 '세인트 마크스 웨스트 고튼'이라는 이름으로 창단해 1894년 지금의 이름으로 바뀌었으며, 6번의 잉글랜드 프리미어리그(1부) 우승을 차지했다. 구단주는 아랍에미리트의 셰이크 만수르 빈 자예드 알 나얀Sheikh Mansour Bin Zayed Al Nahyan이다. 구단주의 막강한 재력을 앞세워 세계적인 건축가에게 홈 구장의 증축을 맡겼고, 로베르토 만치니Roberto Mancini, 마누엘 페예그리니Manuel Pellegrini, 펩 과르디올라Josep Guardiola와 같은 명장을 감독으로 영입해 잉글랜드 프리미어리그 2019-2020 시즌의 우승을 차지했다. 스타 플레이어로는 포르투갈의 베르나르도 실바Bernado Silva, 독일의 일카이 귄도안Ilkay Gundogan, 잉글랜드의 잭 그릴리쉬Jack Grealish 등이 있다.

Web www.mancity.com

레스터 시티 FC Leicester City Football Club

홈 구장 킹 파워 스타디움 King Power Stadium | 잉글랜드 레스터

인구 30만 명의 도시, 레스터를 대표하는 구단으로 1884년에 창단됐다. 2015-2016 시즌 잉글랜드 프리미어리그 우승을 차지했고, 프리미어리그 진출 이후 최초의 7연승 행진을 달성할 정도로 무섭게 상승세를 이어가고 있다. 현재 감독은 브랜든 로저스Brendan Rodgers이며, 잉글랜드의 조니 에번스Jonny Evans가 주장으로 활약하고 있다.

Web www.lcfc.com

첼시 FC Chelsea Football Club

홈구장 스탬퍼드 브리지 스타디움 Stamford Bridge Stadium | 잉글랜드 런던 풀럼

1905년에 창단되어 런던을 연고지로 하는 구단. '더 블루스'라는 명칭으로도 불리며 잉글랜드 프리미어리그 6회, FA컵 8회 우승을 비롯해 UEFA가 주관하는 3개의 주요대회에서 우승을 거머쥔 이력을 가진 구단 중 하나이다. 감독은 그레이엄 포터 Graham Potter, 스타 플레이어로 브라질의 티아구 실바Thiago Emilianon da Silva, 잉글랜드의 메이슨 마운트Mason Tony Mount 등이 활약한다.

Web www.chelseafc.com

맨체스터 유나이티드 FC Manchester United Football Club

홈구장 올드 트래퍼드 스타디움 Old Trafford Stadium | 잉글랜드 맨체스터

1878년에 창단되었으며 한국 선수 박지성이 뛰었던 팀으로 한국에서도 인기가 높다. 2012~2013년 프리미어리그 우승으로 20번째 우승을 차지하면서 리버풀 FC가 갖고 있던 최고기록을 갱신했으며, 전 세계에서 가장 부유한 구단으로 최고 수입을 기록하고 있다. 감독은 에릭 텐 하흐Erik ten Hag, 스타 플레이어로는 잉글랜드의 해리 매과이어Harry Maguire, 포르투갈의 브루노 페르난데스Bruno Fernandes, 프랑스의 라파엘 바란 Raphael Varane 등이 있다. 포르투갈이 자랑하는 세계적인 스타 플레이어 크리스티아누 호날두는 2년간 이 팀에서 뛰다가 2023년 사우디 아라비아의 알 나스르로 이적했다.

Web www.manutd.com

토트넘 홋스퍼 FC Tottenham Hotspur Football Club

홈구장 토트넘 홋스퍼 스타디움 Tottenham Hotspur Stadium | 잉글랜드 토트넘

1882년에 창단했으며 1950년대부터 2000년대까지 수차례 메이저 대회 트로피를 들어 올린 명문 구단이다. 한국 선수 손흥민이 활약하고 있는 구단으로 한국 축구 팬들의 많은 지지를 받고 있다. 감독은 이탈리아의 안토니오 콘테Antonio Conte, 스타 플레이어로 프랑스의 위고 요리스 Hugo Lloris, 잉글랜드의 해리 케인Harry Kane, 한국의 손흥민, 아르헨티나의 크리스티안 로메로Christian Romoro 등이 활약하고 있다.

Web www.tottenhamhotspur.com

아스널 FC Arsenal Football Club

홈 구장 에미리트 스타디움 Emirates Stadium | 잉글랜드 런던 이즐링턴

1886년에 창단된 팀으로 런던을 연고지로 한다. 13번의 FA컵 우승으로 잉글랜드 최다 우승 기록을 갖고 있으며, 13번의 잉글랜드 프리미어리그 우승기록도 가지고 있다. 명장 아르셴 벵거Arsene Wenger 전 감독이 이끌었던 팀으로, 현재 감독은 스페인의 미켈 아르테타Mikel Arteta이다. 스타 플레이어로는 프랑스의 윌리엄 사리바William Saliba, 브라질의 가브리에우 제수스Gabriel Jesus가 있다.

Web www.arsenal.com

* 우승 경력, 소속 감독 및 선수 관련 정보는 2023년 3월 기준이므로 추후 변동될 수 있음

잉글랜드 프리미어리그 티켓 구입하는 방법

- 직관하고 싶은 구단의 홈페이지에 접속한다.
- 구단마다 규정은 다르지만 맨체스터 유나이티드 FC의 경우 회원등급이 시즌권, 유료회원, 무료회원으로 구분되는데 유료회원이 되면 경기시작 1개월 전부터 티켓을 예매할 수 있으며 비회원은 2주 전부터 남은 표를 저렴하게 살 수 있다.
- 티켓 가격은 £80~100 정도인데 빅 매치의 경우 £200를 넘을 때도 있다.
- 구단 홈페이지에서 예약하기 어렵다면, 티켓 예약 대행사 홈페이지를 이용하는 방법도 있다.
- 다른 도시에서 경기가 열릴 경우, 기차나 버스 등 교통수단을 미리 예약해야 저렴하게 이동할 수 있다.

티켓 예약 대행사 홈페이지
스텁 허브 www.stubhub.co.kr
프리미어 티켓 www.premierticket.kr

BRITISH FOOD

영국은 의외로 맛있다
꼭 먹어봐야 할 음식 리스트

영국의 대표음식 피시 앤 칩스가 영국 음식의 전부는 아니다. 런더너들은 영국 음식만 고집하기보다 전 세계의 여러 음식을 두루 즐긴다. 런던 곳곳에 자리한 합리적이고 건강한 음식을 내놓는 식당들은 런더너는 물론 여행자들의 입맛도 만족시킨다.

잉글리시 브렉퍼스트 English Breakfast

이웃나라 프랑스에서는 빵과 잼(버터)·우유·주스·커피 정도로 아침 식사를 간단히 해결하는 데 비해 영국의 아침 식사는 상당히 푸짐한 편이다. 호텔에서 즐길 수 있는 뷔페식 메뉴에는 보통 스크램블드 에그, 소시지, 베이컨에 과일과 채소, 커피와 티까지 포함되어 든든하게 하루를 시작할 수 있다. 대부분의 잉글리시 브렉퍼스트는 바삭하게 구운 베이컨, 콩, 달걀 프라이, 해시포테이토, 블랙 푸딩, 구운 버섯, 소시지가 한 접시에 담겨 나온다.

스카치 에그 Scotch Egg

삶은 달걀을 다진 소시지로 감싸서 튀기는 간단한 요리로 식당에서 애피타이저나 어린이 메뉴로 나오기도 한다. 1738년 런던의 포트넘 & 메이슨 매장에서 처음 선보인 이래 런더너들의 피크닉 메뉴로 많이 등장하는 대중적인 음식이다. 다진 소시지나 고기로 삶은 달걀을 감싸고 밀가루, 달걀, 빵가루 순으로 튀김옷을 입혀 200℃로 예열한 기름에 튀기면 완성된다.

피시 앤 칩스 Fish & Chips

대구나 가자미와 같은 흰 생선살로 만드는 생선튀김에 감자튀김을 곁들인 영국 대표음식. 생선에 소금과 후추를 뿌리고 밀가루, 달걀노른자, 맥주, 우유 등을 넣어 튀긴 다음 식초나 소금을 뿌려 먹는다. 1860년대 동유럽 출신 유대인 이민자 조셉 말린 Joseph Malin이 흰살생선과 두툼하고 길쭉하게 자른 감자를 튀겨 판매한 것에서 유래했다. 높은 칼로리와 포만감으로 노동자들에게 인기를 얻었고, 영국의 인기 메뉴로 자리 잡았다. 영국 해안에서 많이 잡히는 대구, 명태 등으로 만들며 여행자라면 한 번쯤 맛봐야 할 음식이 되었다.

셰퍼드 파이 & 코티지 파이 Shephard's Pie & Cottage Pie

으깬 감자를 올려 구운 미트 파이다. 다진 양고기로 만든 것은 셰퍼드 파이, 다진 쇠고기로 만든 것을 코티지 파이로 칭하며 주로 메인 요리로 먹는다. 쇠고기와 채소를 넣고 소금, 후추로 간한 뒤 볶다가 레드 와인과 채소, 우스터 소스를 넣은 것을 그라탕 용기에 담는다. 그 위에 버터를 넣은 으깬 감자를 올려 평평하게 펴준 다음 200℃로 예열된 오븐에서 25분간 굽는 것으로 마무리한다. 간편하게 즐길 수 있는 음식으로 영국 사람들은 점심 또는 저녁 식사로 먹는다.

요크셔 푸딩 Yorkshire Pudding

밀가루, 달걀, 우유를 섞은 반죽에 쇠기름을 첨가하여 구워낸 푸딩. 과거 빈곤층이 많이 살던 요크셔 지방에서 고기를 먹기 전 배를 채우기 위해 만들어진 음식으로 지금은 영국 전역에서 즐겨 먹는다. 고기를 오븐에서 굽는 과정에서 얻은 육즙을 사용해 만드는데, 대개 '푸딩' 하면 연상되는 달콤한 디저트가 아니라는 점이 특징. 로스트비프와 곁들여 먹으며, 주로 일요일 저녁 식사로 즐긴다.

비프 웰링턴 Beef Wellington

쇠고기의 안심이나 등심 덩어리에 으깬 푸아그라와 볶은 버섯으로 만든 페이스트를 바르고 페이스트리 반죽으로 고기를 감싸서 구운 요리. 1815년 워털루 전투에서 프랑스 군대에 승리를 거둔 아서 웰즐리Arthur Wellesley가 공작 작위를 받고, 그의 업적을 기리고자 만들어진 음식이다. 비프 웰링턴의 쇠고기는 완전히 익히지 않은 레어에 가까운 상태로 조리하는 것이 정통 조리법이므로, 덜 익은 쇠고기가 익숙하지 않다면 고려해 볼 필요가 있다.

뱅어즈 앤 매시 Bangers and Mash

제1차 세계대전 당시 만들어 먹던 소시지로, 돼지고기를 잘게 썰어서 육질을 살린 소시지인 뱅어즈에 으깬 감자, 버섯, 완두콩 등의 사이드 메뉴를 곁들여 먹는 음식이다. 펍에서 맥주 안주 또는 간단한 식사로 즐길 수 있다.

런던에서 가볍게 즐기는 헬시 & 패스트푸드 레스토랑

비싼 물가를 자랑하는 런던에서 합리적으로 한 끼 식사를 즐기려면 사무실이 모여 있는 지역으로 가자. 사무직 종사자들을 대상으로 건강하고 푸짐한 패스트푸드를 판매하는 식당들이 대거 모여 있기 때문이다. 합리적인 가격에 건강한 메뉴를 즐길 수 있는 식당을 알아보자.

프레타 망줴 Pret A Manger

프랑스인 싱클레어와 줄리앙이 영국에서 처음 문을 연 슬로우푸드 레스토랑으로 레스토랑과 이탈리안 카페를 결합한 형태이다. 세련되고 깔끔한 공간에서 건강한 음식을 선보인다. 샌드위치, 샐러드, 수프와 스무디 등 건강한 패스트푸드를 표방하며 런더너들의 입맛을 사로잡고 있다. 뉴욕, 파리, 홍콩, 런던 등에 400여 개의 매장이 있다.

Add 65 Long Acre, London
Open 월~금요일 06:00~20:00, 토요일 07:00~20:00, 일요일 07:30~18:30
Fare 샐러드 £3.99~, 랩(샌드위치) £4.99~,
Tel 020 7932 5324
Web www.pret.co.uk

레온 Leon

'내추럴 패스트푸드'를 지향하는 빈티지 스타일의 내부 인테리어가 눈길을 끈다. 한국 스타일의 매콤한 소스가 들어간 치킨 버거를 비롯해 치킨 또는 생선과 신선한 채소를 넣어 만든 랩Wrap, 그린 커리가 들어간 태국 스타일의 핫 박스Hot Box, 모로코 스타일의 미트볼 핫 박스 등 다양한 나라의 건강한 음식을 맛볼 수 있다.

Add 275 Regent Street, London
Open 월~금요일 07:00~22:00, 토~일요일 09:30~22:00
Fare 핫 박스 £5.95~, 버거 £5.75~
Tel 020 7495 1514
Web www.leon.co

잇츠 Itsu

영국에 총 76개, 런던에만 56개의 매장이 있는 아시아 음식 전문 식당. 프레타 망줴의 공동 창업자인 줄리앙 멧칼프가 2013년에 창업했다. 누들, 만두, 스시, 치킨, 스프 등 한국인에게 익숙한 음식을 만나볼 수 있다.

Add 2-4 Neal Street, London
Open 월~금요일 11:00~21:00, 토요일 11:00~20:00, 일요일 12:00~19:00
Fare 스시 £3.99~, 우동 £7~
Tel 0203 805 7924
Web www.itsu.com

영국을 대표하는 셰프들

해외 리얼리티 프로그램 〈헬스 키친〉에서 불같은 성격으로 주방을 휘어잡아 대중에게 유명해진 셰프 고든 램지는 영국을 대표하는 셰프로 자리매김했다. 그의 뒤를 이어 브레트 그라햄과 제임스 로위 등 미슐랭 스타 셰프들이 급부상 중이다.

브레트 그라햄 Brett Graham

런던 메이페어에 위치한 '스퀘어 레스토랑'과 같은 투자자가 운영하는 자매 레스토랑 '레드버리The Ledbury'의 셰프 브레트 그라햄. 그는 15세 나이에 요리계에 입문해 뉴 캐슬, 호주 등지에서 실력을 쌓았다. 이후 스퀘어 레스토랑에서 3년간 일하다 한적한 고급 주택가인 노팅힐에 문을 연 레스토랑에 부임했다. 부임하자마자 미슐랭 스타를 받았을 뿐만 아니라 세계적인 음료 제조 회사 산 펠레그리노에서 뽑은 월드 베스트 레스토랑 톱 텐의 영예까지 거머쥐었다.

제임스 로위 James Lowe

'세인트 존스', '팻 덕' 등 유명 레스토랑에서 20대를 보낸 제임스 로위가 런던에서 가장 트렌디한 쇼디치에 가게를 열었다. 동료 셰프와 함께 팝업 레스토랑을 열면서 유명세를 타기도 했다. 쇼디치의 레스토랑 '라일즈 Lyle's'는 제철 재료를 사용해 매일 다른 요리를 선보이는 캐주얼 레스토랑 겸 카페로 미슐랭 1스타를 받았다.

고든 램지 Gordon Ramsay

고든 램지는 영국 음식이 세상에서 제일 맛없다는 편견을 없애는 데 한몫한 스타 셰프다. 해외 리얼리티 프로그램을 시작으로 한국 예능 프로그램 〈냉장고를 부탁해〉와 맥주 광고로 국내에서도 유명해진 고든 램지는 〈마스터 셰프〉와 〈키친 나이트메어〉 등 영국의 요리 관련 리얼리티 쇼에 출연하여 카리스마를 보여주기도 했다. 미슐랭 스타만 도합 14개를 보유하고 있는 그는 첼시에 레스토랑 '고든 램지Restaurant Gordon Ramsay'를 오픈해 미슐랭 스타의 최고 등급인 3스타를 획득했으며, 요식업에서의 공헌을 인정받아 대영제국 훈장 4등급을 받은 영국 대표 셰프로 꼽힌다. 우리나라에서는 14만 원짜리 수제 버거로 화제를 모은 '고든 램지 버거'와 무한 리필 방식의 '고든 램지 스트리트 피자'를 열었으며 KBS 2TV 예능 프로그램 '신상 출시 편스토랑'에도 출연했다.

AFTERNOON TEA

세상에서 가장 달콤한 오후
애프터눈 티

애프터눈 티는 과거 영국 사람들이 오후 4~5시 사이 배가 출출한 때에 티와 디저트를 즐기는 휴식 시간을 일컫는 말에서 유래했다. 세상에서 제일 사치스럽고도 달콤한 휴식, 애프터눈 티를 본고장에서 직접 경험해 보자.

애프터눈 티

19세기 중반 베드포드 7대 공작부인 안나 마리아가 애프터눈 티를 고안해 냈다. 그녀가 점심과 저녁 식사 사이의 출출함을 달래고자 달달한 디저트와 홍차를 먹던 것이 상류층 문화에 널리 전파되었다. 그래서 애프터눈 티는 본래 '상류층 사람들의 오후 간식 시간'을 의미한다.

영국과 티 문화, 그 불가분의 관계

과거 중국의 티 문화가 영국에 전해진 시기는 17세기 중반이다. 1662년 포르투갈의 공주 캐서린이 영국의 찰스 2세 왕자와 결혼한 뒤 티를 마시는 습관을 전파했다. 그녀는 결혼지참금으로 인도 뭄바이에서 난 아쌈 홍차를 가져와 영국 왕실 사람들이 즐기게 하는 데 톡톡한 공을 세웠다. 이후 영국의 티 문화는 일반 대중에게도 전해져 눈 뜨자마자 마시는 '얼리 모닝 티', 아침 식사에 즐기는 '브렉퍼스트 티', 오후 4~5시에 즐기는 '애프터눈 티' 등에 이르렀다.

티는 영국 사람들에게 바쁜 일상 속 여유를 주는 문화이자 일상으로 자리 잡았다. 오늘날 영국 사람들은 하루에도 4~5차례 이상 티를 마시기도 한다. 그중에서도 애프터눈 티는 전 세계적으로도 널리 퍼져 있는 디저트 문화다. 애프터눈 티의 하이라이트는 종류별로 나오는 디저트와 그것들을 담은 식기다. 호사스러운 예쁜 접시와 스탠드 트레이에 케이크, 샌드위치, 초콜릿, 스콘 등 다양한 디저트가 담겨 나온다. 크림 티는 스콘, 애프터눈 티는 미니 샌드위치, 스콘, 케이크 등과 곁들여 먹는다.

가장 대중적인
애프터눈 티의 모습

3층 케이크와 초콜릿
디저트류로 구성되어 있는 층이다. 한 손에 들고 먹을 수 있는 크기의 케이크와 초콜릿이 준비되어 있으니, 달콤하고도 맛있는 케이크와 초콜릿을 마음껏 즐겨보자.

2층 스콘
갓 나온 따뜻한 스콘의 바깥은 단단하지만 속은 부드러워 나이프로 잘라 먹을 필요가 없다. 잘 구워진 스콘은 약간의 힘만 주면 자연스럽게 쪼개지므로 손으로 들고 먹어보자. 취향에 따라 딸기 혹은 자두 등으로 만든 잼을 곁들여 먹을 수 있다. 클로티드 크림도 빼놓을 수 없는 필수요소다.

1층 샌드위치
샌드위치는 삼각형 혹은 사각형 형태로 자른 모양으로 제공된다. 한입에 먹을 수 있을 만큼 적당한 크기로 나오므로 포크나 나이프를 사용하지 않고 먹을 수 있다.

홍차와 티(음료)
애프터눈 티의 주인공은 다름 아닌 홍차다. 영국은 티 문화를 갖고 있는 만큼 다양한 블렌디드 티가 존재한다. 가게 별로 자신 있게 내놓는 티 메뉴가 있으니 확인해 보고 취향에 맞게 선택하자.

애프터눈 티, 그것이 궁금하다 Q&A

Q 예약이 꼭 필요한가요? 드레스 코드가 정해져 있나요?

A 애프터눈 티는 리츠 호텔을 비롯한 대부분의 고급호텔에서 즐길 수 있습니다. 예약은 꼭 하지 않아도 되지만 일부 장소는 사전에 반드시 예약을 해야 합니다. 드레스 코드는 엄격하지 않은 편이나 일부 장소는 예약 시 드레스 코드를 알려주기도 합니다. 슬리퍼나 민소매 차림은 피하세요. 세미 캐주얼 의상 정도가 무난합니다.

Q 먹는 순서가 정해져 있나요?

A 반드시 정해져 있는 것은 아니나 대체적으로 1층부터 차례로 먹습니다. 다시 말하면 1층에 자리한 샌드위치부터 2층의 스콘, 마지막으로 3층의 디저트류 순서로 먹게 됩니다. 보통 가장 아래층인 1층에는 여러 종류의 샌드위치, 2층에는 스콘과 곁들일 수 있는 잼·버터·크림, 3층에는 초콜릿이나 쿠키 및 케이크가 서비스됩니다.

Q 스콘을 더 맛있게 먹는 방법이 있나요?

A 스콘은 과일로 만든 잼, 버터, 클로티드 크림을 발라 먹으면 맛이 조화로워져 스콘이 몇 배는 더 맛있어집니다. 간혹 스콘을 먹을 때 잼이 먼저냐 클로티드 크림이 먼저냐 하는 논쟁은 여행자를 혼란스럽게 만들기도 하지요. 영국에서도 지역마다 어떤 것이 먼저냐 하는 논쟁을 벌이지만, 우리는 취향대로 먹어보고 판단해 보도록 합시다.

Q 티를 처음 고른다면 추천할 만한 리스트가 있나요?

A 티의 종류는 가게마다, 그리고 어떻게 블렌드를 하느냐에 따라 각양각색이므로 추천 리스트는 따로 존재하지 않습니다. 취향에 따라 얼 그레이, 잉글리시 브렉퍼스트, 아쌈, 실론, 베르가못, 블루베리 등 다양한 티를 고를 수 있지만 구매자의 선택권 없이 가게에서 엄선한 티를 제공하는 곳도 있습니다. 결정하기 어렵다면 직접 티의 향을 맡아볼 수 있는 가게에 가보는 것을 추천합니다.

애프터눈 티 카페 추천 리스트

포트넘 & 메이슨 Fortnum & Mason

1707년 윌리엄 포트넘Willium Fortnum이라는 앤 여왕의 하인이 영국 군대에 보존식품을 납품하면서 시작된 브랜드이다. 고급스러운 맛과 향으로 영국 사람들에게 사랑받는 홍차와 티 타임의 분위기를 돋워주는 본 차이나 도자기를 비롯한 티 관련 도구를 만날 수 있다. 런던 피커딜리에 자리한 매장은 약 300년이 넘는 세월동안 한자리를 지키고 있다.

🫖 **추천 아이템** 잉글리시 브렉퍼스트, 로열 브랜드, 퀸 앤

Add 181 Piccadilly, London **Open** 월~토요일 10:00~22:00, 일요일 11:30~18:00 **Day Off** 12월 25~26일
Fare 스리 미니 그린 티Three Mini Green Teas £15.95 **Tel** 020 7734 8040
Web www.fortnumandmason.com

트와이닝 Twinings

1706년에 티 룸으로 시작한 티 제조사로 10대째 가업을 이어오고 있다. 200여 가지의 다양한 티를 갖춘 트와이닝은 런던의 플래그십 스토어부터 슈퍼마켓까지 영국에서 가장 대중적인 브랜드로 자리매김했다. 1837년 빅토리아 여왕 즉위 이후 지금까지 영국 왕실 납품권을 유지하고 있을 정도로 품질이 뛰어나다. 플래그십 스토어에서는 리미티드 에디션 티 등, 특별한 제품을 만날 수 있다.

🫖 **추천 아이템** 리미티드 에디션 티

Add 216 Strand, London **Open** 월~수, 토~일요일 11:00~18:00, 목요일 11:30~18:30, 금요일 11:00~18:00
Fare 잉글리시 스트롱 브렉퍼스트English Strong Breakfast £5.29, 콜드 인퓨즈 패션프루트, 망고 & 블러드 오렌지Cold Infuse Passionfruit, Mango & Blood Orange £2.95
Tel 020 7353 3511 **Web** www.twinings.co.uk

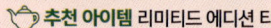

위타드 오브 첼시 Whittard of Chelsea

1886년 런던의 상인이었던 월터 위타드 Walter Wittard에 의해 설립되었으며 영국에만 77개의 매장이 있다. 100가지가 넘는 다양한 종류의 차를 갖추고 있다. 홍차가 주를 이루며 따뜻한 우유와 함께 밀크티로도 즐길 수 있다. 달달한 과일 베이스의 홍차를 선호하는 사람에게 제격인 곳이다.

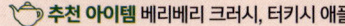 추천 아이템 베리베리 크러시, 터키시 애플

Add 9 The Marketplace, London **Open** 매일 10:00~20:00
Fare 펌킨 스파이스 우롱 루즈 티Pumpkin Spice Oolong Loose Tea ￡10.50, 애플 & 엘더플라워 루즈 티Apple & Elderflower Loose Tea ￡7 **Tel** 020 7836 7637 **Web** www.whittard.co.uk

TWG T.W.G

2008년 싱가포르에서 시작된 브랜드. 브랜드명 위에 적힌 숫자 1837은 동서양 티 무역의 중심지로 떠오른 싱가포르 상공회의소가 설립된 연도로 회사의 창립 연도와는 무관하다. 포 시즌스 호텔을 비롯 세계적인 럭셔리 호텔에서 800여 가지의 다양한 향과 맛을 가진 티를 만날 수 있으며, 런던에도 매장이 있다. 잎차를 원하는 만큼 구매할 수 있고, 순면으로 만든 핸드메이드 티백 제품도 판매한다.

추천 아이템 누와라엘리야(스리랑카 고산지역의 이름을 딴 홍차), 모로코 민트 티

Add 48 Leicester Square, London
Open 매일 11:00~20:00
Fare 엠파이어 티 셀렉션The Empire Tea Selection ￡10.50
Tel 020 3972 0202 **Web** www.twgtea.com

COFFEE SHOP IN LONDON

커피 마니아라면 주목!
지금 제일 핫한 런던 카페

독특하고 개성 넘치는 인테리어에 싱글 오리진 커피 맛을 고집하는 런던의 카페들 중 가장 트렌디한 카페 몇 곳을 소개한다. 양질의 원두와 세심한 로스팅이 만들어내는 새로운 커피의 세계를 맛볼 수 있는 장소에 들러 커피 한잔의 여유를 만끽해 보자.

올프레스 에스프레소 로스터리 앤 카페
Allpress Espresso Roastery and Cafe

2010년 레드처치 스트리트에 처음 문을 연 이후 변함없이 훌륭한 커피 맛으로 꾸준한 사랑을 받아 온 카페. 베스널 그린의 옛 공장 건물에 로스팅 하우스 겸 카페를 열었다. 공장이었던 곳이라고는 느껴지지 않을 만큼 싱그럽고 쾌적한 공간에서 커피를 즐길 수 있다. (p.297)

키스 더 히포 Kiss the Hippo

오가닉 로스팅과 공정 무역, 친환경 포장재 사용을 원칙으로 내세운 카페. 귀여운 빨간 하마가 눈길을 끈다. 2018, 2019, 2020년 UK 바리스타 대회에서 3차례나 우승한 바리스타가 최상 품질의 스페셜티 커피를 제공한다. (p.157)

그라인드 Grind

2015년에 론칭해 런던에만 5개의 매장을 열면서 최근 가장 핫한 브랜드로 이름을 알리고 있는 카페. 지역의 특성에 맞게 인테리어도 각기 다르게 디자인해 원하는 분위기에서 시간을 보낼 수 있게 배려했다. 하루 종일 커피와 칵테일 등의 음료를 즐길 수 있으며, 주말에는 브런치를 즐기려는 사람들로 붐빈다. (p.226)

오모테산도 커피 Omotesando Koffee

대형 통유리 안으로 보이는 미니멀하고 개성 넘치는 인테리어로 시선을 사로잡는 카페. 일본 사람이 운영하는 카페로 도쿄, 홍콩에 이어 런던에도 문을 열었다. 싱글 오리진 커피의 신선함과 스페셜티 커피를 돋보이게 하는 추출로 뛰어난 맛을 자랑해, 오픈하자마자 런던의 커피 애호가들 사이에서 화제가 되었다. (p.198)

아라비카 Arabica

일본인 케네스 쇼지가 창업한 글로벌 커피 체인으로 전 세계 18개국, 124개의 매장을 운영 중이다. 우리나라도 지난 22년 9월 11일에 삼성동 코엑스점을 오픈하면서 많은 인기를 얻었다. 화이트 컬러로 마감된 세련된 인테리어가 특징이며, 퍼센트(%) 모양의 로고로 우리나라에서는 '응' 커피로도 통한다. 교토·스패니시·말차 등 다양한 종류의 라테를 추천한다.

PUB OF LONDON

'힙'한 런던을 경험하려면
펍에서 즐기는 맥주 한잔

런던의 가장 힙한 모습을 보고 싶다면? 답은 펍이다. 런더너들의 자연스러운 일상을 보고 싶다면? 이 또한 답은 펍이다. 펍에 가면 영국의 다양한 브랜드 맥주와 안주를 맛볼 수 있고, 펍을 찾은 런더너들의 진솔한 모습을 만날 수 있다. 오직 영국에서만 만날 수 있는 펍의 분위기를 느껴보자.

알고 보면 재밌는 펍 문화

펍은 퍼블릭 하우스Public House의 줄임말로, 독일에선 '호프Hof'라고 불린다. 1100년경에 처음 생겨난 이래 영국 사람들의 휴식공간이자 사교의 장, 식사장소 등 다양한 역할을 해왔다. 영국에 있는 8만여 개의 펍에서는 저녁이 되면 인근 주민들이 삼삼오오 모여 잉글랜드 프리미어리그를 관람하며 맥주를 즐기거나, 직장 동료나 친구들끼리 모여 수다를 떤다. 과거에는 숙박업도 겸해 타지에서 온 사람들에게 숙소를 제공했지만 오늘날에는 많이 사라지고 있다. 또한 런던과 같은 대도시에서는 전통적인 스타일의 펍이 사라지고 있지만 현지인들이 모여 사는 외곽이나 소도시에서는 명맥을 이어나가고 있다. 여담으로 펍의 이름은 주요 고객이었던 서민들이 알아보기 쉽도록 유명 인사나 동물 등의 이름과 그림을 조합하여 만들었다고 한다. 런던 외곽 지역에만 가도 개성 넘치는 다양한 이름의 펍을 만날 수 있다. 오늘날의 펍은 일반적으로 오전 11시부터 오후 11시까지 운영하며, 맥주가 메인이지만 스카치 위스키, 진, 와인, 사과주, 홍차 등도 마실 수 있다.

TIP

캐스트 마크 Cast Marque

에일 맥주 단체에서 엄선해 수여하는 인증 마크로, 효모가 풍부하게 살아 있는 신선한 맥주를 제공하는 펍에만 수여된다. 펍 입구에 이 마크가 붙어있다면 맥주 퀄리티가 보장된 가게이니 안심해도 좋다.

펍의 종류

펍은 어떤 맥주를 파느냐에 따라 그 명칭이 달라진다. 특정 양조회사의 술을 파는 타이 하우스Tied House, 여러 양조회사의 술을 파는 프리 하우스Free House, 직접 수제로 맥주를 만드는 크래프트 하우스Crafted House 등 크게 세 가지로 나눌 수 있다. 어느 펍이 좋다고는 단언할 수 없지만 양조회사에서 술을 공급받는 곳에서는 취향에 맞는 맥주를 선택할 수 있고, 수제로 만드는 곳에서는 그 가게 특유의 맥주 맛을 느낄 수 있다는 장점이 있다. 이는 취향의 문제이므로 자신에게 맞는 펍을 선택해 가보길 권한다.

펍에서는 이렇게 주문하자

주문 과정은 간단하다. 우선 바에 가서 직접 주문을 하고 금액을 지불한다. 맥주 한 잔의 가격은 1파인트(568mL)에 £8 수준으로, 주문한 맥주가 나오면 받아서 서서 마시면 된다.

한적한 시간에는 맛보고 싶은 맥주를 시음할 수 있다. 마셔보고 싶은 맥주를 정확히 가리키면서 "Can I get a pint of (맥주 혹은 브랜드 이름) please?" 혹은 간단하게 "A pint of (맥주 혹은 브랜드 이름), please"라고 말하면 술을 뽑아준다.

사람이 몰리는 저녁에는 매장이 시끌벅적해지므로 주문할 때는 목청을 높여보자. 안주나 식사를 주문하면서 테이블 번호를 알려주면 자리로 가져다주기도 한다.

펍, 그것이 궁금하다 Q&A

Q 펍이 가장 바쁜 시간대는 언제인가요?
A 주로 금요일 저녁이 가장 바쁜 시간대입니다. 이 외에도 잉글랜드 프리미어리그 경기 중계 전후나 실내 라이브 공연이 열릴 때 분위기는 그야말로 열광의 도가니가 되지요. 복작거리는 게 싫다면 차라리 한가한 시간대를 공략하는 것도 방법입니다. 앞에서 언급한 시간대만 피해도 훨씬 한가롭게 펍을 즐길 수 있습니다.

Q 술은 아무 곳에서나 먹어도 된다고 하는데, 정말인가요?
A 금액을 지불한 술은 주어진 영역 내에서라면 어디서나 마실 수 있습니다. 기본적으로 서서 마시며, 펍 밖에서 마시기도 합니다. 단, 영역 바깥으로 벗어나면 보안 직원들이 알려줍니다. 참고로 실내 흡연은 금지되어 있으므로 담배를 피우려면 반드시 밖으로 나가야 합니다.

Q 술을 잘 못하는데 꼭 술을 주문해야 하나요?
A 상관없습니다. 무알코올 음료도 준비되어 있으니 걱정하지 마세요. 대부분의 펍에서 무알코올 칵테일, 와인, 위스키 등을 팔고 있습니다. 맥주를 잘 마시지 못하는 사람에게는 맥주와 레모네이드를 섞은 맥주 샌디Shandy를 권합니다.

Q 미성년자도 출입 가능한가요?
A 만 18세 미만의 미성년자는 단독으로 출입할 수 없고, 성인과 동행할 때 식사를 하는 조건으로 출입이 가능합니다. 간혹 외국인은 펍에서 나이 확인을 위해 여권 제시를 요구하기도 하니, 여권은 늘 소지하며 다니도록 합니다.

* 알아두면 좋을 파인트 단위 : 1파인트 = 568mL, 하프 파인트 = 284mL

펍 추천 리스트

하프 The Harp
좁다란 건물에 자리한 전통적인 펍으로 런던의 일간지 〈런던 이브닝 스탠다드〉에서 '2019년 최고의 펍'으로 선정되는 등 여러 단체에서 최고의 펍으로 인정받았다. 소호 중심에 있어 접근성이 좋다. (p.158)

조지 인 George Inn
서더크 보로우 마켓 맞은편에 있는 전통적인 펍으로 1676년 화재로 불탄 건물을 재건축했다. 과거 숙박시설도 운영했으나 지금은 펍으로만 이용된다. 여름에 넓은 야외공간에서 맥주를 즐기기 좋다. (p.239)

램 앤 플래그 Lamb & Flag
1623년 튜더 왕가 시절부터 오늘날까지 이어지고 있는 펍 중 하나로, 과거 극작가 셰익스피어, 소설가 찰스 디킨스, 시인 드라이든이 단골이었던 곳으로 유명하다. 종종 투견판이 벌어져 '양동이의 피'라는 별명이 붙은 적도 있다.

코치 앤 호스 Coach & Horses
소호와 메이페어에 있는 전통 펍. 1770년에 문을 연 메이페어 지점은 1770년에 런던에서 가장 오래된 펍 중 하나이다. 블랙 컬러로 마감된 튜더 양식의 외관이 눈길을 끈다.

맥주의 종류

에일 Ale
에일은 효모가 그대로 살아 있는 생맥주로, 발효 도중 생기는 거품과 함께 맥주 표면으로 떠오르는 성질을 가진 효모를 이용해 만든다. 보통 18~25℃의 고온에서 2주 정도 발효시켜 15℃ 정도에서 1주 정도 숙성을 거쳐 색이 짙고 맛이 풍부하다. 세계 맥주 시장의 30% 정도를 차지하는 대중적인 맥주다.

올드 스펙클드 헨
Old Speckled Hen

'늙은 얼룩무늬 암탉'이라는 이름을 가진 에일 브랜드. 세계 최고 맥주 평론가였던 마이클 잭슨의 선택을 받아 인기를 얻었다. 호박색에 가깝고 세련된 홉의 향이 풍부하다.

런던 프라이드
London Pride

영국 에일 대표 브랜드. 약 360년의 역사를 자랑하며, 보리 특유의 고소한 맛과 산뜻한 과일 향이 담겨 있는 것으로도 유명하다.

풀러스
Fuller's

에일 특유의 탄산은 약하나 묵직한 바디감 위에 달큰함과 과일향이 입 안으로 퍼지다가 마지막에는 쓴맛으로 정리되는 독특하면서도 고급스러운 맛을 지닌 에일 중 하나다.

스타우트 Stout
보리는 물론 귀리와 호밀 몰트를 첨가하여 독특한 드라이함과 볶은 보리의 풍미가 느껴진다. 높은 알코올 도수와 강한 맛이 특징인 흑맥주 기네스와 머피가 이에 해당한다. 참고로 11~13℃에서 가장 맛있게 즐길 수 있다.

기네스
Guinness

250여 년 전에 아일랜드에서 태어난 에일 계열의 흑맥주. 볶은 몰트의 향과 깊은 홉의 맛에 커피, 크림, 초콜릿 등 다양한 풍미가 느껴지며 놀랍도록 부드러운 맛과 거품을 즐길 수 있다.

머피
Murphy's Irish Stout

영국 에일 대표 브랜드. 약 360년의 역사를 자랑하며, 보리 특유의 고소한 맛과 산뜻한 과일 향이 담겨져 있는 것으로도 유명하다.

라거 Lager

라거는 체코의 플젠Pilsen에서 처음 만들었으며 전 세계에서 소비되는 맥주의 70%를 차지한다. 발효 과정에서 아래로 가라앉는 하면효모(이스트)를 사용해 9~15℃의 저온에서 발효시켜 만드는 방식이다. 에일에 비해 향과 맛은 약하지만 시원한 청량감과 깔끔한 맛이 인상적이다. 5~7℃의 저온으로 차갑게 마시는 것이 좋다.

칼링
Carling

쌉싸름한 느낌의 첫맛에 이어 구수함과 부드러움이 느껴지는 황금빛 맥주. 영국 축구대회에 열광하는 사람들이라면 누구나 알 만한 '칼링 컵'의 공식 스폰서다.

테넌츠
Tennent's

스코틀랜드에서 판매량 1위를 자랑하는 맥주. 100% 스코틀랜드산 몰트로 제조하고 밝은 황금색을 띤다. 몰트 맥주 특유의 풍부한 풍미와 달콤함이 느껴진다.

IPA India Pale Ale(IPA)

18세기 중반 런던의 조지 호지슨George Hodgson이 만든 맥주로 당시 인도에 있던 영국인들을 위해 수출했던 맥주다. 산지에서부터 먼 거리를 이동해야 하고 기온이 높은 적도지역을 통과해야 했으므로, 효모가 알코올을 더 많이 만들어낼 수 있게 보리를 충분히 넣어 만들었다. 당을 발효시켜 단맛이 적은 대신 탄산이 높은 편이다.

브루 독 펑크
Brew Dog Punk

적당한 거품과 부드러움으로 홉의 특징을 느낄 수 있으며 향긋한 과일 향(자몽·오렌지류의 시트러스 향)과 쌉쌀한 향이 조화를 이룬다.

에드남스 사우스월드 이즈 업
Adnams Southwold Ease up

미국에서 인기 있는 세션 맥주에서 영감을 받아 만든 맥주. 허브 향에 시트러스 향, 멜론 향이 조화로운 풍미를 이루는 깔끔한 느낌이다.

GLOBAL BRAND

제품으로 가치를 증명한다
세계적인 영국 브랜드

전통을 중시하면서도 혁신을 꾀하고 창의적인 에너지를 발산하는 영국 디자이너와 사업가들은 전 세계 사람들의 라이프 스타일을 향상시키는 데 앞장서고 있다. 감성을 자극하는 콘텐츠부터 누구도 상상하지도 못한 날개 없는 선풍기까지, 영국 브랜드는 지금 이 순간에도 세상을 바꾸고 있다.

매거진

모노클 Monocle

국제 정세와 비즈니스라는 다소 지루한 소재에 디자인, 엔터테인먼트, 패션을 더해 풍요로운 문화생활을 추구하는 세련된 비즈니스맨들에게 사랑받는 잡지다. 라디오 방송 '모노클 24'로도 사람들과 소통하고 있다. 취재 대가를 제공받지 않는 매체로, 라디오 방송을 비롯해 숍, 카페 등을 운영하면서 수익을 낸다. 잡지의 퀄리티를 높이는 취재원들의 기사와 감각적인 편집은 디지털 시대에도 살아남을 수 있는 잡지로 만들었다. 여담으로 2018년 3월호에 문재인 전 대통령에 대한 특집 기사를 싣는 등 한국을 주요 이슈로 다루기도 했다.

시리얼 Cereal

잡지 〈킨포크Kinfolk〉와 더불어 가장 성공한 감성 잡지. 여행과 음식을 통해 평범함 속의 특별함을 담아내어 행복한 삶을 제시해 주는 잡지로, 한국 출신 편집장, 로사 박이 이끌고 있다. 한국에서는 시인 이병률, 셰프 박찬일 등 탄탄한 글솜씨를 갖춘 작가들과의 협업을 통해 현지화를 꾀하고 있으며, 심플한 사진과 설명을 통해 도시 여행을 돕는 시티 가이드북도 발간한다.

포트넘 & 메이슨 Fortnum & Mason

영국의 티 문화는 영국 왕실에서 시작되어 귀족들 사이에 유행처럼 퍼졌다. 한가로운 오후에 즐기는 '애프터눈 티'는 디저트와 홍차의 풍미를 즐기는 전통으로 자리 잡았다. 300년 전통을 자랑하는 홍차 브랜드 포트넘 & 메이슨은 1707년에 윌리엄 포트넘과 휴 메이슨이 공동으로 설립했으며, 1761년부터 영국 왕실에 납품하기 시작했다. 피커딜리 서커스에 플래그십 스토어를 두고 있다.

BEST OF LONDON

가전제품

다이슨 Dyson

둥근 몸통이 회전하면 주변 공기도 기류에 합류해 바람을 일으키는 원리로 만든 '날개 없는 선풍기'로 유명한 가전제품 브랜드. 영국 왕립 미술학교 출신 디자이너 제임스 다이슨이 설립했다. '5억 파운드의 사나이'로 통하는 그는 기발하면서도 성능이 뛰어난 제품을 내놓아 세상을 놀라게 한다. 먼지 봉투가 없는 진공청소기로 유럽 최고의 매출을 기록했으며, 물기를 순식간에 없애주는 손 건조기, 구멍이 뚫린 헤어드라이어 또한 과학과 디자인을 결합시킨 최고의 상품으로 사랑받고 있다.

자동차

벤틀리 Bentley

롤스로이스와 더불어 세계적인 명차 브랜드로 유명한 벤틀리는 1919년 벤틀리 형제에 의해 설립되었다. '르망 24시간 레이스'에서 6번이나 우승을 차지하는 등 뛰어난 내구성을 자랑한다. 시속 100km까지 속도를 올리는 데 걸리는 시간인 제로 백이 4.6초밖에 걸리지 않는다. 차 한 대의 인테리어 작업 시간만 약 170시간, 차 한 대의 총 제작 시간만 약 300시간이 걸리는 수제 자동차의 대명사로 자리매김했다. 지금은 소유주가 독일의 폭스바겐으로 바뀌었지만, 본사는 잉글랜드 맨체스터 인근의 크루Crewe에 있다.

패션

바버 Barbour

1894년 스코틀랜드 갈로웨이 출신 존 바버가 설립한 이후 5대에 이은 후손들이 운영하고 있는 브랜드. 변덕스러운 영국 기후에 맞춘 기능성 의류인 왁스 재킷으로 오랫동안 사랑받아 왔다. 1930년에는 영국 해군에 군용 재킷을 보급하였고, 1947년부터 영국 왕실로부터 납품 권한을 받아 오늘에 이르고 있다. 특히 항해사나 수렵을 즐기는 사람들에게 인기가 있다. 고 다이애나 왕세자비도 생전 바버 코트를 자주 입었다고 한다.

FASHION DESIGNER

댄디에서 펑크까지
영국 패션 & 브랜드 디자이너

영국 패션 디자이너들의 파격적인 행보는 캐주얼에서 오트 쿠튀르까지 다양한 장르를 넘나들며 자신만의 개성을 드러내는 방향으로 이어진다. 날씨가 변화무쌍한 런던에서 살아가려면 하나쯤 있어야 할 트렌치코트부터 일상에서 편하게 사용할 수 있는 가방까지 런던 여행을 세련되게 바꿔줄 패션 브랜드를 제안한다.

클래식을 변화시킨 혁신의 아이콘
폴 스미스 Paul Smith

노팅엄 출신의 폴 스미스는 사이클 선수가 되고 싶지만 교통사고를 당하며 자신의 꿈을 접어야 했다. 대신 패션으로 진로를 바꿔 경험을 쌓기 시작해, 1976년 자신의 이름을 딴 '폴 스미스 남성복 컬렉션'을 프랑스 파리 패션 위크에 발표했다. 1970년 노팅엄의 폴 스미스 남성복 매장을 시작으로 1979년에는 런던에 매장을 오픈했으며, 현재는 전 세계 250여 개의 매장을 운영하고 있다. 영국의 전통 수트 디자인 '사빌 로우 스타일'을 기본으로 하면서 독특한 컬러 조합으로 색상을 돋보이게 하는 폴 스미스의 수트에는 영국의 전통적인 장인정신이 녹아 있다. 2019년 한국 서울의 DDP에서 〈Hello, My name is Paul Smith〉라는 전시를 개최해 인기를 얻었다.

소호 코벤트 가든 지점
Add 40~44 Floral Street, London
Open 월~수요일 10:30~18:00, 목~금요일 10:30~19:00, 토요일 10:30~18:30, 일요일 12:00~18:00
Tel 020 7379 7113 **Web** www.paulsmith.com

군복으로도 제작된 트렌치 코트의 대명사
버버리 Burberry

영국 명품 브랜드의 대명사 버버리는 1856년 20세의 토마스 버버리가 햄프셔에 연 포목점에서 시작됐다. 변덕스러운 영국 날씨에 맞춰 가볍고 통풍이 잘되는 이집트 면에 방수 기능을 더한 개버딘 직물을 개발해 상표 등록을 했으며, 1891년 런던 헤이 마켓에 첫 매장을 냈다. 제1차 세계대전 당시 버버리의 코트는 내구성을 인정받아 영국군의 공식 트렌치코트로 장교에게 지급되었다. 1920년대에 안감으로 타탄체크 모양을 넣은 지금의 버버리 코트가 탄생했으며, 1955년 영국 엘리자베스 2세 여왕으로부터 왕실 인증 마크를 받았다. 1998년부터 차례로 질 샌더, 구찌, 지방시의 수석 디자이너를 크리에이티브 디렉터로 영입해, 버버리의 상징과도 같은 브라운 타탄체크의 트렌치코트 및 니트, 가죽소재의 트렌치코트 등을 내세워 젊은 브랜드로 리포지셔닝에 성공했다. 최근에는 2023년 F/W 컬렉션을 공개하며 다니엘 리가 새로운 수장으로 데뷔해 화제를 모았다.

소호 플래그십 스토어
Add 121 Regent Street, London **Open** 월~토요일 11:00~20:00, 일요일 11:00~18:00
Tel 020 7806 8904 **Web** www.burberry.com

영국을 대표하는 잇 백의 대명사
멀버리 Mulberry

영국을 대표하는 가죽 브랜드로 1971년 로저 솔Roger Saul이 설립했다. 로저는 가죽신발을 만들던 아버지의 영향으로 가죽에 관심을 갖게 되었고 사냥, 사격, 낚시와 같은 전원생활에서 영감을 받아 가죽 가방 브랜드 론칭을 구상하게 되었다. 멀버리의 상징인 뽕나무 로고를 디자인한 여동생과 멀버리의 첫 제품을 생산했고, 런던의 포토벨로 마켓에서 판매하기 시작했다. 클래식한 플랩에 견고한 오크 나무 컬러와 블랙으로 질리지 않는 멀버리의 가방은 패셔니스타들에게 꾸준히 인기를 얻고 있다. 특히 유명 셀럽을 내세워 홍보한 핸드백은 젊은이들에게 사랑받는 아이템이다.

메이페어 지점
Add 50 New Bond Street, London **Open** 월~토요일 10:00~19:00, 일요일 12:00~18:00
Tel 020 7491 3900 **Web** www.mulberry.com

패션계의 앙팡 테리블
알렉산더 맥퀸 Alexander McQueen

16세에 사빌 로우의 재단사로 업계에 첫발을 내디딘 알렉산더 맥퀸Alexander McQueen은 밀라노에서 일하다 세계적인 패션 스쿨인 세인트 마틴을 거쳐 자신의 브랜드를 론칭했다. 론칭 초기에는 그의 디자인에 호의적이지 않은 언론 때문에 고전하기도 했으나, 1996년 올해의 브리티시 디자이너로 선정되는 등, 패션계에 파란을 일으키며 지방시의 수석 디자이너로 발탁됐다. 전통 양복 재단 기법을 기반으로 습득한 기술과 로맨틱하면서도 감성적인 프랑스 오트 쿠튀르 제작 경험을 더해 만든 그의 옷은 데이비드 보위David Bowie를 비롯한 유명 록 가수들이 즐겨 입을 정도로 인기를 얻었다. 애석하게도 그는 2010년 런던의 메이페어에 있는 자신의 저택에서 자살로 생을 마감했다.

메이페어 플래그십 스토어
Add 27 Old Bond Street, London
Open 월~토요일 10:30~18:30, 일요일 12:00~18:00
Tel 020 7355 0088
Web www.alexandermcqueen.com

영국 패션계의 대모
비비안 웨스트우드 Vivienne Westwood

비비안 웨스트우드는 1941년 더비셔의 작은 마을에서 태어났다. 16세에 아트 스쿨에서 수업을 받던 그녀는 로큰롤과 아방가르드 미학, 패션에 탐닉했던 말콤 멕라렌Malcolm McLaren과 협업하여 1971년 런던 킹스 로드 430번지에 첫 번째 숍 '렛 잇 락Let it Rock'을 열었다. 비구조적 셔츠와 화려한 색깔의 바지로 도발적인 스타일을 강조하는 반면 귀족적 우아함과 세련됨, 전통의 낭만을 선보이는 등 다양한 아이디어를 통해 패션계는 물론 문화계에도 막강한 영향력을 끼치고 있다. 영국 엘리자베스 2세 여왕으로부터 대영제국 2등급 훈장을 받으며 공로를 인정받았으며 2022년 12월 29일, 향년 81세로 사망했다.

메이페어 플래그십 스토어
Add 44 Conduit Street, London
Open 월~수요일 10:00~18:00, 목~토요일 10:00~19:00, 일요일 12:00~17:00
Tel 020 7439 1109
Web www.viviennewestwood.com

귀여운 꽃무늬의 실용적인 가방
캐스 키드슨 Cath Kidston

1993년 런던 노팅힐의 홈 인테리어 숍으로 시작된 브랜드로 영국식 정원에서 모티브를 얻은 다양한 패턴을 빈티지 감성으로 디자인하여 전 세계 여성들의 사랑을 받고 있다. 화사한 꽃무늬 또는 과일무늬 패턴 디자인으로 방수 기능을 갖춰 실용성을 더한 백팩과 여행 시 소지품을 넣고 다닐 수 있는 가벼운 크로스백 등은 일상에서 요긴하게 사용할 수 있어 하나쯤 욕심내 볼 만한 아이템이다.

피커딜리점
Add 180 Piccadilly, London
Open 월~토요일 10:00~21:00, 일요일 12:00~18:00
Tel 020 7240 8234
Web www.cathkidston.com

CHEMIST SHOPPING

가성비는 물론 가심비 갑
영국 뷰티 브랜드

런던에는 우아하고 사랑스러운 쇼핑 아이템이 가득하다. 많은 쇼핑 스팟 중에서도 특히 영국의 드럭 스토어는 상상 이상으로 규모가 크고 취급하는 제품도 무궁무진하다. 특히 뷰티에 관심이 있다면 드럭 스토어로 달려가 보자.

닐스 야드 레머디스 Neals Yard Remedies

500년 전통의 허브 치유법을 계승하고 있는 영국 유기농 화장품 브랜드. 영국 최초로 유기농 에센셜 오일을 만들었으며 유기농 인증을 받은 원료로 민감성 피부를 위한 스킨 케어 제품을 선보였다. 선물용으로 좋은 와일드 로즈 뷰티 밤과 립 밤 등이 있으며, 리프트 크림 등의 기초 라인은 스테디셀러로 사랑받고 있다.

👍 **추천 아이템**

① **와일드 로즈 뷰티 밤** Wild Rose Beauty Balm
각질 제거, 유수분 균형 유지, 고영양 고보습 기능까지 건조한 피부를 매끄럽게 해주는 밤 제형의 기초 라인 제품.

② **프랑킨센스 인텐스 리프트 크림** Frankincense Intense Lift Cream
눈에 띄는 리프팅 효과를 보여주며 탄탄하고 부드러운 피부를 선사하는 크림.

③ **프랑킨센스 하이드레이팅 크림** Frankincense Hydrating Cream
유기농 원료가 91% 함유된 수분 크림. 유향과 몰약으로 노화를 막는 데 도움을 주는 크림.

메릴본 지점
Add 15 Neal's Yard, West End, London **Open** 월~토요일 10:00~19:00, 일요일 11:00~18:00 **Fare** 와일드 로즈 뷰티 밤 £43, 프랑킨센스 인텐스 리프트 크림 £69, 프랑킨센스 하이드레이팅 크림 £33 **Tel** 020 7379 7222
Web www.nealsyardremedies.com

러쉬 Lush

근처에만 가도 러쉬 매장이 있음을 알아챌 수 있을 정도로 은은하게 퍼지는 특유의 향이 상징인 핸드메이드 코즈메틱 브랜드. 신선한 과일과 채소, 좋은 에센셜 오일을 사용해서 만든 입욕제, 샴푸, 보디 스프레이, 팩, 클렌저 등이 인기가 있다. 동물 실험을 하지 않는 회사와 거래하고 보존제를 최소화하며, 친환경 포장재를 사용하는 정책으로 많은 마니아를 형성하고 있다.

👍 추천 아이템

① **더티 보디 스프레이** Dirty Body Spray
샤워 후 몸에 뿌리면 건조한 피부가 촉촉하게 유지된다.

② **마스크 오브 매그너민티** Mask of Magnaminty
얼굴에 바른 뒤 씻어내는 팩으로 각질 제거와 영양 공급, 보습 기능이 탁월하다.

③ **빅 샴푸** Big Shampoo
엑스트라 버진 코코넛 오일을 함유해 풍성한 볼륨과 건강한 머리카락을 유지하는 데 도움을 준다.

④ **섹스 밤** Sex Bomb
입욕제로 유명한 브랜드, 러쉬의 대표 베스트셀러. 욕조에 담아두면 핑크빛 물결과 매혹적인 재스민 향기가 로맨틱한 분위기를 더해준다.

소호 & 메이페어 지점

Add 175-179 Oxford Street, London
Fare 더티 보디 스프레이 £25, 마스크 오브 매그너민티 £10, 빅 샴푸 £50, 섹스 밤 £4.50
Open 월~토요일 10:00~21:00, 일요일 12:00~18:00 **Tel** 020 7789 0001 **Web** uk.lush.com

부츠 Boots

영국 1위 헬스 & 뷰티 브랜드. 다양한 가격대의 폭넓은 상품군을 갖추고 있다. 오랜 명성을 뒷받침하듯, 제품의 퀄리티 또한 우수하다. 스킨 케어로 유명한 가성비 최고의 제품군 '넘버 세븐' 같은 자체 상품은 부츠에서 반드시 구입해야 할 아이템으로 꼽힌다.

👍 추천 아이템

① 솝 & 글로리 슈가 크러시 바디 버터크림 Soap & Glory Sugar Crush Body Buttercream
　라임의 상큼함을 느낄 수 있는 보습 크림. 겨울철 촉촉한 손을 만들어주는 핸드 푸드.
② 보타닉스 오가닉 페이셜 오일 Botanics Organic Facial Oil
　건조한 피부에 보습을 더해주는 오일 제품.
③ 보타닉스 올 브라이트 클렌징 폼 워시 Botanics All Bright Cleansing Foam Wash
　피부의 노폐물과 불순물을 깨끗하게 제거해 주는 클렌징 제품.

소호 & 메이페어 지점
Add 44-46 Regent Street, London
Open 월~금요일 08;00~23:00, 토요일 09:00~23:00, 일요일 12:00~18:00
Fare 솝 & 글로리 슈가 크러시 바디 버터크림 £ 9.95, 보타닉스 오가닉 페이셜 오일 £ 11.49, 보타닉스 올 브라이트 클렌징 폼 워시 £ 5.49　**Tel** 020 7734 6126　**Web** www.boots.com

BEAUTY COSMETICS

나를 가꾸는 시간
뷰티 추천 아이템

여행 중 가성비 갑 코즈메틱 쇼핑을 원한다면 런던이 정답이다. 보습은 물론 안티에이징까지 챙겨주는 기초 라인이 탄탄한 브랜드부터 이색적인 뷰티 도구를 비롯해 우리에게 친숙한 영국의 코즈메틱 브랜드까지 소개한다.

① 유씨몰 Euthymol

진한 계피향과 폭발적인 청량감으로 양치 후 개운함을 느낄 수 있는 치약. 가격이 합리적이라 가벼운 선물용으로 부담 없이 구입할 수 있다. 다만 혀가 얼얼할 정도로 자극적일 수 있으니 구입 시 고려해 볼 필요가 있다.

Store 부츠 등 런던 내 드럭 스토어
Fare £2.67~

② 리얼 테크닉 미라클 콤플렉션 스펀지 Real Techniques Miracle Complexion Sponge

커버력, 밀착력이 뛰어나 파운데이션 등의 베이스 메이크업을 할 때 사용하기 좋은 스펀지. 최근 한국 뷰티 유튜버들에게 소개되어 리얼 테크닉 직구 열풍이 불고 있다. 드럭 스토어에서 행사 이벤트를 할 때 구입하면 저렴하게 구할 수 있는 아이템.

Store 부츠 등 런던 내 드럭 스토어
Fare 4개입 £20

③ E45 크림 E45 Cream

뛰어난 보습력으로 건성 피부를 촉촉하게 해준다. 얼굴뿐만 아니라 온몸에 발라도 좋으며 350g이나 되는 대용량으로 가성비가 좋다.

Store 부츠 등 런던 내 드럭 스토어
Fare £9.49

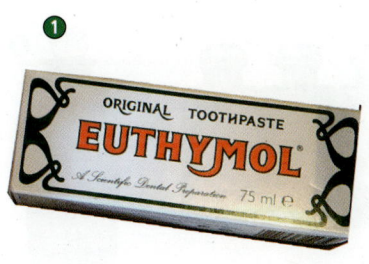

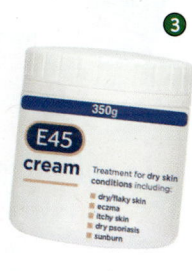

④ 넘버 세븐 No7

'영국 국민크림'이라 불리는 E45 크림. 아토피성 피부나 악건성 피부도 촉촉하게 만들어줄 만큼 뛰어난 보습력, 용량 대비 매우 저렴한 가격 덕분에 오랜 시간 많은 사랑을 받고 있다. 얼굴뿐만 아니라 온몸에 발라도 좋다.

Fare 리프트 & 루미네이트 트리플 액션 나이트 크림 £ 27.95, 프로텍트 & 퍼펙트 인텐스 어드밴스드 세럼 £ 39.95

⑤ 몬타네 쥬네스 데드 시 머드 페이스 튜브 Montagne Jeunesse Dead Sea Mud Face Tube

모공을 청소해 주는 제품 중 베스트셀러로 꼽힌다. 마스크 팩만큼 편리하진 않지만 사용하고 나면 촉촉하고 보송보송해진 피부를 발견할 수 있다. 풍부한 용량으로 가성비 좋은 제품으로도 유명하다.

Store 부츠 등 런던 내 드럭 스토어
Fare £ 1~

⑥ 조 말론 블랙베리 & 베이 Jo Malone Blackberry & Bay

계절에 구애받지 않고 사계절 내내 사용할 수 있는 조 말론 브랜드의 베스트셀러 향수. 달달한 향이 은은하게 퍼진다. 갓 수확한 월계수잎과 가시나무의 신선함에 진한 블랙베리 과즙 향을 가미해 생기발랄한 느낌을 전해준다.

Store 조 말론 매장
Fare £ 110(100mL 기준)

⑦ 펜할리곤스 엔디미온 Penhaligons Endymion

베르가못, 라벤더, 스모키한 커피 원두, 묵직한 샌달 우드(향나무의 종류) 향 등이 조화를 이루는 남성용 향수. 전 세계 펜할리곤스 매장에서 가장 먼저 추천하는 인기 향수 중 하나다.

Store 펜할리곤스 매장
Fare £ 120(100mL 기준)

BEST OF LONDON

SOUVENIR

기념품 퍼레이드
쇼핑 런던!

가족, 친구, 직장 동료에게 선물하면 딱 좋은 기념품들을 소개한다. 가까운 지인에게는 물론 직장동료에게 선물하기 알맞은 기념품 리스트는 주는 사람과 받는 사람 모두가 행복한 아이템들로 구성되어 있다.

귀여운 태양열 마스코트

런던 여행 인증 기념 스탬프 세트

하나씩 사 모으는 재미 스노우 볼

달콤 짭짤한 소금 캐러멜

로스팅 하우스에서 볶은 스퀘어 마일 원두

실용성과 아름다움을 겸비한 멜로즈 모건 에코 백

풍성한 버터의 맛이 느껴지는 쇼트 브레드

애프터눈 티 타임에 쇼트 브레드와 함께 즐기기 좋은 얼 그레이

태양열로 스스로 작동하는 엘리자베스 2세 여왕 미니어처

IMPORTANT PERSON

영국을 이해하는 데 알아두면 좋을
영국 대표 인물

영국은 과거 많은 식민지를 만들면서 부를 축적했고, 높은 경제력을 기반으로 예술, 문화, 학문, 스포츠가 발달하면서 다양한 분야의 전문가를 양성할 수 있었다. 세계사에 등장하는 유명 인사 중 영국인이 많은 건 바로 이런 이유 때문이다. 영국을 이해하는 데 알아두면 좋을 인물들을 소개한다.

아이작 뉴턴을 배출한 케임브리지 대학

사과 하나로 유명해진
아이작 뉴턴 Isaac Newton

케임브리지 대학 트리니티 칼리지 출신의 수학자로, 근대 과학의 선구자 역할을 했다. 나무에서 떨어지는 사과를 보고 우주의 모든 물체가 서로 끌어당긴다는 '만유인력의 법칙'을 발견한 일화로 유명하며, 미적분을 체계화한 수학자이자 물리학자, 천문학자다. 저서로는 자신의 세 가지 법칙(관성의 법칙, 운동의 법칙, 작용-반작용의 법칙)과 만유인력의 법칙 관련내용을 집대성한 《자연철학의 수학적 원리》가 있다.

셰익스피어의 작품을 상연하는 셰익스피어 글로브

역사상 가장 위대하고 영향력 있는 극작가
윌리엄 셰익스피어 William Shakespeare

영국 최고의 극작가 셰익스피어는 엘리자베스 1세 여왕이 통치하던 16세기 중엽 영국 남부의 스트랫퍼드 어폰 에이번에서 태어났다. 1590년부터 1613년까지 희곡 38편, 소네트 154편, 장시 2편 등을 발표하며 활발히 활동했다. 영국 사람들에게 있어 셰익스피어가 주는 가치와 영향력은 대단하다. 문학 외에도 화가 존 에버레트 밀레이가 《햄릿》 여주인공 오필리아의 죽음을 묘사한 〈오필리아〉, 《오셀로》를 바탕으로 만든 작곡가 주세페 베르디의 〈오셀로〉, 《한여름밤의 꿈》을 기반으로 한 작곡가 멘델스존의 작품 〈결혼 행진곡〉 등은 우리에게도 익숙하다.

영국인이 가장 존경하는 장군
호레이쇼 넬슨 Horatio Nelson

트라팔가 스퀘어에 세워진 호레이쇼 넬슨 기념비

1758년에 태어난 영국 해군의 영웅. 1780년 미국 독립전쟁에 참전했으며 1794년 나폴레옹의 고향인 코르시카 섬을 점령하는 공을 세웠으나 오른쪽 눈을 잃었고, 1797년 세인트 빈센트 해전에서는 오른팔을 잃고도 조국을 지키기 위해 전투에 참여했다. 이후 트라팔가 해전에서 스페인-프랑스 함대를 무찔렀지만 적군이 쏜 총탄에 맞아 전사했다. 자신을 희생하면서도 조국을 구한 영웅으로 오늘날까지 영국인들의 존경을 받고 있다.

제2차 세계대전을 승리로 이끈 노벨 문학상 수상자
윈스턴 처칠 Winston Churchill

제1·2차 세계대전의 전시 내각에 참여한 영국 유일의 정치인. 독일이 런던을 공습할 당시에도 다른 지역으로 대피하지 않고 런던 지하의 대피소에서 뛰어난 언변으로 시민들을 다독이고 전투를 지휘하며 런던을 지켰다. 전쟁 후에도 영국의 정치·외교 수장으로 활약했으며, 언변과 문학에도 조예가 깊어 회고록 《제2차 세계대전사》로 노벨 문학상을 수상하기도 했다.

윈스턴 처칠의 생애를 보여주는 처칠 박물관

리버풀의 인기 밴드에서 세계적인 밴드로
비틀즈 Beatles

리버풀 출신의 청년 네 명, 존 레논John Lennon, 폴 매카트니Paul McCartney, 조지 해리슨George Harrison, 링고 스타Ringo Starr가 모여 결성한 밴드로 대중음악의 영역을 넓히며 세계적인 인기를 얻었다. 1960년대 젊은이들의 의식을 대변하는 대명사로 현재까지도 사랑받고 있는 전설적인 밴드다. 비틀즈는 1963년 1집 앨범 〈Please Please Me〉를 발표한 이후 마지막 앨범 〈Abbey Road〉에 이르기까지 13장의 정규 앨범과 싱글 앨범 〈Hey Jude〉, 〈I want to hold your hand〉 등을 발표했다.

전 세계 비틀즈 팬들의 성지, 아베이 로드

레스터 스퀘어에 자리한 찰리 채플린 동상

위대한 코미디 배우
찰리 채플린 Charles Chaplin

1889년 런던에서 태어난 배우 겸 영화제작자이자 감독. 17세에 영국 최고의 희극극단인 프레드카노 극단의 단원이 되었다. 이후 영화 〈모던 타임즈〉, 〈위대한 독재자〉 등의 대작을 만들어내면서, 슬랩스틱 떠돌이의 아이콘적 묘사로 다재다능한 희극배우이자 영화감독으로 이름을 날려, 1975년 엘리자베스 2세 여왕으로부터 기사 작위를 받았다. 이후 그는 영화 〈살인광 시대〉로 공산주의자로 몰려 미국 법무부에 의해 강제 추방되어 스위스 브베에서 말로를 보내다 생을 마감했다.

우주의 비밀을 파헤친 물리학자
스티븐 호킹 Stephen Hawking

2018년 세상을 떠난 스티븐 호킹은 찰스 다윈이 안장된 런던 웨스트민스터 사원에 영면한 세계적 물리학자다. 17세 나이로 옥스퍼드 대학에 입학할 정도로 수재였지만, 21세에 루게릭 병에 걸려 시한부 삶을 선고받았다. 그는 좌절하지 않고 더 적극적인 자세로 삶에 임했고, 케임브리지 대학의 응용 수학 및 이론물리학과 교수로 재직하며 블랙홀에 대한 다양한 이론으로 세계 물리학계를 이끌었다. 1979년에는 뉴턴을 비롯한 저명한 물리학자와 수학자들이 거쳐간 최고의 명예직인 루카스 석좌교수 자리에 올랐다. 그의 대표 저서로는 전 세계에서 1천만 부 이상이 팔린 《시간의 역사》가 있다.

스티븐 호킹의 모교이자 그가 교수로 재직했던 케임브리지 대학

ROYAL FAMILY

영국의 살아 있는 역사
영국 왕실 사람들

프랑스 부르봉 왕가, 독일-스페인 합스부르크 왕가, 러시아 로마노프 왕가, 영국의 튜더 및 스튜어트 왕가 등은 유럽을 대표하는 왕가였으나, 17세기 후반 시민혁명으로 왕권체제가 쇠퇴하기 시작해 지금은 상징성만 남게 되었다. 그러나 영국 왕실은 지금도 전 세계 매스컴의 스포트라이트를 받을 정도로 영향력이 크다.

엘리자베스 2세 여왕 Queen Elizabeth II

엘리자베스 2세 여왕은 1952년에 왕위에 올라 영면에 든 2022년까지 영국과 영 연방의 여왕으로 전 세계 국왕 중 가장 오랫동안 재위한 왕으로 기록되고 있다. 영국의 정치·외교적으로 민감한 사항은 국왕의 승인을 얻어야 하므로 국정에 일부 관여하고 있지만, 표면적으로는 입헌군주제를 준수한다. 참고로 영국의 군주는 영 연방 가입국(16개의 국가) 군주역할까지 수행한다. 그 밖에도 영국 총리 임명권과 의회를 소집 및 해산할 수 있으며 영국 성공회의 최고 치리자다. 엘리자베스 2세 여왕은 2022년 9월 9일 스코틀랜드의 벨 모렐 성에서 96세의 나이로 평화롭게 세상을 떠났다.

찰스 3세와 고 다이애나 왕세자비 Charles III & Windsor Diana Spencer

엘리자베스 2세 여왕의 죽음으로 왕위에 오른 찰스 3세는 과거 귀족 가문의 딸 다이애나와 1981년 결혼해 윌리엄 왕자와 헨리 왕자를 낳았다. 그러나 찰스는 결혼 전부터 카밀라 볼스Camilla Bowles와 바람을 피워 다이애나와 지속적으로 갈등을 빚었다. 전 세계를 다니며 자선봉사활동을 실천한 그녀에게 영국 국민은 응원과 사랑을 보냈으나 1992년, 암담했던 영국 왕실 생활에 대한 자서전을 내고 BBC방송국과 인터뷰를 하면서 찰스 왕세자와 이혼하게 되었다.

이후 그녀는 1997년 8월 31일 프랑스 파리에서 발생한 비운의 사고로 세상을 떠났으며, 찰스 3세는 왕세자이던 2005년 카밀라 볼스와 재혼했다.

윌리엄 왕세자 William Windsor 와 해리 왕자 Henry Charles Albert David

찰스 3세와 고 다이애나 왕세자비 사이에서 태어난 윌리엄 왕세자와 해리 왕자. 윌리엄 왕세자는 명문사립 고등학교, 이튼 칼리지, 세인트 앤드루스 대학, 허스트 육군사관학교를 졸업하며 엘리트 코스를 밟아나갔다. 왕위 계승 서열 1위인 윌리엄 왕세자는 2011년 웨스트민스터 사원에서 케이트 미들턴 Kate Middleton과 결혼했는데 그의 결혼식은 전 세계로 생중계되었다. 해리 왕자 역시 육군사관학교에 입학하여 성실히 군 복무에 임했다. 2018년에 미국 출신 영화배우 메건 마클 Meghan Markle과 결혼하여 아들 아치와 딸 릴리벳을 낳았으며, 2020년 3월 영국 왕실에서 독립한 뒤 미국에서 거주하고 있다.

> **TIP**
>
> ### 영국 왕실과 관련 있는 관광 명소
> - 버킹엄 팰리스 : 영국 왕실의 상징이자 왕실 예술 컬렉션 전시관까지 볼 수 있는 대표 관광 명소
> - 세인트 제임스 파크 : 영국 왕실에서 관리하는 런던 공원 여덟 개 중 하나
> - 근위 기마대 사령부 : 영국 왕실 근위대를 가까이서 볼 수 있는 곳
> - 국회의사당 : 영국 의회의 중심이자 런던의 대표 랜드마크인 빅벤이 자리한 곳

간단하게 살펴보는 영국 왕실 가계도

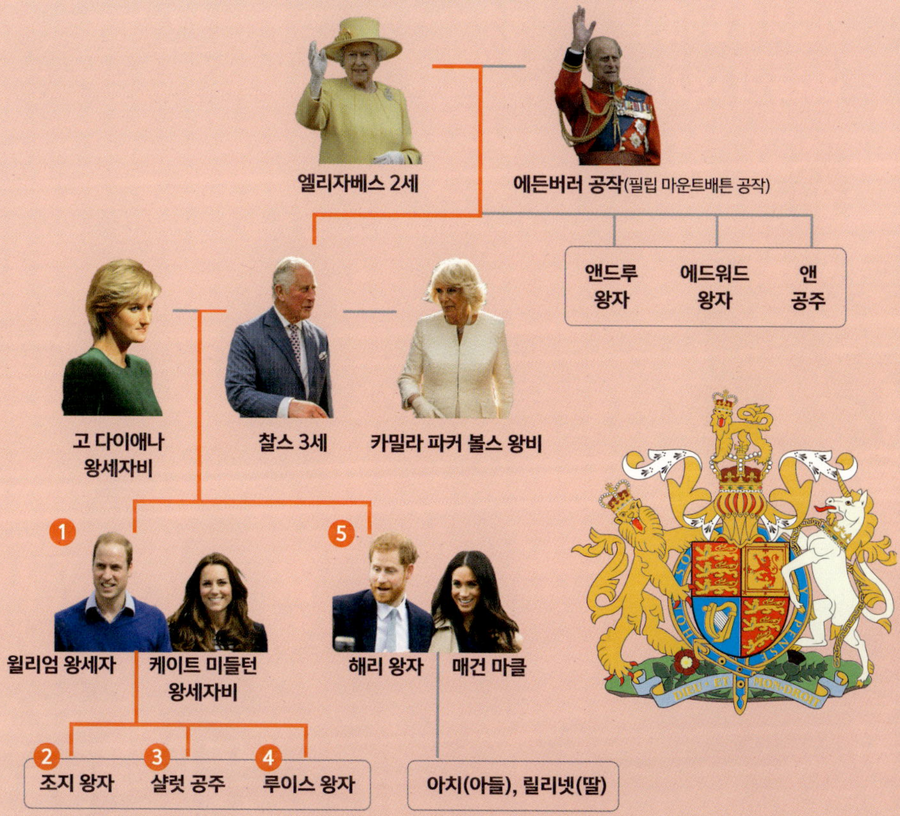

- 엘리자베스 2세 — 에든버러 공작 (필립 마운트배튼 공작)
  - 고 다이애나 왕세자비 — 찰스 3세 — 카밀라 파커 볼스 왕비
    - ① 윌리엄 왕세자 — 케이트 미들턴 왕세자비
      - ② 조지 왕자
      - ③ 샬럿 공주
      - ④ 루이스 왕자
    - ⑤ 해리 왕자 — 매건 마클
      - 아치(아들), 릴리벳(딸)
  - 앤드루 왕자
  - 에드워드 왕자
  - 앤 공주

*번호는 왕위 계승 서열 순위

TIP

화제의 넷플릭스 다큐, 〈해리와 매건〉

2022년 12월 처음 공개된 넷플릭스 6부작 다큐멘터리 〈해리와 매건〉은 1부 공개 당시 조회수가 240만 회에 달할 정도로 전 세계인의 이목을 집중시켰고 2023년 1월에 출간된 해리 왕자의 자서전 역시 출간 즉시 베스트셀러가 되었다. 이 방송에서는 2020년 왕실을 떠난 해리 왕자 부부의 초기 연애사부터 영국 왕실의 거짓말, 인종 차별로 인한 고통 등 민감한 문제들에 대해 두 사람의 솔직한 이야기를 들을 수 있다.

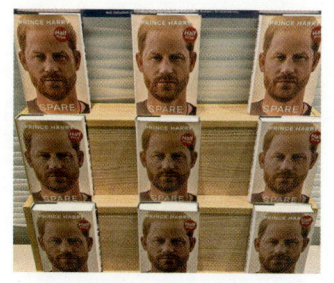

SIMPLE HISTORY

간단하게 훑어보는
영국의 역사

영국은 기원전 6세기경부터 시작되어 약 2,600여 년에 달하는 오랜 역사를 자랑하는 국가다. 그 역사의 중심에는 런던이 있었다. 영국의 역사를 조금만 알아두어도 런던 여행의 재미가 한층 더 깊어질 것이다.

고대
B.C. 6C~A.C. 4C

기원전 6세기경 유럽에서 건너와 정착한 켈트족이 살던 고대 영국은 기원전 54년 프랑스를 점령한 로마 제국의 카이사르에 의해 지배되었다. 43년 로마 클라우디우스 황제가 원정에 나선 이후 300여 년간 로마 시대가 지속되다가, 게르만족의 대이동이 있던 4세기 후반에서야 로마 군대가 철수한다.

영국의 고대 유적 스톤 헨지 Stone Henge

노르만-플랜태저넷 왕가
1066년~

8세기 후반, 바이킹족의 침입으로부터 영국을 지킨 알프레드 대왕이 앵글로색슨족의 첫 통일국가 왕위에 올랐다. 그러나 머지않아 덴마크 크누트 대왕이 영국을 공격해 왔다. 결국 덴마크와 화평조약을 맺으며 전쟁은 끝났지만, 에드먼드 왕이 사망하면서 크누트 대왕이 영국의 왕위를 계승하게 되었다. 크누트 대왕 사후, 노르망디를 소유했던 윌리엄 1세가 왕이 되면서 영국의 문화와 언어 등에 큰 발전을 가져왔다. 1189년 헨리 2세 왕의 셋째 아들 리처드 1세 왕이 반란을 일으키며 왕위에 올랐다. 그는 강력한 리더십과 모험심, 용맹함을 인정받아 '사자왕'이라는 칭호를 얻었으나, 십자군 원정 중 적이 쏜 화살에 맞아 숨을 거뒀다. 그를 이어 왕이 된 존 왕은 '대헌장'이라는 영국 최초의 헌법이자 현대 의회 민주주의의 주춧돌을 완성했으나, 당시 영국 소유였던 프랑스 남부와 노르망디 영토를 프랑스에 빼앗겼다. 이를 되찾기 위해 무리하게 세금을 거둬들이고 군사를 모집해, 귀족들로부터 왕권을 제한당하는 마그나 카르타*에 서명했다.

존 왕의 아들 헨리 3세 왕은 1265년 영국 역사상 처음으로 지방대표들을 모아 의회를 열어 오늘날 '양원제'의 기반이 된 국회를 탄생시켰다.

랭커스터-요크 왕가
1362~1485년

1337년부터 1453년까지 영국은 프랑스와 백년전쟁*을 벌이게 된다. 직접적인 원인은 에드워드 2세 왕이 스코틀랜드와 대립했을 때, 프랑스가 스코틀랜드를 지원한 것이었다. 전쟁 초기에는 영국이 유리했으나 프랑스의 잔 다르크가 활약한 오를레앙 전투 이후, 영국은 프랑스 대륙에 있던 영토 대부분을 잃었다.

전쟁이 끝난 후, 왕위 계승권을 둘러싼 요크 가문과 랭커스터 가문의 내분으로 장미전쟁*이 발발했으며, 튜더 왕가의 헨리 7세 왕이 두 가문을 통합해 집권하기 시작했다.

튜더 왕가
1485~1603년

헨리 8세 왕이 이혼문제로 교황과 갈등을 일으키며 성공회를 받아들였으나, 에드워드 6세 왕과 메리 1세 여왕은 국교를 가톨릭으로 되돌려놓았다. 이후 엘리자베스 1세 여왕이 성공회를 국교로 번복했다. 엘리자베스 1세 여왕은 빈민 대책으로 국민들의 호응을 얻었고 스페인 무적함대를 격파하며 유럽의 해상권을 장악했다.

스튜어트 왕가
1603~1714년

자식이 없던 엘리자베스 1세 여왕은 친척인 스코틀랜드의 왕, 제임스 1세 왕에게 왕위를 물려주었다. 청교도 혁명을 이끈 올리버 크롬웰이 찰스 1세 왕을 처형하고 공화정을 선포했으나 찰스 2세 왕이 왕위에 올랐고, 이후 윌리엄 3세 왕이 명예혁명을 통해 다시 왕위에 오르며 스튜어트 왕가의 마지막 왕이 되었다.

하노버 왕가
1714~1901년

제임스 1세 왕의 손자인 하노버 가의 조지 1세 왕이 윌리엄 3세 왕의 뒤를 이어 시작된 왕가로 1837년에 즉위한 빅토리아 여왕은 세계 영토의 3분의 일에 이르는 식민지를 개척하면서 영국을 '해가 지지 않는 나라'로 만들었다. 이 시기에 산업혁명과 함께 자본주의가 부흥했다.

윈저 왕가
1917년~

작센코부르크고타 왕가의 에드워드 7세 왕의 뒤를 이어 왕위에 오른 조지 5세 왕에 의해 윈저 왕가가 시작되었다. 제1차 세계대전 이후, 13개의 속령을 제외한 모든 식민지들이 독립하면서 세계를 장악하던 영국의 위세가 꺾이게 되었다. 1952년 엘리자베스 2세 여왕이 왕위에 오르며 영국은 경제적 번영을 누리기 시작해 현재에 이르고 있다.

TIP

영국 왕실 이야기를 담은 드라마 & 영화

〈더 크라운 The Crown〉
26세에 왕의 자리에 오른 엘리자베스 2세 여왕 재위 중 펼쳐진 정치적 투기와 로맨스를 다룬 넷플릭스의 10부작 드라마로 현재 시즌 5를 맞고 있다.

〈튜더스 The Tudors〉
캐나다-아일랜드 합작 드라마로 영국 튜더 왕조 헨리 8세 왕의 일대기를 다룬다. 4시즌 총 38부작 드라마로, 스캔들을 몰고 다닌 헨리 8세 왕과 여섯 왕비가 갈등하는 이야기를 그렸다.

〈더 윈저스 The Windsors〉
현재 영국 왕실 인물들을 주인공으로 한 영국 드라마. 왕위 계승 서열 1위 찰스 왕세자, 2위 윌리엄 왕자 등 영국 왕실을 코믹하게 그린다. 유명 정치인을 닮은 배우들이 나오는 것도 흥미롭다.

〈킹스 스피치 The King's Speech〉
형 대신 영국 왕이 되어버린 버티(조지 6세 왕). 그에게는 말을 더듬는 치명적인 콤플렉스가 있었다. 제2차 세계대전 등 혼란한 시대적 배경 속에서 콤플렉스를 극복하고 연설에 성공하기까지의 일대기를 그렸다.

조금 더 알아보는 영국 역사 이야기

✱ 마그나 카르타
Magna Carta

'대헌장'으로 번역되는 63개조로 정리된 문서로, 1215년 존 왕이 런던 시민의 지지를 얻은 귀족들의 압력을 받아 작성했다. 봉건적 부담의 제한, 재판 및 법률, 교회의 자유 등 귀족의 권리를 재확인하는 문서였다. 서구헌법과 미국 독립선언문의 기초가 되었고, 오늘날까지도 모든 사람의 자유와 기본권을 보장하는 헌법의 토대가 되고 있다.

✱ 백년전쟁
Hundred Years' War

1337년부터 1453년까지 약 116년간 지속된 영국과 프랑스간의 전쟁. 1066년 노르만 왕가 성립 이후, 프랑스의 영토 일부를 소유한 영국은 프랑스와 끊임없이 다퉜다. 당시 영국의 에드워드 3세 왕은 모친이 프랑스 왕가 출신이라는 이유로 프랑스 왕위계승을 주장했으며, 양모공급을 차단해 프랑스의 필리프 6세 왕과 대립각을 세웠다. 또한 양국은 당시 유럽 최대의 모직물 공업지대였던 플랑드르(지금의 벨기에, 네덜란드에 걸친 지역)와 유럽 최대의 포도주 생산지였던 기옌의 패권을 놓고 다투고 있었다. 그러던 중, 필리프 6세 왕이 프랑스 영토에 있던 영국 땅을 몰수하고 플랑드르를 공격했고, 에드워드 3세 왕이 전쟁을 선포하면서 백년전쟁이 시작되었다. 전쟁 초기와 흑사병 창궐 전후에는 영국이 우세했으나 17세 소녀 잔 다르크가 나서 영국군을 무찌르며 전세가 역전되기 시작했다. 1453년, 프랑스와의 화해로 영국군은 프랑스 북부 도시 칼레를 제외한 대부분의 프랑스 영토에서 물러나면서 백년전쟁은 막을 내렸다.

✱ 장미전쟁
The Wars of the Roses

1455~1485년까지 랭커스터 가문과 요크 가문이 벌인 왕위쟁탈 전쟁. 두 가문의 상징이 장미인 것에 기인해 전쟁 이름이 붙었다. 백년전쟁 이후 영국 영토는 축소되었으나 귀족들의 세력은 여전했고, 영토를 차지하기 위해 대립했다. 이런 상황에서 헨리 6세 왕이 무리하게 예배당 건립을 진행하다 파산했고, 정신이상 징후를 보이자 요크 공작이 그를 감금하고 왕이 되었다. 당시 요크 가문은 흰 장미 문장, 헨리 6세 왕은 붉은 장미 문장을 썼는데, 두 가문의 추종자들이 갈등하며 전쟁이 시작됐다. 30년의 시간이 흘러 왕위는 랭커스터 가문의 튜더 왕이 가져갔다. 더 이상의 싸움을 원치 않던 튜더 왕이 요크 가문의 딸 엘리자베스와 결혼하며 장미전쟁은 막을 내렸다.

GOOD
START

런던 여행의 시작

BASIC INFORMATION

영국은 어떤 나라일까
기초 정보

런던 여행에 앞서 영국에 대한 기초 정보를 습득하는 것이 중요하다. 설렘 가득한 여행을 준비하는 첫걸음으로 기초 정보를 읽으며 필요한 내용을 숙지해 두면 런더너 못지않은 당당한 걸음으로 런던 여행을 즐길 수 있을 것이다.

정식국명
그레이트 브리튼 북아일랜드 연합왕국United Kingdom of Great Britain and Northern Ireland(줄여서 UK로도 지칭하며 잉글랜드, 스코틀랜드, 웨일즈, 북아일랜드로 구성)

수도
런던 London

면적
243,610㎢ (세계 78위)

인구
약 6,773만 명
(세계 21위, 2023년 기준)

정치체제
입헌군주제(내각책임제)

국가원수
찰스 3세Charles III
2022년 9월 8일 엘리자베스 2세 여왕의 서거 후 추밀원과 런던 시장 등으로 구성된 평의회에 의해 정식 국왕으로 결정되었다.
* 국왕은 정치에 개입하지 않으며, 영국의 정부 수반은 총리이다.

종교
기독교가 71.8%로 침례교, 감리교, 장로교 등 다양한 종파가 있으며 영국 성공회 신자가 전체 기독교 신자 인구의 절반을 넘는다. 그 외에 이슬람교 2.8%, 힌두교 1%, 기타 종교 9.3%, 무교 15.1%다.

국기
유니언 잭The Union Jack으로 부른다. 잉글랜드, 스코틀랜드, 아일랜드를 상징하는 십자가가 합쳐졌으며 이는 모두 기독교에서 기원한 십자가이다. 지금의 연합기는 1801년 과거 대영제국 국기에서 시작되어 오늘에 이르게 된 것이다.

언어
영어

시차
한국보다 9시간 늦다. 서머타임(3월 마지막 주 일요일 오전 1시~10월 마지막 주 일요일 오전 1시) 기간에는 8시간 늦다.

비행시간

인천에서 런던까지 직항편(대한항공, 아시아나항공)을 이용하면 약 14시간 25분 소요(우크라이나-러시아 전쟁으로 우회 노선 이용 중), 런던에서 인천까지는 13시간이 걸린다.

행정구분

런던이 속한 잉글랜드는 9개의 지역으로 나뉜다. 런던 자치구는 32개의 행정구역이 있으며 12개는 런던 시내, 나머지 20개는 런던 외곽에 속한 주이다.

*런던 남서쪽에 위치한 뉴 몰든 New Malden(4존)에는 한국인이 12,000명가량 살아 코리아 타운이 형성되어 있다. 한인 슈퍼마켓, 레스토랑, 미용실 등이 있다.

업무시간

은행 월~금요일 09:00~18:00(지점에 따라 1시간 정도 일찍 열고 빨리 닫는 은행이 있으며, 토요일은 문을 닫는 은행이 많다. 일요일·공휴일은 대부분 휴무다.)
박물관·미술관 매일 10:00~18:00
상점·백화점 매일 10:00~21:00 (일요일 단축 영업 11:30~18:00)
레스토랑 매일 12:00~23:00

통화

영국 공식통화는 파운드(£)이며, 파운드 아래 단위이자 보조 통화로는 펜스(P)('페니'로도 불림)가 있다. 지폐는 £5, 10, 20, 50 네 종류가 있으며 동전은 £1, 2와 P1, 2, 5, 10, 20, 50 여덟 종류가 있다.
£1 = P100
£1 = 약 1,562원
(2023년 3월 기준)

전압과 플러그

영국의 표준전압은 240V, 50Hz (한국은 220V, 60Hz)로 한국에서 가져간 가전제품 사용이 가능하지만 핀 3개의 플러그를 사용하므로 변환 플러그(G 타입)가 필요하다. 현지 호텔 또는 런던 시내 전자제품 판매점인 아고스Argos, 커리스Currys 등에서 변환 플러그를 살 수 있지만, 가급적 여행 전 여행용품 홈페이지나 영국행 항공기의 기내 면세점에서 멀티 어댑터를 구매해 갈 것을 권한다. 참고로 유럽 각국의 플러그가 조금씩 다르므로 다른 국가를 여행하려면 멀티 플러그를 가져가는 것이 편리하다.

기후

북위 51도에 위치해 있지만 따뜻한 멕시코 만류의 영향을 받는 탓에 런던의 연평균 기온은 10℃, 1월 평균기온은 4℃이며 7월 평균기온은 18℃로 여름과 겨울의 기온차가 크지 않다.

저온다습한 겨울에는 일교차가 심하고 날씨가 변덕스러우며 비가 많이 오는 것이 특징으로, 이 시기에 여행하려면 우비는 필수다. 여름에는 비교적 맑은 날씨가 계속되며, 장마나 집중호우가 없어 습도가 높지 않은 편으로 직사광선만 피하면 땀이 많이 나지 않는다.

물

숙소나 레스토랑 등에서 수돗물을 마실 수 있지만 석회질 성분이 많아 설사나 복통을 일으킬 소지가 있다. 민감한 여행자는 가급적 생수를 사 먹도록 한다. 슈퍼마켓에서 파는 작은 생수 한 병은 P30~60 정도. 탄산수로 하이랜드 스프링 스파클링 워터Highland Spring Sparkling Water, 바두아Badoit 등이 있으며 탄산이 없는 물로는 벅스턴Buxton, 볼빅Volvic, 에비앙Evian 등이 있다.

화장실

캐논 스트리트, 차링 크로스, 빅토리아, 런던 브리지 등 주요 기차역의 화장실은 대부분 유료다. 화장실 이용료는 대부분 P10~50 수준이지만 코벤트 가든 지하 화장실은 £1나 받는 등 위치에 따라 요금이 제각각이다. 막스 앤 스펜서, 존 루이스, 세인즈베리 등 대형 마트에서는 화장실을 무료로 이용할 수 있다.

Web greatbritishpublictoiletmap.rca.ac.uk (런던 공중화장실 지도)

교회 복장규정

성공회가 국교인 영국은 가톨릭과 비슷해 반바지나 민소매, 미니 스커트, 슬리퍼 등 노출이 과한 복장으로는 교회 입장 시 제지를 받을 수 있다.

흡연 사정

2007년부터 영국 전역에서는 공공장소 흡연금지법이 시행되고 있다. 술집(펍 포함)과 레스토랑을 비롯한 공공장소의 실내에서 흡연이 금지되며, 담배를 피우려면 실외로 나가야 한다. 또한 2014년부터는 어린이 동승차량 금연법이 의회를 통과해 간접흡연 피해를 막고 있다.

영국의 공휴일

1월 1일 새해
4월 7일 성 금요일*
4월 9일 부활절*
4월 10일 부활절 다음 월요일*
5월 8일 메이 데이*
5월 25일 뱅크 홀리데이(봄)
8월 31일 뱅크 홀리데이(여름)
12월 25일 크리스마스
12월 26일 복싱 데이
*해마다 바뀌는 공휴일(2023년 기준)

경찰

영국 경찰은 전화 혹은 무전으로 한국어 통역 서비스를 지원하고 있어 문제 해결에 효율적이다.

Tel 긴급상황 시 999,
긴급상황 외 101

주영국 대한민국 대사관

질병, 사고 등의 문제가 생겼다면 대한민국 대사관을 찾아가자. 여권 분실 시 경찰서에 분실 신고를 하고 증명서를 받아야 한다.

Add 60 Buckingham Gate, London
Open 월~금요일 09:00~12:00, 14:00~16:00
Tel 020 7227 5500, 078 7650 6895(긴급상황 시)
Web facebook.com/koreanembassyuk

전화

• 영국에서 한국으로 전화할 때
예시 : 02-1234-5678로 전화
00(국제전화 접속번호) → 82(국가번호) → 2(0 제외 지역번호) → 1234-5678(개별번호)

• 한국에서 영국으로 전화
예시 : 020-7486-5800로 전화
00(국제전화 접속번호) → 44(국가번호) → 20(0 제외 지역번호) → 7486-5800(개별번호)

런던 여행, 이것도 알아두자

① 영국은 정기 세일기간이 정해져 있다. 여름 세일은 6월 말~7월 초, 겨울 세일은 크리스마스 직후 복싱 데이부터 시작해 4~6주에 걸쳐 진행된다. 명품 브랜드는 세일 초기에 가야 마음에 드는 물건을 고를 수 있으며 여름보다는 겨울 세일을 노려볼 만하다.

② 런던의 지하철과 버스 등 대중교통을 이용하다가 분실물이 생겼다면 분실물 센터에 가면 된다. 단, 분실물을 수령하기까지 약 5일 정도 소요된다.

Add 200 Baker Street, London
Tel 084 5330 9882
web tfl.gov.uk/help-and-contact/lost-property

영국에서 가장 핫한 이슈, 브렉시트 Brexit

영국의 EU 탈퇴를 의미한다. 2016년 6월 영국 국민이 참여한 브렉시트 찬반 투표에서 51.9%의 찬성으로 브렉시트가 결정됐는데, 유럽 재정 위기로 인해 EU 분담금 부담이 늘고 시리아 등 난민 유입이 계속되면서 취업 이민자 숫자가 증가한 데 불만을 품은 영국 보수당이 주도해 비롯되었다. 찬반 투표 이후 영국의회와 유럽의회의 동의, EU 정상회의 승인을 받았고, 영국의회 하원 투표에서 통과되어, 2020년 1월 31일부터 브렉시트가 발효되었다.

해리 왕자 부부의 브렉시트, 매그시트 Megxit

교제할 때부터 화제를 몰고 다녔던 해리 왕자 부부가 폭탄선언을 했다. 영국 왕실의 공식호칭을 사용하지 않고, 재정 지원을 받지 않겠다고 선언했기 때문. 영국 왕실에서는 해리 왕자 부부의 거취를 정리하기 위해 긴급회의를 소집했다. 엘리자베스 2세 여왕은 해리 왕자 부부의 독립을 존중하기로 결정했다. 영국 언론에서는 이 사태를 브렉시트에 버금가는 '매그시트 Megxit'로 부르고 있다.

GOOD SEASON

여행도 타이밍이 있다
런던, 언제 가면 좋을까

여행을 하는 데 있어 날씨만큼 중요한 것도 없다. 영국은 온화한 해양성기후에 따뜻한 멕시코 만류의 영향으로 기온차가 크지 않지만 날씨가 변화무쌍한 편이다. 계절별 날씨의 특징을 알아두면 여행을 준비하는 데 보다 도움이 된다.

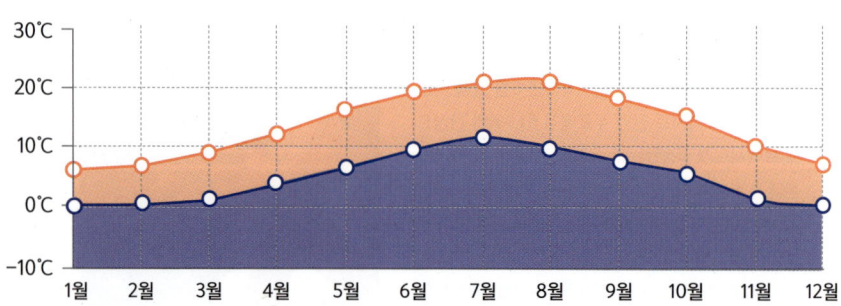

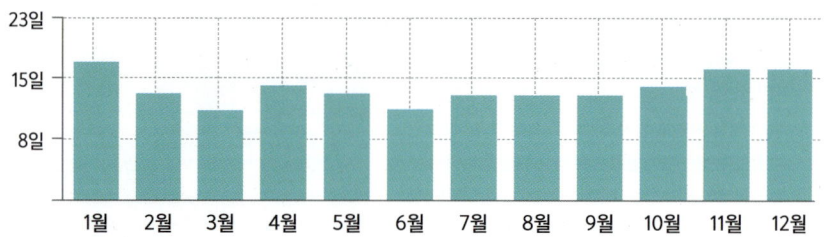

web weather-and-climate.com (세계 주요지역 기상정보)

런던 여행 최적의 시기
5~6·9~10월

춥거나 덥지 않고 맑은 날씨가 이어지는 시기이므로 여행하기에 딱 좋다. 봄·가을처럼 축제나 박람회가 많이 열리는 기간이 아니라면 숙소 예약도 어렵지 않으며 요금도 적당한 편이다. 옷차림은 한국의 봄이나 가을 정도를 생각하고 준비하면 되나 아침과 저녁에는 일교차가 있으므로 카디건이나 바람막이 등 부피가 크지 않고 보온이 되는 기능성 외투를 챙기도록 한다.

맑고 습도가 낮은 여름
7~8월

런던의 한낮 기온이 30℃ 이상으로 올라가는 때는 일주일 정도이며, 평균 기온은 24℃로 비교적 쾌적하다. 비가 자주 내리지 않아 습도가 낮고 비교적 시원한 편이라, 실내에도 에어컨은커녕 선풍기조차 없는 경우가 종종 있다. 또한 오전 5시면 해가 뜨고 오후 10시가 되어야 주변이 어두워지기 시작하므로, 이른 아침부터 늦은 밤까지 알차게 여행하기 좋다.

춥고 음습한 겨울
11~4월

런던의 겨울은 종일 비가 내리는 날이 많으며, 맑았다가도 금세 흐려져 비가 내리기도 한다. 기온이 영하로 떨어지는 일이 드물어 눈 내리는 모습을 보기도 쉽지 않다. 습도가 높고 바람이 많이 불어 쌀쌀한 편이므로, 우비나 방한 또는 방수 기능이 있는 점퍼를 챙겨갈 것을 권한다. 이런 날씨 때문에 여행자가 적은 편이라 숙박요금이 저렴한 것이 장점이며, 박물관이나 미술관 등 실내를 선호하는 여행자들이 이 시즌에 런던을 찾기도 한다.

> FESTIVAL

런던은 축제 중!
크고 작은 런던 축제

런던에서는 각양각색의 크고 작은 축제가 열린다. 축제는 누구나 참가할 수 있으며 상황을 고려하여 취향에 맞게 고르면 된다. 자신의 여행 기간에 어떤 축제가 열리는지 확인해 보자.

1월 / 새해맞이 퍼레이드 London's New Year's Day Parade

소호와 메이페어의 피커딜리 서커스에서 시작해 리젠트 스트리트, 트라팔가 스퀘어 등을 돌며 새해맞이를 축하하는 퍼레이드. 영국은 물론 미국, 유럽 등 세계 각국에서 1만 명 이상이 축제에 참가하고 50만 명 이상이 참관해, 세계에서 가장 큰 새해맞이 퍼레이드로 자리 잡았다. 퍼레이드는 1987년에 처음 시작되었으며, 2023년 37번째 행사를 성대하게 치렀다.

Open 매년 1월 1일(12:00~)
Web lnydp.com

5월 / 첼시 플라워 쇼 RHS Chelsea Flower Show

1912년에 시작된 영국 왕립 원예협회가 주최하는 꽃 축제로 첼시 왕립 병원에서 열리며 매년 15만 명 이상이 관람한다. 개막식에는 영국 왕실과 유명 인사들이 참여하며 이 쇼를 보기 위해 전 세계의 수많은 원예 전문 디자이너들이 참가한다. 다양한 꽃들과 조경 디자인을 볼 수 있다.

Open 2023년 5월 22~27일
Web www.rhs.org.uk

6월 / 트루핑 더 컬러 Trooping the Colour

영국이 주권을 얻게 된 것을 기념하는 행사로 2023년은 260년이 되는 해이다. 국왕 찰스 3세와 영국 왕실 가족들이 참여하고 축포 발사와 열병식 등이 열린다. 국왕이 기병대의 호위를 받으며 버킹엄 팰리스를 출발하는 퍼레이드를 보기 위해 영국 국민과 여행자들이 몰려든다.

Open 2023년 6월 10일
Web www.royal.uk/trooping-colour

8월 / 노팅힐 카니발 Notting Hill Carnival

매년 8월 마지막 주말에 런던의 노팅힐에서 열리는 축제. 이 지역에 거주하던 아프리카와 카리브해 연안 국가 출신의 사람들이 자신들의 문화를 뽐내기 위해 1964년에 시작해 지금까지 이어가고 있다. 매년 100만 명 이상의 관람객이 모여드는 세계 10대 거리 축제 중 하나다.

Open 2023년 8월 27~28일
Web www.thelondonnottinghillcarnival.com

9월 / 템스 축제 Thames Festival

1997년부터 시작된 축제로, 매년 9월 약 2주 동안 템스강(웨스트민스터 사원~타워 브리지)을 중심으로 각종 공연과 무용, 서커스, 불꽃놀이, 보트 경기 등 다양한 이벤트가 펼쳐진다. 세계 전통 의상 퍼레이드는 이 축제의 하이라이트로 꼽힌다.

Open 2023년 9월 1일~30일
Web totallythames.org

CURRENCY & PRICES

본격적인 여행 준비
환전과 런던 물가

어느 곳으로 여행을 가든 모든 여행 준비는 예산을 짜는 일에서 시작된다. 런던에서 무엇을 하고 무엇을 먹을지, 어떤 것에 더 많은 예산을 할애하지는 여행자 개개인의 취향과 상황에 따라 다르다. 런던은 살인적인 물가로 유명하므로 보다 알뜰하게 여행하는 노하우가 필요하다.

환전

한국에서 환전을 한다면 자신의 주거래은행에서 환율 우대를 받는 것이 가장 좋다. 런던에서 환전한다면 환율 우대 혜택이 좋은 시내은행에서 하길 권한다. 호텔, 공항, 주요 기차역 등에 있는 환전소는 환율이 좋지 않은데 환전소 앞 전광판에서 환율과 수수료를 살펴본 후 환전하는 것이 좋다.

신용카드

소매치기 등 분실 위험이 있는 현금보다는 신용(체크)카드를 사용하는 것이 안전하다. 한국에서 주거래은행에 들러 해외사용이 가능하고 수수료가 적은 카드를 미리 발급받거나, 자신이 소지한 카드의 해외 사용가능 여부를 확인한다. 신용카드 발급기간은 보통 1~2주일가량 소요되므로 미리 신청한다. 자신이 주로 이용하는 항공사의 마일리지가 적립되는 카드를 고르는 것도 센스. 코로나 이후 소액 결제 시 유용한 컨택리스 카드를 신청하면 비접촉 서비스 기능으로 안전하게 이용할 수 있다.

현금인출기

해외 현금인출기에서 비자VISA, 마스터MASTER 카드로 현금을 인출하려면 해외에서 사용 가능하도록 한국에서 카드를 신청해야 하며 해당 기기에 '마에스트로MAESTRO', '시러스CIRRUS' 표시가 있어야 한다. 현금인출기는 대부분 24시간 이용 가능하며 자신이 소지한 카드의 사용 한도 및 해외에서의 사용 조건 등에 따라 일정 범위의 현금인출이 가능하다. 사용한도 및 조건은 카드사에 문의하자.

> **TIP**
>
> ## 현금인출기 이용방법과 주의사항
>
> ### ① 현금인출기 이용방법
> - 카드를 투입구에 삽입한다(기본 언어는 영어).
> - 비밀번호 4자리를 입력한다.
> - 거래 종류를 선택한다('현금출금Cash' 버튼).
> - 원하는 금액을 누른다(화면에 선택 사항이 없으면 직접 입력).
> - 영수증을 원하는지에 대한 물음에 답한다. '예스YES' 버튼을 누르면 영수증이 출력된다.
> - 카드, 영수증과 현금이 나오면 수령한다.
>
> ### ② 이용 시 주의사항
> - 늦은 저녁이나 새벽 등 인적이 드문 시간대와 장소에서 현금인출기 사용은 삼가도록 한다.
> - 기차역이나 사람이 많은 장소에서 비밀번호 입력 시 뒤에 있는 사람이 보지 않도록 손으로 가린다.
> - 말을 걸어오는 사람이 있으면 무시하고 어떤 경우에도 타인에게 비밀번호를 알려주지 않는다.
> - 영수증은 반드시 보관한다. 인출 금액과 청구 금액이 다를 경우 중요한 증빙 자료가 된다.
> - 해외에서 카드 사용 시 거래내용을 문자나 메일로 받는 서비스를 신청하는 것이 좋다.
> - 불법 카드 복제기가 설치되어 있지 않은지 확인하고 거래한다.

팁

미국과 달리 영국에서는 서비스를 받은 만큼 팁을 지불하면 된다. 한마디로 주고 싶으면 주고 주기 싫으면 주지 않아도 된다. 레스토랑에서는 영수증 하단부에 '서비스 차지Service Charge'라고 표기되어 있다면 별도의 팁을 주지 않아도 되는데, 만일 서비스가 만족스러웠다면 10% 정도를 따로 지불하면 된다. 호텔에서는 침대 위에 현금 £1~2(1일 기준)를 두고 나오면 된다.

물가

런던은 서유럽의 다른 나라보다 부동산, 그중에서도 월세(한국 서울에 비해 83% 비쌈)가 특히 비싼 편이고 교통비(한국 서울보다 런던이 117% 비쌈)도 다른 나라들에 비해서 비싸다. 식료품의 경우 한국에 비해 저렴한 편(특히 육류, 야채, 유제품)이므로 슈퍼마켓에서 장을 봐서 간식으로 배를 채우거나 취사가 가능한 숙소에서 식사를 해결하는 것도 괜찮은 방법이다.

대략적인 런던 물가			
버스 1회권	£1.60(오프 피크)/£2.50	샌드위치 1개	£2.50~5
사무직 종사자들의 점심 식사 한 끼	£5~10	생수 1병	£0.50~0.80
달걀 6개	£0.80~1	맥도날드 빅맥 버거 1개	£3.49
버거킹 와퍼 버거 1개	£5.99	KFC 치킨 3조각	£5.19
스타벅스 카푸치노 1잔	£2.15	펍에서 마시는 맥주 1잔	£1.50~3
레스토랑 메인 요리	£15~20	사과 1kg	£1.80~

(2023년 3월 기준)

하루 예산 잡기

서유럽 국가 중에서도 물가가 높기로 소문난 런던은 특히 숙박비와 교통요금이 비싼 편으로 여행하고자 하는 지역과 동선을 잘 고려해 숙소를 선택해야 한다. 영국박물관이나 내셔널 갤러리와 같은 국립박물관은 무료인 곳이 많아 여행비용을 절약할 수 있다.
다음은 1일 기준의 대략적인 예산이다.

• 숙박비
한인민박의 경우 도미토리 룸 £20~30, 프라이빗 룸 £50~70 선이다. 에어비앤비Airb&b나 호텔은 2인실 기준 £70~.

• 식비
아침 식사는 숙소에서 해결한다는 가정 하에 점심 또는 저녁 식사(패스트 & 슬로우푸드) 1인 기준 £15 미만, 레스토랑 1인 기준 £20~40(미슐랭 1스타 £20~, 3스타 £70~).

• 교통비
오이스터 카드 이용 시 £5~10. 지하철을 타야 한다면 반드시 오이스터 카드를 이용하자. 지하철 일부 구간과 버스는 사용한 금액이 일정금액을 초과하면 요금상한제(1일 £7.70)가 적용되어 그 이상 사용해도 추가로 과금되지 않는다.

> **TIP**
>
> **런던에서는 택스 리펀 불가**
>
> 영국은 브렉시트 이행 기간이 종료된 2020년 12월 31일 이후 여행자 VAT 환급, 일명 택스 리펀Tax Refund 제도를 폐지하였다. 그 결과 런던은 유럽 주요 관광도시 중 유일한 택스 리펀 불가 지역이 되었다. 이에 타격을 입은 런던 내 명품 소매업체들은 정부에 면세 규정을 되살릴 것을 적극 요구하고 있다.

NETWORKING

똑똑하게 즐기는 여행
스마트폰 & 전화

오늘날 스마트폰은 여행에서 빼놓을 수 없는 준비물 중 하나다. 길 찾기, 전화, 검색, 번역 등의 기능으로 여행 중 일어날 수 있는 거의 모든 문제를 해결할 수 있기 때문이다. 영국에서 사용할 애플리케이션은 출국 전 미리 다운로드 받아두자.

스마트폰

해외에서 스마트폰을 사용하는 방법은 로밍을 신청하는 방법과 현지에서 심SIM 카드를 별도로 구입해 사용하는 방법 두 가지로 나뉜다. 로밍은 국내통신사에서 신청하며 정해진 기간이나 정해진 용량을 금액에 맞게 사용할 수 있다.

심 카드는 구입 시 여권과 카드를 지참해야 하며, 공항이나 런던 시내에서 구입하는 것이 저렴하다. 영국에서 시판되는 심 카드는 통화품질이 좋은 보다폰Vodafone이 가장 비싸고, 이이EE, 스리Three는 비교적 가격이 저렴하다. 평소 내가 쓰던 데이터 사용량과 통화량, 문자 사용량을 기준으로 상품을 구매하도록 하자. 무료로 와이파이를 사용할 수 있는 공공장소를 미리 알아두는 것도 좋은 방법이다.

대표 요금제와 금액

통신사	데이터 사용량·통화·문자(한 달 기준)	금액
Vodafone	데이터 4GB, 통화 및 문자 무제한	£11
O2	데이터 2GB, 통화 및 문자 무제한	£33
Three	데이터 50GB, 통화 및 문자 무제한	£15
Three	데이터 200GB, 통화 및 문자 무제한	£20

TIP
심 카드 자판기를 활용하자

히드로 국제공항 입국장 및 환승 게이트에는 심 카드를 판매하는 자판기가 마련돼 있다. 데이터 사용에 특화된 카드(심 카드 포함)를 예로 들면 이이EE는 처음 한 달 데이터 10GB(다음 한 달간 데이터 3GB)를 이용할 수 있는 심카드를 £25에, 라이카모바일Lycamobile은 데이터 15GB에 문자 무제한 조건의 심 카드 £35에, 스리는 데이터 12GB와 문자 3,000개, 전화 300분을 한 달간 사용할 수 있는 심 카드를 £30에 판매한다.

How to go 히드로 국제공항 입국심사대 및 입국 게이트 바깥 곳곳에 위치

> ENTRANCE

유럽의 관문
런던 들어가기

오랜 비행 끝에 비행기가 무사히 런던에 착륙했다. 비행기에서 내려 여권을 들고 표지판을 따라 이동하자. 참고로 런던 소재 공항들의 입국심사는 까다롭고 오래 걸리는 경우가 많으므로 여유로운 마음을 갖고 수속을 진행하고, 런던 시내로 출발하자.

비행기

2023년 현재 대한민국에서 런던으로 가는 직항편은 대한항공에서 주 7회, 아시아나항공에서 주 6회 운항하며 약 14시간 25분(러시아-우크라이나 전쟁으로 항공기 우회 운항) 걸린다. 유럽의 관문역할을 하고 있는 히드로 국제공항 Heathrow Airport과 런던 도심 및 근교에 위치한 5개의 주요공항은 직항보다는 유럽계 주요 항공사(에어프랑스, 루프트한자, 네덜란드 항공, 알리탈리아, 아에로 플로트 등)와 아시아계 항공사(일본항공, 전일본공수, 싱가포르 항공, 에바 항공 등)를 이용하는 여행자들이 많이 이용한다.

경유편 이용 시 환승 Transfer 표지판을 따라 이동한다. 공항 내 설치된 모니터를 통해 환승 게이트를 확인한 후 해당 게이트에서 탑승하면 된다. 환승할 비행기 탑승시간까지 시간적 여유가 있다면 면세점이나 카페, 레스토랑 등에 들러 시간을 보낼 수 있지만, 갈아타는 시간이 3시간 이내로 촉박할 경우 서둘러 탑승 게이트로 이동해야 한다.

주요 항공사 운항정보

항공사	구간	운항시간	운항일
대한항공	인천 국제공항-히드로 국제공항	약 14시간 25분	매일
아시아나항공	인천 국제공항-히드로 국제공항	약 14시간 25분	월·화·수·금·토·일

입국절차

 공항 도착   비행기가 공항에 도착하면 '도착Arrival' 표시 방향으로 간다.

 입국심사   입국심사대 주변에 놓여 있는 입국신고서를 먼저 작성한 다음 'EU', 'Non EU(EU 이외 국가)' 표지판 중 'Non EU'에 줄을 서서 자동입국심사를 기다린다. 기내에서 미리 입국신고서를 받았다면 기내에서 작성한 다음 여권과 함께 제출한다. 런던 주변에 있는 공항은 많은 여행자가 몰리는데다 입국심사도 까다로워서 짧게는 30~40분, 길게는 3~4시간이나 걸릴 때도 있다. 2019년 5월부터 히드로 국제공항, 개트윅 공항에서는 한국 국적자 대상으로 자동입국심사가 시행됐다. 입국심사장 내 위치한 'E-passport Gate'에서 간단한 절차만을 거치고 바로 통과한다. 자동입국심사 시 별도의 입국신고서 작성도 필요없게 되었다.

자동 입국 심사 가능 국가

대한민국, EU, 호주, 캐나다, 일본, 노르웨이, 아이슬란드, 싱가포르, 스위스, 미국, 뉴질랜드, 리히텐슈타인

TIP

솅겐 조약

EU 회원국 간에 체결된 국경개방조약을 말한다. 2023년 현재 27개 국가(그리스, 네덜란드, 덴마크, 독일, 라트비아, 루마니아, 룩셈부르크, 리투아니아, 몰타, 벨기에, 불가리아, 스웨덴, 스페인, 슬로바키아, 슬로베니아, 아일랜드, 에스토니아, 오스트리아, 이탈리아, 체코, 크로아티아, 키프로스, 포르투갈, 폴란드, 프랑스, 핀란드, 헝가리)가 가입되어 있다.

솅겐 조약을 체결한 EU 회원국 외의 국민이 입국할 경우 처음 입국한 국가에서 심사를 받게 되고, 180일 이내에 최대 90일까지 회원국의 국경을 자유롭게 넘나들 수 있다. 다시 말하면 최종 출국 예정일(솅겐 조약 구역에서 최종 출국하는 일)을 기준으로 180일을 거꾸로 계산해 솅겐 조약을 체결한 EU 회원국 체류일이 90일이 넘지 않아야 한다는 것.

첫 입국일 기준으로 90일 이내로 솅겐 조약에 체결한 EU 국가에 머물 수 있으며 이후에는 머문 날짜만큼 다른 국가에 체류해야 재입국이 가능하다. 참고로 브렉시트를 통해 EU에서 탈퇴한 영국은 솅겐 조약의 영향을 받지 않으므로 별도의 입국심사를 받아야 한다.

대한민국 국적자 대상 자동입국심사제도

2019년 5월부터 시행된 자동입국심사제도로 대한민국 여권 소지자는 입국신고서Landing Card를 작성하지 않아도 되며, 만 18세 이상이면 입국장 내에 위치한 자동입국심사 부스에서 여권 스캔과 안면인식 등의 간단한 절차를 거쳐 입국장을 통과할 수 있다. 단, 만 12~17세는 성인 보호자 동반 시에만 자동입국심사 부스 이용이 가능하며, 만 12세 미만의 어린이는 성인 보호자와 함께 입국심사를 받아야 한다.

수하물 찾기 입국심사를 마친 후 공항 곳곳에 설치된 모니터에서 자신이 타고 온 비행기 편명을 확인하고 수하물 벨트로 이동한다. 수하물이 나오지 않으면 공항직원에게 알리고, 숙소의 주소와 연락처를 남기면 숙소로 배송해준다. 단, 수하물 배송시간이 오래 걸리는 경우가 있으므로 런던 체류일정이 짧다면 직접 공항에서 짐을 수령하는 것이 낫다.

세관검사 특별히 신고할 것이 없다면 표지판 '신고할 것 없음Nothing to declare' 쪽으로 통과한다.

영국 입국 시 면세 범위

휴대품	통관기준
술	- 1리터의 증류주 또는 22도 이상 혼성주 - 2리터의 주정강화 포도주, 발포성포도주 또는 22도 미만의 여타 혼성주 - 16리터의 맥주와 4리터의 무탄산포도주
담배	- 궐련 200개비, 소형 엽궐련 100개비 - 여송연 50개비, 담배 250g 이하(시샤 포함)
면세한도금액 (일반면세기준)	- 향수, 전자제품을 포함한 여타 상품(선물, 기념품 포함)의 경우, £390까지 면세반입 허용 - 단일 물품의 가격이 £390를 초과하는 경우, 동 한도초과금액이 아닌 전체 물품가격에 대해 과세
의약품	- 개인의약품이어도 처방전 및 의사소견서(영문) 지참 필수
식품	- 육류, 육가공품, 유제품, 감자 반입 금지 - 과일과 채소(감자 제외), 달걀 제품과 꿀은 2kg까지 반입 허용 - 생선은 20kg 또는 1마리 중 무거운 것 기준 반입 허용(내장이 제거되거나 가공된 생선에 한함)

시내로 출발 관광안내소에서 여행 정보 리플릿과 지도 등을 챙긴 다음 시내로 가는 교통편 티켓을 구입한다. 환전을 하지 못 했다면 환율이 좋지 않은 공항환전소에서는 시내로 나갈 때 필요한 비용 정도만 환전하자.

TRAFFIC

런던 교통 정복 1
공항에서 런던 시내로

인천 국제공항에서 출발하는 직항편이나 한국 여행자가 이용하는 비행기는 주로 히드로 국제공항으로 도착한다(대한항공 제4터미널, 아시아나항공 제2터미널, 영국항공 제5터미널). 유럽의 주요 도시나 경유편을 타고 런던에 입국할 경우 개트윅 공항Gatwick Airport, 런던 시티 에어포트London City Airport를 이용한다.

런던 히드로 국제공항 London Heathrow Airport(LHR)

런던에서 서쪽으로 22km 떨어져 있는 히드로 국제공항은 세계에서 두 번째, 전체 이용객 수로는 세계에서 네 번째로 많은 여행자가 이용하는 유럽의 관문이다. 총 다섯 개의 터미널로 이루어져 있으며, 제1·2터미널(아시아나항공)은 스타 얼라이언스Star Alliance 항공사가, 제3터미널은 원월드Oneworld와 스타얼라이언스 항공사 일부가, 제4터미널(대한항공)은 스카이팀Skyteam 항공사가, 제5터미널은 영국항공이 이용한다. 터미널 간 이동 시 무료로 운행하는 셔틀버스나 히드로 익스프레스Heathrow Express를 이용하면 된다. 셔틀버스는 '무료 셔틀버스Free shuttle'라고 적힌 표지판을 따라가 공항 건물 밖의 승강장에서 탈 수 있다. 15분 간격으로 운행하는 히드로 익스프레스는 무료 티켓을 발급받아 이용할 수 있으며, 엘리베이터를 타고 히드로 익스프레스 역으로 이동하여 탑승하면 된다.

Web heathrow.com

히드로 국제공항에서 런던 시내로 가기

지하철(튜브Tube), 고속버스(코치Coach), 직통열차, 택시 등이 있다. 가장 경제적이고 확실한 교통수단은 지하철이며, 고속버스는 빅토리아 코치 역(버스 터미널) 근처에 숙소가 있을 때 편리하다. 직통열차인 히드로 익스프레스Heathrow Express는 패딩턴 기차역 근처로 이동할 때 이용하면 좋다. 택시는 짐이 많을 경우에 가장 편리하게 이용할 수 있지만 요금이 비싸다. 히드로 국제 공항에서 시내로 가는 지하철과 엘리자베스 라인, 히드로 익스프레스는 5 또는 4→2·3 터미널 순으로 정차하며, 반대로 시내에서 공항으로 갈 때는 역순으로 정차한다.

지하철(튜브) Tube

피커딜리 라인(6존)은 공항에서 런던 시내로 향할 때 가장 저렴하면서도 쉽게 이용할 수 있는 노선이다. 공항 내 역은 제2~3터미널 사이에 위치해 있으며, 제4~5터미널에서는 무료 셔틀버스를 이용해 히드로 국제공항 내에 있는 지하철역으로 이동하면 된다. 지하철은 제5→2→3→4터미널 역 순서로 런던 시내까지 이동하며 금~토요일은 지하철이 24시간 운영된다.

Open 05:02~23:35(일요일 05:47~23:15)
Fare 편도 £6.30(오이스터 카드 이용 시 월~금요일 06:30~09:30 £5.50
Hours 약 51분(제5터미널-패딩턴 기차역)
Web tfl.gov.uk/modes/tube/

엘리자베스 라인 Elizabeth Line

이전에 '히드로 커넥트'로 불리던 노선의 새 이름으로 2020년 5월 24일 개통했다. 런던과 런던 근교 수도권 지역을 연결하는 새로운 광역급행 철도로 히드로 공항에서 시내로 갈 때 사용하기 편리한 교통수단이다. 히드로 익스프레스보다 조금 더 오래 걸리지만 저렴한 것이 장점이다.

Open 패딩턴역→히드로 공항 월~금요일 04:42~22:46, 토요일 04:37~23:03, 일요일 05:12~22:32
히드로 공항→패딩턴역 월~금요일 05:34~23:16, 토요일 05:22~23:07, 일요일 05:49~23:33
Fare 히드로 공항→패딩턴역 피크 타임 £12.20, 오프 피크 £10.20 **Hours** 35분(제2·3터미널-패딩턴 기차역)
Interval 30분 **Web** www.heathrow-connect.com

히드로 익스프레스 Heathrow Express

공항에서 런던 시내로 들어가는 가장 빠른 교통수단으로, 런던 중심에 위치한 패딩턴 기차역까지 직행한다. 제5터미널에서 출발하며 제2·3터미널을 거쳐 패딩턴 기차역에 도착한다.

Open 05:27~23:53
(일요일 05:17~23:47)
Fare 편도 £25, 왕복 £37(히드로 익스프레스 애플리케이션이나 홈페이지에서 전날까지 예약 시 £18, 90일 이전 예약 시 £5.5)
Hours 17분(제2·3터미널-패딩턴 기차역) **Interval** 15분
Web heathrowexpress.com

고속버스(코치) Coach

히드로 국제공항에서 빅토리아 기차역으로 직행하는 내셔널 익스프레스 버스도 있다. 기차역 근처에 숙소를 잡은 여행자에겐 가성비 좋은 선택이 될 수 있지만, 도로상황에 따라 시간이 더 걸릴 수 있음을 염두에 두어야 한다.

Open 04:50~22:50
(토~일요일·공휴일 04:05~22:20)
How to go 히드로 국제공항 제1~3터미널에서 도보 5분
* 제4터미널 버스 정류장 13·14번, 제5터미널 버스 정류장 13·16번
Fare 편도 £6~10(빅토리아 기차역 기준)
Hours 40~80분(제2~3터미널-빅토리아 기차역)
Web nationalexpress.com

택시 Black Cab

이른 새벽이나 늦은 밤 대중교통을 이용하기 어려울 때나 짐이 많을 때 이용하기 편리한 교통수단이지만 그만큼 요금이 비싼 편이다. 특히 교통체증이 심할 때(영국의 출퇴근시간은 오전 7~9시, 오후 4~7시)에는 이용을 자제하는 것이 좋다.

Fare £48~90(빅토리아 기차역 기준, 요일·시간에 따라 상이)
Hours 약 50분(제2~3터미널 기준)
Web tfl.gov.uk/modes/taxis-and-minicabs/

우버 Uber

전 세계 숙박 예약 홈페이지 에어비앤비와 더불어 공유경제의 성공을 이끌고 있는 운송 관련 플랫폼. 런던에만 약 4만여 대의 우버 택시가 있고, 교통체증 등 피크 타임만 피하면 택시보다 저렴하게 이용할 수 있다. 한국에서 우버 애플리케이션을 다운로드하는 것이 좋다. 목적지까지 가격 조회 후 호출하면 된다.

Fare £34~42(빅토리아 기차역 기준, 시간·차량 서비스에 따라 상이)
Hours 약 50분(제2~3터미널 기준)
Web www.uber.com

런던 개트윅 공항
London Gatwick Airport(LGW)

히드로 국제공항에 이어 런던에서 두 번째로 규모가 큰 국제공항으로, 런던 시내에서 남쪽으로 45km 떨어져 있다. 케세이퍼시픽, 아랍에미리트 항공, 영국항공 등 메이저 항공사와 라이언 에어, 이지 젯 등 저가항공사의 비행기가 오가며, 매년 약 3,400만 명이 이용한다. 1958년 개장 이후 수차례의 증개축을 거듭해 북쪽(메이저 항공사)과 남쪽(저가 항공사) 터미널로 운영 중이다. 두 터미널 간을 연결하는 셔틀 트레인이 운영된다.

Fare 편도 1등석 £27.70, 일반석 £18.50
Web gatwickairport.com

런던 개트윅 공항에서 런던 시내로 가기

개트윅 익스프레스 Gatwick Express

개트윅 공항 남쪽 터미널에서 런던 시내의 빅토리아 기차역까지 이동하는 가장 빠른 교통수단이다.

Open 05:41~23:11(토~일요일 05:48~11:18)
Fare 편도 1등석 £27.70, 일반석 £18.50
Hours 약 30분(남쪽 터미널-빅토리아 기차역 기준)
Interval 약 15~17분(일요일 30분)
Tel 034 5850 1530
Web gatwickexpress.com

내셔널 익스프레스 National Express

런던뿐만 아니라 영국 전역으로 이동할 수 있는 내셔널 익스프레스 버스가 24시간 운행된다. 영국식 고속버스라고 볼 수 있다. 개트윅 북터미널 국제선 도착장 바깥으로 나가거나 남터미널 1-5 코치 정류장으로 이동하면 탑승할 수 있다.

Open 24시간 **Fare** 편도 £11~(온라인 예매 시 할인)
Hours 약 1시간 50분~2시간 5분 (남쪽 터미널-빅토리아 기차역) **Interval** 30분(심야 1시간 15분)
Web www.nationalexpress.com

템스링크 Thameslink

런던 중심의 빅토리아 역까지 운행되는 열차로 개트윅 익스프레스와 요금은 비슷하다. 다만 개트윅 익스프레스의 파업과 같은 돌발사태 시 이용할 수 있다. 열차에 따라 소요시간과 가격이 상이하므로 타기 전 홈페이지를 미리 확인하는 것이 좋다.

Open 24시간 운행
Interval 3~8분(00:00~04:00 배차 간격 약 1시간)
Fare £18.30 **Hours** 31분~57분
Web ticket.thameslinkrailway.com

택시 Black cab

짐이 많아 대중교통으로 이동하기 어렵거나 일행이 여럿일 때 편리한 교통수단. 개트윅 공항 홈페이지에서 추천하는 택시 셰어 서비스를 미리 예약하면 일반택시보다 저렴하게 이용할 수 있다.

Fare £70~(셰어 서비스 이용 시 런던 시내 이동 £22.50~)
Hours 약 70분 **Tel** 012 9355 0000
Web taxis.gatwickairport.com

TIP

유로스타 Eurostar

영국과 유럽 대륙을 연결하는 기차는 유로스타가 유일하다. 네덜란드 암스테르담, 로테르담, 벨기에 브뤼셀, 프랑스 파리, 리옹, 릴 등 유럽 주요 도시에서 출발하여 런던 중심의 세인트 판크라스St. Pancras 기차역에 도착한다. 당일치기로 아침 일찍 출발해 유럽 주요 도시를 다녀올 때 이용하기에 적합하다. 출발일 2~3개월 전에 예약하면 더 저렴하게 구매할 수 있으므로, 서둘러 예약한다.

Hours 파리-런던 약 2시간 25분, 암스테르담-런던 약 3시간 40분, 브뤼셀-런던 약 2시간 50분
Web www.eurostar.com

TRAFFIC

런던 교통 정복 2
런던 시내 대중교통

면적 약 1,572km²에 8백만 명이 사는 대도시 런던. 런던의 주요유적지와 박물관은 지하철 1~2존에 모여 있다. 규모가 큰 도시이므로 대중교통을 활용하는 것이 효율적인데, 만 11세 미만은 대중교통을 무료로 이용할 수 있다.

지하철(튜브) Tube

런던의 지하철은 1863년에 최초로 개통되었으며, 세계에서 가장 오랜 역사를 자랑한다. 이동속도가 빠르고 가격도 저렴해 교통체증이 심한 런던에서 가장 사랑받는 교통수단이기도 하다. 다만 영국의 출퇴근 시간(오전 7~10시, 오후 4~7시)에는 혼잡스러우므로 가급적 이용을 피하는 것이 좋다. 좁고 낮은 지하철 내부 때문에 체격이 큰 영국인들로 붐비는 이 시간에는 제대로 서 있기조차 힘들기 때문. 낡고 오래된 노선이 많아 보수공사가 잦고, 임시폐쇄되는 역도 많으므로, 탑승 전 역 게시판에 적힌 공사현황을 미리 확인하고 이용하자.

Fare 1~2존 1회권 성인 £6.30, 어린이 £3.10(오이스터 카드 £2.50),
오이스터 카드 1일 무제한 £7.70, 트래블 카드 1일 £14.40
Web tfl.gov.uk/modes/tube/

도클랜드 라이트 레일웨이
Docklands Light Railway(DLR)

1997년에 개통한 무인경전철로 총 41개의 역이 있으며 총 길이는 34km이다. 북쪽의 스트랫포드 Stratford, 남쪽의 루이섬Lewisham, 서쪽의 뱅크 Bank와 타워 게이트웨이Tower Gateway, 동쪽의 런던 시티 공항London City Airport과 울위치 아스널Woolwich Arsenal 등 런던 주변지역을 연결한다.

Fare 1회권 £4.90(오이스터 카드 £2.40~), 1일권 £2.40(1~2존 기준), 11~15세 £2.25(1~2존 기준), 11세 미만 무료
Web tfl.gov.uk/modes/dlr/

오버그라운드 Overground

2006년에 개통되어 런던 외곽 지역을 연결하는 교통수단. 2012년 런던올림픽을 위해 북동쪽 노선에 새로운 역이 추가되어 총 84개의 역이 있다. 지하철과 모양은 비슷하고 비교적 최근에 개통되어 쾌적하다. 최근 런던에서 가장 핫한 지역으로 떠오른 쇼디치로 갈 때 이용하기 좋다.

Fare 1회권 £4.90(오이스터 카드 £2.40~), 1일권 £2.40(1~2존 기준), 11~15세 £2.25(1~2존 기준), 11세 미만 무료
Web tfl.gov.uk/modes/london-overground/

버스 Bus

런던의 상징과도 같은 빨간색 2층 버스(일명 더블 데커Double Decker)로 런던 교통공사에서 약 8,500여 대를 운영한다. 트래블 패스로 탑승 시 오이스터 카드는 운전기사 옆 카드 인식기에 대고, 트래블 카드는 운전기사에게 보여주면 된다. 하차할 때는 빨간 버튼을 누르고 버스 앞문으로 내리면 된다. '리퀘스트 스톱 Request Stop'이라고 적힌 정거장에서는 손을 들어 타겠다는 의사표시를 해야 운전기사가 차를 세워준다는 점을 기억하자. 런던 주요지역에는 24시간 운행하는 나이트 버스가 정차하며 소호 트라팔가 스퀘어가 거점이 된다. 참고로 현금으로는 승차가 불가하다.

Fare 1회권 £1.65, 1일 버스 이용권 £4.95, 1주일 버스·트램 이용권 £23.30, Web tfl.gov.uk/modes/buses/

택시 Taxi

오스틴 사의 클래식한 모델이 대부분이어서 '블랙 캡 Black Cab'이라는 별명을 갖고 있다. 2018년부터 런던 시내에서 내연기관등록이 불가능해지면서 점차 전기차로 바뀌고 있다.
탑승시각, 소요시간, 이동거리에 따라 요금이 다르며 한국에 비해 요금이 비싼 편이다. 보통 10분에 1.6km를 이동하면 £6~9의 요금이 나온다. 히드로 국제공항에서 택시를 탈 경우 £2.80의 추가요금을, 12월 24일 오후 8시~12월 27일 오전 6시, 12월 31일 오후 8시~1월 2일 오전 6시에 탑승하면 £4의 추가요금을 내야 한다. 모든 택시는 카드 결제가 가능하다.

Fare £3.80 (홈페이지나 전화예약 시 £2 추가요금)
Tariff 1 1마일당 £3.05, 월~금요일 05:00~22:00
Tariff 2 1마일당 £3.74, 월~금요일 20:00~22:00, 토~일요일 05:00~22:00
Tariff 3 1마일당 £3.96, 매일 22:00~05:00 (국경일은 종일 Tariff 3 적용)
Web tfl.gov.uk/modes/taxis-and-minicabs/

소소한 이야기

까다로운 런던의 택시기사 선발과정

런던에서 택시기사가 되려면 범죄기록이나 신체 이상이 없어야 한다. 면허시험도 상당히 난이도가 높은데, 39,000여 개의 거리 이름과 15,000여 개에 달하는 건물 및 시설의 위치를 외워 시험 감독관이 지정한 목적지를 최단거리로 최단시간에 도달해야 합격할 수 있다고 한다.

런던 관광 명소를 한 번에
2층 버스 투어

오리지널 시티 투어 & 런던 시티 투어
City Sightseeing & London City Tour

전 세계 97개 국가에서 운영되는 시내 투어 버스 전문 회사. 런던의 주요 관광 명소 25곳을 2층 버스로 들르는 2개의 코스로 운영되며, 인터넷에서 구입한 티켓의 유효기간(결제 후 3개월) 내에서 타고 내릴 수 있다.

Open 레드 루트 08:30~16:00(운행시간 150분, 배차간격 10분), 16:00~17:20(운행시간 150분, 배차간격 10분) 그린 루트 08:55~15:55(운행시간 35분, 배차간격 20분)
Fare 온라인 구입가 성인 £32, 5~15세 £20
Web city-sightseeing.com

빅 버스 컴퍼니 Big Bus Company

미국 뉴욕과 시카고, 홍콩, 오스트리아 빈 등 전 세계 18개 도시에서 만날 수 있는 다국적 시내 투어 버스 회사. 런던 시내 투어는 빨간색Red, 파란색Blue, 초록색Green, 주황색Orange의 네 개 노선(각각 총 50여 개의 정류장)을 운영하며, 티켓을 구매하면 자신이 원하는 시간에 원하는 노선을 횟수에 구애받지 않고 탈 수 있다.

Open 빨간색(베스트 오브 더 센트럴 런던) 08:30~16:30, 파란색(베스트 오브 더 웨스트) 08:45~16:45, 초록색(노스 투 센트럴 링크) 08:45~18:20, 주황색(어트랙션 루트) 08:50~18:35 ∗ 첫차~막차 첫 정류장 출발 기준
Fare 1일권 성인 £41(온라인 구입가 £36.90), 만 5~15세 £31(온라인 구입가 £27.90), 패밀리(어른2+어린이 2) £113(온라인 구입가 £101.70) **Web** www.bigbustours.com

TRAVEL PASS

교통비를 절감해주는 트래블 패스
런던 교통 패스

런던은 전 세계에서 교통비가 가장 비싼 지역 중 하나로 자칫 잘못하면 예상치 못하게 교통비에서 큰 지출을 하게 된다. 아래 내용을 참조하여 자신의 여행 스타일에 맞는 교통수단을 적절히 이용해 교통비와 이동시간을 줄여보자. 트래블 패스를 이용하면 교통비 절감에 큰 도움이 될 것이다.

오이스터 카드 Oyster card

충전식 교통 카드로 금액을 충전해 대중교통을 이용하는 시스템이다. 이 카드로 지하철, 버스, 도클랜드 라이트 레일웨이, 트램, 오버그라운드를 이용할 수 있다. 카드는 대형 지하철역이나 공항 등 런던 시내 3천여 곳의 판매처에서 구매할 수 있다. 일단 £5를 보증금으로 내고 카드를 구입한 다음, 충전(충전가능금액 £5~85)을 하면 된다. 지하철 개찰구의 자동판매기에 카드를 태그하면 잔액을 확인할 수 있다. 여행을 마치고 런던을 떠나기 전 마지막 지하철역에서 카드를 반납하면 보증금과 잔액을 현금으로 돌려받는다.
참고로 오이스터 카드는 하루 차감한도가 설정되어 있어서 일정 이상의 구간이나 횟수로 대중교통을 이용하는 사람에게 특히 유용하다.

Fare 버스 1회 £1.50, 지하철 1회 £2.40~,
1일 차감한도 £7.20(1~2존), £8.50(1~3존), £10.40(1~4존), £12.30(1~5존), £13.20(1~6존)
Web oyster.tfl.gov.uk/oyster

트래블 카드 Travelcard

충전식 오이스터 카드와는 다른 종이재질의 트래블 패스다. 템스강 리버 보트(유람선)와 런던 아이 등 일부 관광 명소의 입장권 할인혜택이 주어지므로 여행자에게 인기 있다. 트래블 카드 1일권은 매일 오전 9시 30분 전에 이용할 수 있는 애니타임 Anytime 티켓과 9시 30분 이후부터 사용할 수 있는 오프 피크 Off Peak 티켓 중 하나와, 이용범위에 따라 존을 선택해야 한다. 만일 히드로 국제공항과 런던 시티 공항이 위치한 6존까지 커버하는 티켓이 필요하다면 1~6존 티켓을 사야 한다. 일주일권(종이 티켓)은 사전에 홈페이지로 예약하지 않으면 구입할 수 없다. 1일권 구입이 아니라면 오이스터 카드를 이용할 것을 권한다.

Fare 애니타임 티켓 1일권(1~4존) 성인 £15, 만 11~15세 £7.5, (1~6존) 성인 £21.50, 만 11~15세 £11,
오프피크 티켓(1~6존) 성인 £15, 만 11~15세 £7.50
Web tfl.gov.uk

	오이스터 카드(거리에 따른 차등 부과)	트래블 카드(애니타임/7일)
Zone 1~2	£7.70	£14.40/£26.80
Zone 1~3	£9	£14.40/£31.60
Zone 1~4	£11	£14.40/£38.60

GOOD START

런던 패스 The London Pass

전 세계 3백만 명 이상의 여행자가 구입한 패스다. 런던 타워와 웨스트민스터 성당을 포함한 90여 개의 관광 명소에 입장할 수 있으며, 여섯 개의 대표 관광 명소(타워 브리지 전시관, 세인트 폴 대성당, 햄프턴 코트 팰리스, 런던 브리지 익스피리언스, 런던 동물원, 리치먼드 큐 가든)에서 줄을 서지 않고 입장하는 패스트 트랙 혜택을 받을 수 있어 대기시간을 줄일 수 있다. 이 밖에도 런던에서 가장 높은 빌딩인 샤드 전망대와 1일 투어 버스, 홉 온 홉 오프 투어 버스, 템스강 크루즈 등을 무료로 이용할 수 있다. 참고로 오이스터 카드는 추가 옵션 사항이므로 일정에 따라 선택하는 게 좋다.

티켓은 사전에 홈페이지에서 구매하는 것이 편리하고, 바우처를 가지고 티켓 오피스에 가서 보여주면 티켓으로 교환해준다. 런던 시내에 있는 티켓 오피스 외에 히드로 국제공항 인포메이션 센터, 브리티시 호텔 예약 센터 또는 개트윅 국제공항의 브리티시 호텔 예약 센터, 빅토리아 기차역 TFL 인포메이션 센터 등에서도 트래블 카드(오이스터 카드)를 포함하지 않은 패스 구입이 가능하다. 런던 패스는 처음 패스를 개시하는 순간부터 유효기간이 시작된다. 가령 월요일에 티켓을 개시한다면 월요일 자정까지 사용할 수 있으므로 가급적 오전에 패스를 개시할 것을 권한다.

How to go 레스터 스퀘어Leicester Square 역에서 도보 2분
Add 11a Charing Cross Road, London(티켓 오피스는 개릭 시어터Garrick Theatre 반대편 티켓 오피스 아래층에 위치)
Open 월~금요일 09:00~20:00, 토요일 10:00~16:00, 일요일 10:30~16:30
Day Off 12월 25일, 1월 1일, 뱅크 홀리데이　**Tel** 020 7293 0572　**Web** londonpass.com
Fare Table
* 사이트 회원 가입 후 예약 시 할인 혜택

패스 종류별 요금

	성인	만 5~15세
1일	£55 / (트래블 카드 미포함) £79	£55 / (트래블 카드 미포함) £56
2일	£115 / (트래블 카드 미포함) £100	£75 / (트래블 카드 미포함) £79
3일	£135 / (트래블 카드 미포함) £127	£89 / (트래블 카드 미포함) £93
6일	£155 / (트래블 카드 미포함) £171	£115 / (트래블 카드 미포함) £126
10일	£199 / (트래블 카드 미포함) £201	£129 / (트래블 카드 미포함) £155

USEFUL ADVICE

여행 전 알아두면 좋을
10개의 런던 여행 꿀팁

영국은 영어를 사용하지만 미국에서 상용되는 단어와 발음이 다르다. 또한 거리, 무게, 옷의 사이즈 등의 측량단위나 교통, 생활규범 등도 한국과 다르다. 이러한 문화적 차이 때문에 겪을 수 있는 여러 문제에 대비하여 런던 여행 시 알아두면 좋을 몇 가지 팁을 귀띔한다.

1 사람 많고 대기시간이 긴 주요 관광 명소, 효율적으로 여행하는 방법

단체여행자들은 오전 11시~오후 3시 사이에 집중적으로 관광을 한다. 제대로 여행을 즐기기 위해서는 동시에 사람들이 몰리는 시간은 가급적 피하는 것이 좋다. 특히 주요박물관은, 문 여는 시간이나 문 닫기 2~3시간 전에 도착하면 조금이라도 더 여유롭게 관람할 수 있다.

2 크리스마스에는 대중교통도 운휴

크리스마스에는 주요 관광 명소, 상점, 카페 등이 대부분 문을 닫고 대중교통조차 휴무일이다. 그래서 크리스마스 시즌에 런던을 여행할 경우 어쩔 수 없이 도보 또는 우버를 이용하게 된다. 택시는 운행 대수가 적어 이용하기 힘들고, 공항에서 시내로 가는 택시는 평소보다 두 배가량 비싸다. 일부 상점, 레스토랑, 카페는 크리스마스 다음 날인 복싱 데이Boxing Day도 문을 닫는다. 참고로 1월 1일에는 대중교통은 운행하지만 주요 관광 명소와 상점, 레스토랑, 카페 대부분은 문을 닫는다.

3 헷갈리는 건물 층수, 거리 & 무게 & 의류 사이즈 단위

영국에서는 건물의 1층을 그라운드 플로어 Ground Floor, 2층을 1층으로 부른다. 거리를 재는 단위로 킬로미터km 대신 마일Mile을 사용하며, 1마일은 약 1.609km이다. 무게를 재는 단위인 파운드Pound는 약 453g에 해당된다. 의류 사이즈 역시 우리와 다르게 측정하는데, 영국의 의류 사이즈는 우측 표와 같다.

의류 사이즈	
한국식	영국식
90~95	1
95~100	2
100~105	3
105~110	4
110~	5

4 미국식 영어 & 영국식 영어

미국식 영어와 영국식 영어는 발음뿐만 아니라 단어나 표현 방법도 다를 때가 있다. 미국식 영어에 익숙한 한국인에게 익숙하지 않은 영국식 단어들을 아래와 같이 정리해 보았다. 미리 알아두면 런던 여행이 한층 더 편해질 것이다.

주요 단어

한국어	미국식 영어	영국식 영어
휴대전화	cell phone	mobile phone
시청	city hall	town hall
시내	downtown	city centre
보도	sidewalk	pavement
영화	movies	film
극장	theater	theatre
약국	pharmacy	chemist
엘리베이터	elevator	lift
반창고	band-aid	plaster
지하철	subway	underground 또는 tube
텔레비전	television	the telly
쿠키(비스킷)	cookie	biscuit
샌드위치	sandwich	butty
감자튀김	fries	chips
택시	cab	taxi
현금인출기	ATM	cashpoint
영수증	check	bill
분실물	lost and found	lost property
색깔	color	colour

5 공중화장실 이용

공중화장실이 많지 않은 런던에서는 화장실에 가는 사소한 일조차 문제가 될 수 있다. 패스트 푸드점이나 레스토랑, 카페, 바 이외에 주요 기차역이나 거리의 공중화장실은 대부분 유료로 운영되므로 동전을 미리 준비하는 편이 좋다.

Fare P20~50(화장실 위치에 따라 상이)

6 자동차 운전석(자동차 핸들)과 보행 방향은 좌측

길을 걷거나 에스컬레이터를 타고 올라갈 때 좌측통행을 해야 한다. 에스컬레이터를 탈 때는 오른쪽에 서서 가자(왼쪽은 보행이동용). 특히 주의할 점은 자동차의 진행방향이 한국과 반대이므로 길을 건널 때 반드시 오른쪽을 먼저 살피고 건너야 사고를 피할 수 있다. 자동차 운전석도 오른쪽에 있으므로, 운전할 때는 특히 주의하도록 하자.

7 런던의 치안

전 세계에서 가장 많은 감시 카메라가 설치되어 있고 테러, 불법이민자 문제에 철저히 대응하는 영국이지만 최근에는 늘어난 난민과 불법이민자로 인해 치안이 점점 불안해지고 있다. 따라서 공공장소에서는 자신의 소지품을 반드시 휴대하고 다녀야 한다. 사람이 많은 곳이나 혼잡한 대중교통 안에서는 소매치기들이 활동하므로 각별한 주의를 요한다. 늦은 시간에 인적이 드문 골목길을 활보하거나 현금인출기를 이용하는 행동은 가급적 삼가자.

8 레스토랑 예약

런던 시내에 위치한 고급 레스토랑은 반드시 미리 예약해야 한다. 예약은 애플리케이션이나 홈페이지를 통해 할 수 있으며, 오픈테이블OpenTable이나 북테이블Book Table 같은 예약 홈페이지를 이용해도 좋다. 다만 일방적인 예약 취소(노쇼No-Show)를 할 경우, 계약금으로 걸어놓은 비용이 신용카드에서 빠져나가는 경우가 있으므로 신중하게 예약하고, 피치 못할 사정이 아니라면 예약은 꼭 지켜야 한다.

Web 오픈테이블 www.opentable.co.uk, 북테이블 www.bookatable.co.uk

9 꼭 알아둬야 할 레스토랑 예절

예약한 레스토랑에 도착하면 입구에서 인원수, 예약자 이름을 말하고 안내를 받아 테이블에 앉은 뒤 음식을 주문한다. 음식은 식전주(와인), 전식, 본식, 후식 순서로 서비스 된다. 다음은 지켜야 하는 식당 기본 예절 리스트다.

- 식사 중에는 식탁 위에 팔꿈치를 올리지 않도록 한다.
- 자신의 나이프로 자른 음식을 옆 사람과 나눠먹는 것은 실례다.
- 수프나 음료는 소리 내면서 먹지 않는다.
- 음식을 먹으며 대화하지 않는다. 조용히 먹으며 대화에 참여한다.
- 생선요리를 먹을 때는 생선을 뒤집지 않은 상태에서 뼈를 발라내 먹고, 입에 생선 가시가 들어갔을 때는 포크를 대고 뱉도록 한다.
- 식사 중에 코를 푸는 것이 예의에 벗어나는 것은 아니다.

10 꼭 알아둬야 할 거리에서의 예절

길을 지나가다 다른 사람과 부딪치면 "익스큐즈 미Excuse me"라고 말하는 것이 기본예절. 상점이나 레스토랑에 들어갈 때는 점원이 인사를 하면 "헬로Hello" 또는 "하이Hi"로 답례해야 점원의 태도가 한결 부드러워진다.

GOOD
PLAN

추천 여행 일정

런던 시내 & 근교(브라이턴 해변) 4박 5일

런던은
처음입니다만

런던을 처음 방문한 여행자를 위한 기본 일정. 과거 대영제국의 수도였던 런던의 주요 관광 명소와 명작들을 만날 수 있는 영국 박물관을 관광하고, 뮤지컬 관람이나 잉글랜드 프리미어리그 관람을 옵션으로 추가한다. 런던 근교에 위치한 해변도시 브라이턴을 추가하면 휴양지의 여유로운 분위기까지 느낄 수 있다.

일차	간단 포인트	교통수단 & 예상 소요시간
1	런던 도착	인천 국제공항 → 히드로 국제공항(약 14시간 25분~18시간)
2	런던 시내 관광(버킹엄 궁전, 영국 박물관)	도보 또는 지하철(튜브)
3	런던 시내 관광(저녁 뮤지컬 or 축구 관람)	도보 또는 지하철(튜브)
4	근교 해변도시 브라이턴 당일치기	기차(빅토리아 기차역 기준, 약 1시간 30분)
5	출국	히드로 국제공항 → 인천 국제공항(약 12시간 30분~18시간)

TIP

런던 초행자의 4박 5일을 위한 조언

▶ 인천 국제공항에서 출발한 직항 항공편 런던 히드로 국제공항에 도착한다. 히드로 국제공항은 유럽에서 입국심사가 가장 오래 걸리는 공항이므로(비행기 착륙 후 30분~1시간 30분 후 공항 바깥으로 나오는 것이 일반적) 런던 시내로 가는 교통편을 예약한다면 여유롭게 시간 계산을 해야 한다.

▶ 버킹엄 팰리스 근위병 교대식 시간인 오전 11시보다 1시간 이상 먼저 가서 대기해야 잘 보이는 자리를 잡을 수 있다. 또한 주요 박물관은 오전이 덜 붐빈다.

▶ 뮤지컬 관람 계획이 있다면 미리 예약하거나 해당 뮤지컬 극장에서 당일 오전에 판매하는 티켓을 노리는 것이 좋다. 소호의 디스카운트 티켓 부스와 사설 부스는 최후의 보루로 삼는다.

▶ 잉글랜드 프리미어리그에 관심 있는 축구 마니아라면 프리미어리그 예약 홈페이지를 이용해 티켓을 예매하고 경기를 관람한다. 경기 일정이 없거나 비용이 부담스럽다면 아스날 홈 구장 에미리트 스타디움 관람 등 견학 프로그램도 대안이 된다.

▶ 해변도시 브라이턴은 앤티크한 정취와 여유로운 분위기의 해변을 즐길 수 있는 도시다. 오전에 런던을 출발해 저녁에 돌아오는 당일치기 일정으로 계획해 보자.

▶ 모든 여행 일정의 핵심은 본인의 여행 일수와 관심사에 따라 달라진다. 여행자가 많이 가는 추천 일정과 테마별 추천 일정은 참고만 하되 나만의 일정을 꼼꼼하게 계획해 즐거운 여행이 되도록 준비해 보자.

GOOD PLAN

런던 시내 & 쇼핑(아울렛) 투어 4박 5일

쇼핑 마니아를 위한 추천 일정

런던 시내의 주요 관광 명소를 이틀 동안 돌아본다. 2일차에 웨스트민스터, 소호, 시티를, 3일차에는 쇼핑 스트리트 메릴본, 피츠로비아에서 쇼핑과 미식 투어로 런던의 매력을 만끽하자. 4일차는 런던 근교 아울렛, 나이츠브리지의 백화점을 방문하고 저녁에는 쇼디치에서 힙스터들과 함께 나이트라이프를 즐기는 '인사이더' 일정이다.

일차	간단 포인트	교통수단 & 예상 소요시간
1	런던 도착	인천 국제공항 → 히드로 국제공항, 약 14시간 25분~18시간
2	런던 시내 관광(웨스트민스터, 소호, 시티)	도보 또는 지하철(튜브)
3	런던 시내 관광(메릴본, 피츠로비아)	도보 또는 지하철(튜브)
4	쇼핑 & 미식 투어(나이츠브리지, 쇼디치)	비스터 빌리지(근교 아울렛) : 기차(빅토리아 기차역 기준, 약 1시간 20분)
5	출국	히드로 국제공항 → 인천 국제공항(약 12시간 30분~18시간)

쇼핑 대만족 4박 5일을 위한 조언

- 인천-런던 직항편 중 영국항공을 이용하면 오후(오후 2시 35분)에 도착해 숙소에 짐을 풀고 런던 야경을 볼 수 있다. 대한항공과 아시아나항공은 저녁에 도착해 숙소에 도착하고 체크인을 하면 오후 8~9시경이 되므로 휴식을 취하는 게 좋다.
- 2일차 오전에는 버킹엄 팰리스 근위병 교대식에 집중하고, 3일차 오전은 영국 박물관에 시간을 할애한다.
- 쇼핑 마니아라면 런던 메릴본 기차역에서 비체스터 노스 기차역까지 가는 기차를 타고 비스터 빌리지에 가볼 것을 권한다.
- 유명 브랜드 쇼핑이 목적이라면 해러즈 백화점, 하비 니콜스 백화점 등 런던 시내 주요백화점에서 쇼핑하는 것도 효율적이다. 트렌드에 민감하다면 아울렛보다는 백화점 쇼핑에 집중한다.
- 빈티지 쇼핑에 열광한다면 평일에는 올드 스피탈필즈 마켓, 주말에는 브릭 레인 마켓, 캠든 패시지 마켓, 컬럼비아 로드의 플라워 마켓 등으로 가보자.

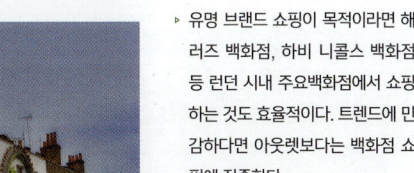

런던 박물관 & 공원 산책 4박 5일

유유자적
추천 일정

세계적인 규모의 영국 박물관, 내셔널 갤러리, 테이트 모던, 사치 갤러리에 이르기까지 고대에서 현대에 이르는 다양한 작품을 전시한 공간을 차례로 돌아보고, 햇살 내리쬐는 낮에는 하이드 파크나 켄싱턴 파크를 여유로이 산책하자. 산책을 마치고 애프터눈 티를 즐기며 여유로운 런던 여행의 추억을 하나 더 만들자.

일차	교통수단 & 예상 소요시간	간단 포인트
1	직항 또는 경유 1회	인천 국제공항 → 히드로 국제공항(약 14시간 25분~18시간)
2	런던 박물관 관광(영국 박물관, 내셔널 갤러리)	도보 또는 지하철(튜브)
3	런던 미술관 관광(테이트 모던, 사치 갤러리) & 쇼핑(소호, 나이츠브리지)	도보 또는 지하철(튜브)
4	런던 공원 산책 (하이드 파크, 켄싱턴 파크, 애프터눈 티 체험)	도보 또는 지하철(튜브)
5	비행기 직항 또는 경유 1회	히드로 국제공항 → 인천 국제공항(약 12시간 30분~18시간)

TIP

유유자적 도보여행 4박 5일을 위한 조언

- 새해(1월 1~2일)와 크리스마스(12월 25~26일)에는 주요 박물관과 미술관이 문을 닫는다.
- 런던의 주요공원을 산책할 때는 음료와 간식 등을 챙겨 가는 것이 좋다. 공원 내 잔디에 앉거나 누울 수 있으니, 돗자리나 대여용 벤치를 이용할 것을 권한다.
- 런던의 주요 박물관에는 한국어 오디오 가이드가 지원되므로 가이드 투어를 신청하지 않았다면 이를 활용하는 것이 효율적이다.
  - 영국의 대표음식 피시 앤 칩스를 맛보거나 고든 램지 등 유명 셰프의 레스토랑에 가자. 간혹 뜨거운 국물이 생각날 때는 아시안 식당을 찾아가 보는 것도 좋다.

GOOD PLAN

런던 시내 & 근교 도시 7박 8일

런던과 근교 도시 구석구석 일정

런던 주요박물관을 2일차 일정으로 잡고, 3일차에는 활기찬 런던을 느낄 수 있는 소호와 해러즈 백화점을 비롯한 명품 쇼핑가들이 모여 있는 나이츠브리지에서 런던의 나이트 라이프를 즐겨보자. 4~5일차에는 대학도시 옥스퍼드와 케임브리지를, 6일차에는 그리니치나 리치먼드의 큐 가든을 방문한다.

일차	교통수단 & 예상 소요시간	간단 포인트
1	비행기 직항 또는 경유 1회	인천 국제공항 → 히드로 국제공항 (약 14시간 25분~18시간)
2	런던 박물관 관광(영국 박물관, 내셔널 갤러리)	도보 또는 지하철(튜브)
3	런던 시내 관광(소호, 나이츠브리지, 쇼디치)	버스 또는 지하철(튜브)
4	근교 대학도시 관광 (옥스퍼드 크라이스트 처치 칼리지)	옥스퍼드: 버스(빅토리아 코치 버스 정류장 기준, 약 1시간 40분) 또는 기차(패딩턴 기차역 기준, 약 1시간 2분)
5	근교 대학도시 관광(케임브리지 트리니티 칼리지)	케임브리지: 기차(킹스 크로스 기차역 기준, 약 50분)
6	근교 도시 관광 (그리니치, 리치먼드)	그리니치: 지하철(튜브) 또는 크루즈 (빅토리아 기차역 기준, 약 34분/ 웨스트민스터 선착장 기준, 약 30분) 리치먼드: 지하철(빅토리아 기차역 기준, 약 45분)
7	근교 해변도시 브라이턴	브라이턴: 기차(빅토리아 기차역 기준, 약 1시간 30분)
8	비행기 직항 또는 경유 1회	히드로 국제공항 → 인천 국제공항 (약 12시간 30분~18시간)

TIP

런던의 매력을 깊게 경험하는 7박 8일을 위한 조언

- 런던 근교 도시나 지방에 갈 때 비용절약을 위해 교통편은 미리 예약해 두자.
- 주요대학은 일요일에는 관광객 입장을 허용하지 않는다. 따라서 주말이나 방학 시즌(6~8월)에 방문할 경우 사전에 홈페이지를 확인할 것을 권한다. 학사 일정에 따른 임시 공휴일이나 주요 행사 등으로 문을 닫는 경우도 있기 때문이다.
- 대학도시에 관심이 없다면 로마시대부터 온천으로 유명한 바스, 그보다 더 가까운 근교 도시를 여행하고 싶다면 그리니치, 리치먼드를 방문해 보는 것으로 대체할 수 있다.
- 여행의 마지막은 해변도시 브라이턴에서 느긋하게 휴식을 취하는 일정으로 마무리한다.

HELLO
LONDON

런던 여행 정보

AREA 1

런던의 명소가 모인
핵심 관광 지역

웨스트민스터
Westminster

웨스트민스터는 가장 많은 여행자들이 방문하는 런던 관광의 핵심지역인 동시에 약 천여 년간 영국 정치와 종교의 중추적 역할을 해온 지역이다. 입헌군주국인 영국 왕실의 거처부터 의회, 총리관저 등 주요 정부기관의 화려한 건축물이 한데 모여 있어, 영국의 수도 런던이 지닌 위상을 짐작할 수 있다. 한국으로 치면 청와대와 국회의사당과 같은 주요 건물이 모여 있는 까닭에 24시간 경비가 삼엄한 안전지대로 런던의 밤 산책 코스로도 사랑받고 있다.

여행 포인트
관광 ★★★★★
미식 ★
쇼핑 ★

웨스트민스터 찾아가기

가까운 지하철역

- 웨스트민스터Westminster 지하철역
  (서클Circle·디스트릭트District·주빌리 Jubilee 라인)
- 세인트 제임스 파크St. James's Park 지하철역
  (서클Circle·디스트릭트District 라인)
- 빅토리아Victoria 지하철역
  (서클Circle·디스트릭트District 라인)

어떻게 다닐까

첫 일정인 버킹엄 팰리스로 가려면 세인트 제임스 파크St. James's Park 지하철역에서 내려 버킹엄 게이트Buckingham Gate를 따라 걷는 것이 일반적이다 (도보 10분, 750m).

시간이 조금 더 소요되지만 녹지를 벗 삼아 공원 산책을 즐기며 느긋하게 가려면 세인트 제임스 파크를 가로질러 더 몰The Mall을 경유해서 버킹엄 팰리스로 가는 방법도 있다.

일일 추천 코스

예상 소요시간 약 8~10시간

인파가 몰리는 버킹엄 팰리스의 근위병 교대식을 보려면 오전 10시 이전에는 도착해서 자리를 잡아야 한다. 교대식을 보고나서 버킹엄 팰리스 내부를 돌아보거나 세인트 제임스 팰리스와 세인트 제임스 파크를 차례로 구경한 다음 국회의사당과 시 라이프 런던 아쿠아리움, 런던 아이, 웨스트민스터 사원을 차례로 방문하는 것을 추천한다. 현대 미술품에 관심이 있는 사람이라면 ICA(인스티튜트 오브 컨템포러리 아트) 갤러리나 아트몰 갤러리를 추가하는 것도 좋다. 저녁에 런던의 야경을 즐기려면 런던 아이를 일정 마지막에 넣도록 하자.

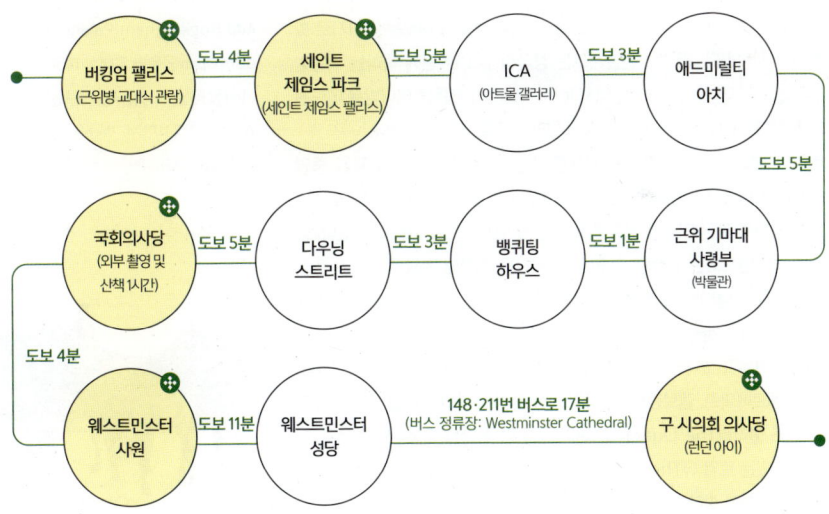

웨스트민스터의 관광 명소

왕실의 총본부이자 국빈을 맞이하는 장소
버킹엄 팰리스 Buckingham Palace ★★★

전 세계 20여 국가만 유지하고 있는 입헌군주국 영국에 관해 알고 싶다면 버킹엄 팰리스는 그냥 지나쳐서는 안 될 랜드마크다. 1762년 조지 3세 왕이 거처로 £28,000에 사들인 궁전을 1762년 건축가 윌리엄 챔버스 William Chambers가 리모델링하면서 영국 왕실의 새로운 주거지로 활용되기 시작했다. 왕실의 건물치고는 상당히 검소한 편에 속하는 버킹엄 팰리스의 디자인은 건축가 존 내시John Nash의 바통을 이어받은 에드워드 블로어Edward Blore가 두 개의 날개건물을 더해 보완했다.

버킹엄 팰리스를 본격적으로 사용한 것은 빅토리아 여왕이 재임 중인 1837년부터였으며 지금은 영국 왕실 사무실과 주거지이자 영국을 공식 방문한 외빈의 만찬회장 등 영국 왕실의 공식 행사장으로 이용되고 있다. 궁전의 외관만으로는 짐작할 수 없지만, 시간을 투자해 관광할 가치가 있을 정도로 궁전 내부는 화려하다. 참고로 궁전 내부는 매년 일부 날짜에 한해 가이드 투어로 개방된다.

시간적 여유가 있다면 영국 왕실 예술 컬렉션 전시관을 둘러보길 권한다. 루벤스, 페르메이르, 렘브란트, 반 다이크 등 유명 화가의 작품을 소장하고 있는 퀸즈 갤러리The Queen's Gallery와 영국 왕실 교통수단을 보관·전시하고 있는 로열 뮤The Royal Mews는 버킹엄 팰리스 남서쪽에 위치해 함께 관람하기 좋다.

How to go 지하철 서클Circle·디스트릭트District 라인 세인트 제임스 파크St. James's Park 역에서 도보 9분
Add Buckingham Palace, London **Open** 근위병 교대식 11:30 (4~7월 매일, 8~3월 격일로 시행)
Tel 030 3123 7324 **Web** www.rct.uk **Map** P.378-D

TIP

근위병 교대식을 제대로 즐기려면

버킹엄 팰리스의 중앙 게이트 바로 앞에 자리 잡는 것을 추천한다. 게이트 안에서 치러지는 교대식과 연주 퍼레이드를 구경하기에 가장 좋은 자리이기 때문. 다만 오전 11시에 시작하므로 오전 10시 이전에는 가서 미리 자리를 잡는 게 좋다. 일찍 자리를 잡지 못했을 경우 더 몰 거리에 자리를 잡으면 버킹엄 팰리스로 향하는 근위병의 퍼레이드 모습을 볼 수 있다.

버킹엄 팰리스 내부 관람

스테이트 룸 The State Rooms
영국 왕실 컬렉션에서 가장 많은 보물을 관람할 수 있을 뿐 아니라 그림, 조각, 가구, 도자기 등을 볼 수 있는 버킹엄 팰리스의 중심부를 돌아보는 코스.

로열 데이 아웃 Royal Day out
버킹엄 팰리스의 특별개방 투어로 찰스 3세 국왕이 휴가를 떠나는 10주간 개방되어 영국 왕실의 일상을 살펴볼 수 있다. 버킹엄 팰리스(스테이트 룸), 퀸즈 갤러리, 로열 뮤를 포함한 패키지 티켓으로 동일한 날짜에 세 장소를 방문할 수 있다(소요시간 4시간 30분).

Open 7월 14일~8월 31일 09:30~19:30(마지막 입장 16:15), 9월 1일~24 09:30~18:30(마지막 입장 16:15), 11~2월 금 16:00, 16:30, 토~일요일 11:00, 11:30, 13:30, 14:00, 14:30
Fare 겨울, 봄 특별 가이드 투어 일반 £90, 만 5~17세 £49.50 / 여름 성인 £33, 만 18~24세 £19.50, 어린이 및 장애인 £16.50, 만 5세 이하 무료(온라인 사전 예약 시 약 10% 할인)

런던에서 가장 오래된 왕립 공원
세인트 제임스 파크 & 팰리스 St. James's Park & Palace ★★

영국 왕실에서 직접 관리하는 런던의 여덟 공원 중 가장 오랜 역사를 자랑하는 곳으로, 매년 수백만 명의 여행자와 현지인이 찾는 곳이다. 버킹엄 팰리스를 등지고 오른편에 위치해 있으며, 양쪽 공원을 가로지르는 더 몰The Mall이라는 거리와 함께 근위 기마대 사령부Horse Guard Parade도 공원 내에 있다. 원래 이곳은 돼지 사육과 한센병 환자 격리를 하던 곳이었으나, 헨리 8세 왕이 매입하여 사슴 사냥터와 세인트 제임스 팰리스를 건립하면서 영국 왕실과 처음 인연을 맺게 되었다. 이후, 엘리자베스 1세 여왕이 영국 왕실 행사와 축제를 위한 공간으로 다듬으면서 지금과 같은 공원의 모습을 갖추게 되었다. 런더너들이 가장 좋아하는 공원 중 하나로, 햇살 좋은 날이면 벤치에 앉아 휴식을 취하거나 조용히 산책하는 런더너들, 가족이나 연인과 행복한 시간을 보내는 런더너들을 만날 수 있다.

세인트 제임스 파크 맞은편에 위치한 세인트 제임스 팰리스St. James's Palace는 과거 병원이었으나, 헨리 8세 왕 때 재건되어 왕실의 심장부 역할을 맡기 시작했다. 1820년 빅토리아 여왕이 버킹엄 팰리스로 옮겨가기 전까지 영국 왕실 궁전 역할을 해왔으며, 1952년 엘리자베스 2세 여왕이 최초 연설을 한 장소로도 유명하다. 현재는 화려한 영국 왕실 공식행사가 자주

How to go 지하철 서클Circle·디스트릭트District 라인 세인트 제임스 파크St. James's Park 역에서 도보 2분 **Add** St. James Park, London **Open** 05:00~24:00 **Day Off** 12월 24~26일, 1월 1일 **Fare** 무료(제임스 팰리스 입장 불가) **Tel** 030 0061 23 50 **Web** royalparks.org.uk/parks/st-jamess-park **Map** P.378-B

열려 방문객들로 붐빈다.
궁전 내에 자리한 공식의전 홀 스테이트 아파트먼트State Apartment에는 여러 개의 벽난로가 있다. 이 벽난로에는 헨리 8세 왕과 그의 두 번째 부인인 앤 불린Anne Boleyn의 이니셜이 새겨진 연인들의 매듭이 있다는 이야기가 전해진다.

> **TIP**
>
> **엘리자베스 2세 여왕의 생일을 기념하는 '트루핑 더 컬러Trooping the Colour'**
>
> 17세기부터 오늘날까지 전통을 이어온 근위 기마대 사령부 퍼레이드인 '트루핑 더 컬러(매년 6월 둘째 주 토요일, 2023년에는 6월 10일 개최 예정)'는 엘리자베스 2세 여왕의 생일을 기념하기 위한 행사다. 매년 6월 이곳 세인트 제임스 파크에서 열리므로, 이 시기에 여행을 한다면 꼭 가보도록 하자.

영국을 대표하는 급진적 현대 예술의 메카
ICA(인스티튜트 오브 컨템포러리 아트) Institute of Contemporary Arts ★

다양한 미술 전시부터 영상, 이벤트, 토론회까지 열리는 창조적인 공간 중 하나로, 영국의 예술문화와 창조 산업의 현주소를 알 수 있는 곳이다. 1947년 피터 왓슨 Peter Watson, 허버트 리드Herbert Read 등 영국 예술가 집단에 의해 창설되었으며, 지금도 현대 예술가들의 파격적인 시도를 적극적으로 돕고 있다.
데미안 허스트, 스티브 맥퀸, 리처드 프린스, 제프 쿤스 등의 영국을 대표하는 현대 예술가나 파블로 피카소와 같은 세계적인 작가들의 전시회가 열렸다.

How to go 지하철 베이커루Bakerloo·노던Northern 라인 차링 크로스Charing Cross 역에서 도보 5분
Add Institute of Contemporary Arts, The Mall, London **Open** 시네마·서점 화~일요일 12:00~23:00, 바 화~일요일 12:00~22:00, 전시장 화~일요일 12:00~21:00 **Fare** £4(데이 멤버십Day Membership 이용 시), 18세 미만 및 65세 이상 무료, 매주 화요일 무료
Tel 020 7930 3647 **Web** www.ica.art **Map** P.378-B

더 몰의 출발점이 되는 아치형 문
애드미럴티 아치 Admiralty Arch ★

트라팔가 스퀘어와 버킹엄 팰리스 사이에 정면으로 곧게 뻗어 나와 더 몰을 연결하는 거대한 아치형 문이다. 영국 해군본부가 옆에 있어 지금의 이름이 붙었다. 세 개의 문 중에서 중앙 게이트는 국왕만 통과할 수 있다. 1911년에 빅토리아 여왕을 기리기 위해 완공되었고, 영국의 역사에서 중요한 의미를 지니거나 특정 건축양식으로서 의미를 가진 건물에 부여되는 리스트 1등급(한국의 국보와 같은 개념) 건물로 지정되어 있다. 최근까지 영국 정부 업무를 담당하는 사무실로 사용되다가, 2015년 한 부동산 개발회사가 프라이빗 클럽과 고급 아파트로 250년간 임대했으며, 2025년에는 아스토리아 호텔이 문을 열 예정이다. 버킹엄 팰리스와 트라팔가 스퀘어를 연결하는 길목에 자리해 다양한 행사가 열린다.

How to go 지하철 베이커루Bakerloo·노던Northern 라인 차링 크로스Charing Cross 역에서 도보 2분
Add Admiralty Arch, The Mall, London
Tel 020 7276 5000 **Map** P.378-B

근위병과의 기념 촬영 장소로 인기
근위 기마대 사령부 The Household Cavalry Museum ★★

화이트홀 대로에서 여행자들의 시선을 끄는 것은 사령부를 지키는 기마병의 모습이다. 근위 기마대 사령부 건물은 한때 화이트 홀 팰리스의 일부였으며, 당시 건축가 이니고 존스Inigo Jones가 디자인했던 건축형태가 남아 있어 영국 건축사에서 의미 있는 건축물이기도 하다. 세인트 제임스 파크 및 팰리스의 정문과 서로 연결되어 있지만, 영국 왕실 사람들만 출입할 수 있다. 1904년까지 영국 국방부 장관이 공식업무를 보았던 곳이며 지금은 근위 기마대 박물관The Household Cavalry Museum으로 쓰이고 있다.

건물의 뒤편의 공터는 호스 가드 퍼레이드Horse Guard Parade라는 곳인데, 매년 엘리자베스 2세 여왕의 생일을 기념해 벌어지는 영 연방 국가들의 군사 퍼레이드인 '트루핑 더 컬러Trooping the Colour'를 진행하는 곳이다. 평일 오전에 진행되는 근위병 교대식을 놓쳤다면 근위 기마대 사령부 정문 입구 양쪽에서 매일 오전 10시부터 오후 4시까지 서 있는 근위병과 보초병 옆에서 기념 촬영을 하는 것으로 아쉬움을 달랠 수 있다.

How to go 지하철 베이커루Bakerloo·노던Northern 라인 차링 크로스Charing Cross 역에서 도보 7분
Add The Household Cavalry, Horse Guards, Whitehall, London **Open** 박물관 4~10월 10:00~18:00(마지막 입장 17:00), 11~3월 10:00~17:00(마지막 입장 16:00)
Day Off 런던 마라톤, 성 금요일, 12월 24~26일 **Fare** 박물관 성인 £10, 학생, 만 60세 이상 및 만 5~16세 £8, 패밀리(성인 2명+어린이 3명) £27.50(홈페이지 예약 시 할인)
Tel 020 7930 3070
Web www.householdcavalrymuseum.co.uk **Map** P.378-B

TIP

근위병과 기념 촬영 시 주의할 점

근위 기마대 사령부 정문 양쪽에 보초를 서는 영국 왕실 친위대격인 근위병은 꼼짝하지 않고 서 있으므로 살짝 옆에 서서 기념 촬영을 하는 사람들이 많다. 근위병들은 여행자의 기념 촬영에 쉬이 응해 준다. 다만, 지나치게 장난을 치거나 근위병의 신체 일부에 손을 대는 일은 삼가자.

루벤스의 천장 벽화와 이니고 존스의 디자인이 황홀한 장소
뱅퀴팅 하우스 Banqueting House ★

만찬장이라는 뜻을 가진 건물로 건축과 예술, 특히 화가 페테르 파울 루벤스Peter Paul Rubens에 열광하는 사람이라면 빠트려서는 안 되는 곳이다. 화이트홀 팰리스는 1514년 추기경 토마스 월시Thomas Walsh에 의해 증축되었으며, 당시에는 프랑스의 베르사유 팰리스나 이탈리아의 바티칸 성당보다도 훨씬 큰 규모를 자랑했다고 전해진다. 하지만 1698년에 발생한 화재로 화이트홀 팰리스의 건물 대부분이 소실되고, 뱅퀴팅 하우스만이 유일하게 살아남았다. 헨리 8세 왕이 가장 사랑했던 장소이자, 앤 불린과의 스캔들을 냈던 장소로도 알려져 있다. 또한 엘리자베스 1세 여왕과 알렌콘Alencon 공작과의 결혼협약과도 연관 있으며, 찰스 1세 왕의 사형도 이곳에서 집행되었다.
이탈리아의 건축가 이니고 존스의 설계로 당시 세간의 주목을 받았으며, 제임스 1세 왕의 아들인 찰스 1세 왕이 권세를 자랑하기 위해 그리게 한 루벤스의 천장 벽화는 화재로 유실된 화이트홀 팰리스의 아픔을 위로하는 듯 그 아름다움이 남다르다.

How to go 지하철 서클Circle·디스트릭트District·주빌리Jubilee 라인 웨스트민스터Westminster 역에서 도보 6분 **Add** Banqueting House, White hall, London
Open 가이드 투어만 가능(사이트 예약 시에만 입장 가능)
Fare £12.50 **Tel** 020 3166 6154
Web www.hrp.org.uk
Map P.378-B

영화 속 배경지로 유명해진 영국 총리관저
다우닝 스트리트(총리관저 10번지) Downing Street ★

화이트홀 대로를 따라가다 보면 영화 〈러브 액추얼리〉에도 나왔던 총리관저인 다우닝 스트리트Downing Street 10번지가 나온다. 흔히 '넘버 10'으로 불리는 이곳은 입헌군주국 영국의 정치 수장인 총리가 집권기간 동안 거주하면서 업무를 보는 곳이다.

다우닝 스트리트라는 이름은 영국의 외교관이자 정치인으로 활약했던 조지 다우닝George Downing이 잉글랜드 왕국의 왕당파와 의회파 간에 있었던 잉글랜드 내전 당시 영국 시민전쟁이 일어나자 영국으로 돌아와 화이트홀 팰리스 근처의 집을 사들인 데서 기인한다. 총리관저는 1732년 조지 2세 왕이 당시 영국 총리였던 로버트 월폴Robert Walpole에게 제공한 관저로 18세기 잉글랜드의 유명 건축가 윌리엄 켄트William Kent에게 네 채의 건물을 하나로 합치도록 명령하여 지금의 모습이 되었다고 한다.

건물 3층에는 총리관저, 2층에는 국무회의장이 있으며 이 건물과 연결된 건물에는 재무장관 관저와 집무실이 있다. 일반인에게 내부는 공개하지 않으므로 철문 앞에서 기념 촬영을 하는 것으로 만족하자.

How to go 지하철 서클Circle·디스트릭트District·주빌리Jubilee 라인 웨스트민스터Westminster 역에서 도보 5분 **Add** 10 Downing Street, London **Tel** 020 7925 0918 **Map** P.378-B

영국 의회 민주주의의 중심
국회의사당
House of Parliament
★★★

영국 상원 및 하원의사당이 자리한 곳. 영국의 모든 정책사항에 대해 상·하원 의원들과 영국 총리가 이곳에 모여 토론하고 논쟁하여 결정이 이루어진다. 영국 민주주의 역사는 전 세계 민주주의 역사와 유사하다는 점에서 이곳은 런던을 찾는 모든 이들이 한 번쯤 방문해 볼 만한 가치가 있다.

건물은 11세기 덴마크와 노르웨이, 스웨덴, 그리고 영국의 통치자였던 크누트 대왕의 거처였던 장소에 만들어졌고, 1295년에 모범의회가 탄생해 지금까지 이어져오고 있다. 그즈음에 '웨스트민스터'라는 지역명도 생겨났으며 이곳을 '웨스트민스터 팰리스Palace of Westminster'이라고 부르게 되었다. 여러 번의 화재와 사고를 겪으며 많은 건물이 소실되었다. 남아 있는 건축물은 웨스트민스터 홀Westminster Hall로 유럽에서 가장 넓은 홀이기도 하다. 현재의 건물은 1834년에 화재로 소실된 옛 궁전을 건축가 찰스 베리Charles Berry의 설계로 재건한 것이다.

건물을 살펴보면 몇몇 타워가 눈에 띄는데, 그중에서도 가장 눈에 띄는 세 개의 탑이 빅토리아 타워, 센트럴 타워, 그리고 엘리자베스 타워다. 그 중 가장 유명한 타워는 엘리자베스 타워로, 우리가 흔히 영국 런던의 대표적인 건축물로 떠올리는 시계탑 '빅벤Big-Ben'이다.

> **빅벤**
> **Big Ben**
>
> 빅벤은 영국에서 가장 큰 시계로 1859년 5월에 처음 작동되었다. 높이 96m로 빅토리아 타워보다 약 2~3m가량 낮지만 모양이 날씬해 더 높아보인다. 건축가 에드먼드 베케트Edmund Beckett의 기술로 설계된 시계를 기술자 에드워드 존 덴트Edward John Dent가 세운 것인데, 재밌게도 에드먼드 베케트는 이 시계를 설계하는 측시기술이 당시 아마추어 수준에 불과했다고 한다. 유리로 만든 시계 뒤편으로 밤마다 비춰지는 불빛은 당시에도 획기적인 아이디어였으며, 시계의 종은 그 무게가 14톤이나 된다고 한다.

How to go 지하철 디스트릭트District · 서클Circle · 주빌리Jubilee 라인 웨스트민스터Westminster 역에서 도보 2분 **Add** House of Parliament, London **Open** 가이드투어 10:15~12:00, 14:00~15:45(15분 간격) 멀티미디어 투어 10:00~16:30(15분 간격) **Fare** 가이드 투어 성인 £29, 만 60세 이상 및 학생 £24.50, 5~15세 £13 멀티미디어 투어 성인 £22.50, 만 60세 이상 및 학생 £19.50, 5~15세 어린이 어른 동반 시 1인 무료, 2인부터 £9.50 **Tel** 020 7219 4114 **Web** www.parliament.uk **Map** P.378-F

영화 〈다빈치 코드〉에 등장한 특별한 장소
웨스트민스터 사원 Westminster Abbey ★★★

영국 역사와 정치를 논할 때 빼놓을 수 없는 곳으로 11세기경 참회왕 에드워드가 세웠다. 13세기 중엽 헨리 3세 왕이 당시 프랑스에서 유행했던 고딕 양식으로 완성시킨 이후 지금까지 영국을 대표하는 성당으로 자리매김해 왔다. 공식명칭은 'The Collegiate Church of St. Peter, Westminster'로 '영국 왕실의 교구Royal Peculiar'라는 별명도 있다. 영국 국교인 성공회의 중심 성당으로 영화 〈다빈치 코드〉를 비롯한 각종 이야기의 소재로서도 끊임없이 언급되었다. 영국의 역대 왕들의 대관식, 엘리자베스 2세의 장례식, 1997년 고 다이애나 왕세자비의 장례식 등 영국 왕실의 주요행사가 열리기도 했다. 2011년에는 윌리엄 왕자와 케이트 미들턴 왕세손비의 결혼식도 이곳에서 열렸다. 건물의 웅장함과 아름다움은 영국 최고의 고딕 양식 건축물이라는 찬사를 받을 만한 가치가 있어 꼭 한번 들러볼 만하다. 성당 내부와 벽면에 있는 처칠, 오스카 와일드, 셰익스피어, 디킨스, 뉴턴과 같은 역사적 인물의 묘비와 기념비, 왕실 관련 유물, 헨리 7세 왕의 예배당, 에드워드 1세의 주문으로 제작된 '운명의 돌'을 품은 대관식 의자, 1050년경 만들어진 영국에서 가장 오래된 문 역시 놓쳐서는 안 될 볼거리다. 참고로 내부 사진 촬영은 불가하다.

How to go 지하철 서클Circle·디스트릭트District·주빌리Jubilee 라인 웨스트민스터Westminster 역에서 도보 4분 **Add** Westminster Abbey, 20 Deans Yard, London
Open 09:30~14:00 **Day Off** 일요일 (공식행사로 일정 변동이 많으므로 홈페이지 확인 요망) **Fare** 성인 £27, 학생 및 60세 이상 £24, 패밀리(성인 1명+어린이 1명) £27
Tel 020 7222 5152
Web www.westminster-abbey.org **Map** P.378-E

초기 비잔틴 양식으로 지어진 가톨릭 성당
웨스트민스터 성당 Westminster Cathedral ★★

많은 사람들이 웨스트민스터 사원과 웨스트민스터 성당을 혼동하거나 비슷하다고 여긴다. 하지만 실제 두 건물을 마주하고 나면 전혀 다른 양식과 역사, 심지어 다른 종교의 건축물이라는 사실에 놀라게 된다.
웨스트민스터 성당은 가톨릭 성당으로 19세기 영국의 건축가 존 프란시스 벤틀리John Francis Bently에 의해 설계되었으며, 1903년에 축성식이 행해졌다. 예수 그리스도의 보혈에 헌정한 건물은 비잔틴 양식의 웅장한 돔과 실내를 장식한 다양한 색깔의 대리석 및 모자이크의 화려함이 돋보인다. 특히 높이 87m의 빨간 벽돌탑에 자리한 성당 전망대(종탑)에서는 산업혁명 시대의 붉은 벽돌 주택가와 빅토리아 시대의 하얀 주택가가 공존하는 빅토리아 지하철역 주변 풍경을 한눈에 볼 수 있다. 6~7월 두 번째 화요일에는 유럽에서 가장 훌륭하다는 오르간 연주를 감상할 수 있다.

How to go 지하철 서클Circle·디스트릭트District·빅토리아Victoria 라인 빅토리아Victoria 역에서 도보 7분 **Add** Westminster Cathedral, 42 Francis Street, London **Open** 07:00~19:00(종탑 월~금요일 09:30~17:00, 토~일요일 09:30~18:00) **Fare** 종탑 성인 £6, 60세 이상 £3, 패밀리(성인 2명+어린이 4명) £12.00 **Tel** 020 7798 9055 **Web** westminstercathedral.org.uk **Map** P.378-D

런던의 대표 랜드마크
런던 아이 London Eye ★★★

템스강을 사이에 두고 국회의사당 건너편에 있는 런던 아이는 런던을 대표하는 랜드마크 중 하나다. 런던 아이는 지름 135m의 대관람차로 협찬사에 따라 이름이 바뀐다. 현재는 라스트미닛닷컴의 후원으로 '라스트미닛닷컴 런던 아이'로 불린다. '밀레니엄 휠Millennium Wheel'이라고도 불리며 2000년 오픈 당시만 해도 세계 최대 규모를 자랑했으나 현재는 미국의 라스 베이거스 하이 롤러, 싱가포르의 싱가포르 플라이어에 이어 세계에서 세 번째로 큰 관람차로 기록되어 있다. 매년 약 350만 명이 탑승할 정도로 인기가 높다. 한 캡슐 당 최대 25명이 탑승할 수 있으며, 캡슐에는 난방시설과 안전 카메라가 장착되어 있다. 고소공포증이 있는 사람이나 노약자는 이용을 삼가고, 캡슐이 한 바퀴 도는 데 30여 분이 걸리므로 탑승 전에는 미리 화장실에 다녀올 것을 권한다. 캡슐 하나를 대관하여 파티나 프러포즈 등 이벤트를 진행할 수도 있다.

How to go 지하철 서클Circle·디스트릭트District·주빌리Jubilee 라인 웨스트민스터Westminster 역에서 도보 5분 **Add** London County Hall, Riverside Building, Westminster Bridge Road, London **Open** 10:00~20:30(수시로 일정이 변동되므로 홈페이지 확인 요망) **Fare** 만 16세 이상 £36, 만 3~15세 £32.50 (온라인 사전 구입 시 10% 할인) **Tel** 087 1781 3000 **Web** www.londoneye.com **Map** P.378-C

TIP

런던 아이와 시 라이프 런던 아쿠아리움을 모두 관람하고 싶다면

콤비네이션 티켓 Combination Ticket

런던 아이, 시 라이프 런던 아쿠아리움, 런던 던전London Dungeon, 마담 투소 밀랍 인형관 Madame Tussauds Planetarium 입장권을 하나로 묶은 티켓이다. 메인으로 설정한 어트랙션은 발권 당일 이용하고, 다른 어트랙션은 90일 내에 이용하면 된다.

런던 아이+리버크루즈	£43~(£7 할인)
런던 아이+마담 투소	£50~(£23 할인)
런던 아이+시 라이프 런던	£50~(£18 할인)
런던 아이+마담 투소+시 라이프 런던	£60~(£44 할인)

아이 동반여행이라면,

시 라이프 런던 아쿠아리움 Sea Life London Aquarium

영화 〈클로저〉에 나왔던 유럽 최대 규모 시 라이프 런던 아쿠아리움은 처음 문을 연 1997년 이후로 수차례 리모델링을 거쳐 지금에 이르렀으며, 매년 100만여 명이 찾는 명소가 되었다. 각종 열대어류를 비롯해 다양한 해양생물을 만날 수 있어 아이를 동반한 런던 여행자들이 들르면 좋은 코스다.

Open 월~금요일 10:00~18:00(마지막 입장 17:00), 토~일요일 09:30~19:00(마지막 입장 18:00)
Fare 만 16세 이상 £38, 만 3~15세 £26
Tel 087 1663 1678　**Web** visitsealife.com/london　**Map** P.378-F

웨스트민스터의 레스토랑

모던 인도 요리의 전당
시나몬 클럽 Cinnamon Club

옛 웨스트민스터 도서관 자리에 들어선 파인 다이닝 레스토랑으로, 영국 정부에서 보호하는 역사적 가치를 지닌 빅토리아 건축양식의 건물 안에 자리한다. 옛 도서관 서가에 둘러싸여 아카데믹한 분위기와 모던한 인테리어가 조화를 이룬다. 주 메뉴는 인도 요리로 런더너들의 호평을 받고 있다. 수석 셰프인 비벡 시나 Vivek Singh가 내놓는 요리들은 창의적이고 혁신적인 플레이팅으로 유명하다. 음식은 계절에 따라 제철 재료를 사용하여 다양한 메뉴를 선보인다.

How to go 지하철 서클Circle·디스트릭트District 라인 세인트 제임스 파크St. James's Park 역에서 도보 7분 **Add** The Old Westminster Library, 30-32 Great Smith Street, London **Open** 월~토요일 12:00~15:00, 17:30~23:00 **Day Off** 일요일 **Fare** 저녁 식사 메인 메뉴 £21~28, 칵테일 £10~ **Tel** 020 7222 2555 **Web** cinnamonclub.com **Map** P.378-E

브런치가 인기 있는 카페
아이리스 & 준 Iris & June

하얀색 타일로 된 벽과 밝은 색의 테이블과 의자가 놓인 깔끔한 스타일의 카페로, 빅토리아에서 커피 맛이 훌륭하기로 유명하다. 핸드 드립 커피가 이곳의 자랑으로 요즘 런던에서 핫한 오존 커피에서 로스팅한 원두를 사용한다. 점심 식사 메뉴는 제철 재료를 사용해 매일 바뀌며 주말 오전 9시부터 오후 2시까지 브런치를 운영한다.

How to go 지하철 서클Circle·디스트릭트District 라인 세인트 제임스 파크St. James's Park 역에서 도보 5분 **Add** 1 Howick Place, London **Open** 월~금요일 07:30~16:30 **Day Off** 토·일요일 **Fare** 커피 £2.40~, 브런치 메뉴 £6.50~9.50 **Web** www.irisandjune.com **Map** P.378-E

웨스트민스터의 카페

수도원의 고즈넉한 분위기 속 여유로운 시간
셀라리움 카페 테라스 Cellarium Café Terrace

13세기에 지어진 웨스트민스터 사원의 지하에 위치한 카페. 클래식한 외관과 달리 카페는 고객의 편의를 고려해 모던한 스타일로 꾸며졌다. 애프터눈 티를 즐기기에 좋은 아늑한 장소로 수도사들이 만든 와인과 치즈, 빵을 함께 즐길 수 있다. 수제 스콘이나 케이크도 무난하다. 애프터눈 티는 오후 3~5시에 서비스되며 가격은 £17.50다.

How to go 지하철 서클Circle·디스트릭트District 라인 세인트 제임스 파크St. James's Park 역에서 도보 6분 **Add** 20 Dean's Yard, London **Open** 아침 식사 월~금요일 08:00~15:30, 토요일 09:30~15:00 점심 식사 월~토요일 12:00~16:00 **Day Off** 일요일 **Fare** 잉글리시 브렉퍼스트 £9.75~, 커피 £2.75~ **Tel** 020 7222 0516 **Web** http://www.westminster-abbey.org **Map** P.378-E

웨스트민스터의 펍

해피 아워에 즐기는 멋진 뷰와 진의 만남
길레이스 스테이크하우스 & 바 Gillray's Steakhouse & Bar

런던 사우스뱅크에서 가장 훌륭한 스테이크를 먹을 수 있는 스테이크하우스 겸 바. 구 시청사 안의 메리어트 호텔 내에 자리한다. 템스강과 런던 아이를 바라보며 100여 종이 넘는 클래식 스타일의 진과 바텐더가 선보이는 신선한 칵테일을 즐길 수 있다. 특히 주중 오후 6~7시에는 진 아워Jin Hour라는 이벤트가 진행되는데, 이 시간에는 진을 £5라는 저렴한 가격으로 즐길 수 있다.

How to go 지하철 서클Circle·디스트릭트District·주빌리Jubilee 라인 웨스트민스터Westminster 역에서 도보 6분 **Add** Country Hall, Westminster Bridge Road, London **Open** 아침 식사 07:00~11:00, 스테이크 하우스 11:00~22:30, 바 11:00~24:00 **Day Off** 일요일 **Fare** 토마호크 £92, 티본 스테이크 600g £56 **Tel** 020 7902 8000 **Web** http://www.gillrays.com **Map** P.378-F

AREA 2

다양한 문화가 공존하는
문화용광로

소호
Soho

웨스트민스터가 영국 정치·행정의 중심지라면 소호는 영국 문화·유흥의 중심지다. 뉴욕 브로드웨이에 버금가는 이 지역에는 런던 뮤지컬 극장 밀집 지역인 '웨스트엔드West End'가 있으며, 라이브 카페나 차이나타운, 멕시칸 레스토랑 등 런더너들의 다양한 최신 트렌드를 엿볼 수 있는 스폿들이 곳곳에 자리한다. 이를 만끽하고 즐기려는 다양한 국적의 사람들로 항상 북적이고 있어, 그야말로 소호는 런던에서 가장 다채로운 색깔을 띠고 있는 지역이라 할 수 있다.

여행 포인트
관광 ★★★
미식 ★★★
쇼핑 ★★★★★

소호 찾아가기

가까운 지하철역

- 차링 크로스Charing Cross 지하철역
  (베이커루Bakerloo · 노던Northern 라인)
- 레스터 스퀘어Leicester Square 지하철역
  (노던Northern · 피커딜리Piccadilly 라인)
- 옥스퍼드 서커스Oxford Circus 지하철역
  (베이커루Bakerloo · 센트럴Central · 빅토리아Victoria 라인)
- 토트넘 코트 로드Tottenham Court Road 지하철역
  (센트럴Central · 노던Northern 라인)
- 피커딜리 서커스Piccadilly Circus 지하철역
  (베이커루Bakerloo · 피커딜리Piccadilly 라인)
- 코벤트 가든Covent Garden 지하철역
  (피커딜리Piccadilly 라인)

어떻게 다닐까

인파가 덜 몰리는 박물관 개관시간에 맞춰 내셔널 갤러리를 먼저 관람하는 것이 좋다. 쇼핑을 즐길 수 있는 상업지역이나 레스토랑은 오전 10시가 넘어야 문을 열기 때문에 박물관 관람을 먼저 하는 동선이 이상적이다. 박물관에서 나와 트라팔가 스퀘어를 시작으로 대도시의 활기를 느낄 수 있는 명소를 돌아보며 쇼핑을 즐기자. 이후 북쪽에 위치한 피커딜리 서커스, 옥스퍼드 스트리트, 레스터 스퀘어, 코벤트 가든, 토트넘 코트 로드 순으로 돌아보며 하루 일정을 마무리한다.
참고로 출퇴근 시간에는 교통체증이 심하니 대중교통을 이용하기 보다는 느긋하게 산책하듯 걸어서 이동하도록 한다.

일일 추천 코스

예상 소요시간 약 8~10시간

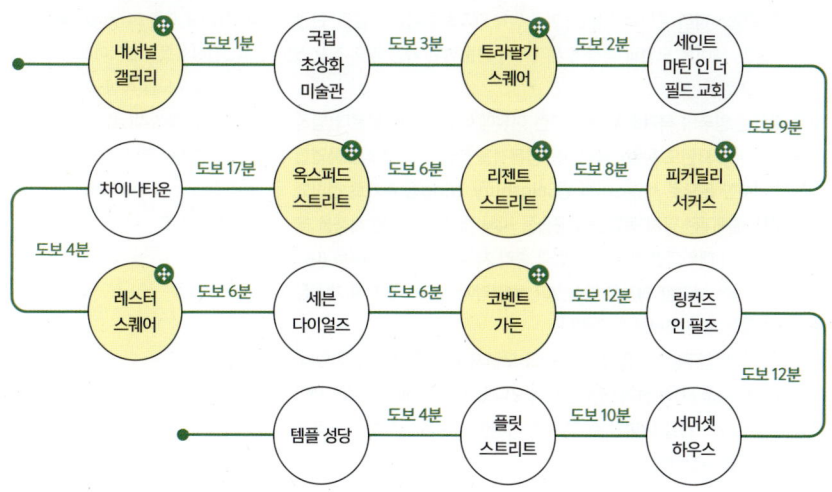

소호의 관광 명소

서양미술사의 주요 작품이 한 자리에
내셔널 갤러리 The National Gallery ★★★

1824년 조지 4세 왕이 해상무역으로 많은 돈을 벌어들인 은행가 존 율리우스 앙거슈타인John Julius Angerstein이 소유하고 있던 화가 렘브란트와 라파엘로의 미술품 38점을 매입해 개관한 미술관으로, 연 관람인원이 50만여 명에 달하는 런던의 대표 박물관이다.

'지오토Giotto부터 피카소Picasso까지'를 모토로 하는 이곳은 13세기 중엽부터 20세기 초반까지 활동한 대표작가들의 작품 2,300여 점을 소장하고 있다. 프랑스 파리 루브르 박물관, 미국 뉴욕 메트로폴리탄 박물관, 런던 영국 미술관, 테이트 모던과 더불어 세계에서 방문객이 가장 많이 찾는 5대 박물관으로 꼽힌다.

모든 작품은 영국의 국가소유이며, 그런 이유에서 입장료는 무료다(영국박물관, 테이트 모던도 동일). 늘어나는 방문객을 위해 1991년 식료품업협회에서 기부한 돈으로 세인즈버리 윙Sainsbury Wing을 추가로 건립했다. 제2차 세계대전 당시 독일군의 공습을 피해 캐나다로 모든 작품을 옮기자는 의견이 대두되었으나, 당시 영국 총리 처칠은 작품이 영국을 떠나서는 안 된다는 확고한 의견을 내놓았고, 비밀리에 웨일즈의 지하 채석장으로 작품들을 옮긴 역사를 갖고 있다.

내셔널 갤러리 입구는 트라팔가 스퀘어와 오렌지 스트리트 두 곳에 있다. 미술관 주요 작품 80여 점에 대한 한국어 오디오 가이드(대여 위치는 세인즈버리 윙 Level 2)를 대여할 수 있으니, 자세한 설명을 들으며 미술품을 감상하는 것을 추천한다.

How to go 지하철 베이커루Bakerloo·노던Northern 라인 차링 크로스Charing Cross 역에서 도보 1분 **Add** The National Gallery, Trafalgar Square, London **Open** 10:00~18:00(금요일 ~21:00) **Day Off** 1월 1일, 12월 24~26일 **Fare** 무료(특별전시 유료) * 한국어 오디오 가이드 성인 £5, 노인·학생·12세 이하·교사 £4.50, 패밀리(성인 2명+어린이 3명) £10 **Tel** 020 7747 2885 **Web** www.nationalgallery.org.uk **Map** P.379-E

TIP

내셔널 갤러리의 주요작품

세인즈버리 윙(1200~1500년대)

58 산드로 보티첼리Sandro Botticelli 〈비너스와 마르스Venus and Mars〉

66 레오나르도 다빈치Leonardo da Vinci 〈암굴의 성모Virgin of the Rocks〉

웨스트 윙(1500~1600년대)

8 미켈란젤로 부오나로티Michelagelo Buonarroti 〈그리스도의 매장The Entombment〉(미완성 제단화)

2 한스 홀바인Hans Holbein 〈대사들The Ambassadors〉

노스 윙(1600~1700년대)

18 페테르 파울 루벤스Peter Paul Rubens 〈삼손과 데릴라Samson and Delilah〉

22 렘브란트 판 레인Rembrandt van Rijn 〈63세의 자화상 Self-Portrait at the age of 63〉

이스트 윙(1700~1900년대)

43 빈센트 반 고흐Vincent van Gogh 〈해바라기Sunflowers〉

43 조르주 쇠라Georges Seurat 〈아니에르에서의 물놀이Bathers at Asnieres〉

내셔널 갤러리 평면도(Room 1)

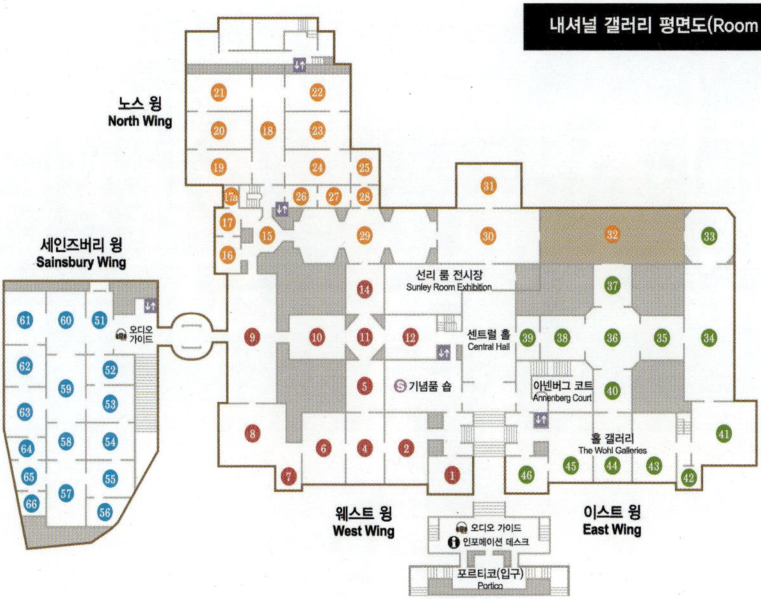

영국을 빛낸 위인들의 실물과 같은 초상화를 만나다
국립 초상화 미술관 National Portrait Gallery ★★

내셔널 갤러리 뒤편에 위치해 함께 관람하기 좋다. 국립 초상화 미술관에서는 영국사 및 세계사에 한 획을 그은 윌리엄 셰익스피어, 플로렌스 나이팅게일Florence Nightingale, 알프레드 히치콕Alfred Hitchcock, 윈스터 처칠, 폴 메카트니Paul McCartney 등 14세기 이후의 영국 출신 유명 인사들의 초상화 약 21만 5,000여 점을 비롯해 사진, 수채화, 드로잉 작품을 만나볼 수 있다. 2층에는 20세기 이후의 유명 인사들의 초상화가, 3층에는 찰스 1세 왕 시대의 궁정화가 반다이크 칼라Vandyke Collar, 18세기 화가 조슈아 레이놀즈Joshua Reynolds 등 영국을 대표하는 화가들의 작품이 전시되어 있다. 특히 엘리자베스 전시관에 있는 셰익스피어 초상화는 주목할 만한 작품이다.
꼭대기 층에는 가볍게 차를 마시거나 식사를 즐길 수 있는 레스토랑이 있다. 커다란 통유리 너머로 런던 시내를 바라보며 쉬어가기 좋으니, 잠시 들르는 것도 좋겠다.

How to go 지하철 베이커루Bakerloo·노던Northern 라인 차링 크로스Charing Cross 역에서 도보 1분
Add The National Portrait Gallery, St. Martin's Place, London
Open 10:00~18:00(목~금요일 ~21:00) * 2023년 6월 22일 재오픈 예정 **Day Off** 12월 24~26일
Fare 무료(특별전시 유료)
Tel 020 7306 0055
Web www.npg.org.uk
Map P.379-E

전 세계 바다를 장악한 호레이쇼 넬슨에게 바쳐진 광장
트라팔가 스퀘어 Trafalgar Square ★★

"영국의 민주주의와 문화 수준을 가늠하려면 트라팔가 스퀘어에 가라"는 말처럼, 민주적인 집회와 시위문화를 목도할 수 있는 곳이 트라팔가 스퀘어이다.

과거 영국 왕실 정원이었던 이곳은 '윌리엄 4세 스퀘어'였으나, 1805년 트라팔가 해전의 승리를 기념하기 위해 트라팔가 스퀘어로 명칭을 변경했다. 광장의 네 귀퉁이에는 영국 영웅들의 동상이 세워지기로 했으나 재정상의 문제로 헨리 해브록, 제임스 네이피어, 조지 4세 왕의 동상만 있다.

How to go 지하철 베이커루Bakerloo·노던Northern 라인 차링 크로스Charing Cross 역에서 도보 1분 **Map** P.379-E

고전주의와 고딕 양식이 융합된 교회
세인트 마틴 인 더 필드 교회 St. Martin in the Fields ★

이곳은 트라팔가 스퀘어와 더불어 영국 역사에서 빠질 수 없는 장소이다. 영국 유명 인사들이 이곳 지하에 묻혀 있으며, 제2차 세계대전 당시 대피소로 이용되었다. 1914년부터는 노숙자와 이민자에게 숙소를 제공하는 등 빈민구제운동을 활발하게 진행하고 있으며, 성가 콘서트나 전시회 등 문화행사도 개최하고 있다. 2008년 묘역을 정비해 '카페 인 더 크립트Café in the Crypt'라는 독특한 분위기의 카페로 운영하고 있으며 매주 수요일에는 재즈 공연도 열린다. 공연정보는 홈페이지에서 미리 확인할 수 있다.

How to go 지하철 베이커루Bakerloo·노던Northern 라인 차링 크로스Charing Cross 역에서 1분 **Add** St. Martin in the Fields, Trafalgar Square, London **Open** 교회 09:00~17:00 투어 수요일 14:30 **Tel** 020 7766 1100 **Web** www.stmartin-in-the-fields.org **Map** P.379-E

활기찬 런더너들에게 사랑받는 만남의 장소
피커딜리 서커스 Piccadilly Circus ★★★

극장가 웨스트엔드, 쇼핑 거리 리젠트 스트리트, 차이나타운과 소호까지 연결하는 런던의 심장부 같은 교차로로 주변에는 클럽, 식당, 술집 등이 즐비하다. 광장 이름은 스트랜드 스트리트Strand Street에 있던 양복점에서 처음 고안한 '피커딜Piccadil'이라는 레이스 칼라에서 유래했다. 서커스Circus라는 이름과 달리 원형이 아닌 삼각형에 가까운 교차로로, 여섯 개의 크고 작은 거리가 맞닿은 복잡한 길이다.
이곳의 명물은 거대한 전광판과 에로스 동상. 화려하게 바뀌는 대형 전광판과 그 앞에 양 날개를 활짝 펼치고 서 있는 에로스 동상은 전통과 현대가 공존하는 듯 묘하게 조화를 이루고 있어 런던을 대표하는 상징적인 장소로 자주 등장한다. 특히 에로스 동상 앞은 런더너들의 대표적인 만남의 장소로 사람들로 북적인다.

How to go 지하철 베이커루Bakerloo·피커딜리Piccadilly 라인 피커딜리 서커스Piccadilly Circus 역에서 도보 1분
Map P.379-D

품격이 느껴지는 건축물이 인상적인 거리
리젠트 스트리트 Regent Street ★★

런던을 대표하는 쇼핑 스트리트 중 하나로 조지 4세 왕이 건축가 존 내시와 함께 계획했으며, 조지 4세 왕의 이름을 따서 '리젠트 스트리트Regent Street'라 불리게 되었다. 19세기 영국의 건축양식을 보여주는 거리로, 지금도 당시의 고풍스러운 분위기를 그대로 유지하고 있다. BBC방송국 본사, 영국 록 음악역사의 현장 파리 시어터Paris Theatre 등이 이 거리에 있으며, 다양한 브랜드 숍이 즐비해 쇼핑을 사랑하는 사람이라면 꼭 들러야 할 곳이다.

How to go 지하철 베이커루Bakerloo·피커딜리Piccadilly 라인 피커딜리 서커스Piccadilly Circus 역에서 도보 6분 **Map** P.379-D

활기가 넘치는 패션 스트리트
카나비 스트리트 Carnaby Street ★

리젠트 스트리트에서 서쪽으로 난 골목길을 따라 안쪽으로 들어가면 색다른 분위기의 거리를 만날 수 있다. 소호와 연결된 이곳은 런던의 트렌드세터나 스타일리시한 보헤미안의 본거지로 유명한 카나비 스트리트. 19세기 초반부터 예술가나 보헤미안의 거리로 일찍부터 발전해 왔다. 20세기 전후 경제난으로 많은 극장과 갤러리, 전통재단 숍이나 각종 상점들이 문을 닫고, 그 자리에 젊은 감각으로 무장한 숍들이 들어서면서 본격적으로 영국 젊은이들의 트렌드를 이끄는 거리로 자리매김했다. 비틀즈, 롤링 스톤즈 등 20세기를 대표하는 영국 뮤지션들이 가장 선호하는 패션 거리였다고도 전해진다.

영국 특유의 독특한 개성을 살린 패션과 런던의 트렌드를 직접 확인하고 싶다면 절대 빠뜨려서는 안 될 거리다. 패션뿐만 아니라 젊은 런더너들의 입맛을 사로잡은 식당이나 카페, 그들의 아지트가 되어주는 펍과 바도 거리 곳곳에 흩어져 있으니, 꼭 쇼핑 목적이 아니더라도 찾아가 볼 만하다.

How to go 지하철 베이커루Bakerloo·센트럴Central·빅토리아Victoria 라인 옥스퍼드 서커스Oxford Circus 역에서 도보 4분
Map P.379-D

한국의 명동과도 같은 번화가
옥스퍼드 스트리트 Oxford Street ★★★

18세기 말 옥스퍼드 백작의 투자로 개발되어 런던의 쇼핑 중심가로 성장하기 시작했다. 제2차 세계대전 당시 독일군의 공격이 집중되었던 곳 중 하나로, 안타깝게도 당시 엔터테인먼트 건물들과 상점들 대부분이 사라졌다. 이후 수많은 상점과 백화점이 복원되면서 당시의 명성을 되찾게 되었다. 런던 최고의 쇼핑 거리이자 유럽에서도 가장 바쁜 거리로 꼽힌다.

How to go 지하철 베이커루Bakerloo·센트럴Central·빅토리아Victoria 라인 옥스퍼드 서커스Oxford Circus 역에서 도보 1분 **Map** P.379-A

영국인을 사로잡은 중국 요리
차이나타운 Chinatown ★

제2차 세계대전이 끝난 후 홍콩을 통해 런던으로 들어온 중국 요리의 인기는 상당했다. 그 인기에 힘입어 소호 인근에 차이나타운이 형성되면서, 저렴하게 식사를 즐길 수 있는 중국 식당이 많아졌다. 이곳에는 '세계에서 가장 불친절한 레스토랑'이라는 기네스북 기록을 갖고 있는 '왕 케이Wong Kei'를 비롯해 자신의 기호에 맞게 음식을 골라 먹을 수 있는 저렴한 뷔페 식당, 딤섬 레스토랑, 슈퍼마켓이 모여 있다. 또한 한국 레스토랑도 만날 수 있다.

How to go 지하철 노던Northern·피커딜리Picadilly 라인 레스터 스퀘어Leicester Square 역에서 도보 4분 **Map** P.379-E

한국의 충무로를 떠올리게 하는 영화의 중심지
레스터 스퀘어 Leicester Square ★★

'런던 웨스트엔드의 심장'이라 일컫는 광장으로 보행자 우선의 사각형 광장이다. 2012년 런던올림픽에 맞춰 보수공사를 마쳐 깔끔하게 정돈된 모습으로 다시 태어났다. 1884년에 지어져 영국 영화사의 중심에 있는 엠파이어 시어터 Empire Theatre를 비롯한 극장들이 즐비하며 〈해리 포터 시리즈〉, 〈007 시리즈〉 등 블록버스터 영화의 시사회가 열리기도 한다. 17~18세기에 지어진 귀족들의 정원은

광장 남쪽에 위치해 있고 유명 인사들의 핸드 프린트도 광장 곳곳에서 만날 수 있다. 뮤지컬 할인 티켓 부스Tkts London도 이곳에 있으며, 주변에는 저렴한 패스트푸드점도 많다.

How to go 지하철 노던Northern·피커딜리Piccadilly 라인 레스터 스퀘어Leicester Square 역에서 도보 2분
Map P.379-E

개성 넘치는 상점이 가득
코벤트 가든 Covent Garden ★★★

영화 〈마이 페어 레이디〉에서 꽃 파는 아가씨 일라이자가 히긴스 교수와 만나는 장소가 이곳 코벤트 가든이다. 원래 수도원Covent의 채소밭이었으나, 건축가 이니고 존스에 의해 이탈리아 양식의 광장으로 바뀌어 야외시장으로 발전해 왔다. 1974년 시장이 교외로 이전하게 되면서 이곳에는 새로운 숍들이 자리 잡았고, 개성 넘치는 쇼핑 공간으로 변모하게 되었다. 코벤트 가든에는 빈티지한 수공예품이나 의류 등을 주로 판매하는 주빌리 마켓과 세련된 디자이너의 의류나 액세서리가 주를 이루는 애플 마켓이 있다. 독특하고 개성 넘치는 숍뿐만 아니라 채식주의 식당이나 패스트푸드점도 곳곳에 자리한다. 또한 잠시 들러 마음의 여유를 갖기 좋은 세인트 폴 교회와 수준 높은 공연을 즐길 수 있는 왕립 오페라 하우스, 영국 교통의 역사를 알 수 있는 런던 교통 박물관 등 다양한 스폿들이 자리해 쇼핑 이외의 즐거움도 찾을 수 있는 곳이다.

How to go 지하철 피커딜리Piccadilly 라인 코벤트 가든Covent Garden 역에서 도보 3분
Add Covent Garden, London
Open 마켓 구역 월~금요일 10:00~21:00, 토요일 09:00~20:00, 일요일 11:30~18:00(상점마다 상이)
Tel 020 7420 5856
Web www.coventgarden.london
Map P.379-E

주요 브랜드 A.P.C., 폴 스미스, 톰포드, 프레드 페리, 애플 스토어

아기자기한 골목을 거니는 즐거움
세븐 다이얼즈 Seven Dials ★

코벤트 가든에서 영국 박물관으로 가는 길목 어귀의 아기자기한 가게들과 카페, 레스토랑이 몰려 있는 거리를 걷다 보면, 일곱 개의 길이 둥글게 맞닿아있는 교차로 세븐 다이얼즈를 만나게 된다. 이곳은 원래 거주지로 계획된 곳이었으나, 교차로 곳곳에 자리한 펍을 중심으로 슬럼가가 형성되어 19세기에는 런던에서 가장 치안이 나쁜 동네였다. 소설가 찰스 디킨스Charles Dickens의 소설이나 애거서 크리스티Agatha Christie의 소설에서도 이곳을 범죄의 온상으로 표현하기도 했다.

제2차 세계대전이 끝나고 재건하기 시작하면서 이 지역은 급격하게 발전하기 시작한다. 젊은 디자이너와 환경 운동가, 예술가, 소자본 투자자가 몰려들어 활기를 띠었고, 지금은 런던의 트렌드를 이끄는 지역으로 급부상했다. 특히 채식주의자를 위한 식당과 영국의 대표적인 유기농 화장품 숍이 자리한 닐스 야드는 런더너의 사랑을 받고 있으며, 닐 스트리트는 감각적인 디자인 숍과 분위기 좋은 카페들이 자리해 항상 사람들로 북적인다.

How to go 지하철 피커딜리Piccadilly 라인 코벤트 가든Covent Garden 역에서 도보 1분 **Map** P.379-B

가고시안 갤러리 Gagosian Gallery

세계적인 아트 딜러, 가고시안이 운영하는 갤러리로 바젤, 뉴욕, 파리, 홍콩 등 전 세계 18곳에 지점이 있다. 전시 기획뿐 아니라 온·오프라인 계간지 발행과 전 세계 주요 아트 페어에도 빠짐없이 참여하면서 영향력을 넓혀가고 있다. 대표 작가로는 루이즈 부르주아, 앤디 워홀, 만 레이, 파블로 피카소, 로이 리히텐 슈타인, 데미안 허스트 등이 있으며 우리나라 작가로는 비디오 아트로 유명한 고 백남준이 있다. 사립 미술관이면서 공공 미술관을 능가하는 작품과 기획력으로 미국의 포브지에서 뽑은 미국에서 가장 영향력 있는 아트 딜러 1위에 올랐다.

How to go 지하철 엘리자베스Elizabeth, 센트럴Central, 주빌리Jubilee 라인 본드 스트리트Bond Street에서 도보 6분
Add 20 Grosvenor Hill, London
Open 화~토요일 10:00~18:00
Day Off 일·월요일
Web gagosian.com **Map** P.380-E

찰스 디킨스 소설의 배경이 된 휴식처
링컨즈 인 필즈 Lincoln's Inn Fields ★

링컨즈 인 필즈는 런던 캠든에서 가장 크고 오래된 사각형의 공원이다. 과거 법조인 지망생들이 이곳에서 연설과 웅변 연습을 했다고 하여 '마이너스 코너Minor's Corner'라고도 불린다.

광장 뒤편으로는 소설가 찰스 디킨스의 소설 《올드 큐리어시티 숍The Old Curiosity Shop》의 이름을 딴 골동품 및 예술작품 가게가 있는데, 실제로 찰스 디킨스의 소설에 영감을 준 곳이라는 설도 있다. 화창한 날이면 식사를 하거나 휴식을 취하기 위해 몰려드는 근처 대학생들과 직장인들로 북적인다.

How to go 지하철 센트럴Central 라인 챈서리 레인Chancery Lane 역에서 도보 3분 **Add** Lincoln's Inn Fields, Newman's Row, London **Open** 07:30~해 질 녘 **Tel** 020 7974 1693 **Map** P.379-C

런던에서 가장 위대한 공공건물 중 하나
서머셋 하우스 Somerset House ★★★

워털루 브리지 옆, 템스강변 북쪽에 자리한 웅장하고 아름다운 건물 서머셋 하우스는 에드워드 6세 왕 시대의 권세가인 서머셋 백작의 거처로 지어졌다. 현재는 예술교육이나 예술작품 전시를 위한 공간으로 활용되고 있다. 중앙광장은 런더너들에게 좋은 휴식처가 되어준다. 템스강변을 향한 테라스에서 커피 한잔의 여유를 즐길 수 있는 톰즈 테라스Tom's Terrace도 이곳에 자리한다. 중세 르네상스와 플랑드르 바로크, 인상주의의 대표작품들을 모아 전시하는 미술관인 코톨드 갤러리Courtauld Gallery도 유명하다. 주요 작품으로는 고흐의 〈귀에 붕대를 감은 자화상〉, 폴 세잔의 〈카드놀이를 하는 사람들〉 등이 있다.

How to go 지하철 서클Circle·디스트릭트District 라인 템플Temple 역에서 도보 5분 **Add** Somerset House, Strand, London **Open** 코톨드 갤러리 매일 10:00~18:00(마지막 입장 17:15) **Day Off** 12월 25~26일 **Fare** 월~금요일 ￡9, 토~일요일 ￡11 **Web** courtauld.ac.uk/gallery **Map** P.379-F

영화 〈다빈치 코드〉 마니아들의 성지와 같은 곳
템플 성당 The Temple Church ★★

영화 〈다빈치 코드〉로 유명세를 탄 템플 성당은 800년이 넘는 세월 동안 한 자리에서 런던의 역사를 지켜보고 있다. 십자군 원정을 떠나는 순례자들을 보호하는 기사단들에 의해 지어져 템플 성당으로 불리게 되었다고 한다. 템플 성당은 파이프 오르간과 성가대로 유명하다. 현재 이곳에 있는 파이프 오르간은 1954년 더함Durham 사에서 제작된 것으로, 1688년의 오르간을 모델로 재건했다. 1683년 '오르간 전투'라고 불리는 스미스와 해리스의 오르간 재건 경쟁에 의해 역대 가장 아름답고 좋은 소리를 내는 오르간이 만들어졌는데, 1688년 해리스가 오르간의 모습을 드로잉해 둔 것을 참고해 300년 전과 같은 모습의 오르간으로 재건할 수 있었다고 한다. 매주 수요일 오후 1시 15분부터 30분간 오르간 콘서트를 진행하니 관심이 있다면 들러보자.

How to go 지하철 서클Circle·디스트릭트District 라인 템플Temple 역에서 도보 5분 Add Temple Church, Temple, London Open 월~금요일 10:00~16:00 Fare 성인 £5, 학생 및 만 60세 이상 £3, 만 16세 이하 무료 Tel 020 7353 3470 Web www.templechurch.com Map P.379-C

소호의 레스토랑

미슐랭 1스타 타파스 레스토랑
바라피나 Barrafina

런던에만 세 개의 지점을 운영하는 모던 스페인 타파스 레스토랑. 2015년 '올해의 셰프'로 선정된 셰프 니에브 바라간 모하초 Nieves Barragan Mohacho가 지휘한다.
바라피나에서는 스페인 사람들이 가볍게 즐기는 싱싱한 타파스를 즐길 수 있다. 문어, 새우, 가지, 돼지고기 등의 재료 자체의 신선함과 세련된 조리법이 어우러져 감동스러운 맛을 보장한다. 바 형태의 캐주얼한 인테리어도 만족스럽다. 보다 많은 사람들에게 서비스하기 위해 예약은 받지 않는다.

How to go 지하철 노던Northern 라인 토트넘 코트 로드Tottenham Court Road 역에서 도보 6분
Add 26-27 Dean Street, London
Open 월~토요일 12:00~15:00, 17:00~23:00, 일요일 12:00~15:00 **Day Off** 12월 24일~27일 **Fare** 타파스 2종류+와인 1잔 £20~ **Tel** 020 7440 1486 **Web** www.barrafina.co.uk
Map P.379-A

지중해요리의 신선함이 입 안 가득
10 그릭 스트리트 10 Greek Street 👍

과거 화력발전소 자리에 들어서 핫 플레이스로 유명세를 떨치던 런던의 인기 레스토랑, 와핑 프로젝트에서 활약한 주방팀이 다시 의기투합해 이슈가 된 레스토랑이다. 대자본을 내세운 프렌차이즈 레스토랑이 대부분인 소호에서 모던한 스타일로 제철음식을 즐길 수 있는 몇 안 되는 곳 중 하나다. 하몽, 브라타, 훈제고등어를 얹은 타파스를 비롯해 야생버섯과 트러플 버섯, 콩 스프와 아스파라거스 등의 애피타이저, 가지와 호박을 곁들인 양고기, 감자를 곁들인 쇠고기를 비롯한 메인 요리 등, 영국 음식은 물론이고 지중해요리까지 다양한 메뉴를 즐길 수 있다. 참고로 이곳은 손님이 많아 예약을 받지 않으므로 저녁 식사를 즐기려면 늦어도 오후 6시에는 입장할 것을 권한다.

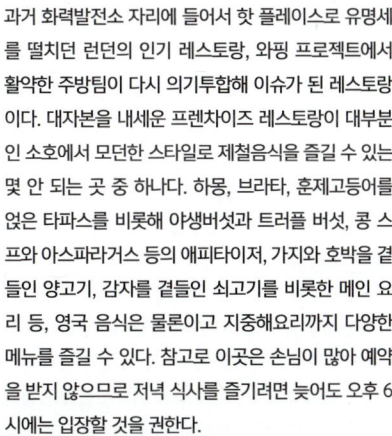

How to go 지하철 노던Northern 라인 토트넘 코트 로드 Tottenham Court Road 역에서 도보 4분
Add 10 Greek Street, London
Open 화~토요일 12:00~22:30
Day Off 일·월요일
Fare 메인 요리 £18~ **Tel** 020 7734 4677
Web http://www.10greekstreet.com **Map** P.379-B

손흥민과 BTS가 다녀간 한식당
올레 Olle

차이나타운 근처에 자리한 한식당으로 삼겹살, 갈비 등을 먹을 수 있는 캐주얼 다이닝 레스토랑이다. 특히 주말 저녁에는 1시간 가량 웨이팅을 해야할 정도로 손님이 많다. 전식으로 육회와 해물 파전등이 있으며 바베큐 메뉴로는 꽃갈비와 살치살, 흑돼지 벌집 삼겹살 등이 유명하다. 그 밖에 떡볶이, 양념 치킨과 탕수육, 생태 된장찌개 등 다양한 메뉴를 구비하고 있다. 예약은 전화로만 받는다.

How to go 지하철 노던Nothern, 피커딜리Piccadilly 라인 레스터 스퀘어Leicester Square 역에서 도보 4분
Add 88 Shaftesbury Avenue, London
Open 월~토요일 12:00~23:00, 일요일 12:00~22:30
Fare 전식 £6~ 본식 £11.90~ **Tel** 020 7287 1979
Web ollelondon.com **Map** P.379-D

영국 음식의 역사를 한눈에 볼 수 있는 곳
룰즈 Rules

1798년에 문을 연 이래 지금까지 런던을 대표하는 전통 레스토랑으로 명맥을 이어온 룰즈. 오픈 당시 메이든 레인에 있다가 1938년 지금의 위치로 옮겼다. 창업 초기에는 야생동물을 전통방식으로 조리했으며 지금도 사냥철에는 특별 메뉴를 내놓는다. 유명 영화배우들이 단골로 드나들면서 유명세를 타기 시작했다. 벽에는 단골 유명 인사들의 캐리커처나 초상화가 빼곡히 걸려있다. 추천 메뉴는 로스트 비프, 스테이크 앤 키드니 파이 등이 있다. 저녁 식사 시간보다 조금 일찍 도착했다면 칵테일이나 샴페인으로 식전주를 즐길 수도 있다. 짧은 바지나 슬리퍼 등의 복장은 입장이 제한되니 스마트 캐주얼 정도의 드레스 코드를 갖추는 것이 좋다.

How to go 지하철 피커딜리Piccadilly 라인 코벤트 가든Covent Garden 역에서 도보 4분 **Add** 35 Maiden Lane, London **Open** 화~토요일 12:00~23:30, 일요일 12:00~22:00 **Day Off** 월요일 **Fare** 메인 요리 £30~ **Tel** 020 7836 5314 **Web** www.rules.co.uk **Map** P.379-E

영국식 브렉퍼스트를 즐기려면 이곳에서
딘 스트리트 타운하우스 레스토랑 Dean Street Townhouse Restaurant

딘 스트리트 타운하우스는 1735년 목수 존 미어John Meard가 지은 조지아 스타일의 건물에서 운영하는 호텔로, 1층에는 동명의 레스토랑이 있다. 빈티지한 영국 가구들이 놓인 실내는 모던 브리티시 스타일의 인테리어로 아늑한 분위기를 자아낸다. 아침에는 베이컨, 스크램블드 에그, 소시지 등이 나오는 영국 정통 스타일의 브렉퍼스트를 즐길 수 있다. 피시 앤 칩스나 립 아이 스테이크 등은 메인 코스로 즐길 수 있으며, 오후에는 애프터눈 티를 즐기려는 사람들도 많이 찾는다.

How to go 지하철 노던Northern 라인 토트넘 코트 로드Tottenham Court Road 역에서 도보 5분 **Add** 69~71 Dean Street, London **Open** 아침 월~목요일 07:00~12:00, 금요일 07:00~13:00, 토요일 08:00~13:00, 일요일 08:00~11:00 애프터눈 티 월~토요일 14:00~17:00 **Fare** 잉글리시 브렉퍼스트 £15, 애프터눈 티 £28 **Tel** 020 7434 1775 **Web** www.deanstreettownhouse.com **Map** P.379-A

런던에서 가장 세련된 인도 레스토랑
디숨 Dishoom

인도 전통의 요리를 감각적인 플레이팅으로 선보여 기꺼이 긴 줄을 서게 만드는 곳이다. 고추처럼 생긴 튀김 요리 오크라Okra, 매콤함이 느끼함을 잡아주는 양고기 그릴 스파이시 램 촙Spicy Lamb Chops, 샐러드를 곁들인 치킨 티카Dishoom Chicken Tikka, 디숨의 시그니처 메뉴인 하우스 블랙 달House Black Daal 등이 추천 메뉴. 닭고기와 양고기요리가 많고, 매콤한 소스와 향신료가 어우러져 한국 여행자의 입에도 잘 맞는다. 맛은 물론 세련된 인테리어로 분위기가 보장된 가게답게 30분 정도의 웨이팅은 기본일 정도로 많은 사람들로 붐빈다.

How to go 지하철 피커딜리Piccadilly 라인 코벤트 가든 Covent Garden 역에서 도보 5분 **Add** 12 Upper St. Martin's Lane, London **Open** 월~목요일 08:00~23:00, 금요일 08:00~24:00, 토요일 09:00~24:00, 일요일 09:00~23:00 **Fare** £20~ **Tel** 020 7420 9320 **Web** www.dishoom.com **Map** P.379-E

왁자지껄한 중국 레스토랑
골든 드래곤 Golden Dragon

차이나타운에 위치한 대중적인 중국 레스토랑으로 광둥과 북경 스타일의 음식을 합리적인 가격에 즐길 수 있다. 딤섬부터 셰프 특선요리까지 다양한 중국 음식을 선보인다. 특히 바삭한 껍데기와 깊은 맛이 느껴지는 베이징 덕Beijing Duck, 소금과 후추로 간을 한 바삭한 게 튀김, 게살 수프, 옥수수 수프, 매콤한 마파두부, 닭발 찜 등은 한국 여행자 입에도 잘 맞는다.

How to go 지하철 노던Northern·피커딜리Piccadilly 라인 레스터 스퀘어Leicester Square 역에서 도보 3분 **Add** 28-29 Gerrard Street, London **Open** 매일 12:00~22:00 **Fare** £15~ **Tel** 020 7734 1073 **Web** www.gdlondon.co.uk **Map** P.379-E

런던에서 즐기는 우동의 깊은 맛
코야 Koya(Soho)

가볍게 식사를 즐길 수 있는 25석 규모의 아담한 일본 우동 전문점. 런던에서 가장 쫄깃한 면발과 따뜻한 국물이 조화를 이루는 우동은 궂은 런던 날씨의 싸늘함을 잊게 해준다. 버섯과 된장이 들어간 우동도 인기 있지만 된장국과 밥, 구운 생선이 곁들여 나오는 담백한 일본식 아침 식사도 추천할 만하다. 예약을 따로 받지 않으므로 줄을 서야 하는 것이 흠이지만, 이곳의 우동은 맛을 보는 순간 기다렸던 수고가 싹 잊힐 정도다.

How to go 지하철 노던Northern 라인 토트넘 코트 로드Tottenham Court Road 역에서 도보 5분 **Add** 50 Frith Street, London **Open** 매일 10:00~22:00 **Fare** £10~ **Tel** 020 7434 4463 **Web** www.koya.co.uk **Map** P.379-B

영국 셰프가 유니크하게 풀어낸 또 다른 라멘
본 대디즈 Bone Daddies

일본 라멘을 영국 스타일로 재해석한 유명 라멘 전문점으로 다섯 개의 지점이 있다. 세계적인 레스토랑인 노부Nobu에서 실력을 쌓았던 셰프 로스 쇼난Ross Shonhan이 일본 음식에 대한 열정을 자신만의 유니크한 스타일로 풀어내는 것이 인기 비결. 록 음악이 흐르는 독특한 일본 이자카야 분위기도 매력적이다. 오랫동안 뼈를 고아서 만들어낸 크리미한 육수와 쫄깃한 면발 역시 특별하다. 닭고기육수를 베이스로 해서 얇게 썬 돼지고기를 고명으로 얹고 깨와 칠리 소스로 맛을 낸 탄탄멘과 20시간 동안 돼지뼈를 고아 육수를 낸 돈코츠 라멘 등이 인기 있다. 김치는 따로 주문할 수 있다.

How to go 지하철 피커딜리Piccadilly 라인 피커딜리 서커스Piccadilly Circus 역에서 도보 5분 Add 31 Peter Street, London Open 목~토요일 11:30~23:00, 일~수요일 11:30~22:00 Fare £13.90~ Tel 020 7287 8581 Web bonedaddiesramen.com Map P.379-D

스페인 타파스의 진수를 맛볼 수 있는 명소
사보 Sabor 👍

'풍미'를 뜻하는 가게 이름에서 알 수 있듯 공동 창업자인 니에브 바라간과 호세 에투라가 스페인 남부 안달루시아의 시푸드 레스토랑을 그대로 옮겨놓은 듯, 스페인의 풍미를 전달한다. 이미 미슐랭 1스타 타파스 레스토랑인 바라피나에서 실력을 쌓은 셰프가 독립해 문을 열었고 2018년 미슐랭 1스타 레스토랑으로 선정되었다. 웨이팅 시간이 길어 그동안 타파스와 상그리아를 제공한다. 오징어 먹물 파스타와 아구 튀김, 40일 에이징한 소고기 립 아이 등을 추천한다.

How to go 지하철 베이커루Bakerloo, 피커딜리Piccadilly 라인 피커딜리 서커스Piccadilly Circus 역에서 도보 6분 Add 35-37 Heddon Street, London Open 화~토요일 12:00~14:30, 17:30~22:30 Day Off 일·월요일 Fare £40~70 Tel 020 3319 8130 Web www.saborrestaurants.co.uk Map 379-D

고든 램지의 이름을 건
버거 숍
스트리트 버거
Street Burger

TV 프로그램 <헬스 키친Hell's Kitchen>에 출연해 뛰어난 실력과 독설로 전 세계적인 인기를 얻은 스타 셰프 고든 램지가 운영하는 버거 가게. 우리나라에서도 방송 출연과 레스토랑 개업으로 이름을 알렸다. 매콤한 스리라차 소스와 할라페뇨, 스모크 치즈와 강한 풍미를 자랑하는 쇠고기 패티가 들어간 헬스 키친 버거를 추천한다.

How to go 지하철 피커딜리Piccadilly라인 코벤트 가든Covent Garden 역에서 도보 4분
Add 13-14 Maiden, London
Open 일~수요일 11:30~22:00, 목~토요일 11:30~23:00
Fare 버거와 감자튀김 £6~
Tel 020 7592 1214 **Web** www.gordonramsayrestaurants.com
Map P.379-E

건강한 철학의
스트리트푸드 레스토랑
레온
Leon

빈티지 스타일의 화려한 분위기로 눈길을 끄는, 건강을 지향하는 스트리트푸드 레스토랑. 2004년 카나비 스트리트에 처음 문을 열었으며 지금은 55개의 매장을 운영 중이다. '건강과 행복을 추구하고 자원의 낭비를 막고 생산자와 같이 성장한다'는 바람직한 철학을 가지고 음식을 만든다. 수란과 트러플, 연어, 달걀이 들어간 머핀, 케일과 치킨이 어우러진 샐러드, 코리안 치킨 버거 등이 베스트셀러다.

How to go 지하철 베이커루Bakerloo·노던Nortern 라인 차링 크로스Charing Cross 역에서 도보 2분
Add 73-76 Strand, London
Open 월요일 07:00~21:00, 화~금요일 07:30~21:00, 토요일 11:00~21:00, 일요일 11:00~18:00
Fare £6~ **Tel** 020 7240 3070
Web leon.co **Map** P.379-E

현란한
스트리트푸드의 향연
웍 투 웍
Wok to walk

아시안 음식을 컵밥 스타일로 즐길 수 있는 스트리트푸드점. 면이나 쌀을 고르고, 같이 넣을 채소 및 육류 등의 부재료와 토핑을 담은 후, 마지막으로 아시아 도시이름을 딴 특색 있는 소스를 골라 건네면, 이를 커다란 웍에다 넣고 즉석에서 볶아준다. 조리되는 과정을 직접 확인할 수 있어 믿음이 간다.

How to go 지하철 노던Northern·피커딜리Piccadilly 라인 레스터 스퀘어Leicester Square 역에서 도보 1분
Add 22 Cranbourn Street, London **Open** 매일 11:00~익일 05:00 **Fare** £7.95~ **Tel** 020 7240 3617 **Web** www.woktowalk.com
Map P.379-E

소호의 카페

젊은이들 사이에서 핫한 와플 가게
버블 랩 Bubble Wrap

아이스크림과 각종 토핑을 홍콩 스타일의 달걀 와플에 올려 동그랗게 말아 선보이는 버블 랩은 최근 젊은 런더너들 사이에서 선풍적인 인기를 얻고 있는 곳이다. 주문 방법은 와플의 종류와 아이스크림을 고르고 소스를 고르면 된다. 결정하는 데 어려움을 겪는 손님들을 위해 가장 인기 있는 베스트셀러 구성도 소개해 주고 있다.

How to go 지하철 노던Northern · 피커딜리Piccadilly 라인 레스터 스퀘어Leicester Square 역에서 도보 4분
Add 24 Wardour Street, London **Open** 일~금요일 12:00~22:00, 토요일 12:00~22:30 **Fare** ￡7.99~
Tel 020 7734 4255 **Web** bubblewraplondon.com
Map P.379-D

특별한 커피를 맛볼 수 있는 카페
키스 더 히포 Kiss the Hippo

리치몬드에서 조그만 매장으로 시작한 로컬 카페가 런던 중심부에 진출했다. 3회에 걸쳐 영국 바리스타 대회를 석권한 바리스타가 운영하며 공정 무역과 친환경 포장 정책을 고집한다. 최고 품질의 스페셜티 원두를 사용하며 GQ, 엘르, 이브닝 스탠더드니 등에서도 극찬한 곳이다.

How to go 지하철 베이커루Bakerloo, 센트럴Central, 빅토리아Victoria 라인 옥스퍼드 서커스Oxford Circus에서 도보 3분 **Add** 51 Margaret Street, London
Open 월~금요일 08:00~17:00, 토~일요일 08:30~17:00
Fare 커피 ￡3.20~ **Web** kissthehippo.com
Map P.379-A

런던 신문화 카페의 원조
몬머스 커피 Monmouth Coffee(Covent Garden)

1978년 코벤트 가든에 오픈한 이래 꾸준하게 사랑받아 온 런던 카페의 대명사로 오랜 단골들의 발길이 끊이지 않는 곳이다. 중앙·남부 아메리카, 아프리카 케냐 등지에서 공정무역을 통해 수입한 퀄리티 높은 원두를 버몬지의 로스팅 하우스에서 가공하여 공급받고 있다. 가볍게 즐길 수 있는 아침 식사 메뉴도 선보이고 있다. 보로우 마켓에도 지점이 있다.

How to go 지하철 피커딜리Piccadilly 라인 코벤트 가든Covent Garden 역에서 도보 3분 **Add** 27 Monmouth Street, London
Open 월~토요일 08:00~18:00 **Day Off** 일요일·국경일 **Fare** 필터 커피 ￡3.10~ **Tel** 020 7232 3010 **Web** www.monmouthcoffee.co.uk
Map P.379-B

소호의 펍

전통 펍에서 즐기는 또 다른 맥주 맛
하프 The Harp

알록달록한 스테인드글라스와 오랜 역사를 머금은 초상화가 인상적인 전통 펍. 런던에 있는 많은 펍들이 식도락에 포커스를 맞추고 있지만, 이곳은 에일 맥주 맛에 전념하고 있다. 2011년 맥주협회 '올해의 펍'에 선정될 정도로 훌륭한 맥주를 갖추고 있다. 캄라Camra, 다크 스타Dark Star, 하비스Harveys, 사우스 아일랜드 에일South Island Ales 등 다양한 에일이 유명한데, 그중 '삼브룩스 브루어리 Sambrooks Brewery'의 완들Wandle은 최고의 맥주로 꼽힌다.

How to go 지하철 노던Northern 라인 차링 크로스Charing Cross 역에서 도보 3분　**Add** 47 Chandos Place, London　**Open** 월~토요일 11:00~23:00, 일요일 12:00~22:00　**Fare** 맥주 £5, 샤퀴테리(육포) £16~　**Tel** 020 7836 0291　**Web** www.harpcoventgarden.com　**Map** P.379-E

특별한 분위기를 가진 와인 바
고르동스 와인 바 Gordon's Wine Bar 👍

1890년부터 와인저장고로 쓰이던 동굴에서 시작되어 지금까지 그 원형을 보존하고 있는 런던에서 가장 오래된 와인 바. 창업자인 웬디 고르동Wendy Gordon의 이름을 따서 가게 이름을 지었다. 낡은 신문과 기념품이 가게의 오랜 역사를 보여준다. 와인 대회에서 수차례 수상한 실력있는 소믈리에가 내놓는 와인 리스트와 17여 가지의 치즈, 타파스는 수준급이다. 20~50대가 주 고객층으로 늦은 밤까지 데이트를 즐기는 커플들의 발걸음이 끊이지 않는다. 특히 여름철에 인기 있는 야외 테라스는 이른 저녁부터 미리 가서 자리를 잡아야 한다.

How to go 지하철 서클Circle 라인 엠뱅크먼트Embankment 역에서 도보 1분 **Add** 47 Villiers Street, London **Open** 월~토요일 11:00~23:00, 일요일 12:00~22:00 **Day Off** 1월 1일, 12월 24일~26일 **Fare** £17.50~ **Tel** 020 7930 1408 **Web** www.gordonswinebar.com **Map** P.379-E

재즈와 함께 즐기는 런던의 나이트 라이프
로니 스콧 재즈 클럽 Ronnie Scott's Jazz Club

오페라보다 재즈 공연을 선호하는 사람에게 추천하고 싶은 환상적인 나이트 라이프 스폿. 1959년 색소폰 연주자 로니 스콧Ronnie Scott과 피트 킹Pete King이 오픈한 재즈 클럽이다. 필 시멘Phil Seamen, 카운트 베시Count Basie, 니나 시몬Nina Simone 등 전설적인 재즈 아티스트들이 이곳을 거쳐 가면서 유명세를 떨치기 시작했다. 공연정보는 홈페이지를 통해 공지되며 유명 뮤지션의 공연은 서둘러 예약해야 한다.

How to go 지하철 노던Northern 라인 토트넘 코트 로드Tottenham Court Road 역에서 도보 5분 **Add** 47 Frith Street, London **Open** 월~토요일 18:00(17:30 입장 가능), 21:15(20:30 입장 가능), 일요일 13:00(12:00 입장 가능), 20:00(18:30 입장 가능) **Fare** £35 **Tel** 020 7439 0747 **Web** www.ronniescotts.co.uk **Map** P.379-B

소호의 쇼핑

멋진 외관과 클래식한 제품 큐레이션
리버티 백화점 Liberty Department Store

검은색 목재를 기반으로 한 아르누보 양식의 외관이 멀리서도 눈길을 끄는 고급 백화점이다. 리젠트 스트리트의 패브릭 가게로 1875년에 처음 문을 열었으며, 신진 디자이너 브랜드부터 명품 숍까지 다양한 컬렉션을 자랑한다. 백화점 1층에는 뷰티·액세서리, 2층에는 고급 욕실용품과 주방용품이 전시되어 있으며, 지하 1층에서는 남성복 코너를 만날 수 있다. 창업 당시부터 이어져온 패브릭 컬렉션과 입구에 자리한 플라워 숍, 건물 2층의 '아더스 레스토랑 & 바Arthur's Restaurant & Bar' 등은 오랫동안 사랑받아 온 스폿이다.

How to go 지하철 빅토리아Victoria 라인 옥스퍼드 서커스Oxford Circus 역에서 도보 2분
Add Liberty, Regent Street, London   **Open** 월~토요일 10:00~20:00, 일요일 12:00~18:00
Tel 020 7734 1234   **Web** www.liberty.co.uk   **Map** P.379-A

런던에서 가장 핫한 편집 숍
엔드 END

런던에서 핫한 편집 숍으로 급부상 중인 곳으로 패션 마니아라면 놓쳐서는 안 될 곳이다. 다양한 패션 브랜드를 두루 갖추고 있어 캐주얼 브랜드와 스포츠 브랜드의 최신 트렌드를 한눈에 살펴볼 수 있다. 나이키나 아디다스의 리미티드 에디션도 만나볼 수 있다.

How to go 지하철 베이커루Bakerloo·센트럴Central·빅토리아Victoria 라인 옥스퍼드 서커스Oxford Circus 역에서 도보 5분   **Add** 59 Broadwick Street, London
Open 11:30~20:00
Tel 020 7287 3676   **Web** www.endclothing.com
Map P.379-D

패션, 그 이상의 편집 매장을 꿈꾸는 리테일 숍
알렉스 이글 스튜디오 Alex Eagle Studio

다이내믹한 패션계의 변화뿐 아니라 라이프 스타일까지 반영한, 소호의 심장부에 위치한 리테일 숍. 구매에 대한 압박 없이 편안히 시간을 보내거나 휴식을 취하는 공간을 지향하는 운영자의 철학이 곳곳에 배어 있다. 가구, 예술, 디자인, 사진, 패션, 세라믹에 이르기까지, 런던너들의 트렌드를 엿볼 수 있는 아이템이 한데 모여 있어 갤러리를 연상하게 한다.

How to go 지하철 노던Nothern, 피커딜리Piccadilly 라인 레스터 스퀘어Leicester Square 역에서 도보 9분
Add 6-10 Lexington Street, London
Open 월~토요일 11:00~18:00, 일요일 12:00~17:00
Tel 0737 5996 868
Web alexeagle.com
Map P.379-D

무료로 시력검사를 해주는 유니크한 안경테 전문점
큐비츠 Cubitts(Soho)

런던에만 아홉 개의 매장을 운영하고 있는 안경테 전문점. 영국의 대표적인 스타트업 회사로 명성을 얻게된 가게다. £125라는 파격적인 가격에 빈티지 스타일의 핸드메이드 안경이나 선글라스를 맞출 수 있다. 스크래치 방지와 눈부심 방지 등 기능성 렌즈도 포함한 가격인 것이 메리트. 다양한 디자인의 테를 갖추고 있어 자신의 취향에 맞는 안경을 선택하기 좋다.

How to go 지하철 피커딜리Piccadilly 라인 구즈 스트리트Goodge Street 역에서 도보 2분
Add 37 Marshall Street, London **Open** 월~금요일 10:00~19:00, 토요일 12:00~18:00, 일요일 12:00~18:00
Tel 020 3887 1927 **Web** www.cubitts.com **Map** P.379-D

럭셔리 티와 액세서리를 함께 쇼핑하자
TWG TWG(Soho) 👍

유럽 티 문화의 영향을 받은 싱가포르에서 탄생한 세계적인 티 브랜드 TWG의 런던 지점. 1837년 창업한 이래 전 세계로 지경을 넓혀 티 마니아들 사이에서 고급 브랜드로 자리매김하고 있다. 선물용으로 좋은 예쁜 패키징의 티 컬렉션을 비롯하여 차와 함께 곁들여 먹을 수 있는 디저트류, 집에 하나쯤 갖다놓으면 좋을 법한 티 포트, 찻잔 등도 구매할 수 있다.

How to go 지하철 노던Northern·피커딜리Piccadilly 라인 레스터 스퀘어Leicester Square 역에서 도보 3분
Add 48 Leicester Square, London
Open 매일 11:00~20:00 **Tel** 020 3972 0202
Web twgtea.com **Map** P.379-E

세계 최대 규모의 장난감 가게
햄리스 Hamleys

1760년 윌리엄 햄리William Hamley의 '노아의 방주'라는 장난감 가게에서 시작하여 세계적인 장난감 백화점으로 성장해 왔다. 250여 년의 역사를 자랑하며 엘리자베스 2세 여왕을 비롯한 영국 왕실과 전 세계 장난감 마니아들에게 사랑받고 있다. 매년 이곳을 찾는 방문객만 5백만여 명에 달할 정도. 일일이 나열하기도 힘들 정도의 수많은 장난감들이 7층 건물을 가득 채우고 있다. 가장 인기 있는 곳은 1층에 있는 나만의 곰 인형 만들기 워크숍. 이곳에서는 세상에 단 하나뿐인 곰 인형을 제작할 수 있다. 마음에 드는 인형을 선택해서 직원에게 주면 인형으로 제작해 준다.

How to go 지하철 빅토리아Victoria 라인 옥스퍼드 서커스Oxford Circus 역에서 도보 4분
Add 188-196 Regent Street, London **Open** 월~토요일 10:00~20:00, 일요일 12:00~18:00
Tel 037 1704 1977 **Web** www.hamleys.com **Map** P.379-D

영국을 대표하는 남자들의 머스트 해브 브랜드

바버 Barbour

스코틀랜드 갈로웨이 출신 존 바버Jone Barbour가 1892년 탄생시킨 브랜드. 1930년대에 영국 해군에 재킷을 보급했고, 1974년부터는 영국 왕실 사람들의 사냥, 승마복장 브랜드로 인정받아고 다이애나 왕세자비도 즐겨 입었다. 비가 자주 내리는 영국 날씨를 반영한 왁스 재킷은 실용적이므로 런더너들에게는 머스트 해브 아이템이다. 반려동물 컬렉션도 있다.

How to go 지하철 베이커루Bakerloo·피커딜리Piccadilly 라인 피커딜리 서커스Piccadilly Circus 역에서 도보 3분 **Add** 73-77 Regent Street, London **Open** 월~토요일 10:00~19:30, 일요일 12:00~18:00 **Tel** 020 7434 0880 **Web** www.thehighlandsstore.com **Map** P.379-D

300년이 넘는 홍차 명가의 플래그십 스토어

트와이닝 Twinings 👍

영국 홍차 브랜드 트와이닝의 플래그십 스토어로, 티 바Tea Bar와 작은 박물관을 겸하고 있다. 1706년 트와이닝Twinings이 커피 하우스를 연 것에서 시작했다. 당시 여성들에게는 커피를 팔지 않았기 때문에 여성을 위한 티 매장 '골드 라이언'을 열어 인기를 얻었고, 1837년 영국 왕실 납품권을 얻게 되면서 세계적 명성을 가진 티 브랜드로 자리매김하게 되었다. 이곳에서는 트와이닝의 신상품을 먼저 선보여 한국에 들어오지 않은 제품을 구할 수 있다. 석류와 라즈베리 티는 새콤하면서 향긋한 향으로 유명하며 라벤더, 캐모마일 등은 숙면에 도움을 줘 많은 사람들이 즐겨 찾는다.

How to go 지하철 서클Circle·디스트릭트District 라인 템블Temple 역에서 도보 4분 **Add** 216 Strand, London **Open** 월~수요일, 금~일요일 11:00~18:00, 목요일 11:30~18:30 **Tel** 020 7353 3511 **Web** www.twinings.co.uk **Map** P.379-F

꼼 데 가르송이 제안하는 창의적인 공간
도버 스트리트 마켓 Dover Street Market 👍

브랜드 꼼 데 가르송을 이끄는 패션 디자이너 레이 가와쿠보Rei Kawakubo가 2004년에 오픈한 편집 숍으로 패션에 관심 있는 사람이라면 지나칠 수 없는 곳이다. 지하 1층~지상 4층으로 구성된 매장에는 다양한 액세서리와 가방, 향수 등이 진열되어 있으며, 꼼 데 가르송을 비롯하여 셀린느, 구찌, 랑방, 지방시 등 유명 브랜드가 포진하고 있다. 4층에는 친환경재료로 만든 케이크와 주스를 즐길 수 있는 로즈 베이커리Rose Bakery가 있다.

How to go 지하철 베이커루Bakerloo·피커딜리Piccadilly 라인 피커딜리 서커스Piccadilly Circus 역에서 도보 3분 **Add** 18-22 Haymarket, London
Open 월~토요일 11:00~19:00, 일요일 12:00~18:00
Tel 020 7518 0680
Web london.doverstreetmarket.com
Map P.379-D

LONDON × SOHO

혼잡한 런던 도심 속 오아시스
피터샴 너서리 Petersham Nurseries

1997년 런던에서 리치먼드로 이주한 보글리오네 Boglione 가족이 자원의 낭비를 막고 재활용을 생활화하면서 터득한 건전한 철학을 바탕으로 운영하기 시작한 매장이다. 리치먼드에 이어 런던에도 지점을 오픈했다. 빅토리아 건축양식으로 지어진 건물 안에 있는 레스토랑과 바에서는 식물과 어우러진 친환경적인 분위기에서 식사와 티타임을 즐길 수 있다.

How to go 지하철 피커딜리Piccadilly 라인 코벤트 가든Covent Garden 역에서 도보 3분 **Add** 1-2 Floral Court **Open** 월~수요일 11:30~21:30, 목~토요일 11:30~21:30, 일요일 11:30~18:00 **Tel** 020 7305 7676 **Web** petershamnurseries.com **Map** P.379-E

풍성한 위스키 레퍼토리를 갖춘 숍
더 위스키 익스체인지 The Whisky Exchange

1만여 종에 달하는 위스키와 샴페인, 와인 등이 있지만 스코틀랜드 중심의 싱글 몰트와 일본 위스키를 사기에 가장 좋은 숍이다. 위스키 입문자를 위한 MD 추천 위스키로는 건포도와 토피 향으로 시작해 스모키하게 마무리되는 글렌드로낙 12년산과 새콤달콤한 과육 향과 우디함이 잘 어우러진 글렌말라키 12년산 정도가 있다. 특히 글렌말라키는 위스키계의 전설이라 할 수 있는 마스터 빌리 워커가 2017년 인수한 뒤 유명해졌다.

How to go 지하철 베이커루Bakerloo, 노던Nothern 라인 차링 크로스Charing Cross 역에서 도보 2분
Add 2 Bedford Street, London
Open 월~수요일 11:00~18:00, 목~토요일 11:00~19:00, 일요일 12:00~18:00 **Tel** 020 7100 0088
Web www.thewhiskyexchange.com
Map P.379-E

런던에서 가장 유명한 치즈 가게
닐스 야드 데어리 Neal's Yard Dairy

영국과 아일랜드에 터전을 둔 40여 명의 치즈 생산자들로부터 엄선된 치즈만을 공급받아 판매하거나 가게에서 원하는 기간만큼 직접 숙성시켜서 판매하는 곳. 런던의 유명 레스토랑과 치즈 마니아들이 이곳으로 치즈를 사러 온다. 코벤트 가든에서 작은 가게로 시작했으나 보로우 마켓과 버몬지로 지점을 넓히면서 꾸준히 사랑받고 있다. 치즈에 익숙하지 않은 사람이라면 체더Cheddar, 바론 비고드Baron Bigod, 하포드Hafod를 추천하며, 곰팡이가 눈에 띄는 블루 치즈를 좋아하는 사람이라면 스티켈턴Stichelton의 깊은 맛과 향에 감동할 것이다. 쉽게 구하기 힘든 치즈를 즐겨보고 싶다면 이곳으로 가보자.

How to go 지하철 피커딜리Piccadilly 라인 코벤트 가든Covent Garden 역에서 도보 3분
Add 17 Short's Gardens, London **Open** 월~수요일 11:00~18:00, 목~토요일 10:30~18:30, 일요일 12:00~17:00
Tel 020 7500 7520 **Web** www.nealsyarddairy.co.uk **Map** P.379-B

클래식하면서 진한 맛을 자랑하는 마카롱계의 피카소
피에르 에르메 Pierre Hermé

형형색색의 작고 동그란 머랭 크러스트 사이에 가나슈, 크림, 잼 등을 넣어 만든 마카롱 전문점. '마카롱계의 피카소'로 불리는 파티시에 피에르 에르메가 운영하는 숍으로 그의 마카롱을 사랑하는 사람이라면 꼭 가봐야 할 곳이다. 쫀득한 식감에 독특한 풍미가 더해져 다른 마카롱과는 차별화된 맛을 즐길 수 있다. 이스파한, 바닐라, 초콜릿 등이 베스트셀러. 포장도 예뻐서 선물용으로도 구매하기 좋다.

How to go 지하철 피커딜리Piccadilly 라인 코벤트 가든 Covent Garden 역에서 도보 4분
Add 38 Monmouth Street, London
Open 월~토요일 11:00~19:00, 일요일 12:00~18:00
Tel 020 7240 8653 **Web** www.pierreherme.com
Map P.379-B

예쁜 접시 하나로 행복해지는 아침
아스티에 빌라트 Astier de Villatte

18~19세기 프랑스 문화에서 영감을 받은 창업자가 1996년 파리의 전통 공방에서 시작한 세라믹 식기 전문 브랜드. 프랑스 전통 세라믹 제조 기법을 현대적으로 계승한 것으로 유명하다. 과거에는 접시와 컵 위주로 생산하다가 지금은 기타 세라믹 제품, 문구, 향초와 향수, 가이드북까지 제작하면서 여성 팬들의 열렬한 사랑을 받고 있다. 리버티 백화점 내에 있으니 예쁜 그릇에 관심 있는 사람이라면 놓치지 말자.

How to go 지하철 빅토리아Victoria 라인 옥스포드 서커스Oxford Circus 역에서 도보 2분
Add Liberty, Regent Street, London
Open 월~토요일 10:00~20:00, 일요일 12:00~18:00
Tel 020 7734 1234 **Web** www.liberty.co.uk
Map P.379-A

AREA 3

런던 쇼핑의
하이라이트

메이페어
Mayfair

하이드 파크의 동쪽 주택가에 위치한 메이페어는 런던 쇼핑의 하이라이트 스폿이다. 독특한 개성을 지닌 거리들로 런던 쇼퍼들이 반드시 들르는 곳이다. 특히 크리스마스 시즌이나 연말연시가 되면 화려한 조명이 거리를 수놓아 오가는 사람들을 설레게 한다. 개성 넘치는 쇼핑 스폿뿐만 아니라 여러 고급 호텔과 레스토랑, 그린 파크와 하이드 파크 등의 공원도 곳곳에 자리해 런더너는 물론 여행자들의 발길이 끊이지 않는다.

여행 포인트
관광 ★★
미식 ★★
쇼핑 ★★★★

메이페어 찾아가기

가까운 지하철역
- 본드 스트리트Bond Street 지하철역
  (센트럴Central·주빌리Jubilee 라인)

어떻게 다닐까

쇼핑에 집중하고 싶다면 지하철 본드 스트리트Bond Street 역에서 뉴 본드 스트리트New Bond Street 를 따라 명품 숍을 중심으로 돌아본다. 프레타 망줴, 와사비 등 저렴한 슬로우푸드 레스토랑이 곳곳에 흩어져 있어 간단히 식사를 해결하며 쉬어가기 좋다.

일일 추천 코스

예상 소요시간 약 8~10시간

하이드 파크를 산책하는 것으로 기분 좋게 하루를 시작하자. 카페에 들러 커피 한 잔 즐기거나 느지막이 하이드 파크 산책을 마치고 레스토랑에서 점심 식사를 한 다음 즐거운 쇼핑을 시작한다.

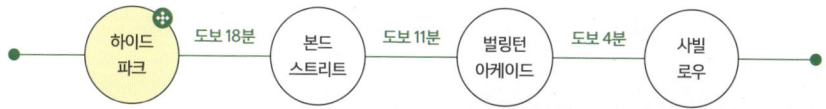

하이드 파크 — 도보 18분 — 본드 스트리트 — 도보 11분 — 벌링턴 아케이드 — 도보 4분 — 사빌 로우

> 메이페어의 관광 명소

런던을 대표하고 상징하는 공원
하이드 파크 Hyde Park ★★★

런던 시내에 있는 여덟 개의 영국 왕실 공원 중 하나로 런던에서 가장 큰 공원이며, 매년 수백만 명의 런더너와 여행자들이 이곳을 찾는다. 원래 하이드 파크는 영국 왕실 소유의 사슴 사냥터였던 곳으로 제임스 1세 왕 때까지는 영국 왕실 사람들만 이용했다. 1637년 찰스 1세 왕에 의해 일반 대중에게 공개되었으며, 1665년에 전염병이 돌았을 때는 시민들이 전염병을 피하기 위해 이곳에서 캠핑을 했다고 전해진다. 지금은 자연을 잘 보전한 공원으로 런던의 상징이 되었다.

오늘날의 하이드 파크는 런더너들의 대표적인 휴식처이자 문화생활의 중심지로 사랑받고 있다. 서펜타인 호수, 고 다이애나 왕세자비 기념분수 등 역사적으로 의미 있고 아름다운 랜드마크가 포진해 있고, 영국의 많은 공식행사가 이곳에서 치러진다. 공원을 산책하다 보면 자전거를 타거나 호수에서 보트를 타며 여유로운 시간을 보내고, 테니스나 승마를 즐기는 런더너들의 모습을 볼 수 있다. 매년 여름마다 BBC 방송국에서는 이곳에서 야외공연을 개최한다.

How to go 지하철 피커딜리Piccadilly 라인 하이드 파크 코너Hyde Park Corner 역에서 도보 1분 **Add** Hyde Park, Westminster, London **Open** 05:00~24:00 **Web** www.royalparks.org.uk/parks/hyde-park **Map** P.380-D

런던에서 가장 럭셔리한 쇼핑 스트리트
본드 스트리트 Bond Street ★

남쪽으로 피커딜리 서커스와 그린 파크, 북쪽으로 옥스퍼드 스트리트를 연결하는 본드 스트리트는 마치 영화 〈007 시리즈〉를 연상케 하는 품위 있는 길로, 18세기 이래 런던을 대표하는 쇼핑 명소로 성장했다. 이 지역을 개발한 토마스 본드의 이름을 따서 본드 스트리트가 되었으며, 개발단계에서 약 40년 정도의 차이로 올드 본드 스트리트와 뉴 본드 스트리트로 구분되었다. 각종 명품 숍이 즐비하고 골동품과 예술품 경매로도 유명해 런던에서 가장 부유한 거리로 알려져 있다. 특히 소더비Sotheby는 100년이 넘는 역사를 자랑하는 경매장이다. 지금은 명품 숍들이 거리를 차지하며, 당시 성행했던 경매장과 골동품 상점들은 피커딜리 남쪽 뒷골목에 많이 남아 있다.

본드 스트리트는 유럽에서 부동산 가격이 가장 높은 지역이기도 한데, 프랑스 파리의 샹젤리제 거리와 호주 시드니의 핏 몰과 함께 세계 최고의 건물 매매가를 기록하고 있다. 소설가 제인 오스틴의 소설 《센스 앤 센서빌리티Sense and Sensibility》와 버지니아 울프의 소설 《댈러웨이 부인Mrs. Dalloway》에도 이 거리가 나올 정도로 영국의 근대사를 품고 있는 거리이자 근현대에 이르기까지 부유한 런던너들의 일상을 담고 있는 거리라 할 수 있다.

올드 본드 스트리트에 있는 동상 엘라이즈Allies는 미국의 전 대통령 루즈벨트와 영국의 전 총리 처칠이 벤치에 앉아 웃으며 담화를 나누는 모습을 표현한 것으로 이 거리의 유명 포토 스팟이다.

How to go 지하철 센트럴Central·주빌리Jubilee 라인 본드 스트리트Bond Street 역 하차
Map P.380-B, F

여성 트렌드세터들의 놀이터
사우스 몰튼 스트리트 South Molton Street ★

20세기 초반에 재건된 사우스 몰튼 스트리트는 조지 6세 왕 시절의 건물들이 그대로 남아 고풍스러운 느낌을 준다. 여성의류와 액세서리 위주의 상점들이 많아 자신만의 스타일을 추구하는 여성 트렌드세터에게 영감을 주는 매혹적인 곳이다. 참고로 보행자 전용도로로 이루어져 있어 한층 쇼핑하기 편한 것도 사우스 몰튼 스트리트만의 장점이다.

How to go 지하철 센트럴Central·주빌리Jubilee 라인 본드 스트리트 Bond Street 역에서 도보 2분 **Map** P.380-B
주요 브랜드 19번지 쟈딕 & 볼테르, 24~27번지 브라운즈, 44번지 러쉬, 55번지 쿠플스, 59번지 마주

신사복의 성지와도 같은 거리
사빌 로우 Savile Row ★

단정하면서도 기품 있는 영국 신사의 모습을 눈으로 확인하고 싶다면 사빌 로우로 가보자. 이곳은 영국 신사 정장의 역사를 담은 거리라 할 수 있다. 원래 군인 가족들의 거주지역이었다가 18세기부터 재단사들의 거리로 바뀌었다. 영화 〈킹스맨〉에 나온 양복점도 사빌 로우의 '헌츠맨Huntsman'에서 영감을 얻었으며, 실제 촬영도 이곳에서 이루어졌다고 한다.

How to go 지하철 베이커루Bakerloo·센트럴Central·빅토리아Victoria 라인 옥스퍼드 서커스Oxford Circus 역에서 도보 7분 **Map** P.380-F

런던을 대표하는 쇼핑 상점
벌링턴 아케이드
Burlington Arcade ★

벌링턴 아케이드는 피커딜리의 여러 쇼핑 상점 중 가장 유명한 곳으로 1819년에 세워졌다. 영국 왕립 미술학교 Royal Academy of Arts로 사용되는 벌링턴 하우스 Burlington House 옆에 자리해 피커딜리 스트리트와 본드 스트리트, 그리고 사빌 로우를 연결한다. 건축 당시부터 런던의 여성사업가들이 이곳에서 사업을 꾸려나갔고, 제2차 세계대전 이후에도 계속 런던의 대표 쇼핑 상점으로 성장해 왔다. 지금도 옛날 방식으로 구두를 닦아주는 사람이나, 톱햇과 프록 코트를 입고 건물 입구를 지키는 비들 Beedle 등이 19세기 런던의 정취를 느끼게 해준다.

How to go 지하철 주빌리 Jubilee · 피커딜리 Piccadilly · 빅토리아 Victoria 라인 그린 파크 Green Park 역에서 도보 5분 **Add** Burlington Arcade, 51 Piccadilly, London **Open** 월~토요일 09:00~19:30, 일요일 11:00~18:00 **Tel** 020 7493 1764 **Web** www.burlingtonarcade.com **Map** P.380-F
주요 브랜드 7번지 세르모네타 장갑, 16번지 펜할리곤스 엔디미온, 24번지 빈티지 워치 컴퍼니, 32번지 마놀로 블라닉, 40번지 샴페인 하우스 블링저 바, 71번지 라 뒤레(마카롱)

메이페어의 레스토랑

런던에서 가장 핫한 멕시칸 파인 다이닝
콜 Kol 👍

멕시코의 향수가 영국의 세련된 인테리어와 결합하여 전통과 혁신을 동시에 느끼게 하는 레스토랑. 영국산 재료를 멕시코식으로 재해석한 셰프 산티아고 라스트라Santiago Lastra의 창의적인 요리는 문을 연 지 1년 반만에 국내외 평론가들에게 극찬을 받았으며, 셰프 자신은 지큐 푸드 앤 드링크 어워드에서 2021년 최고의 요리사로 선정되었다. 멕시코 와하카의 대저택에서 받은 영감을 반영해 유쾌하게 꾸민 테라코타 빛 인테리어는 요리와 절묘한 조화를 이룬다. 훌륭하고 값진 요리와 함께 특별한 시간을 보내고 싶은 이들에게 강력 추천한다.

How to go 지하철 센트럴Central 라인 마블 아치Marble arch 역에서 도보 4분
Add 9 Seymour Street, London
Open 화요일 18:00~22:30, 수~토요일 12:00~16:00, 18:00~22:30, 일요일 12:00~16:30
Day Off 월요일 **Tel** 020 3829 6888 **Fare** 코스 £135~
Web kolrestaurant.com **Map** P.380-A

©SBID

유명 셰프가 세팅한 로컬 스타일의 베트남 레스토랑
비엣 푸드 Viet Food

런던에서 성공한 아시아 출신 사업가로 이름을 날린 제프 탄Jeff Tan이 아랍에미리트 두바이의 아틀란티스 팜과 런던의 미슐랭 1스타인 하카산에서 총괄 셰프로 있던 유안을 영입해서 만든 베트남 레스토랑. 베트남의 스트리트푸드를 깔끔한 분위기에서 합리적인 가격으로 선보이는 곳이다. 평일 점심시간에는 £8 정도로 베트남 쌀국수인 포Pho를 즐길 수 있으며, 주말에는 브런치 메뉴도 운영한다.

How to go 지하철 노던Northern·피커딜리Piccadilly 라인 레스터 스퀘어Leicester Square 역에서 도보 4분 **Add** 34-36 Wardour Street, London **Open** 매일 12:00~22:30 **Fare** £10~ **Tel** 020 7494 4555 **Web** vietnamfood.co.uk **Map** P.380-F

클래식한 스타일의 비즈니스 레스토랑
월스리 The Wolseley

리츠 런던 호텔과 이웃하고 있는 고급 레스토랑으로, 자동차전시장이었다가 유러피언 스타일의 카페 겸 레스토랑으로 재오픈해 영업하고 있다. 높은 천장과 기둥으로 구성된 클래식한 스타일의 인테리어가 돋보이며, 아침 식사부터 점심 식사, 애프터눈 티, 저녁 식사까지 운영한다. 치킨 수프나 핫도그, 클럽 샌드위치 등 간단한 식사부터 와인을 끓여 만드는 전통 프렌치 닭요리 코코뱅, 소고기를 30일간 숙성시켜 만든 앵거스 스테이크, 캐비어 등 최고급 음식까지 다양하게 즐길 수 있다. 여행자보다는 비즈니스 고객을 접대하고자 하는 현지인이 주로 찾는 곳이다.

How to go 지하철 주빌리Jubilee·피커딜리Piccadilly·빅토리아Victoria 라인 그린 파크Green Park 역에서 도보 2분 **Add** 160 Piccadilly, London **Open** 월~금요일 07:00~23:00, 토요일 08:00~23:00, 일요일 08:00~22:00 **Fare** £20~ **Tel** 020 7499 6996 **Web** www.thewolseley.com **Map** P.380-F

메이페어의 카페

분홍색이 가득한 사랑스런 공간
스케치 갤러리 Sketch Gallery

패션 디자이너 크리스챤 디올Christian Dior의 아틀리에로 사용하던 건물을 2012년 리노베이션을 거쳐 다섯 개의 복합문화를 지향하는 특별한 공간으로 만들었다. 애프터눈 티를 즐길 수 있는 '더 갤러리'는 파스텔 핑크의 화사한 공간을 모던한 그림액자로 장식했다. 유명한 건축가 인디아 마하다비India Mahadavi의 설계를 기반으로 지어졌으며, 영국의 아티스트 데이비드 슈리글리David Shrigley의 작품 239점이 벽면을 가득 채우고 있다. 식기와 커트러리 등 테이블 웨어 또한 감각적인 인테리어와 잘 어울린다. 이 공간에서 잠시 시간을 보내는 것만으로도 제법 괜찮은 힐링이 될 것이다.

How to go 지하철 베이커루 Bakerloo·센트럴Central·빅토리아Victoria 라인 옥스퍼드 서커스Oxford Circus 역에서 도보 2분
Add 9 Conduit Street, London
Open 더 갤러리 애프터눈 티 매일 11:00~16:00 디너 일~목요일 18:00~22:00, 금~토요일 18:00~23:00
Fare 애프터눈 티 £85, 디너 고기요리 £33~, 생선요리 £32~
Tel 020 7659 4500
Web sketch.london/the-gallery
Map P.380-C

포트넘 & 메이슨에서 운영하는 티의 전당
팔루어 The Parlour ★★

1707년부터 시작해 300년이라는 오랜 역사를 지닌 티 전문 브랜드 숍 포트넘 & 메이슨Fortnum & Mason에서 운영하는 살롱 드 떼Salon de thé다. 포트넘 & 메이슨은 영국 왕실 인증서를 보유하여 영국 왕실에 공급할 정도로 높은 품질의 티를 선보인다. 이곳은 애프터눈 티를 즐기기 좋은 곳으로 현지인은 물론 전 세계 여행자들의 사랑을 받고 있다. 추천 메뉴는 레몬 커드와 라즈베리, 딸기 등이 들어간 상큼한 스콘과 핑거 샌드위치, 티가 제공되는 '포트넘스 애프터눈 티'다.

How to go 지하철 서클Circle 라인 그린 파크Green Park 역에서 도보 4분 **Add** Fortnum & Mason, 181 Piccadilly, London **Open** 월~토요일 12:00~19:00, 일요일 12:00~18:00 **Fare** 애프터눈 티 £44~ **Tel** 020 7734 8040 **Web** www.fortnumandmason.com **Map** P.380-F

직장인의 일상을 위한 카페
모리스 카페 Morris's Cafe

친절한 직원들의 서비스와 합리적인 가격의 아침 식사를 즐길 수 있는 카페. 건강한 로컬 재료를 사용하고, 양이 푸짐해 더욱 인기가 좋다. 양복점과 갤러리, 오피스가 밀집된 메이페어 지역의 직장인 사이에서 맛있는 이탈리안 가정식 샌드위치와 다양한 샐러드, 요일마다 바뀌는 다양한 종류의 파스타 또는 라자냐, 홈메이드 케이크를 즐길 수 있는 장소로 유명하다. 비건과 글루텐프리 음식도 별도로 준비되어 있다.

How to go 지하철 베이커루Bakerloo·피커딜리 Piccadilly 라인에서 도보 8분 **Add** 15B Clifford Street, London **Open** 월~금요일 06:30~16:00, 토요일 07:30~17:00 **Day Off** 일요일 **Tel** 020 7734 6930 **Fare** 파스타·라자냐·샌드위치 £7.50~ **Map** P.380-F

메이페어의 쇼핑

영국 왕실 납품 가죽 브랜드
스마이슨 Smythson

오랫동안 봐도 질리지 않는 컬러와 깔끔한 모양새로 130년이라는 시간 동안 사랑받아 온 고급문구 및 가죽제품 브랜드. 필기도구부터 어젠다에 이르기까지 작은 문구용품 하나에도 클래식과 럭셔리가 묻어난다. 오드리 헵번Auderey Hepburn, 그레이스 켈리Grace Kelly와 같은 유명 영화배우는 물론 심리학자 프로이트 Sigmund Freud 등 지성인들까지 애용한 브랜드다. 1964년부터 영국 왕실에 납품하고 있다.

How to go 지하철 센트럴Central·주빌리Jubilee 라인 본드 스트리트Bond Street 역에서 도보 6분 **Add** 131-132 New Bond Street, London **Open** 월~토요일 10:00~19:00, 일요일 12:00~18:00 **Tel** 020 3535 8009 **Web** www.smythson.com **Map** P.380-B

분홍색 패키징이 사랑스러운 초콜릿
샤보넬 워커 Charbonnel et Walker

1875년 에드워드 7세 왕의 추천으로 파리에서 일하던 샤보넬Charbonnel이 영국의 워커Walker와 의기투합해 만든 브랜드로 본드 스트리트의 로열 아케이드에 매장이 있다. 이곳의 초콜릿은 2주에 한 번씩 영국 왕실에 납품된다고 한다. 분홍색의 예쁜 패키징과 그 안에 들어있는 부드러운 초콜릿은 전통적인 레시피를 유지하고 있다. 입 안에 넣는 순간 부드러움이 가득 퍼지는 트러플 초콜릿은 특히 겨울철에 인기 있고, 달콤함과 짭짤함이 어우러진 밀크 시 솔트 캐러멜 트러플 초콜릿은 샤보넬 워커의 베스트셀러이다.

How to go 지하철 센트럴Central·주빌리Jubilee 라인 본드 스트리트Bond Street 역에서 도보 11분 **Add** The Royal Arcade 28 Old Bond Street, London **Open** 월~토요일 10:00~18:30 일요일 12:00~17:00 **Tel** 020 7318 2075 **Web** www.charbonnel.co.uk **Map** P.380-F

보석을 알아보는 놀라운 안목의 콘셉트 스토어
브라운즈 Browns

1970년 런던에 첫 매장을 오픈한 이래 사우스 몰튼 스트리트에만 네 개의 지점을 운영 중이다. 캘빈 클라인 Calvin Klein을 영국에 처음 상륙시켰으며, 세계 유명 브랜드들의 팝업 스토어나 론칭에 앞장서면서 세계의 트렌드를 빠르게 영국으로 가져오는 중요한 역할을 해왔다. 간혹 특정 아이템이 소량으로 입고되는 날이면 패셔니스타들의 긴 행렬이 이어지기도 한다.

How to go 지하철 센트럴Central·주빌리Jubilee 라인 본드 스트리트Bond Street 역에서 도보 1분
Add 39 Brook Street, London **Open** 월~수요일 11:00~20:00, 목~금요일 11:00~21:00, 토요일 11:00~20:00, 일요일 13:00~19:00 **Tel** 020 7514 0016 **Web** www.brownsfashion.com **Map** P.380-B

위트 있는 클래식 패션 브랜드를 합리적인 가격으로
폴 스미스 아웃렛 Paul Smith Outlet

폴 스미스는 영국 패션에 기여한 공로로 기사 작위를 받은 세계적인 디자이너다. 세련된 캐주얼로 일상에서도 편하게 입을 수 있는 수트나 셔츠 등을 선보이면서 오랜 시간 세계적인 인기를 누려왔다. 시즌이 지난 재고상품을 최대 80%까지 할인하여 판매하는 폴 스미스 아웃렛은 런던 시내 중심에 자리해, 런더너는 물론이고 여행자들도 많이 찾는 인기 쇼핑 스폿이다. 보물찾기 하듯 운 좋게 자신에게 맞는 사이즈의 상품을 찾아내는 재미와 값비싼 명품을 저렴한 가격에 구매하는 기쁨을 누려보자.

How to go 지하철 센트럴Central·주빌리Jubilee 라인 본드 스트리트Bond Street 역에서 도보 3분
Add 23 Avery Row, London
Open 월~토요일 11:00~18:00, 일요일 12:00~18:00
Tel 020 7493 1287 **Web** www.paulsmith.com
Map P.380-B

AREA 4
댄디와 펑크를 동시에 만나다

메릴본-피츠로비아 & 캠든 타운-프림로즈 힐
Marylebone-Fitzrovia & Camden Town-Primrose Hill

다양한 문화가 유입되어 새로운 문화용광로 같은 이 지역은 〈셜록 홈즈〉나 〈뱅크 잡〉 등 드라마와 영화의 배경으로 등장했다. 리젠트 파크를 끼고 주변으로는 동물원이나 운하, 오픈 극장, 영국 왕립 음악원 등 런던의 문화시설이 모여 있다. 메릴본 하이 스트리트Marylebone High Street를 중심으로 시크한 디자인 숍과 유기농 식료품점이 자리하고 있어 여유롭게 쇼핑을 즐기려는 사람들의 발걸음이 끊이지 않는다. 메릴본 옆 동네인 피츠로비아는 18~19세기에 지어진 비교적 사치스러운 건물들이 늘어서 있다. 갤러리, 빈티지 스타일의 펍과 카페들을 비롯해 방송국이나 미디어 회사들이 밀집한 지역이다. 캠든 타운은 세계 각국의 푸드 마켓과 빈티지한 상점들이 많아 색다른 즐거움을 준다.

여행 포인트
관광 ★★★
쇼핑 ★★★★
미식 ★★★

메릴본 찾아가기

가까운 지하철역

- 베이커 스트리트Baker Street 지하철역
  (베이커루Bakerloo·서클Circle·해머스미스 & 시티Hammersmith & City·주빌리Jubliee·메트로폴리탄Metropolitan 라인)
- 리젠트 파크Regent's Park 지하철역
  (베이커루Bakerloo 라인)
- 캠든 타운-초크 팜Camden Town-Chalk Farm 지하철역
  (노던Northern 라인)
- 구즈 스트리트Goodge street 지하철역
  (노던Northern 라인)

어떻게 다닐까

메릴본과 피츠로비아는 미디어 산업에 종사하는 사람들이 많아 트렌디한 카페나 바, 레스토랑 등이 밀집해 있으니, 쇼핑을 한 후 느긋하게 식사를 즐겨보자. 단, 옷차림에는 조금 신경쓰는 것이 좋을 듯.

캠든 타운은 세계 여러 국가의 푸드 마켓과 빈티지한 상점들이 자리해 색다른 즐거움을 준다. 리틀 베니스라 불리는 운하를 따라 거니는 것도 즐거운 일이다. 캠든 타운을 둘러보고, '런던의 비버리 힐즈'라 불리는 프림로즈 힐의 언덕에 올라 런던 시내를 내려다보며 하루를 마무리하자. 프림로즈 힐은 고급저택이 늘어선 부촌으로 평화로운 분위기 속에서 산책을 즐기기 좋다.

일일 추천 코스

예상 소요시간 1.5일

1일차

마담 투소 밀랍 인형관 — 도보 4분 — 셜록 홈즈 박물관 — 도보 8분 — 메릴본 하이 스트리트 — 도보 9분 — 리젠트 파크 — 도보 22분 — 아베이 로드

2일차

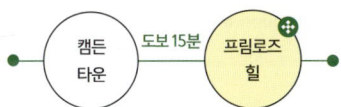

캠든 타운 — 도보 15분 — 프림로즈 힐

메릴본-피츠로비아 & 캠든 타운-프림로즈 힐의 관광 명소

유명 인사들의 밀랍 인형관
마담 투소 밀랍 인형관 Madame Tussaud's Planetarium ★★★

입장하려는 사람들로 긴 행렬을 이루는 런던의 대표 관광 명소 마담 투소 밀랍 인형관. 조각가 마리 투소 Marie Tussauds에 의해 설립된 이곳은 역사적 인물이나 세계 유명 인사의 모습을 실물 크기로 제작한 밀랍 인형을 전시하고 있다. 뉴욕, 상하이, 암스테르담 등 전 세계 20여 곳에 마담 투소 밀랍 인형관이 있을 정도로 인기 있는 전시관이다.

각계각층의 다양한 셀러브리티들의 밀랍 인형이 전시되어 있어, 좋아하는 유명 인사를 찾아 기념사진을 남기는 재미가 쏠쏠하다. 전시관 내에서 가장 인기 있는 곳은 공포의 방Chamber of Horror인데, 역사 속 유명한 살인마나 악인, 시체의 밀랍 인형을 전시한 곳이다. 프랑스 혁명 때 희생당한 철학자 장 폴 마라, 로베스 피에르, 루이 16세 왕, 마리 앙투아네트의 데스 마스크 등도 만날 수 있다.

건물 외관은 눈에 띄는 코발트색 돔이며, 플라네타리움은 제2차 세계대전 직전에 독일에서 구입한 영상장비들이 설치된 곳으로, 밤하늘의 별을 보여주거나 레이저 쇼 등을 상영하는 목적으로 쓰였다고 한다. 2010년부터는 마블 만화 히어로들을 4D 영상으로 보여주는 상영관으로 운영 하고 있다. 현장에서 티켓을 구입하려면 오래 대기해야 하므로 홈페이지에서 예약해 둘 것을 권한다.

How to go 지하철 베이커루Bakerloo·서클Circle·해머스미스 & 시티Hammersmith & City·주빌리Jubliee·메트로폴리탄Metropolitan 라인 베이커 스트리트Baker Street 역에서 도보 1분 **Add** Madame Tussauds, Marylebone Road, London **Open** 09:30~17:30, 12월 24일 09:30~14:30 * 날짜마다 상이 **Day Off** 2월 25일 **Fare** 스탠더드 £37(홈페이지 예약 시 £33.50), 패밀리 £35~(홈페이지 예약 £27), 만 3세 이하 무료 **Tel** 087 1894 3000 **Web** www.madametussauds.com/London **Map** P.381-A

셜록 홈즈 팬이라면 절대 놓쳐서는 안 되는 곳
셜록 홈즈 박물관
The Sherlock Holmes Museum ★★

한국에도 많은 팬을 보유하고 있는 영국 드라마 〈셜록〉과 원작소설 《셜록 홈즈 시리즈》로 수많은 팬들이 찾는 곳이다. 주인공 셜록 홈즈와 조수 존 왓슨이 1881년부터 1904년까지 살던 하숙집을 아담한 박물관으로 개조했으며 '특별한 건축미가 돋보이고 역사적으로도 흥미로운Special Architectural and Historical Interest' 건물로 지정되어 영국 정부에서 관리하고 있다. 1930년대부터 일반 대중에게 공개되면서 셜록 홈즈에게 편지를 보내는 팬들이 많아졌는데, 우체국에서 실수로 편지들을 옆 건물 은행으로 전달하는 일이 자주 발생해 박물관과 은행의 분쟁이 지속되었다고 한다. 소설 속 모습을 그대로 재현한 듯, 박물관 내부는 소설 속 소품들을 중심으로 디테일하게 꾸며져 있어 드라마나 소설을 통해 미리 내용을 알고 가면 더욱 흥미롭게 관람할 수 있다. 박물관 내부 관람을 마치고, 1층에 있는 기념품 숍에 들러 명탐정 셜록 홈즈의 발자취를 기억할 수 있는 기념품을 구입하는 것도 잊지 말자.

How to go 지하철 베이커루Bakerloo · 서클Circle · 해머스미스 & 시티Hammersmith & City · 주빌리Jubliee · 메트로폴리탄Metropolitan 라인 베이커 스트리트Baker Street 역에서 도보 3분 **Add** The Sherlock Holmes Museum, 221B Baker Street, London **Open** 09:30~18:00, 1월 1일 09:30~18:00 **Day Off** 12월 25일 **Fare** 성인 £16, 학생 £14, 만 16세 이하 £11 **Tel** 020 7224 3688 **Web** www.sherlock-holmes.co.uk **Map** P.381-A

유럽의 우아한 장식미술과 만나다
월리스 컬렉션 Wallace Collection ★★

하트 포드 후작 가문이 수집해온 회화, 조각, 공예 컬렉션을 상속받은 리차드 월리스의 부인이 1897년 영국에 기증하면서 1900년부터 일반 대중에 공개되었다. 이후 근세 유럽 장식미술과 가구를 비롯해 프라고나르 Fragonard, 부셰Boucher와 같은 프랑스 로코코 시대의 회화, 가구, 초상화 등 약 5,500여 점(600여 점의 회화, 500여 점의 가구 포함)을 전시하고 있다. 특히 플랑드르와 네덜란드 화파의 그림 173점과 이탈리아와 스페인 화파의 대표작가들의 작품이 볼만하다. 관람을 마치고 1층에 마련된 티 룸에서 점심 식사나 애프터눈 티(15:00~16:30)를 즐길 수 있다.

How to go 지하철 베이커루Bakerloo · 서클Circle · 해머스미스 & 시티Hammersmith & City · 주빌리Jubliee · 메트로폴리탄Metropolitan 라인 베이커 스트리트Baker Street 역에서 도보 8분
Add Hertford House, Manchester square, London **Open** 10:00~17:00
Day Off 12월 24~26일 **Tel** 020 7563 9500 **Web** www.wallacecollection.org **Map** P.381-D

유행을 선도하는 트렌드세터들의 천국
메릴본 하이 스트리트
Marylebone High Street ★

영국 부유층이 즐겨 찾는 쇼핑과 여가의 거리로 가진 자의 여유와 잘난 척하지 않는 영국스러운 멋을 느낄 수 있다.
1738년 메릴본 하이 스트리트 동쪽에 메릴본 가든이 문을 열면서 이 지역은 스타일리시한 콘서트 거리로 급부상했으며, 프리드리히 헨델Friedrich Händel 등 당대 인기 작곡가들이 거주하면서 인기가 높아졌다. 당시 메릴본 가든으로 통하는 입구에 있던 로즈 터번Rose Turban 이라는 펍은 음악인들의 아지트이자 콘서트 공연장이었으며, 2009년 9월까지는 BBC방송국의 건물로 이용되었다. 20세기 초반, 붉은 벽돌의 건물들로 거리를 예쁘게 재구성했으며, 지금은 팝 가수 마돈나와 영화배우 케이트 윈슬렛, 케이트 블란쳇 등 유명 셀러브리티들이 즐겨 찾는 지역이 되었다. 멋진 런던 부유층의 삶을 느껴보고 싶다면 메릴본 하이 스트리트를 찾아가보자.

How to go 지하철 베이커루Bakerloo · 서클Circle · 해머스미스 & 시티Hammersmith & City · 주빌리Jubliee · 메트로폴리탄Metropolitan 라인 베이커 스트리트Baker Street 역에서 도보 8분 **Map** P.381-A

영국 근대예술사의 배경을 보여주는 문화의 거리
샬럿 스트리트 Charlotte Street ★

제2차 세계대전 전까지 런던의 지식인과 학생들, 웨스트엔드의 작가와 예술가들이 사랑한 거리였으며, 지금도 런던에서 가장 활기찬 젊음의 거리다. 양옆으로 광고홍보사 및 대학 캠퍼스, 여행사 등이 몰려있어 대학생이나 직장인들이 즐겨 찾는 먹자골목으로 유명하다. 남부 유럽을 비롯한 여러 나라의 음식점이 있으며, 음식 가격도 합리적이라 여행자들도 가볼 만한 카페다. 샬럿 스트리트에서 가장 유명한 곳은 16번지에 자리한 피츠로이 터번 Fitzroy Tavern. 1883년 커피 하우스로 시작했는데 당대 유명작가나 예술가들도 자주 찾았다고 한다.

How to go 지하철 노던 Northern 라인 구즈 스트리트 Goodge Street 역에서 도보 3분 **Map** P.381-C, F

비틀즈 마니아들의 성지
아베이 로드 Abbey Road ★

런던 중심가에서 북서쪽 방향에 위치한 이 거리는 비틀즈의 열한 번째 앨범명이자 횡단보도를 건너는 비틀즈의 모습이 담긴 앨범 표지사진으로 유명한 곳이다. 그래서 비틀즈처럼 횡단보도를 건너며 사진을 찍는 여행자들로 항상 붐비며, 그로 인해 교통체증이 심각한 편이다. 2012년 런던올림픽 때조차 근처에서 열린 양궁 경기를 관람한 사람보다 이 거리에서 사진을 찍기 위해 아베이 로드를 찾은 사람이 더 많았다고 할 정도다. 이 비틀즈 앨범 역시 이 거리에 위치한 EMI 아베이 로드 스튜디오에서 제작되었으며, 비틀즈가 마지막으로 녹음한 앨범임을 기념하고자 팬들이 몰려온다.

How to go 지하철 주빌리 Jubliee 라인 세인트 존스 우드 St. John's Wood 역에서 도보 5분 **Map** P.381-A

아름다운 장미로 가득한 런더너들의 휴식공간
리젠트 파크 Regent's Park ★★★

런던을 대표하는 공원 중 가장 북쪽에 위치하며, 공원 내에는 런던 동물원이 있다. 다양한 야외활동을 즐길 수 있는 곳으로 유명하다. 1811년 건축가 존 내시에 의해 설계된 곳으로 지금까지도 도시설계 및 디자인에 있어서 우수한 사례로 손꼽힌다. 봄이 되면 400여 종 12,000송이가 넘는 장미가 만발하여 '꽃의 정원'이라 불린다. 여름에는 공원 내 오픈 시어터Open Theatre에서 열리는 연극공연을 관람할 수 있다.

How to go 지하철 베이커루Bakerloo 라인 리젠트 파크Regent's Park 역에서 도보 2분 Add The Regent's Park, Chester Road, London Tel 030 0061 2300 Open 05:00~21:30 Map P.381-A, B

동물들과 함께 보내는 평온한 하루
런던 동물원 London Zoo ★

14만㎡에 달하는 광활한 초지에 자리한 동물원으로 오스트리아 빈의 쇤부른 동물원에 이어 세계에서 두 번째로 오래된 동물원이라는 타이틀을 갖고 있다. 440여 종, 약 8,000마리에 가까운 동물들이 있다. 1930년대에는 재정문제로 폐쇄 위기에 처했으나, 많은 사람들의 기부로 오늘날에 이르고 있다. 영화 〈해리 포터 시리즈〉에 나오는 양서류관이 인기 있다.

How to go 지하철 노던Northern 라인 초크 팜Chalk Farm 역에서 도보 16분 Add The Regent's Park, London Open 10:00~16:00 Fare 성인 £26.50, 3~15세 £17.25, 만 65세 이상 £23.85, 만 3세 미만 무료(홈페이지 예약 시 10% 할인) Web www.zsl.org/zsl-london-zoo Map P.381-A

런던 히피들의 천국

캠든 마켓 Camden Market ★★

런던 4대 마켓 중 하나. 18세기 거주지역으로 시작해, 산업혁명 이후 런던 북쪽으로 연결되는 기차노선이 만나는 곳으로 영국 교통계획에 있어 중요한 지역으로 성장해 왔다. 현재 영국의 펑크 및 얼터너티브 문화의 중심지로, 많은 인디밴드가 활동하는 클럽들과 다채로운 행위예술을 상연하는 극장들이 있다. 건물 역시 개성 있는 모습으로 영국 문화의 다양성을 그대로 표출하고 있는 듯하다.

캠든 마켓은 1974년부터 독창적인 문화와 개성을 가진 상권으로 발전하면서 패션과 공예품 등 특색 있는 스타일이 돋보이는 시장으로 성장하고 있다. 최근에는 세계 각국의 음식을 판매하는 곳도 늘어나 보는 즐거움에 먹는 즐거움까지 있다. 캠든 록Camden Lock, 벅 스트리트Buck Street, 인버네스 스트리트Inverness Street, 스테이블스 마켓The Stables Market 등 개성 있는 시장이 한데 모여 있어, 다 둘러보는 데 상당히 많은 시간이 걸린다. 주중에도 일부 상점이 문을 열지만, 주말이 되어야 대부분의 상점이 문을 열어 가장 캠든 마켓다운 모습을 만끽할 수 있다. 참고로 많은 인파로 소매치기나 여러 사고가 일어날 수 있으므로 주위를 살피며 유의할 필요가 있다.

How to go 지하철 노던Northern 라인 캠든 타운Camden Town 역에서 도보 1분 **Add** Camden Lock Place, London **Open** 월~토요일 10:00~22:30, 일요일 10:00~19:00 **Map** P.381-B

여유로운 운하변을 산책하는 즐거움
리젠트 운하 Regent's Canal ★

리젠트 파크의 북쪽을 끼고 도는 아름다운 운하로 서쪽의 패딩턴부터 동쪽의 템스강까지 연결되며 그 길이가 13.8km에 달한다. 리젠트 왕자가 존 내시에게 명해 런던 북부 도시계획의 일환으로 만든 운하이며, 특히 리젠트 파크를 끼고 도는 구간이 아름다워 서쪽의 리틀 베니스 구역과 더불어 사람들이 가장 많이 몰린다.
운하를 지나는 수상버스도 이 구간을 중심으로 운행되며, 리틀 베니스에는 예쁜 카페들과 극장들이 몰려 있다. 런더너들의 별장인 수상가옥들이 곳곳에 있어 운하에 멋을 더한다. 특히 날씨가 좋으면 이탈리아 베니스 못지않은 아름다운 풍경을 만날 수 있다.

How to go 지하철 베이커루Bakerloo·서클Circle·디스트릭트District·해머스미스 & 시티Hammersmith & City 라인 패딩턴Paddington 역에서 도보 3분, 리젠트 파크 북쪽의 운하와 인접한 노던Northern 라인 캠든 타운Camden Town 역에서 도보 3분 **Map** P.381-A, B

런던의 비벌리 힐즈로 불리는 산책 코스
프림로즈 힐 Primrose Hill ★★

해발 65m에 위치한 프림로즈 힐 꼭대기에 오르면 런던 동서쪽 지역이 파노라마처럼 눈앞에 펼쳐진다. 리젠트 파크와 더불어 헨리 8세 왕이 사냥터로 이용하기도 했으며, 한때 이튼 칼리지에서 매입해 가난한 사람들을 위해 이곳을 내어주기도 했다. 프림로즈 힐을 설명하는 파란색 현판에는 인근에 거주했던 유명 인사의 이름이 기록되어 있다. 또한 이곳의 아름다운 풍경은 영화 속 배경으로 종종 등장하곤 한다.
저녁 무렵, 일몰 전의 풍광이 특히 아름다우니 런던의 스카이라인과 어우러진 석양을 보고 싶다면 이곳으로 발걸음을 옮겨보자.

How to go 지하철 노던Northern 라인 초크 팜Chalk Farm 역에서 도보 4분 **Map** P.381-B

메릴본-피츠로비아 & 캠든 타운-프림로즈 힐의 레스토랑

심플함이 주는 단정함
포틀랜드 Portland

벨기에 시골의 미슐랭 1스타 레스토랑 '인 드 울프In de Wulf'에서 활약했던 셰프, 멀린 라브롱 존슨Merlin Labron Johnson이 2015년 1월에 오픈해 같은 해 9월 미슐랭 1스타를 거머쥐면서 세간의 이목을 집중시킨 곳이다. 매일 전국에서 직송되는 양질의 제철 재료가 뛰어난 요리 스킬과 세심하고 캐주얼한 플레이팅을 거쳐 예술적인 음식으로 태어나는 곳이다. 군더더기 없이 깔끔한 인테리어도 인상적이다. 블랙 트러플이나 훈제 대구 등의 고급재료를 사용한 요리가 돋보이며, 대부분의 요리들이 한국 여행자의 입에도 잘 맞는 편이다.

How to go 지하철 서클Circle·해머스미스 & 시티Hammersmith & City·메트로폴리탄Metropolitan 라인 그레이트 포틀랜드 스트리트Great Portland Street 역에서 도보 7분
Add 113 Great Portland Street, London
Open 화~토요일 12:00~14:15, 17:30~21:45
Day Off 일·월요일
Fare 3코스 £49, 저녁 식사 £80
Tel 020 7436 3261
Web portlandrestaurant.co.uk
Map P.381-E

나폴리 피자의 매력을 만날 수 있는 곳
산타 마리아 피자 Santa Maria Pizza 👍

2010년 런던 세인트 메리 로드에서 시작한 나폴리 스타일의 피자집으로 최근에 오픈한 첼시 지점을 포함해 런던에만 세 개의 지점이 있다. 모차렐라 치즈와 바질, 이탈리아 캄파냐 지방의 장인이 만든 토마토 소스를 넣은 담백한 마르게리타Margherita, 버섯과 트러플 오일, 파마산과 모차렐라 치즈가 들어간 산 마티아San Mattia, 체리와 토마토, 파르마 햄, 고기와 모차렐라 치즈가 들어간 산 다니엘San Daniele이 인기 메뉴다. 일간지 선데이 타임지가 뽑은 '영국 베스트 레스토랑 100'에 선정되기도 한 실력 있는 맛집이다.

How to go 지하철 노던Northern 라인 구즈 스트리트Goodge Street 역에서 도보 6분
Add 15 New Cavendish Street, London
Open 일~목요일 12:00~22:30, 금~토요일 12:00~23:00
Fare 피자 £7.50~ **Tel** 020 7436 9963
Web www.santamariapizzeria.com **Map** P.381-B

알란 야오가 성공시킨 캐주얼 태국 레스토랑
부사바 Busaba St.Christopher's Place

모던한 인테리어에 합리적인 가격대의 태국 음식을 선보이는 캐주얼 레스토랑. '부사바'는 태국어로 '꽃'을 의미한다. 새우와 땅콩, 방울토마토와 그린 파파야에 매콤한 소스를 곁들인 솜땀 샐러드, 새우와 오징어, 두부와 달걀 등이 들어간 클래식 팟타이, 코코넛 밀크와 칠리 소스가 어우러진 그린 치킨 커리는 런더너들은 물론이고 아시안 여행자들의 입맛도 사로잡았다. 안으로 들어서면 사각형 모양의 커다란 테이블로 자리를 안내받는데, 다른 사람과 합석하게 되는 경우도 있으나 크게 어색하지 않은 분위기다. 식사 전 칵테일 한 잔으로 분위기를 즐겨보는 것도 좋다.

How to go 지하철 센트럴Central·주빌리Jubilee 라인 본드 스트리트Bond Street 역에서 도보 2분 **Add** 8-13 Bird Street, Marylebone, London **Open** 매일 11:30~23:00 **Day Off** 12월 25일 **Fare** £20~ **Tel** 020 7518 8080 **Web** www.busaba.com **Map** P.381-D

초대형 20인치 피자가 트레이드 마크
홈슬라이스 피자 Homeslice Pizza

2011년에 오픈한 피자집으로 '초대형 20인치 피자' 콘셉트로 인기를 얻으며 6호점까지 오픈했다. 네 명이 먹기에도 충분할 듯한 초대형 피자는 두 종류의 피자를 한 판으로 주문할 수 있는 것이 특징이다. 특히 마르게리타 피자가 인기 있다. 이 외에 바비큐 쇠고기 셀러리, 당근 등이 들어간 피자, 김치 피자도 있다.

How to go 지하철 노던Northern 라인 구즈 스트리트 Goodge Street 역에서 도보 7분
Add 52 Wells Street, London
Open 매일 11:30~23:00
Fare £20~ **Tel** 020 3151 9373
Web www.homeslicepizza.co.uk
Map P.381-E

슬로우-패스트푸드를 표방하는 건강한 피자
프랑코 망카 Franco Manca

1983년 브릭스톤 마켓에서 홀로 가게를 시작했던 사업가 프랑코Franco가 2008년에 오픈한 피자 가게. 도우는 볼로냐산 밀가루로 만든 반죽을 20시간 발효시킨 뒤 450˚C의 오븐에서 구워낸다. 재료는 이탈리아와 영국 각지에서 배달되는데, 특히 이베리코 하몽은 스페인의 리오하Rioja 지역에서, 치즈는 이탈리아 남부 알비노 스칼지티Albino Scalzitti 지역의 농장에서 수입해 사용한다. 토마토와 모차렐라, 바질이 들어간 마르게리타 피자를 비롯해 채식주의자(비건) 스페셜 피자에 이르기까지 일곱 종류의 피자와 두 종류의 샐러드 중 어느 것을 선택해도 후회가 없다.

How to go 지하철 노던Northern 라인 구즈 스트리트 Goodge Street 역에서 도보 3분
Add 98 Tottenham Court Road, London   Open 토~수요일 12:00~22:00, 목~금요일 12:00~23:00
Fare £5~ Tel 020 7580 1725 Web www.francomanca.co.uk Map P.381-C

톱클래스 포르투갈 타파스
리스보에타 Lisboeta 👍

광고, 미디어업계 종사자들의 활기찬 거리, 샤를로트 스트리트에 위치한 포르투갈 음식점이다. '리스본에서 온 사람'이라는 가게 이름에서 알 수 있듯, 누노 멘데스 셰프가 리스본의 다양한 음식을 선보인다. 포르투갈 전통 음식을 현대적으로 해석한 타파스(포르투갈어로 Petiscos)나 2인 셰어가 가능한 타코, 가성비 좋은 포르투갈 와인을 함께 즐기기에 좋은 곳이다. 드라이에이징한 채끝 스테이크와 시푸드 라이스, 새우가 나오는 타코 메뉴를 추천한다.

How to go 지하철 노던Nothern 라인 구즈 스트리트 Goodge Street 역에서 도보 3분
Add 30 Charlotte Street, London
Open 월요일 17:30~23:00, 화~토요일 12:00~14:00, 17:30~23:30 Day Off 일요일
Fare 타파스 £12~, 타코 £32 Tel 020 3830 9888 Web lisboeta.co.uk Map P.381-F

채광이 좋은 프렌치 스타일 레스토랑
월리스 컬렉션 레스토랑 The Wallace Collection Restaurant

프랑스식 브라스리 & 카페 형태로 운영되는 곳으로 채광이 훌륭해서 날씨가 좋을 때 특히 예약이 몰린다. 올리브와 크림을 넣은 민트 가스파초, 회향을 곁들은 송어, 구운 야채와 완두콩 무스를 넣은 구운 야채 등을 넣은 치킨 슈프림 등을 추천한다. 11시 45분 이전에 간다면 아보카도 토스트나 그릭 요거트와 메이플 시럽 등으로 아침 식사를 해결할 수 있고, 월리스 컬렉션 관람을 마치고 잠시 쉬어 갈 겸 점심 식사를 즐겨도 좋다.

How to go 지하철 베이커루Bakerloo·서클Circle·해머스미스 & 시티Hammersmith & City·주빌리Jubliee·메트로폴리탄Metropolitan 라인 베이커 스트리트Baker Street 역에서 도보 8분
Add Hertford House, Manchester Square, London
Open 매일 10:00~17:00
Fare 2코스 £26, 3코스 £29 **Tel** 020 7563 9505
Web www.heritageportfolio.co.uk/cafes/our-cafes/the-wallace-restaurant **Map** P.381-D

코리안 바비큐 버거가 인기 메뉴
치킨숍 Chicken Shop

모던한 스타일의 깔끔한 인테리어가 시선을 끈다. 치킨과 버거가 메인 메뉴로 반으로 가른 수제 번에 바삭한 치킨과 자체적으로 개발한 소스를 넣어 내놓는 치킨 버거는 생맥주와 잘 어울린다. 마스터 셰프 수상자인 애시 마이어Ash Mair가 메뉴 개발에 참여해서 주목을 받았다. 김치를 베이스로 한 매콤한 소스나 바비큐 마요네즈 소스를 곁들인 감자튀김도 인기가 있다.

How to go 지하철 베이커루Bakerloo·서클Circle·해머스미스 & 시티Hammersmith & City·주빌리Jubilee·메트로폴리탄Metropolitan 라인 베이커 스트리트Baker Street 역에서 도보 2분 **Add** 134 Baker Street, London **Open** 매일 11:00~23:00
Fare 메인 메뉴 £5.95~ **Tel** 020 7935 6648
Web chikn.com **Map** P.381-A

멋진 젊은이들이 모여드는 로컬 핫 플레이스
칠턴 파이어하우스 Chiltern Firehouse

옛 소방서 건물을 호텔과 레스토랑으로 개조한 곳이다. 영국의 유력 일간지인 텔레그래프, 파이낸셜 타임지 등에서 이곳의 스타일리시한 분위기와 맛있는 음식을 두고 호평을 하기도 했다. 미슐랭 3스타 엘 불리ElBulli에서 활약한 누노 멘데스Nuno Mendes를 영입하여 제철 재료를 기반으로 한 건강한 음식을 선보인다. 45일 간 숙성한 송아지 고기나 레몬을 곁들인 레몬 콩피 요리, 그릴에 구운 생선 등 다양한 요리를 즐길 수 있다.

How to go 지하철 베이커루Bakerloo·서클Circle·해머스미스 & 시티Hammersmith & City·주빌리Jubilee·메트로폴리탄Metropolitan 라인 베이커 스트리트Baker Street 역에서 도보 7분 **Add** 1 Chiltern Street, London **Open** 월~금요일 12:00~15:00, 17:30~22:30, 토~일요일 18:00~22:30, 브런치 토~일요일 11:00~15:00 **Fare** 메인 £16~, 피자 £19~ **Tel** 020 7073 7676 **Web** www.chilternfirehouse.com **Map** P.381-D

고든 램지와 같은 유명 인사들이 즐겨 찾는 맛집
피셔 Fischer's

1920년대의 클래식한 오스트리아 빈의 카페 같은 고풍스러운 분위기로 고든 램지를 비롯한 유명 인사들이 드나드는 곳이다. 반짝이는 타일과 초상화는 이색적인 느낌을 준다. 아침 식사는 영국식과 빈(비엔나)식으로 즐길 수 있으며, '빈'하면 떠오르는 비엔나 커피 Wiener Kaffee도 맛볼 수 있다. 그 외에 오스트리아, 독일, 프랑스, 헝가리 음식도 준비되어 있다.

How to go 지하철 베이커루Bakerloo·서클Circle·해머스미스 & 시티Hammersmith & City·주빌리Jubilee·메트로폴리탄Metropolitan 라인 베이커 스트리트Baker Street 역에서 도보 7분 **Add** 50 Marylebone High Street, London **Open** 월~금요일 07:30~21:30, 토~일요일 09:00~22:00 브런치 메뉴 토~일요일 11:30~17:00 **Fare** £30~ **Tel** 020 7466 5501 **Web** www.fischers.co.uk **Map** P.381-A

육즙이 살아 있는 수제 버거와 치킨
패티 & 번 Patty & Bun

얼핏 보면 단순한 수제 버거지만, 피츠로비아에서 근무하는 직장인들의 열렬한 사랑을 받고 있다. 쇠고기를 다져 그릴이나 팬에 구워내 육즙이 살아 있는 패티에 풍부한 치즈와 양상추, 토마토, 양파 등이 들어간 아리골드 치즈 버거는 이곳의 베스트 메뉴. 사이드 메뉴로는 매콤한 소스의 순살 치킨과 로즈마리 소금을 뿌린 감자튀김, 달콤한 코울슬로 등이 있다.

How to go 지하철 센트럴Central·주빌리Jubilee 라인 본드 스트리트Bond Street 역에서 도보 3분
Add 54 James Street, London
Open 월~수요일 12:00~22:00, 목~토요일 12:00~22:30, 일요일 12:00~21:30
Fare 아리골드 치즈버거 £8.75 **Tel** 020 7487 3188
Web www.pattyandbun.co.uk **Map** P.381-D

프림로즈 힐과 잘 어울리는 브런치 레스토랑
그린베리 Greenberry

오전에 프림로즈 힐을 산책하고 출출해질 즈음 점심 식사를 즐기기에 좋은 레스토랑. 초록색 차양을 지나 레스토랑 안으로 들어가면 친근한 캐주얼 스타일의 인테리어가 편안한 느낌을 준다. 열정 넘치는 셰프의 제철요리와 아이스크림 관련 레시피 책을 집필한 오너가 선보이는 아이스크림과 셔벗이 인상적이다. 치킨과 아보카도가 들어간 샐러드나 매일 바뀌는 데일리 스페셜 메뉴를 추천한다. 주말에 브런치를 즐기고 싶다면 미리 예약하자.

How to go 지하철 노던Northern 라인 초크 팜Chalk Farm 역에서 도보 4분 **Add** 101 Regent's Park Road, Camden Town, London **Open** 월요일 09:00~15:00, 화~토요일 09:00~22:00, 일요일 09:00~15:00 **Fare** 토스트 £9.75~
Tel 020 7483 3765 **Web** www.greenberrycafe.co.uk **Map** P.381-A

모던 브리티시 키친을 고집한다
세인트 존 St. John 👍

가장 영국적인 스타일로 모든 재료를 요리한다는 철학을 가지고 있는 퍼거스 핸더슨 셰프가 1994년에 처음 문을 열었다. 바비칸에 있는 미슐랭 1스타 레스토랑에 비해 말리번 지점은 좀 더 캐주얼한 분위기로 가볍게 식사하기에 좋다. 소의 내장과 골수 등 특수 부위 요리에 특화된 것으로 유명한데 우리 입맛에 잘 맞지 않을 수 있으니 주문 시 주의가 필요하다. 다양한 와인 리스트가 훌륭하며 메뉴는 그날그날의 식재료 수급에 따라 바뀐다.

How to go 지하철 엘리자베스Elizabeth, 센트럴Central, 주빌리Jubilee 라인 본드 스트리트Bond Street 역에서 도보 6분 **Add** 98 Marylebone, London **Open** 매일 08:00~22:00 **Fare** £ 30~50 **Tel** 020 7251 0848 **Web** stjohnrestaurant.com/a/restaurants/marylebone **Map** P.381-D

맛있는 스시와 커리가 생각날 때 가볼 만한 곳
코코로 Cocoro

2006년에 처음 문을 열었으며 부담없는 가격으로 카레, 우동, 스시, 장어 덮밥 등을 즐길 수 있는 일본 레스토랑. 경험이 풍부한 일식 셰프가 매일 맛있는 음식을 내놓으며 일본에서 직수입한 사케와 매실주를 함께 즐기면 좋다. 추천 메뉴는 사시미 세트와 와규 스테이크 세트이며, 가격은 저렴한 편이나 우동과 라면은 주문을 피하는 것이 좋다.

How to go 지하철 엘리자베스Elizabeth, 센트럴Central, 주빌리Jubilee 라인 본드 스트리트Bond Street 역에서 도보 9분 **Add** 31 Marylebone, London **Open** 월~금요일 12:00~15:30, 18:00~22:30, 토~일요일 12:00~22:30 **Fare** £30~50 **Tel** 0207 935 2931 **Web** cocororestaurant.co.uk **Map** P.381-D

메릴본-피츠로비아 & 캠든 타운-프림로즈 힐의 카페

목재로 디자인한 깔끔한 실내와 맛있는 커피
오모테산도 커피 Omotesando Koffee

'손님이 카페에 들어오는 순간부터 승부는 시작되고, 모든 연출이 시작된다'는 바리스타 구니토모 에이치 Kunitomo Eiichi의 철학이 고스란히 드러나는 카페. 간판 하나 제대로 없는 미니멀한 도쿄 카페의 느낌을 고스란히 옮겨왔다. 섬세하면서 강렬한 스페셜티 커피를 선보여 하이엔드 커피를 사랑하는 런더너들에게 사랑받고 있다. 브라질, 콜롬비아, 우간다, 에티오피아의 싱글 오리진 커피는 물론 말차 라테 등 어떤 메뉴를 주문해도 후회가 없는 곳이다.

How to go 지하철 노던Northern·센트럴Central 라인 토트넘 코트 로드Tottenham Court Road 역에서 도보 4분 **Add** 8 Newman Street, London **Open** 월~금요일 07:30~18:00, 토~일요일 09:00~17:00 **Day Off** 1월 1일, 12월 25~26일 **Fare** £3~ **Web** ooo-koffee.com/london **Map** P.381-F

하이브리드 인생을 살아가는 사람들의 로망
모노클 카페 Monocle Café 👍

비즈니스와 국제정치, 디자인을 다루는 매거진 모노클 Monocle에서 운영한다. 멋쟁이들의 핫플레이스인 모노클의 실내는 나무가 우거져 따스한 느낌을 준다. 식사는 치킨, 돈가스, 샌드위치, 치킨 카레, 샐러드 등 가볍게 즐길 수 있는 메뉴 위주로 구성되어 있다. 커피는 물론 히비키 위스키 하이볼과 같은 일코올 음료나 외인에 게피와 오렌지 등의 과일을 넣어 끓인 뱅쇼도 괜찮다.

How to go 지하철 베이커루Bakerloo·서클Circle·해머스미스 & 시티Hammersmith & City·주빌리Jubilee·메트로폴리탄Metropolitan 라인 베이커 스트리트 Baker Street 역에서 도보 8분 **Add** 18 Chiltern Street, London **Open** 월~금요일 07:00~19:00, 토~일요일 08:00~19:00 **Fare** £2.50~ **Tel** 020 7135 2040 **Web** cafe.monocle.com **Map** P.381-D

유명 디자이너가 설계한 공간에서 즐기는 애프터눈 티
매드 해터스 애프터눈 티 Mad Hatter's Afternoon Tea

샌더슨 호텔 1층 야외 테라스에는 유명 산업 디자이너 필립 스탁Philippe Starck의 손길을 거쳐 탄생한 비밀공간이 있다. 소설《이상한 나라의 앨리스》에서 영감을 얻은 디자인과 스토리텔링은 이곳의 티 타임에 특별함을 더한다. 동화책을 펼치는 느낌을 주는 빈티지한 빨간색 메뉴판 등은 색다른 기분으로 애프터눈 티를 즐길 수 있게 해준다.

How to go 지하철 센트럴Central·메트로폴리탄Metropolitan·빅토리아Victoria 라인 옥스퍼드 서커스Oxford Circus 역에서 도보 6분 **Add** 50 Berners Street, London **Open** 매일 12:00~16:00 **Fare** 애프터눈 티 £48~, 샴페인+애프터눈 티 메뉴 £58 **Tel** 020 7300 1400 **Web** www.morganshotelgroup.com **Map** P.381-F

꾸준한 장인정신을 이어가는 카페
워크숍 커피 Workshop Coffee

1년에 50~60일간 에티오피아, 케냐, 르완다, 엘살바도르, 코스타리카, 브라질 등 전 세계에서 좋은 원두를 생산하는 소규모 농장을 직접 찾아다니고, 그들의 원두를 직수입해 로스팅하는 업체에서 운영하는 카페다. 혼잡한 옥스퍼드 스트리트의 뒷골목에 자리한 세인트 크리스토퍼 플레이스에 입점해 있다. 실내 인테리어는 군더더기 없이 깔끔한 편. 에어로프레스나 V60 드리퍼로 내리는 커피 맛도 훌륭하다.

How to go 지하철 센트럴Central·주빌리Jubilee 라인 본드 스트리트Bond Street 역에서 도보 1분 **Add** 1 Barrette Street, London **Open** 월~금요일 08:30~17:30, 토·일요일 09:30~17:30 **Tel** 020 7251 6501 **Web** workshopcoffee.com **Map** P.381-E

벨기에 감성의 시골식탁
르 팽 쿼티디앵 Le Pain Quotidien

여유로운 시골 분위기 속에서 크고 작은 테이블에 모여 앉아 잼이나 버터를 바른 유기농 빵에 달콤한 핫초코를 즐기는 유기농 베이커리다. 미국, 일본, 스위스 등 전 세계 21개국에 지점을 두고 있다. 연어와 달걀 프라이, 아보카도를 곁들인 가벼운 식사나 달콤한 브라우니와 타르트, 벨기에 핫초코 등의 디저트를 매장에서 즐겨보자.

How to go 지하철 베이커루Bakerloo·서클Circle·해머스미스 & 시티Hammersmith & City·주빌리Jubilee·메트로폴리탄Metropolitan 라인 베이커 스트리트Baker Street 역에서 도보 7분 **Add** 72-75 Marylebone High Street, London **Tel** 020 3657 6949
Open 월~금요일 07:00~20:00, 토요일 08:00~20:00, 일요일 08:00~19:00 **Fare** 간단한 식사와 음료 £15~
Web www.lepainquotidien.com **Map** P.381-A

1900년에 문을 연 전통의 식료품점
폴 로스 앤 손 Paul Rothe & Son

30년 째 흰 가운을 입고 일하고 있는 아버지와 그의 대를 잇는 아들이 운영하는 고급 식료품점이다. 지난 119년 동안 한 가족이 운영해 온 이 상점은 화려하지 않지만 편안한 인테리어가 오히려 눈길을 끈다. 영국식 아침 식사를 즐기거나 훈제 연어 샌드위치로 점심을 먹기에 좋다. 특히 춥고 습한 영국 날씨에 그만인 수프가 있어 더욱 귀한 장소다. 수십여 종에 달하는 과일로 만든 수제 잼은 가족을 위한 선물로 구입하기 좋은 아이템이다.

How to go 지하철 베이커루Bakerloo 라인 리젠트 파크 Regent's park에서 도보 10분
Add 35 Marylebone, London
Open 월~금요일 08:30~16:00, 토요일 11:30~16:00
Day Off 일요일 **Fare** 샌드위치 £3~
Tel 020 7935 6783
Map P.381-D

셀러브리티들의 단골 빵집
프림로즈 베이커리 Primrose Bakery

좋은 제철 재료로 아이들을 위한 케이크를 만들며 사업을 확장한 런던의 컵케이크 전문점. 런던 시내에 세 개의 매장을 운영하고 있다. 당근, 초콜릿, 바닐라, 치즈 케이크 등 매일 다른 맛으로 생산되는 스페셜 컵케이크는 런던 셀러브리티들의 사랑을 받고 있다. 패셔너블한 매장 분위기도 인기 비결 중 하나다.

How to go 지하철 노던Northern 라인 초크 팜Chalk Farm 역에서 도보 8분
Add 69 Gloucester Avenue, London **Open** 매일 09:00~17:00
Fare £5~ **Tel** 020 7483 4222 **Web** www.primrosebakery.co.uk **Map** P.381-A, B

아늑한 분위기의 카페
리틀 원 The Little One

프림로즈 힐 길목에 자리한 아담한 규모의 카페. 머핀이나 크레이프 같은 간단한 간식과 맛있는 커피를 즐길 수 있는 휴식장소로 근처 공원을 드나드는 동네 사람들에게 사랑받고 있다. 3개월에 한 번 새로운 원두를 블렌딩하여 새로운 커피를 선보이는 소규모 로스팅 시스템을 운영한다.

How to go 지하철 노던Northern 라인 초크 팜Chalk Farm 역에서 도보 4분 **Add** 115a Regent's Park Road, London
Open 매일 08:30~17:30 **Fare** £3~ **Tel** 075 1890 8522
Web tlocoffee.co.uk **Map** P.381-B

영국 도너츠 대회에서 우승한 가게
크로스타운 메릴본 Crosstown Marylebone

2014년 리더 레인 노천 시장에서 시작해 지금의 브랜드로 성장한 작지만 알찬 브랜드. 말끔한 화이트 컬러의 실내와 외관 분위기가 신뢰를 주며 핸드 메이드 비건을 전문으로 한다. 스페셜티 커피와 잘 어울리는 도넛을 구입하면서 직접 만든 설탕에 절인 과일, 신선한 잼, 글레이즈 등을 구입하면 좋은 선물이 될 것이다.

How to go 지하철 엘리자베스Elizabeth · 센트럴Central · 주빌리Julilee 라인 본드 스트리트Bond Street 역에서 도보 3분 **Add** 5-6 Picton Place, London
Open 매일 10:00~20:00 **Fare** 도넛 £2.75~
Tel 020 7487 3733 **Web** www.crosstown.co.uk
Map P.381-D

메릴본-피츠로비아 & 캠든 타운-프림로즈 힐의 펍

마티니 파라다이스
코넛 바 Connaught Bar

클래식과 모던, 전통과 발명의 결합으로 표현되는 런던의 럭셔리 호텔 코넛 호텔 내에 자리잡은 바. 탁월함으로 똘똘 뭉친 바 맨트리오인 모라 밀라, 조르지오 바르지아니, 아고스티노 페로네가 늘 최고의 칵테일과 훌륭한 위스키 리스트를 서비스한다. 2021년 월드 50 베스트 바에서 당당히 우승을 차지한 곳이기도 하다. 추천 칵테일은 버번과 피스타치오, 라즈베리 비터 등으로 만든 클로드 나인Claude Nine.

How to go 지하철 주빌리Jubilee, 피커딜리Piccadilly, 빅토리아Victoria 라인 그린 파크 Green Park 역에서 도보 1분 **Add** The Connaught, 16 Carlos Place, London **Open** 월~토요일 16:00~01:00 **Day Off** 일요일 **Tel** 020 7314 3419 **Web** www.the-connaught.co.uk **Map** P.381-D

샤토 마고 패밀리가 운영하는 와인 바
클라레트 Clarette

보르도 5대 샤토 중 하나인 샤토 마고의 가족 중 한 사람, 알렉산드라 프티가 말리번의 블렌포드 거리의 펍을 인수해서 문을 연 와인바. 그녀는 알랭 뒤카스 그룹에서 일했던 경험을 되살려 자신의 파트너인 나츠코 페로마 뒤 마레를 영입해서 운영하는데 주로 프랑스 프리미엄 와인 지역에 포커스를 맞춘 훌륭한 와인 리스트가 메인이다. 한 잔씩 주문 가능한 와인 리스트 또한 훌륭하다. 주인장이 자부하며 강력 추천하는 메뉴는 파빌리온 블랑 드 샤토 마고이다.

How to go 지하철 엘리자베스Elizabeth, 센트럴Central, 주빌리Julilee 라인 본드 스트리트 Bond Street에서 도보 9분 **Add** 54 Blandford Street, London **Open** 화~토요일 12:00~23:00 **Day Off** 일·월요일 **Tel** 020 3019 7750 **Web** www.clarettelondon.com **Map** P.381-D

메릴본-피츠로비아 & 캠든 타운-프림로즈 힐의 쇼핑

세계 최초의 현대식 백화점
셀프리지 백화점 Selfridges

1909년 미국 출신 사업가 해리 고든 셀프리지Harry Gordon Selfridge가 옥스퍼드 스트리트에 오픈한 백화점으로, 파격적인 쇼윈도와 최신 유행을 반영한 패션 아이템은 오늘날 쇼핑 마니아들의 사랑을 받고 있다. 6개의 층, 규모 4ha에 이르는 백화점 내부에는 세계에서 가장 큰 신발 섹션이 있다. "고객은 언제나 옳다"는 창업자 철학이 현재까지 이어지고 있다.

How to go 지하철 센트럴Central·주빌리Jubilee 라인 본드 스트리트Bond Street 역에서 도보 3분
Add 400 Oxford Street, London **Open** 월~토요일 10:00~21:00, 일요일 11:30~18:00
Tel 020 7160 6289 **Web** www.selfridges.com **Map** P.381-D

장인이 만든 가구와 유니크한 수공예품
어나더 컨트리 Another Country 👍

스칸디나비아의 감성에 일본의 섬세한 스타일, 영국의 컨트리 스타일이 조화를 이룬 컨템포러리 가구와 액세서리를 취급하는 가구 부티크다. 다양한 국적의 아홉 디자이너가 각자의 개성을 담은 가구 및 조명, 인테리어 제품, 액세서리 등을 만들어낸다. 감성적인 라이프 스타일에 관심이 있는 사람이라면 한 번쯤 들러보기 좋을 듯하다.

How to go 지하철 베이커루Bakerloo·서클Circle·해머스미스 & 시티 Hammersmith & City·주빌리Jubilee·메트로폴리탄Metropolitan 라인 베이커 스트리트Baker Street 역에서 도보 6분 **Add** 18 Crawford Street, London
Open 월~목요일 10:00~18:00, 금요일 10:00~17:00(토요일은 예약 방문만 가능)
Day Off 일요일 **Tel** 020 7486 3251 **Web** www.anothercountry.com **Map** P.381-D

디자인 명장의 탁월한 선택
콘란 숍 The Conran Shop

영국 런던과 미국 뉴욕의 공항 터미널 및 일본 도쿄 롯폰기 힐즈 프로젝트의 디자인에 참여하는 등, 전 세계의 건축·디자인 분야의 최고 전문가로 손 꼽히는 테란스 콘란Terance Conran의 편집 숍. 세계 주요 도시에서 높은 인기를 구가하고 있다. 콘란 숍의 자체 브랜드를 중심으로 참신한 아이디어 제품, 일상에서 유용한 제품, 디자이너의 감각이 돋보이는 제품 등을 만날 수 있다. 제품 주기가 짧은 디자인 상품의 특성에 맞춰 수시로 변화를 주는 곳으로 전 세계 라이프 스타일의 트렌드를 한눈에 볼 수 있다.

How to go 지하철 베이커루Bakerloo 라인 리젠트 파크Regent's Park 역에서 도보 5분
Add 55 Marylebone High Street, London   **Open** 월~금요일 10:00~18:00, 토요일 10:00~19:00, 일요일 12:00~18:00   **Tel** 020 7723 2223   **Web** www.conranshop.com   **Map** P.381-A

세계에서 가장 아름다운 책방
던트 북스 Daunt Books

1912년 고서적상 프랜시스 에드워드Francis Edwards가 설립한 서점으로, 제임스 던트가 인수해 자신의 이름을 따서 다시 간판을 달았다. 유리창 안으로 내리쬐는 자연광을 받은 쇼윈도 안의 책들은 마치 살아있는 듯한 생동감이 느껴진다. '세계에서 가장 아름다운 서점'이라는 찬사는 단순히 외관만을 보고 평가한 것이 아니라는 생각이 든다. 오래된 목재로 꾸며진 내부에는 여러 분야의 책이 진열되어 있다. 책 외에도 에코백이나 수첩 등 다양한 굿즈도 구입할 수 있다.

How to go 지하철 베이커루Bakerloo·서클Circle·해머스미스 & 시티Hammersmith & City·주빌리Jubilee·메트로폴리탄Metropolitan 라인 베이커 스트리트Baker Street 역에서 도보 7분 **Add** 83~84 Marylebone High Street, London **Open** 월~토요일 09:00~20:00, 일요일 11:00~18:00 **Tel** 020 7224 2295 **Web** www.dauntbooks.co.uk **Map** P.381-A

런던을 대표하는 유기농 고급 식료품점
멜로즈 모건 Melrose Morgan

부유층이 사는 이 지역에서 건강한 식생활에 대한 관심이 높아지면서 건강한 식재료를 취급하는 이곳도 덩달아 인기를 얻게 되었다. 어머니가 아이들에게 해주는 음식에 담긴 정성과 따스함을 표현하고자 가게 이름도 두 오너의 어머니의 이름을 따서 지었다고 한다. 호주 프리미엄 천연 마살라 차이 티인 프라나 차이Prana Chai, 폴 포드 베이커리의 빵과 케이크, 영국 에든버러의 오셀로 초콜릿Ocelot Chocolate 등이 인기 있다. 두 오너의 세심한 운영으로 런던의 식료품 트렌드를 이끌고 있다.

How to go 지하철 노던Northern 라인 초크 팜Chalk Farm 역에서 도보 8분 **Add** 42 Gloucester Avenue, Camden Town, London **Open** 매일 08:00~19:00 **Tel** 020 7722 0011 **Web** melroseandmorgan.com **Map** P.381-A, B

런더너들의 비밀스러운 로스팅 숍
캠든 커피 숍 Camden Coffee Shop

파란 유니폼을 말끔하게 차려 입은 백발의 할아버지 조르주가 커피를 로스팅하면, 커피 볶는 냄새에 지나가던 사람들은 발걸음을 멈추게 된다. 커피를 좋아하는 런더너들 사이에서 이 로스팅 하우스는 최고의 원두를 살 수 있는 숍으로 입소문이 나 있다. 주인이 로스팅에 열중하거나 개인용무가 있을 때는 영업시간 중에도 종종 문을 닫곤 한다.

How to go 지하철 노던Northern 라인 벨사이즈 파크Belsize Park 역에서 도보 5분
Add 11 Delancey Street, London **Open** 월·화·수·금요일 11:30~16:00, 토요일 11:30~15:00
Day Off 목·일요일 **Tel** 020 7387 4040 **Map** P.381-B

강한 개성을 지닌 비밀의 향수
딥티크 Diptyque

파리의 생 제르맹 거리에 오픈한 인테리어 숍에서 향초와 향수 브랜드를 론칭하며 시작된 브랜드. 자연 소재에서 추출한 에센스가 내뿜는 고혹적인 향이 특징이다. 달콤한 장미향과 엠버향이 어우러진 롬브르 단 로L'Ombre dans L'eau와 우디 계열의 탐다오Tamdao가 추천 아이템이다.

How to go 지하철 베이커루Bakerloo · 서클Circle · 해머스미스 & 시티Hammersmith & City · 주빌리Jubilee · 메트로폴리탄Metropolitan 라인 베이커 스트리트Baker Street 역에서 도보 6분
Add 68 Marylebone High Street, London
Open 월~화요일 12:00~17:00, 수·금요일 10:00~18:00,
목요일 10:00~19:00, 토요일 10:00~17:00 **Day Off** 일요일 **Tel** 020 7224 4948
Web www.diptyqueparis.com **Map** P.381-A

문구 마니아들의 핫 플레이스
파브리아노 Fabriano

1264년 종이제조회사로 시작해 문구 셀렉트 숍으로 발전해온 이탈리아 브랜드 파브리아노의 런던 지점이다. 클래식한 느낌에 세련된 모던함을 가미한 제품들로 유명 아티스트는 물론 여러 분야에서 종사하는 사람들이 애용하는 브랜드이기도 하다. 펜이나 드로잉 북 등, 크리스마스나 생일 같은 기념일에 선물로 준비하면 누구나 좋아할 만한 아이템들이 많다.

How to go 지하철 베이커루Bakerloo·서클Circle·해머스미스 & 시티Hammersmith & City·주빌리Jubilee·메트로폴리탄Metropolitan 라인 베이커 스트리트Baker Street 역에서 도보 7분 **Add** 43 Marylebone High Street, London **Open** 월~토요일 10:00~13:30, 14:00~18:30, 일요일 11:00~17:00 **Tel** 020 7487 3728 **Web** www.fabrianoboutique.com **Map** P.381-A

비틀즈 마니아라면 열광하는 그곳
비틀즈 스토어 Beatles Store

"50년 전, 리버풀에서 나타난 네 명의 젊은이들이 세상의 모든 것을 바꿔놓을 만한 앨범을 냈다"는 BBC방송국 다큐멘터리의 표현처럼 팝 음악의 역사는 비틀즈 전후로 나뉜다. 1960년대 결성된 록 밴드 비틀즈, 그들을 사랑하고 기억하는 팬들을 위한 비틀즈 기념품 숍이 문을 열었다. 티셔츠, 키 홀더, 핀 등 비틀즈를 기념하는 다양한 아이템을 살 수 있다.

How to go 지하철 베이커루Bakerloo·서클Circle·해머스미스 & 시티Hammersmith & City·주빌리Jubilee·메트로폴리탄Metropolitan 라인 베이커 스트리트Baker Street 역에서 도보 3분 **Add** 231-233 Baker Street, London **Open** 10:00~18:30 **Tel** 020 7935 4464 **Web** beatlesstorelondon.co.uk **Map** P.381-A

세련된 남자의 로망이 가득한 곳
모노클 Monocle

비즈니스와 국제정치, 디자인, 미식 등의 주제를 다루는 매거진 모노클은 종이매체의 위기에도 불구하고 매년 성장세를 거듭하고 있다. 메릴본에 위치한 모노클 숍은 매거진 모노클에서 엄선한 아이템을 판매하는 곳이다. 여행용 캐시미어 안대, 리모와 여행가방, 모노클 가이드, 포터 토트백, 꼼 데 가르송 히노키 향수 등 심플하면서도 감각적인 매거진 이미지에 부합하는 제품을 엄선하여 판매하고 있다. 도보 1분 거리에는 '카페 모노클'도 있다.

How to go 지하철 베이커루Bakerloo·서클Circle·해머스미스 & 시티Hammersmith & City·주빌리Jubilee·메트로폴리탄Metropolitan 라인 베이커 스트리트Baker Street 역에서 도보 11분 **Add** 2 George Street, London **Open** 월~금요일 11:00~19:00, 토요일 11:00~18:00, 일요일 12:00~17:00 **Tel** 020 7486 8770 **Web** monocle.com **Map** P.381-D

자선 숍의 세련된 변신
마리 리빙 기빙 숍 Mary Living Giving Shop

어린이 자선단체인 '세이브 더 칠드런Save the children'에서 운영하는 숍으로 프림로즈 힐에 위치한다. 자원의 재활용을 통해 어려운 환경 속에서 생활하는 아이들을 후원하는 착한 상점으로 리빙 제품과 패션 아이템을 전시·판매하고 있다. 빅토리아 베컴, 주드 로, 케이트 모스 등 유명 패셔니스타가 기부한 상품도 판매한다.

How to go 지하철 노던Northern 라인 초크 팜Chalk Farm 역에서 도보 4분 **Add** 109 Regent's Park Road, London **Open** 월~토요일 10:00~18:00, 일요일 12:00~16:00 **Tel** 020 7586 9966 **Web** www.savethechildren.org.uk/shop/marys-living-and-giving-shops **Map** P.381-B

세련되고 기능성 있는 주방용품을 만나다
리처드 데어 Richard Dare

1969년 영국 주방용품 공급업체로 시작한 이래 지금까지 음식과 관련된 다양한 용품을 취급하는 프림로즈 힐의 작은 숍이다. 프랑스산 라기올Laguiole 나이프, 독일산 리델 글라스Riedel Glass, 스타우브Staub 주물냄비에 이르기까지, 유럽을 비롯한 전 세계에서 오랜 시간 사랑받아 온 제품을 선보이고 있다.

How to go 지하철 노던Northern 라인 초크 팜Chalk Farm 역에서 도보 4분 **Add** 93 Regent's Park Road, London **Open** 월~토요일 10:00~17:30, 일요일 11:00~17:00 **Tel** 020 7722 9428 **Map** P.381-A

초콜릿 거장이 선보이는 창의력
피에르 마르콜리니 Pierre Marcollini

최고의 카카오를 찾기 위해 전 세계로 여행을 떠나는 파티시에 피에르 마르콜리니는 초콜릿에 대한 열정을 많은 사람들과 나누기 위해 숍을 열었다. 1995년에 파티시에 챔피언이 되었고, 이후 초콜릿 브랜드를 런칭했다. 또한 국제 초콜릿 어워드에서 여러 차례 메달을 거머쥐면서 업계에서 가장 영향력 있는 인물로 자리매김했다. 세계적인 가방 명품 브랜드인 델보Delvaux와의 콜라보레이션을 통해 주목을 받았다.

How to go 지하철 베이커루Bakerloo·서클Circle·해머스미스 & 시티Hammersmith & City·주빌리Jubilee·메트로폴리탄Metropolitan 라인 베이커 스트리트Baker Street 역에서 도보 8분
Add 37 Marylebone High Street, London
Open 월~금요일 10:00~18:00, 토요일 10:00~18:30, 일요일 11:00~17:00 **Tel** 020 7486 7196
Web marcolini.com **Map** P.381-A

AREA 5

오랜 역사의 흔적을
고스란히 간직한 지역

시티
City

시티는 서더크와 더불어 런던에서 가장 오랜 역사를 자랑하는 지역으로, 역사의 흔적들이 넘쳐나는 곳이다. 제2차 세계대전 당시 폭격으로 많은 건물들이 파괴되었으나, 유서 깊은 펍을 비롯한 역사적인 장소들이 곳곳에 남아 옛 모습을 고스란히 보여주고 있다. 이 지역의 숨은 옛 명소들을 안내하는 책자도 나와 있어 보물찾기 하듯 찾아보는 것도 재미있을 듯하다.
반면 런던 현대 건축의 보고라 일컬을 정도로 거리에는 현대 건축물이 즐비한데, 건물 하나하나를 꼼꼼하게 살펴보며 건축여행을 즐기는 사람들도 쉽게 볼 수 있다. 시티 동쪽으로 발길을 돌리면, 세계 각국에서 온 사람들의 삶을 엿볼 수 있는 시장과 문화시설들이 국제도시 런던의 면모를 이해할 수 있게 해준다.

여행 포인트
관광 ★★★
건축물 ★★★★
미식 ★★★

시티 찾아가기

가까운 지하철역
- 세인트 폴 St. Paul 지하철역
  (지하철 센트럴Central 라인)
- 모뉴먼트 Monument 지하철역
  (지하철 서클Circle·디스트릭트District 라인)
- 타워 힐 Tower Hill 지하철역
  (지하철 서클Circle·디스트릭트District 라인)

어떻게 다닐까

세인트 폴 대성당에서 거킨에 이르는 지역은 유명한 건축물이 많고 오피스가 밀집한 지역이다. 따라서 점심시간에는 주변 포장 판매 전문점에서 음식을 사오거나 레스토랑에서 식사를 즐기는 사람들로 혼잡한 반면, 저녁에는 인적이 드물기 때문에 이 시간에는 다니지 않는 것이 좋다.
런던의 상징이라 할 수 있는 타워 브리지 주변은 여행자가 많아 야경을 즐기기에 좋으며 요트 선착장과 맛집들이 모여있는 세인트 캐서린 도크 주변은 맥주나 와인 한잔을 즐기거나 식사할 수 있는 중저가 레스토랑들이 모여 있다.

일일 추천 코스

예상 소요시간 약 8~10시간

거대한 빌딩들이 밀집한 지역이라 지도를 손에 들고서도 길을 헤맬 수 있다. 바비칸 센터에서 템스강을 향해 걸어가면서 대부분의 스폿들은 훑어보는 정도로 마무리하면 되지만 런던 타워는 관람하는 데 제법 시간이 걸린다. 밀림 같은 빌딩 숲을 돌아본 다음 런던을 대표하는 랜드마크, 타워 브리지의 멋진 야경을 보고 런더너들의 쉼터인 세인트 캐서린 도크에 들러 맥주 한잔으로 일정을 마무리한다.

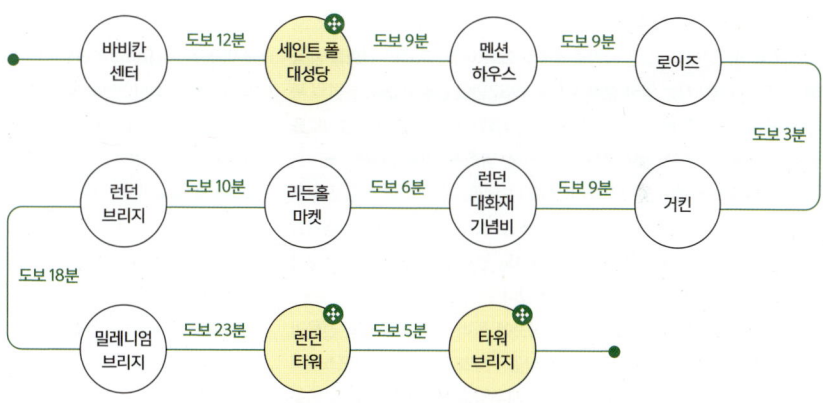

시티의 관광 명소

문화예술을 즐기는 런더너들의 복합문화공간
바비칸 센터 Barbican Centre ★★

제2차 세계대전으로 훼손된 지역을 당시 유행했던 브루탈리즘 양식으로 재건한 문화공간이다. 많은 사람들에게 문화와 예술, 교육의 기회를 제공해 삶의 질을 높이자는 영국 정부 주도로 1982년에 완공되었다. 유럽의 복합문화공간 중 가장 큰 규모를 자랑하는데, 컨템포러리나 클래식 콘서트를 즐길 수 있는 음악당을 비롯하여 연극 센터, 영화관, 미술 전시관, 도서관과 세 곳의 레스토랑이 있으며, BBC심포니 오케스트라와 런던 심포니 오케스트라의 본부로도 사용되고 있다. 개관 당시 외관이 흉측하다는 평가를 받을 정도로 일반 대중의 반감을 일으키기도 했지만, 2001년 리스트 2급으로 지정되어 영국 정부의 보호를 받고 있다.

공연이나 전시를 관람하지 않더라도, 이곳에 들러 독특한 모양의 건물과 시원하게 솟구치는 분수를 바라보며 휴식을 취해보자. 레스토랑 '오스테리아 런던Osteria London'에서 이탈리안 캐주얼 음식을 맛봐도 좋고, 이곳에서만 구매할 수 있는 디자인 제품을 쇼핑하는 것도 즐거운 경험이 될 것이다.

How to go 지하철 서클Circle·해머스미스 & 시티Hammersmith & City·메트로폴리탄Metropolitan 라인 바비칸Barbican 역에서 도보 5분 **Add** Silk Street, London **Open** 월~토요일 09:00~23:00, 일요일 12:00~23:00, 뱅크 홀리데이 12:00~23:00 **Day Off** 12월 24~26일 **Tel** 020 7638 8891 **Web** www.barbican.org.uk **Map** P.382-A, B

세계에서 두 번째로 큰 성당

세인트 폴 대성당 St. Paul's Cathedral ★★★

1,400년이 넘는 세월동안 시티를 지켜온 세인트 폴 대성당은 런더너들에게 단순한 종교시설을 넘어선 그 이상의 가치를 지닌 곳이다. 성 바울에게 헌정된 성당으로 604년부터 공식문헌에 등장하기 시작했고, 1666년의 런던 대화재, 제2차 세계대전 등 역사적 풍파를 겪으며 재건과 보수를 반복해 지금에 이르렀다. 1965년 전 영국 총리 처칠의 장례식, 1981년 찰스 왕자와 고 다이애나 왕세자비의 결혼식, '철의 여인'으로 불리는 마가렛 대처 Margaret Thatcher 전 영국 총리의 장례식도 이곳에서 치러졌다. 제2차 세계대전 당시, 처칠은 무슨 수를 써서라도 세인트 폴 대성당만큼은 지켜야한다고 연설했는데, 그래서인지 무려 28개의 폭탄이 이곳에 떨어졌지만 성당 시계 하나를 제외하고는 크게 손상된 곳이 없었다고 한다. 폭격 당시 자욱한 연기로 둘러싸인 세인트 폴 대성당의 사진은 영국 국민들의 불굴의 의지를 표현하는 상징이 되기도 했다. 체력이 허락된다면 성당 내부의 계단을 통해 높이 53m의 스톤 갤러리에 올라가 보자. 템스강을 중심으로 한 런던 시내의 아름다운 전경을 감상할 수 있다. 참고로 성당 내부는 사진 촬영이 금지되어 있다.

How to go 지하철 센트럴Central 라인 세인트 폴St. Paul 역에서 도보 2분
Add St. Paul's Churchyard, London
Open 월~토요일 08:30~16:00(일요일은 예배자에 한해 입장 가능)
Fare 성인 £20.50, 학생 및 만 65세 이상 £18.40, 만 6~17세 £9, 패밀리(성인 2명+어린이 2~3명) £50(홈페이지 예매 시 할인)
Tel 020 7246 8357
Web www.stpauls.co.uk
Map P.382-A

런던의 도시형성부터 오늘날 모습까지 한눈에
런던 박물관 Museum of London ★

1975년에 개관한 런던 박물관에서는 선사시대부터 오늘에 이르기까지 런던에서 발굴된 역사적 유물을 통해 옛 런더너들의 생활상을 볼 수 있는 다양한 전시를 열고 있다. 상설 전시관에서는 구석기시대 런던에 살았던 동물의 유골을 비롯해 로마시대, 튜더 왕가시대를 거쳐 1666년 런던 대화재, 제2차 세계대전까지 런던의 역사를 한눈에 볼 수 있는 유물들을 전시하고 있으며, 이를 통해 런더너들의 삶이 어떻게 변해왔는지, 그들의 의식주는 어떠했는지를 살펴볼 수 있다.

How to go 지하철 서클Circle·해머스미스 & 시티Hammersmith & City·메트로폴리탄Metropolitan 라인 바비칸Barbican 역에서 도보 6분 **Add** 150 London Wall, London **Open** 10:00~18:00 **Day Off** 12월 24~26일 **Fare** 성인 £20.50, 학생 및 만 65세 이상 £18.40, 만 6~17세 £9 패밀리(성인2명+어린이 2~3명) £50 **Web** www.museumoflondon.org.uk **Map** P.382-B

리처드 로저스의 혁신적인 건물
로이즈 Lloyd's Building ★

로이즈Lloyd's라 불리는 이 건물은 1986년에 완공되어 로이즈 사의 본사로 이용되고 있다. 프랑스 파리의 퐁피두 센터처럼 계단, 엘리베이터, 수도관 및 전신관 등을 노출하여 설계되었다. 주변 건물에 비해 높이가 낮고 디자인도 눈에 띄지는 않지만, 런던을 방문하는 많은 건축학도들이 찾는 건축물이다. 2008년에는 영국의 리스트 1등급으로 지정되기도 했다. 11층의 위원회 회의실은 18세기의 분위기가 물씬 풍기는 응접실인데, 평소에는 일반 대중에 공개되지 않으나, 9월 세 번째 주말에 열리는 오픈 하우스 축제 때 직접 들어가 볼 수 있으니, 여행 시기와 맞다면 놓치지 말자.

How to go 지하철 서클Circle·디스트릭트District 라인 모뉴먼트Monument 역에서 도보 6분 **Add** Lloyd's Building, 1 Lime Street, London **Tel** 020 7327 1000 **Map** P.382-B

달걀이 서 있는 듯한 모양의 건물
거킨(30 세인트 메리 엑스) The Gherkin(30 St. Mary Axe) ★

'작은 오이'라는 뜻의 거킨Gherkin은 세계 1위 화재보험사 스위스 리 Swiss Re의 건물로 2004년 오픈했다. 건너편의 로이즈와 함께 런던 은행가에서 손꼽히는 랜드마크로 건축과 디자인에 관심 있는 사람들에게는 화제가 되는 건물이다. 자원의 소모를 최소화하는 방식으로 건축되었으며, 태양열을 효율적으로 사용해 지금도 많은 사람들의 연구대상이 되고 있다. 원칙적으로 일반 대중의 출입이 금지되어 있지만, 가장 위층에 자리한 38~40층은 프라이빗 클럽으로 사용되고 있다. 39층과 40층에서는 360도 파노라마로 런던 시내 전체를 볼 수 있으며, 39층의 레스토랑은 프라이빗 클럽의 멤버들이 즐겨 찾는 스폿이라고 한다. 영화 〈해리 포터 시리즈〉, 〈원초적 본능 2〉, 〈매치 포인트〉 등에도 등장해 많은 사람들이 영화 속 장면을 떠올리며 찾는 장소이기도 하다.

How to go 지하철 서클Circle·해머스미스 & 시티Hammersmith & City·메트로폴리탄Metropolitan 라인 알게이트Aldgate 역에서 도보 6분
Add 30 St. Mary Axe, London
Tel 020 7071 5025(프라이빗 클럽)
Web www.30stmaryaxe.com
Map P.382-B

처참했던 역사의 증인으로 우뚝 서 있는 기념물
런던 대화재 기념탑 The Monument ★

런던 브리지에서 나와 탁 트인 템스강변에서 경치를 감상하다 보면, 높다란 은행 건물들 사이에서 금빛으로 빛나는 거대한 기둥을 볼 수 있다. 바로 런던 대화재 기념탑이다. 1666년 9월 런던의 한 빵집에서 시작된 화재는 5일간 런던 시내를 집어삼켜 13,200여 채의 가옥과 세인트 폴 대성당 등 주요 건물이 소실되었고 8만 명의 런던 시민 중 약 7만 명이 이재민이 되었다고 한다. 이 사건을 기리기 위해 발화지점인 빵집으로부터 62m 떨어진 곳에 높이 62m의 기념탑이 설치되었다. 기념탑 안에 있는 311개의 계단을 오르면 전망대가 나온다.

How to go 지하철 서클Circle·디스트릭트District 라인 모뉴먼트Monument 역에서 도보 1분
Add Monument to the Great Fire of London, Fish Street Hill, London
Open 09:30~13:00, 14:00~18:00 ＊23년 3월 현재 임시 휴관 중
Fare 성인 £5.80, 학생 £2.90, 만 65세 이상 및 학생 £4.40 ＊타워 브리지 연계 티켓은 현장문의
Tel 020 7626 2717　**Map** P.382-B

런던 시내 전경을 살펴볼 수 있는 무료 전망대
스카이 가든 Sky Garden ★★

유니크한 외관으로 '워키토키'라고 불리는 건물이다. 건물 대부분이 사무실로 사용되며, 꼭대기 층에는 런던에서 가장 높은 공공정원이 무료로 개방되어 런더너들은 물론 여행자들에게도 사랑받고 있다. 루프톱 전망대에서 멋진 경치를 감상하며 데이트를 즐기거나, 저녁 무렵 레스토랑에서 브리티시 파인 다이닝을 경험하고, 35층의 스카이 폿 바Sky Pod Bar에 들러 샴페인 한잔에 하루를 정리하는 시간을 가져보는 것도 좋겠다. 참고로 전망대 및 바, 레스토랑은 미리 예약해야 한다.

How to go 지하철 서클Circle·디스트릭트District 라인 모뉴먼트Monument 역에서 도보 4분
Add 20 Fenchurch Street, London
Open 10:00~17:00(15분 단위로 예약 가능)　**Fare** 무료(사전예약 필수)
Tel 020 7337 2344　**Web** skygarden.london　**Map** P.382-B

현지인들이 사랑하는 마켓
리든홀 마켓
Leadenhall Market ★

런던 은행가 사람들의 핫 플레이스로 오늘날 런던 직장인들의 생활을 엿볼 수 있다. 로마시대부터 형성된 런던 최초의 도심으로 14세기 이후 육류전문시장이 들어섰고, 지금은 다양한 레스토랑, 펍, 카페, 상점들이 늘어선 시장으로 운영되고 있다. 평일 식사시간이 되면 인근 직장인들이 모여든다.

How to go 지하철 센트럴Central·노던Northern·워털루 & 시티Waterloo & City 라인 뱅크Bank 역에서 도보 7분
Add Leadenhall Street, Gracechurch Street(Lime Street), London
Open 리든홀 마켓 월~금요일 10:00~17:00(카페, 펍, 레스토랑, 상점마다 상이)
Tel 020 7332 1523 **Web** www.leadenhallmarket.co.uk **Map** P.382-B

영화에 자주 등장하는 새로운 랜드마크
밀레니엄 브리지
The Millennium Bridge ★

런던 밀레니엄 프로젝트의 결과물 중 하나로 2000년에 오픈했으나 심한 진동으로 보강공사를 거쳐 2002년에 재오픈했다. 지금은 런던의 대표 이미지에 가장 많이 등장하는 랜드마크가 되었다. 철제현수교이자 보행자 전용다리로 테이트 모던, 셰익스피어 글로브와 시티의 세인트 폴 대성당을 연결하고 있어 어느 편에서 바라보아도 런던의 대표 스폿들이 한눈에 들어온다.

How to go 지하철 서클Circle·디스트릭트District 라인 블랙프라이어스Blackfriars 역에서 도보 8분
Add The Millennium Bridge, Thames Embankment, London **Map** P.382-A

런던을 대표하는
화려하고 아름다운 랜드마크
타워 브리지
Tower Bridge ★★★

전 세계 어느 다리와 견주어 봐도 손색이 없는 화려함과 아름다움을 자랑하는 런던에서 가장 인기 있는 관광지다. 19세기 말, 런던 도시개발사업의 일환으로 지어진 타워 브리지는 도개구조인 현수교로 처음에는 청록색이었으나 엘리자베스 2세 여왕 즉위 25주년을 기념하여 빨간색, 흰색, 파란색으로 칠해 지금에 이르고 있다. 탑 내부에는 타워 브리지에 대한 자료를 전시해 둔 전망대가 자리한다. 높이 42m의 양쪽 탑을 연결한 전망대 다리는 템스강변의 아름다운 풍경을 조망할 수 있어 많은 사람들이 찾는다. 도개교가 열리는 모습도 볼만하므로 홈페이지에서 시간을 확인하고 타워 브리지를 찾아가 보자.

How to go 지하철 서클Circle·디스트릭트District 라인 타워 힐Tower Hill 역에서 도보 7분 **Add** Tower Bridge, Tower Bridge Road, London **Open** 4~9월 10:00~18:00(마지막 입장 17:30), 10월~3월 09:30~17:30(마지막 입장 17:00) *1월 1일 10:00~17:30 **Day Off** 12월 24~26일 **Fare** 성인 £9, 학생 £6.30, 5~15세 £3.90, 패밀리 £14.10(홈페이지 예매 시 할인) **Tel** 020 7403 3761 **Web** www.towerbridge.org.uk **Map** P.382-F

탑보다는 요새에 더 가까운 건물
런던 타워 Tower of London ★★★

1066년 노르만 정복시기에 지어져 영국 왕실의 거처이자 요새로 사용되었으나, 찰스 2세 왕 때 대관식이 웨스트민스터 성당으로 넘어가며 공권력의 상징으로 남게 되었다. 에드워드 4세 왕의 죽음 이후, 그의 두 왕자가 이곳으로 유배되었다가 행방불명된 사건과 엘리자베스 1세 여왕이 즉위하기 전, 이곳에 갇힌 역사가 있다. 제2차 세계대전 당시에도 감옥으로 사용되었다.

잦은 증축과 보완으로 여러 채의 건물이 복잡하게 연결되어 있고 커다란 성곽이 둘러싼 구조다. 버킹엄 팰리스 근위병 못지않게 런던 타워의 경비병도 인기가 있어, 런던 타워 앞 경비병들과 함께 사진을 찍으려는 사람들로 북적인다. 런던 타워 내부 전체를 둘러보려면 3시간 이상 소요되므로 충분한 여유를 가지고 들어가길 추천한다. 참고로 런던 타워 내부 사진 촬영은 금지되어 있다.

How to go 지하철 서클Circle·디스트릭트District 라인 타워 힐Tower Hill 역에서 도보 5분
Add Tower of London, London **Open** 3~10월 화~토요일 09:00~17:30(마지막 입장 17:00), 일~월요일 10:00~17:30(마지막 입장 17:30), 11~2월 화~토요일 09:00~16:30(마지막 입장 16:00), 일~월요일 10:00~16:30(마지막 입장 16:00), *가이드 투어 하절기 15:30, 동절기 14:30 **Day Off** 12월 24~26일, 1월 1·4·5일
Fare 성인 £29.90, 학생 및 만 65세 이상 £24, 5~15세 이하 £14.90(홈페이지 예매 시 할인) **Tel** 020 3166 6000
Web www.hrp.org.uk/TowerOfLondon **Map** P.382-C

오랜 역사의 흔적이 깃든 다리
런던 브리지 London Bridge ★

서더크와 시티를 잇는 다리 중에서 가장 오래된 다리. 런던 브리지의 역사는 로마시대까지 거슬러 올라가며, 당시 로마인들이 런던을 통치하기 위해 만들었다고 전해진다. 중세시대에 제대로 된 다리의 모습을 갖추었으며, 튜더 왕가 당시 다리 위에 200여 채의 집이 건축되었으나, 런던 대화재 이후 더 이상 건물을 짓지 않게 되었다고 한다. 1967년 다리 공사비용을 충당하기 위해 런던시는 런던 브리지를 팔기로 결정한다. 1971년, 런던 브리지는 조각조각 분해되어 미국 애리조나 주의 레이크 하버스 시티에 복원되었다. 지금의 다리는 1973년에 개통되어 템스강변의 야경을 아름답게 장식하고 있다.

How to go 지하철 서클 Circle·디스트릭트District 라인 모뉴먼트Monument 역에서 도보 3분
Add King William Street, London **Map** P.382-B

평온한 분위기의 요트 선착장
세인트 캐더린 도크 St. Katherine's Dock ★

고급스럽고 평온한 분위기가 감도는 요트 선착장. 1828년에 지어진 이 선착장은 제2차 세계대전 당시 폭격으로 상당 부분이 파손되었다가 1990년대 도시재생사업으로 재개발되었는데, 영국의 도시재생사업들 중 가장 성공적인 사례로 손꼽힌다. 런더너들의 흥미진진한 요트 경기는 물론, 매주 금요일 오후에는 농장에서 직접 가져온 식재료를 판매하는 마켓, 매년 9월마다 작은 배를 타고 시사회를 즐길 수 있는 영화제 등 다채로운 행사가 열린다. 카페와 펍들도 곳곳에 자리한다.

How to go 지하철 서클Circle·디스트릭트District 라인 타워 힐Tower Hill 역에서 도보 9분
Add St. Katherine's Dock, 50 St. Katharine's Way, London **Tel** 020 7264 5251 **Map** P.382-F

시티의 레스토랑

프랑스 여성 셰프를 대표하는 안 소피 픽, 런던에서 날다
라 담 드 픽 La Dame de Pic

포 시즌스 호텔 1층에 자리한 파인 다이닝 레스토랑. 프랑스를 대표하는 여성 셰프 안 소피 픽Anne Sophie Pic의 섬세한 프랑스 요리를 오감으로 즐길 수 있다. 스테이크 타르타르, 문어 바비큐, 지롤 버섯이 들어간 리소토, 커피 향이 어우러진 티라미수 등 신선한 제철 재료와 셰프의 절묘한 테크닉이 어우러져 감동적인 맛을 선사한다. 유명 소믈리에 잔 코네츠키Jan Konetzki의 페어링이 돋보이는 훌륭한 와인 셀렉션도 인상적이다. 2022년 미슐랭 1스타를 받았다.

How to go 지하철 서클Circle·디스트릭트District 라인 타워 힐Tower Hill 역에서 도보 1분
Add 10 Trinity Square, London **Open** 화~목요일 18:00~21:00, 금~토요일 12:00~13:30, 18:30~21:00
Day Off 일·월요일 **Fare** 주중 점심 2코스 £32, 3코스 £42, 4코스 테이스팅 메뉴 £95, 6코스 테이스팅 메뉴 £120
Tel 020 3297 3799 **Web** www.ladamedepiclondon.co.uk **Map** P.382-C

미슐랭 스타를 받은 스페인 타파스 전문 바
이베리카 파링던 Iberica Farringdon

스페인 음식을 즐길 수 있는 곳. 스페인 건축가 라자로 로사 비올란Lazaro Roas Violan의 설계로 만들어졌다. 런던의 네 개 지점을 비롯해 영국 전역에 지점이 있다. 스페인의 대표음식인 푸짐한 파에야와 타파스가 인기 있으며, 스페인에서 공수한 하몽을 활용하여 계절마다 각기 다른 메뉴를 선보인다.

How to go 지하철 서클Circle 라인 파링던Farringdon 역에서 도보 1분 **Add** 89 Turnmill Street, London
Open 월~금요일 12:00~15:00, 17:00~23:00, 토요일 13:00~23:00 **Day Off** 일요일
Fare 타파스 £7.90~ **Tel** 020 7636 8750
Web www.ibericarestaurants.com
Map P.382-A

골라 먹는 재미가 있는 건강한 식사
비타 모조 Vita Mojo

농장에서 공수한 유기농 식재료로 만든 신선한 샐러드를 제공하는 샐러드 전문점. 모바일 애플리케이션으로 원하는 재료를 주문하고, 매장에서 테이크아웃하는 방식으로 운영된다. 매장에 있는 아이패드로 주문할 수도 있다. 취향에 맞는 샐러드를 조합하는 재미가 쏠쏠하다. 시티 내 세 개의 지점이 있다.

How to go 지하철 서클Circle·디스트릭트District 라인 맨션 하우스Mansion House 역에서 도보 3분 **Add** 60 Cheapside, London **Open** 월~금요일 09:00~18:00 **Day Off** 토~일요일 **Fare** £10 내외 **Web** www.vitamojo.com **Map** P.382-B

고든 램지의 새로운 도전
브레드 스트리트 키친 Bread Street Kitchen

영국을 대표하는 셰프이자 한국 예능 프로그램에 출연해 인기를 얻은 유명 셰프 고든 램지가 운영하는 레스토랑이다. 사무실이 밀집한 건물 내에 자리해 오가는 사람들로 항상 북적인다. 세인트 폴 대성당의 돔을 바라보며 식사를 즐길 수 있다. 클래식한 영국 음식을 모던하게 풀어낸 셰프의 솜씨는 명성대로 뛰어나다. 식사 전, 칵테일로 입맛을 돋울 수 있는 바도 마련되어 있다.

How to go 지하철 서클Circle·디스트릭트District 라인 맨션 하우스Mansion House 역에서 도보 3분 **Add** 10 Bread Street, London **Open** 월~수요일 07:30~23:00, 목~금요일 07:30~24:00, 토요일 11:30~익일 01:00, 일요일 11:30~22:00 **Fare** £11.95~ **Tel** 020 3030 4050 **Web** www.breadstreetkitchen.com **Map** P.382-A

홈메이드로 만든 영국 음식
바이어드 키친 앤 바 Byward Kitchen and Bar

런던 타워 근처의 녹지대에 자리 잡은 공간으로, 런던 시내의 번잡함에서 벗어나 오아시스 같은 테라스에서 맛있는 음식과 함께 편안한 시간을 보내기 좋다. 으깬 감자 안에 다진 고기를 넣어 만든 셰퍼드 파이와 피시 앤 칩스, 크림 티 등 런던을 대표하는 음식을 맛볼 수 있으며, 목~토요일 오후 5~7시는 해피 아워로 맥주나 음료를 저렴한 가격에 즐길 수 있다.

How to go 지하철 디스트릭트District 라인 타워 힐 Tower Hill 역에서 도보 2분
Add 7 Byward Street, London
Open 매일 09:00~11:30, 11:30~15:30
Fare 아침 £9.50~, 점심 £13.50~ **Tel** 020 7481 3533
Web bywardkitchenandbar.squarespace.com
Map P.382-C

런던에서 가장 아름다운 레스토랑 중 하나
세션 아츠 클럽 Sessions Arts Club 👍

과거 법원의 구내식당으로 이용되다가 80년대와 90년대 비밀 회원제 클럽으로 이용되던 곳이 레스토랑으로 변모했다. 아티스트 조니 겐트Jonny Gent와 유명 레스토랑 폴페토Polpetto의 셰프였던 플로렌스 나이트Florence Knight가 의기투합해서 운영한다. 노스탤지어를 자극하는 벗겨진 회반죽, 넓은 계단, 벨벳 커튼, 오래된 엘리베이터가 인상적인 인테리어는 영화 세트장처럼 주변과 단절되어 특별한 아이덴티티를 보여준다. 게살 크로켓, 뱀장어와 오징어를 비롯해 재철 재료로 만드는 요리는 심플하지만 훌륭하다.

©Sessions arts club

How to go 기차 템스링크Thameslink, 엘리자베스 Elizabeth 라인 Farringdon 역에서 도보 5분
Add The Old Sessions House, 24 Clerkenwell Green, London
Open 화~토요일 12:00~14:30, 17:30~22:00 **Fare** £20~ **Tel** 020 3793 4025 **Map** P.382-A

꾸준한 인기를 얻고 있는 로브스터 버거 전문점
버거 & 로브스터 Burger & Lobster(Bread Street)

신선하고 쫄깃한 로브스터의 탱탱함이 입 안 가득 전해지는 로브스터 버거가 인기 있는 레스토랑으로 런던에만 아홉 개의 지점을 두고 있다. 평일 오후 12~5시에는 담백한 감자튀김과 샐러드를 함께 곁들인 버거 세트를 £20라는 합리적인 가격에 판매한다. 참고로 그릴에 굽는 로브스터가 인기 있는 편이다.

How to go 지하철 서클Circle·디스트릭트District 라인 맨션 하우스Mansion House 역에서 도보 2분
Add 1 Bread Street, London
Open 월~목요일 12:00~22:00, 금~토요일 12:00~23:00, 일요일 12:00~22:00
Fare 랍스터 £22~, 버거 £10.50~ **Tel** 020 7248 1789
Web www.burgerandlobster.com **Map** P.382-A

아시아 퓨전 음식의 세련된 버전
핑퐁 PingPong

귀여운 이름과 세련된 인테리어로 아시안 음식의 품격을 한층 높였다는 평가를 받고 있는 레스토랑. 다양한 재료로 만드는 딤섬은 어떤 것을 선택해도 후회가 없다. 매콤한 것을 선호하는 한국 여행자들은 스파이시 치킨, 쇠고기, 김치가 들어간 딤섬이나 새우가 들어간 하가우, 누들 치킨 완탕 수프를 선호하는 편이다. 메뉴판과 함께 나누어주는 긴 종이에 메뉴를 체크해 전달하는 방식으로 주문한다. 세인트 캐서린 도크 내에 위치해 평온한 분위기에서 식사를 즐길 수 있다.

How to go 지하철 서클Circle·디스트릭트District 라인 타워 힐Tower Hill 역에서 도보 5분 **Add** 3 St. Katharine's Way, London **Open** 월~금요일 11:00~22:30, 토~일요일 12:00~22:30 **Fare** 딤섬 £3.25~ **Tel** 020 7680 7850 **Web** pingpongdimsum.com **Map** P.382-C

시티의 카페

바비칸 센터의 오아시스 같은 쉼터
바비칸 시네마 카페 & 바
Barbican Cinema Café & Matini Bar

복합 문화 공간인 바비칸 센터 내에 있는 바 겸 카페로, 영화가 상영되기 전에만 문을 연다. 커피 품평회에서 여러 차례 수상한 베누고의 품질 좋은 커피와 맛있는 페이스트리, 크래프트 맥주, 케이크를 판매한다. 로비와 호숫가의 전망을 볼 수 있는 마티니 바에서는 칵테일, 샴페인과 와인 등을 즐길 수 있으며, 계절 음료 메뉴는 수시로 바뀐다. 오후 5~6시에 즐길 수 있는 해피 아워를 놓치지 말자.

How to go 지하철 센트럴Central·서클Circle·해머스미스 & 시티Hammersmith & City·메트로폴리탄Metropolitan 라인 바비칸Barbican 역에서 도보 7분 **Add** Barbican Center, London
Open 화~금요일 11:00~20:45, 토~월요일 10:00~20:45 **Day Off** 일요일 **Tel** 020 7638 8891
Web www.barbican.org.uk **Map** P.382-A

커피 전문 매거진에서 선정한 가장 맛있는 런던 카페
어소시에이션 커피
Association Coffee

과거 자동차 창고였던 공간의 특성을 잘 살린 내추럴하고 편안한 분위기가 돋보이는 카페. 커피에 대한 열정이 남다른 바리스타들이 운영하고 있으며, 커피 전문 매거진 〈베스트 커피 가이드〉에서 선정한 '가장 맛있는 런던 카페' 중 한 곳으로 선정되기도 했다. 스퀘어 밀, 워크숍 등에서 공급받은 신선한 원두를 숙련된 바리스타들이 추출하는 커피는 언제나 만족스럽다.

How to go 지하철 서클Circle·메트로폴리탄Metropolitan 라인 알드게이트Aldgate 역에서 도보 4분
Add 10-12 Creechurch Lane, London **Open** 월~금요일 07:30~17:00
Day Off 토~일요일 **Fare** 커피 £2.50~, 주스 £3.25~ **Tel** 020 7283 1155
Web www.associationcoffee.com **Map** P.382-A

디테일에 강한 바리스타 챔피언

프루프록 커피 Prufroc Coffee 👍

오직 커피에 대한 열정으로 똘똘 뭉친 젊은이들이 운영하는 카페. 커피나 서비스에 있어서는 런던 최고라는 찬사가 아쉽지 않을 정도다. 2009년 월드 바리스타 챔피언인 길림 데이비스Gwilym Davies가 엄선한 스퀘어 밀 원두에 잘 훈련된 바리스타들의 솜씨, 일러스트레이터 마틴 킹덤Martin Kingdom의 손길이 닿은 인테리어, 최신 커피 관련 제품을 구매할 수 있는 상품 진열대 등, 커피에 관해서는 무엇 하나 부족함 없는 공간이다.

How to go 지하철 센트럴Central 라인 챈서리 레인Chancery Lane 역에서 도보 4분
Add 23-25 Leather Lane, London
Open 월~금요일 07:30~16:30, 토~일요일 09:00~17:00
Fare 커피 £3~ **Web** www.prufrockcoffee.com
Map P.382-A

> 시티의 펍

비프립이 안주로 일품
블랙프라이어
The Blackfriar

템스강 상류의 세인트 폴 대성당과 테이트 모던 인근에 있는 펍으로 고전적인 인테리어가 인상적이다. 1875년 실내장식가 헨리 풀Henry Poole과 건축가 풀러 클락Fuller Clark이 설계했고, 2014년 국가 유산으로 등록되었다. 허브를 넣은 비프립 등이 사랑받고 있다.

How to go 지하철 서클Circle 라인 블랙프라이어스Blackfriars 역에서 도보 4분
Add 174 Queen Victoria Street, London **Open** 월~토요일 11:30~23:00, 일요일 12:00~18:00
Fare £8~ **Tel** 020 7236 5374 **Web** www.nicholsonspubs.co.uk **Map** P.382-A

템스강을 내려다보며 즐기는 피자와 맥주
디킨스 인 The Dickens Inn

18세기부터 세인트 캐서린 도크의 중심에 있던 여관 건물에 지어진 전통 펍 & 레스토랑. 형형색색의 만개한 꽃들과 손님을 맞이하는 아름다운 건물이 인상적이다. 테라스에는 시원한 맥주 한잔에 담소를 나누는 사람들로 항상 북적인다. 2층에는 템스강이 내려다보이는 레스토랑이 자리하며 바삭한 식감이 살아있는 피시 앤 칩스가 인기 있다.

How to go 지하철 서클Circle · 디스트릭트District 라인 타워 힐Towerhill 역에서 도보 9분 **Add** Marble Quay, St Katharine's Way, London **Open** 월~토요일 12:00~23:00, 일요일 12:00~22:30
Fare 메인 요리 £12.99~
Tel 020 7488 2208
Web www.dickensinn.co.uk
Map P.382-F

시티의 쇼핑

전망이 훌륭한 런던 시내의 대형 쇼핑몰
원 뉴 체인지 One New Change

세인트 폴 대성당과 마주하고 있는 현대식 쇼핑센터로 런던에서 가장 큰 규모를 자랑한다. 런던 파이낸셜 센터 건물이었으나 2010년 세계적인 건축가 장 누벨Jean Nouvel에 의해 새로 태어났다. 건물 내에는 코즈, 올세인트, 자라 등의 브랜드 숍은 물론 셰프 고든 램지의 캐주얼 다이닝 레스토랑 등 런던을 대표하는 맛집도 즐비하다. 옥상에는 아름다운 세인트 폴 대성당을 비롯해 런던 시내를 조망할 수 있는 루프톱 테라스가 있다.

How to go 지하철 센트럴Central 라인 세인트 폴St. Paul 역에서 도보 4분
Add 1 New Change, London
Open 월~수, 금~토요일 10:00~18:00, 목요일 10:00~20:00, 일요일 12:00~18:00
Tel 020 7002 8900
Web onenewchange.com
Map P.382-A

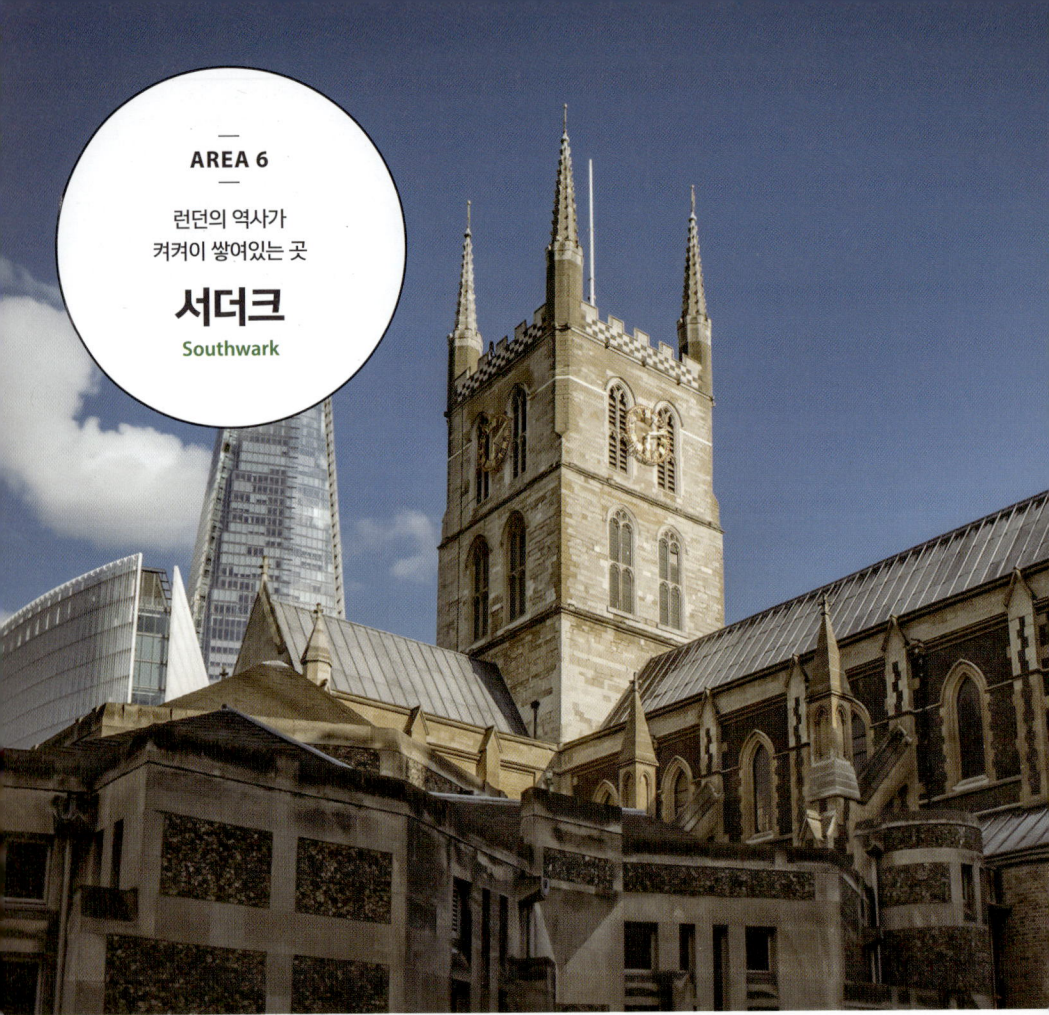

AREA 6

런던의 역사가
켜켜이 쌓여있는 곳

서더크
Southwark

시티와 더불어 런던에서 가장 오랜 역사를 지닌 지역. 제2차 세계대전 당시 이 지역은 폭격을 받지 않아 역사를 품은 건물들이 많이 남아 있다. 19세기 이 지역을 중심으로 기차가 오가게 되어 창고와 공장, 사무실이 들어서며 발전하기 시작했고, 지금은 런던 문화예술의 중심지로 거듭나 진가를 발휘하는 중이다. 템스강변의 아름다운 풍경과 이 지역에 얽힌 이야기들로 많은 여행자들의 발길을 끌어당기고 있다.

여행 포인트
관광 ★★★★
쇼핑 ★★★
미식 ★★

시티 찾아가기

가까운 지하철역

- 워털루Waterloo 지하철역
  (베이커루Bakerloo·주빌리Jubilee·노던Northern·워털루 & 시티Waterloo & City 라인)
- 서더크Southwark 지하철역
  (주빌리Jubilee 라인)
- 런던 브리지London Bridge 지하철역
  (주빌리Jubilee·노던Northern 라인)

어떻게 다닐까

과거 우범지대의 오명을 벗기 위해 영국 정부는 버려진 창고를 멋진 레스토랑과 카페, 바 등으로 재개발하고 템스강변 산책로를 정비했다. 테이트 모던에서 타워 브리지 방면으로 강변을 따라 걷다보면 옛 런던의 모습이 눈에 들어온다. 고층 빌딩 샤드는 런던의 스카이라인을 새롭게 바꾸었고, 72층에는 런던에서 가장 높은 전망대가 있다. 하지만 다른 지역에 비해 인적이 드물고 어두운 곳이 많으므로 늦은 시간에는 다니지 않는 것이 좋다.

일일 추천 코스

예상 소요시간 약 8~10시간

옛 화력발전소를 멋진 현대 미술관으로 변신시킨 테이트 모던에서부터 영국이 낳은 세계적인 극작가 셰익스피어의 작품을 관람할 수 있는 셰익스피어 글로브, 런더너들의 식량창고 역할을 하는 보로우 마켓, 런던의 랜드마크라 할 수 있는 타워 브리지를 따라 강변을 걷다보면 옛 런던과 새로운 모습으로 변모하는 다이내믹한 메트로폴리탄이 공존하는 것을 느낄 수 있을 것이다.

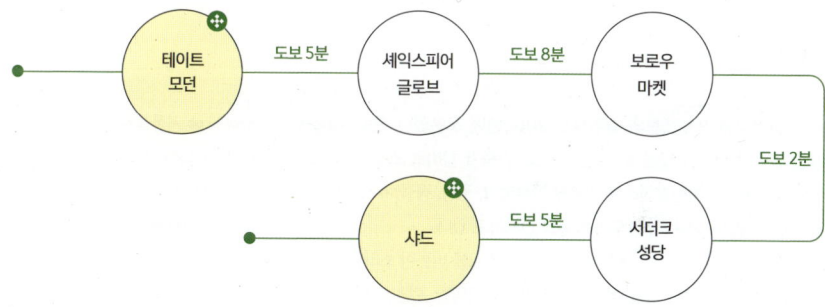

서더크의 관광 명소

화력발전소의 화려한 변신
테이트 모던 Tate Modern ★★★

런던 밀레니엄 프로젝트의 일환으로 2000년에 오픈했다. 현대 예술에 강한 영국의 면모를 엿볼 수 있는 곳으로, 건축가 길버트 스코트Gilbert Scott가 폐쇄된 화력발전소를 개조해 만들었다. 풍경, 정물, 누드, 역사 네 가지의 주제별로 20세기 이후의 작품을 전시하고 있다.

1층의 초대형 전시관 터번 홀에서는 데미안 허스트를 비롯한 스타급 아티스트들의 작품 전시부터 각종 행위예술에 이르는 다양한 콘텐츠로 방문객들을 맞이한다. 3~5층 전시 공간은 20세기 미술사에 한 획을 그은 현대 아티스트들의 작품을 전시하고 있다. 비교적 최근에 꾸며진 전시 공간 '탱크The Tanks'는 각종 퍼포먼스와 최신 작품을 관람할 수 있어 새로운 예술의 장을 넓히는 곳으로 사람들의 관심을 끌고 있다. 7층 카페에서 통유리를 통해 런던 시내를 바라보며 차 한잔의 여유로운 시간을 가져보는 것도 좋다.

How to go 지하철 주빌리Jubilee 라인 서더크Southwark 역에서 도보 8분 **Add** Tate Modern, Bankside, London **Open** 월~금요일 10:00~18:00, 토~일요일 10:00~22:00
Day Off 12월 24~26일
Fare 무료(특별전시 유료)
Tel 020 7887 8888
Web www.tate.org.uk
Map P.382-D

셰익스피어 마니아들의 성지
셰익스피어 글로브 Shakespeare's Globe ★★

미국 연출가이자 제작자 샘 워너메이커Sam Wanamaker가 1970년부터 23년간 꾸준히 모은 자료와 재정으로 재단을 설립해 1997년 엘리자베스 2세 여왕의 승인 하에 개관한 셰익스피어 연구기관이다. 셰익스피어가 살던 당시의 극장을 복원해 만든 곳으로 관광 및 연극 마니아들의 성지로도 유명하다. 전시실을 비롯해 극장 내부까지 관람할 수 있으며, 세계 각국의 언어로 전문가들의 상세한 설명을 들을 수 있는 가이드 투어도 준비되어 있다. 투어는 매시 30분마다 진행되나 일정이 자주 변경되므로 사전에 확인을 하고 가야 한다. 매년 여름이면 셰익스피어 연극 등 중세 연극 레퍼토리를 공연한다. 최근 샘 워너메이커 극장도 완공되어 연중무휴로 공연 프로그램을 운영하고 있다. 특히 이곳의 기념품 숍은 다른 곳에서는 구할 수 없는 셰익스피어 관련 기념품을 갖추고 있다.

How to go 지하철 주빌리Jubliee 라인 서더크Southwark 역에서 도보 11분 **Add** 21 New Globe Walk, Bankside, London **Open** 매표소 월~금요일 11:00~18:00, 토요일 10:00~18:00, 일요일 10:00~17:00 숍 매일 10:00~17:00 스완바·레스토랑 월~토요일 12:00~20:45, 일요일 11:30~20:45 **Fare** 성인 £17, 만 60세 이상 £15.50, 학생 £13.50, 만 5~15세 £10, 입석 £5, 샘 워너메이커 극장 £6~10 **Tel** 020 7401 9919 **Web** www.shakespearesglobe.com **Map** P.382-A

런더너들의 식탁을 책임진다
보로우 마켓 Borough Market ★★

런던에서 유명한 시장 중 하나로 영화 〈브리짓 존스의 일기〉나 〈해리 포터 시리즈〉 등에 등장했다. 런더너들의 일상을 고스란히 보여주는 이 시장은 신선한 과일과 채소, 해산물을 팔아 영국 유명 셰프들이 자주 찾는 곳이기도 하다. 11세기부터 운영한 시장으로 1276년 하이 스트리트로 옮겨졌다가 교통체증을 이유로 강제로 문을 닫았으나, 1756년 현재의 위치로 이전해 지금에 이르고 있다. 다양한 부스들의 개성을 살리고 여행자의 편의를 위해 보수공사를 했다. 현재는 런던의 과거와 현대가 조화를 이루는 시장으로 거듭났다.

How to go 지하철 주빌리Jubilee·노던Northern 라인 런던 브리지London Bridge 역에서 도보 3분
Add 8 Southwark Street, London **Open** 매일 10:00~17:00
Tel 020 7407 1002 **Web** boroughmarket.org.uk **Map** P.382-E

런던의 역사와 함께한 종교 건축물
서더크 성당 Southwark Cathedral ★★

런던에서 가장 오랜 역사를 지닌 고딕 건축물 중 하나로 12세기 수도원으로 지어져 1905년 이후 공식적인 성당으로 인정받기 시작했다. 예배당 바깥에서는 로마시대 건축물의 흔적을 찾아볼 수 있다. 보로우 마켓 바로 옆에 자리하여 수많은 런더너들의 사랑을 받아왔다. 특히 이 성당은 셰익스피어 가문과 밀접한 관계를 맺었는데, 셰익스피어의 지원으로 성당의 스테인드글라스를 만들 수 있었다고 전해지며, 그의 무덤도 이곳에 있다. 현재는 전통적인 성공회 예배를 드리는 성당 중 하나로, 일요일에는 예배에 참석하려는 여행자들의 발길이 이어진다. 내부 사진 촬영은 금지이나, 입장 시 일정 비용(사진 촬영 £2, 영상 촬영 £5)을 내면 가능하다.

How to go 지하철 주빌리Jubilee·노던Northern 라인 런던 브리지London Bridge 역에서 도보 2분 **Add** Southwark Cathedral, London Bridge, London
Open 월~토요일 09:00~18:00, 일요일 08:30~17:00
Tel 020 7367 6700 **Web** cathedral.southwark.anglican.org **Map** P.382-E

서유럽에서 가장 높은 건물
샤드 The Shard ★★★

소매상, 사무실, 호텔, 아파트, 레스토랑 등을 통합한 수직도시를 만들겠다는 야심찬 비전으로 지은 건물로, 프랑스 파리 퐁피두 센터를 설계한 건축가 렌조 피아노 Renzo Piano가 런던 교회의 첨탑과 선박의 돛대에서 영감을 받아 설계했다. 최신 엔지니어링 방식을 도입해 만든 87층, 높이 309m의 타워는 서유럽에서 가장 높은 건물로 기록되고 있다. 건물을 둘러싼 유리는 한 층마다 하나의 유닛으로 설치해 어느 층에서나 방해 없이 탁 트인 시야를 확보했으며, 최첨단 에너지 절감 기법을 사용했다. 72층의 전망대는 런던의 전경을 최대 64km 떨어진 곳까지 조망할 수 있어 런던의 명소들을 한눈에 내려다볼 수 있는 런던의 대표 전망대로 꼽힌다.

How to go 지하철 주빌리Jubilee·노던Northern 라인 런던 브리지London Bridge 역에서 도보 3분
Add 32 London Bridge Street, London
Tel 084 4499 7111
Web www.the-shard.com
Map P.382-E

전망대 The Shard Viewing Gallery
Open 일~목 11:00~19:00, 금~토요일 10:00~22:00(수시로 변동되므로 사이트 통해 방문 전 확인 필요)
Day Off 12월 25일
Fare 만 16세 이상 £ 32, 만 4~15세 £25
Tel 034 4499 7222
Web www.theviewfromtheshard.com

서더크의 레스토랑

제대로 된 피시 앤 칩스를 즐겨보자
피시! Fish!(Borough Market)

영국 남쪽 바다의 신선한 해산물을 공급받아 요리하는 레스토랑. 2017년 피시 앤 칩스 어워드에서 우승을 차지하며 유명세를 탔다. 애피타이저로 생선 수프나 석화, 메인 메뉴로 피시 앤 칩스, 훈제 로브스터 등을 추천한다. 레스토랑 옆 가판대에서는 피시 앤 칩스를 테이크아웃으로 가볍게 즐길 수 있다.

How to go 지하철 주빌리Jubilee·노던Northern 라인 런던 브리지London Bridge 역에서 도보 3분
Add Bedale Street, London
Open 월~금요일 11:30~23:00, 토요일 10:00~23:00, 일요일 10:00~22:30 **Fare** 메인 £18.75~ **Tel** 020 7407 3803 **Web** www.fishkitchen.co.uk **Map** P.382-E

해산물을 사랑하는 사람들 사이에서 인기
라이트 브라더스 Wright Brothers

신선한 해산물을 직송하는 시스템을 갖춘 전문 레스토랑으로 런던에만 다섯 개의 지점을 두고 있다. 굴, 새우, 게, 홍합과 같은 해산물의 신선도는 믿을 수 있으며 가자미와 훈제 고등어 등의 생선요리는 수석 셰프의 노하우로 만들어져 런더너들 사이에서도 평이 좋다.

How to go 지하철 주빌리Jubilee·노던Northern 라인 런던 브리지London Bridge 역에서 도보 3분
Add Borough Market, 11 Stoney Street, London
Open 월~토요일 12:00~22:00, 일요일 12:00~17:00 **Fare** 메인 메뉴 £8.5~ **Tel** 020 7403 9554
Web www.thewrightbrothers.co.uk
Map P.382-E

서더크의 카페

힙스터들의 놀이터로 떠오른 카페 & 레스토랑
카라반 뱅크사이드
Caravan Bankside

19세기 뱅크사이드의 메탈 박스 공장을 세련된 인더스트리얼 스타일의 카페 겸 칵테일 바, 다이닝 공간으로 재탄생시켜 런던 힙스터들의 새로운 아지트로 자리 잡고 있다. 토스트나 시리얼 등 가벼운 아침 식사를 즐기기 좋고, 브런치를 즐기기 위해 이곳을 찾는 사람들도 많다. 오후 12시부터 나오는 피자 역시 만족스럽다. 런더너처럼 진저 맥주나 커피 등을 즐기는 것도 좋겠다.

How to go 지하철 주빌리Jubilee·노던Northern 라인 런던 브리지London Bridge 역에서 도보 9분
Add 30 Great Guildford Street, London
Open 월~목요일 08:00~23:00, 금요일 08:00~24:00, 토요일 09:00~24:00, 일요일 09:00~17:00
Tel 020 7101 1190　**Web** caravanrestaurants.co.uk　**Map** P.382-D

〈피터팬〉으로 유명한 초고층의 바
아쿠아 샤드 Aqua Shard

런던, 홍콩, 베이징 등 전 세계 주요 도시에서 레스토랑과 바를 운영하는 아쿠아 레스토랑 그룹에서 운영하는 바 & 레스토랑. 런던의 스카이라인을 가장 멋지게 조망할 수 있는 샤드 31층에 둥지를 틀었다. 아침 식사부터 저녁 식사까지 운영해 어느 때 방문해도 서비스를 받을 수 있다. 뮤지컬 〈피터팬〉을 테마로 한 애프터눈 티가 인기 있으며, 일주일 전에는 미리 예약할 것을 권한다.

How to go 지하철 주빌리Jubilee·노던Northern 라인 런던 브리지London Bridge 역에서 도보 3분
Add Level 31, The Shard, 31 St. Thomas Street, London **Open** 애프터눈 티 13:00~17:00, 점심 식사 월~금요일 12:00~14:30(뱅크 홀리데이 제외), 주말 브런치 10:30~15:30 **Fare** 메리 포핀스 애프터눈 티 £49
Tel 020 3011 1256 **Web** www.aquashard.co.uk **Map** P.382-E

맛있는 커피 한잔의 여유를 즐기다
몬머스 커피
Monmouth Coffee(The Borough)

보로우 마켓 입구에 자리한 카페. 커피 맛이 좋아 사람들로 항상 긴 줄이 늘어서 있다. 볼리비아, 브라질, 콜롬비아, 케냐 등 여러 나라에서 수입되는 양질의 원두를 그들만의 노하우로 로스팅해 내놓는다. 계절별로 원두나 로스팅 방식에 차이를 두어 방문할 때마다 새로운 맛을 즐길 수 있다. 커피 한 잔을 테이크아웃해 보로우 마켓을 돌아보거나, 카페 안의 북적이는 분위기 속에서 커피를 즐겨보는 것도 괜찮을 듯하다.

How to go 지하철 주빌리Jubilee·노던Northern 라인 런던 브리지London Bridge 역에서 도보 3분
Add 2 Park Street, London
Open 월~토요일 07:30~18:00
Day Off 일요일 **Tel** 020 7232 3010
Web www.monmouthcoffee.co.uk **Map** P.382-E

서더크의 펍

해 질 녘 전망이 아름다운 바
옥소 타워 워프
Oxo Tower Wharf

서더크 지역에서 가장 주목받는 랜드마크 중 하나로 떠오르고 있는 옥소 타워 워프 내에 자리한 바. 1990년대 이후 부둣가 창고였던 곳을 재개발하여 갤러리, 레스토랑, 카페, 바, 디자인 스튜디오 등이 들어선 복합문화공간으로 만들었다. 환상적인 템스강의 야경을 즐길 수 있으며, 목~일요일 저녁에는 재즈 공연도 열린다.

How to go 지하철 주빌리Jubilee 라인 서더크Southwark 역에서 도보 9분
Add Barge House Street, South Bank, London **Open** 바 12:00~21:30 가정식 12:00~16:45, 17:00~21:30 레스토랑 월~토요일 12:00~14:30, 일요일 12:00~15:00 저녁 월~화요일 18:00~21:30, 수~토요일 17:00~21:30, 일요일 18:00~21:30 애프터눈 티 월~토요일 15:00~16:00, 일요일 15:30~16:30 **Fare** 바 칵테일 £14~, 가정식 메인 £19.50~, 레스토랑 메인 £23~ **Tel** 020 7803 3888 **Map** P.382-D

런던 펍의 역사를 한눈에
조지 인 George Inn

과거 마부들이 묵는 전통여관 중 하나로 이용되던 목조 건물 안에 자리한 펍이다. 셰익스피어와 찰스 디킨스가 단골로 드나들어 유명세를 떨치기도 했다. 1676년에 중세 양식으로 지어져 지금은 민간단체 내셔널 트러스트에서 관리하는 건물로 보호를 받고 있다. 펍 내부는 과거로 돌아간 듯한 느낌을 주며, 엄선된 맥주를 즐길 수 있다.

How to go 지하철 주빌리Jubilee·노던Northern 라인 런던 브리지London Bridge 역에서 도보 2분
Add 75-77 Borough High Street, London **Open** 12:00~익일 00:30 **Day Off** 12월 25~26일 **Fare** 피시 앤 칩스 £16.95 **Tel** 020 7407 2056 **Web** www.nationaltrust.org.uk/george-inn **Map** P.382-E

AREA 7

앤티크한 상점가와
고급 주택가를 걷는 재미

켄싱턴 & 노팅힐
Kensington & Notting Hill

켄싱턴과 노팅힐은 빅토리아 시대에 개발되기 시작했으며, 점차 지역을 넓혀가면서도 개발 당시의 화려하고 부유한 분위기는 고스란히 이어지며 오늘날에 이르렀다. 임페리얼 칼리지 런던Imperial College London을 중심으로 한 대학가와 자연사 박물관, 빅토리아 앤 앨버트 박물관, 로열 앨버트 홀 등이 자리한 교육·문화중심지로 발전하고 있다. 노팅힐은 빈티지한 매력과 이국적인 문화가 공존하며, 이곳에 자리한 골동품 시장이나 포토벨로 로드 등 개성 있는 쇼핑 스폿으로 쇼핑 마니아들의 관심을 끌고 있다.

여행 포인트
관광 ★★★
쇼핑 ★★★★
미식 ★★

켄싱턴 & 노팅힐 찾아가기

가까운 지하철역

- 사우스 켄싱턴South Kensington 지하철역
  (서클Circle·디스트릭트District·
  피커딜리Piccadilly 라인)
- 나이츠브리지Knightsbridge 지하철역
  (피커딜리Piccadilly 라인)
- 랭커스터 게이트Lancaster Gate 지하철역
  (센트럴Central 라인)
- 노팅힐 게이트Notting Hill Gate 지하철역
  (센트럴Central·서클Circle·디스트릭트District
  라인)

어떻게 다닐까

산뜻하게 아침 산책으로 하루를 시작한다면 켄싱턴 파크나 홀란드 파크를 거닐어보자. 고급스런 건물과 푸른 공원을 배경으로 맑은 공기와 커피 한잔을 즐기면, 쌓인 피로가 싹 풀리며 활기찬 하루를 시작할 수 있을 것이다. 다시 숙소로 돌아와 짐을 챙기고 브롬프턴 로드Brompton Road를 따라 내려가면 빅토리아 앤 앨버트 박물관과 자연사 박물관, 과학 박물관에 이르게 된다. 오후에는 켄싱턴 팰리스 서쪽으로 펼쳐진 부유층의 주택가와 앤티크 마켓, 영화 〈노팅힐〉의 배경이 된 매력적인 노팅힐을 산책하는 것으로 하루를 마무리한다.

일일 추천 코스

예상 소요시간 약 8~10시간

박물관 관람을 좋아하고 걷는 것을 좋아하는 사람들에게 더할 나위 없는 스폿이 켄싱턴 & 노팅힐이다. 날씨가 맑다면 오전부터 일정을 시작해 보자. 오전에는 켄싱턴 파크를 천천히 거닐다가 취향에 맞는 박물관을 방문해보길 권한다. 앤티크 마니아라면 매주 토요일마다 열리는 포토벨로 로드를 꼭 찾아가 보자.

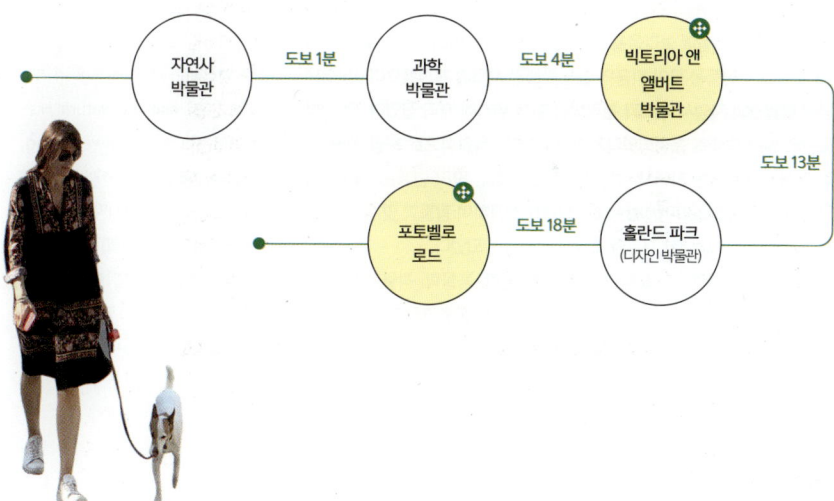

자연사 박물관 — 도보 1분 — 과학 박물관 — 도보 4분 — 빅토리아 앤 앨버트 박물관 — 도보 13분 — 홀란드 파크(디자인 박물관) — 도보 18분 — 포토벨로 로드

켄싱턴 & 노팅힐의 관광 명소

오감으로 느껴보는 자연의 신비
자연사 박물관 Natural History Museum ★★★

약 7천만 가지에 이르는 자연사에 관한 전시물과 전시 공간 규모, 교육 프로그램 등의 방대함에 놀라움을 금치 못할 장소다. 1756년 한스 슬론Hans Sloane의 수집품을 모아 지금의 영국 박물관 자리에 개관했으며, 1883년 영국 박물관의 자연사 파트가 분리되어 현재 위치에 자리 잡았다. 영국 박물관의 별관 형태로 운영되었다가 1963년부터 독립적으로 운영, 1992년이 되어서야 온전한 자연사 박물관으로 거듭났다. 1986년에는 지리학 박물관을 흡수하고, 2009년에는 다윈 센터를 개장하며 광물학 및 동물학, 고생물학에 이르는 방대한 자료를 소장한 박물관이 되었다.

현재 자연사 박물관은 식물학, 곤충학, 고생물학, 동물학, 광물학 다섯 분야의 자료들을 모아 전시관을 구성하고 있다. 체험 프로그램이나 이벤트도 진행해 자녀를 동반한 가족 여행의 필수 여행지로 자리 잡았다.

How to go 지하철 센트럴Central·서클Circle·디스트릭트District 라인 사우스 켄싱턴South Kensington 역에서 도보 4분 **Add** The Natural History Museum, Cromwell Road, London **Open** 10:00~17:50(마지막 입장 17:30), 매달 마지막 주 금요일 10:00~22:30(12월 제외)
Day Off 12월 24~26일 **Fare** 무료(특별전시 유료) **Tel** 020 7942 5000
Web www.nhm.ac.uk
Map P.383-E

다양한 주제의 기획전이 연중 계속되는 곳
빅토리아 앤 앨버트 박물관
Victoria and Albert Museum ★★★

흔히 'V&A'로 부르는 빅토리아 앤 앨버트 박물관은 세계에서 가장 넓은 장식예술 및 디자인 박물관으로 450만 점의 전시품을 소장하고 있다. 2001년부터 오랜 리노베이션을 거쳐 지금에 이르렀다. 폭넓은 분야의 방대한 자료를 소장하고 있어 관심사에 따라 찾는 전시관이나 동선이 달라진다. 유럽의 유명건축물 및 조각상을 그대로 재현한 카스트 코트Cast Courts, 붉은 벽돌 건물 사이의 아름다운 정원 존 마데이스키John Madejski는 모든 방문자들이 찾는 곳이다.

How to go 지하철 서클Circle·디스트릭트District·피커딜리Piccadilly 라인 사우스 켄싱턴South Kensington 역에서 도보 4분 **Add** The Victoria and Albert Museum, Cromwell Road, London **Open** 10:00~17:45(금요일 일부 전시실 22:00 마감) **Day Off** 12월 24~26일 **Fare** 무료 **Tel** 020 7942 2000 **Web** http://www.vam.ac.uk **Map** P.383-E

과학이론을 흥미롭게 전달해주는 박물관
과학 박물관 Science Museum ★

1857년 사우스 켄싱턴 박물관으로 시작해 1909년에 과학 박물관으로 독립했다. 세계 최초의 제트 엔진이나 현존하는 가장 오래된 증기기관, 세계 최초의 타자기 및 다양한 자동차, 각종 산업과 관련된 기계 등을 전시하고 있다. 아이맥스 영화관을 비롯한 다양한 체험관도 운영해 어린이들에게 인기가 높다.
2003년에 개장된 다나 센터The Dana Centre에서는 과학 관련 이벤트나 세미나가 열린다. 한 달에 한 번, 만 7~11세의 어린이들을 초청해 밤새도록 아이맥스 과학영화를 상영하고 과학 이야기를 들려주는 행사 과학의 밤Science Night을 개최한다. 자녀에게 추억을 만들어주고 싶다면 전화로 미리 예약하자.

How to go 지하철 서클Circle·디스트릭트District·피커딜리Piccadilly 라인 사우스 켄싱턴South Kensington 역에서 도보 6분 **Add** Science Museum, Exhibition Road, London **Open** 10:00~18:00(마지막 입장 17:15) **Fare** 무료(특별전시 유료) **Tel** 020 7942 4000 **Web** http://www.sciencemuseum.org.uk **Map** P.383-E

영국 왕실 공식 거주지 중 하나
켄싱턴 가든 Kensington Gardens ★★

1689년 윌리엄 3세 왕의 천식개선을 위한 조용하고 깨끗한 쉼터를 마련하고자 하이드 파크 일부를 구입해 만든 영국 왕실 공원이다. 원형 연못을 중심으로 켄싱턴 팰리스, 앨버트 경이 빅토리아 여왕에게 선물했다고 전해지는 분수 정원 이탈리안 가든, 앨버트 경의 동상과 탑, 피터팬 동상, 서펜타인 갤러리, 고 다이애나 왕세자비 놀이터까지 다양한 공간이 있다. 특히 이곳은 빅토리아 여왕이 탄생했던 곳이기도 해 빅토리아 여왕과 관련된 장소가 많다. 지금은 야외영화 상영이나 전시회 개최 등 다양한 행사가 열리기도 한다.

How to go 지하철 센트럴Central 라인 랭커스터 게이트Lancaster Gate 역에서 도보 1분 **Add** Kensington Gardens, London **Open** 06:00~21:45 **Tel** 030 0061 2000 **Web** www.royalparks.org.uk/parks/kensington-gardens **Map** P.383-B

런더너들의 여유로운 휴식처
홀란드 파크
Holland Park ★★

하이드 파크에서 서쪽으로 걷다보면 나오는 공원. 어린이들이 신나게 뛰노는 놀이터부터 야외공연장에 이르기까지 여가를 보낼 수 있는 다양한 공간들을 갖추었다. 원래 이곳에는 왈토 코프의 성이 있었으나, 이후 홀란드 하우스로 이름이 바뀌었고, 제2차 세계대전 당시 폭격을 맞아 대부분의 건물이 파손되었다. 일부 남아 있는 건물은 현재 호스텔로 운영되고 있다. 햇살이 내리쬐는 날에는 축구, 테니스, 크리켓 등을 즐기거나 잔디밭에 누워 여유로운 시간을 보내고 산책을 즐기는 런더너들을 쉽게 만날 수 있다.

How to go 지하철 센트럴Central 라인 홀란드 파크Holland Park 역에서 도보 7분 **Add** Holland Park, Ilchester Place, London **Open** 07:30~일몰 30분 전 **Tel** 020 7602 2226 **Web** www.rbkc.gov.uk/leisure-and-culture/parks/holland-park **Map** P.383-A, D

디자인 세계의 변천사를 한눈에 살펴본다
디자인 박물관 Design Museum ★

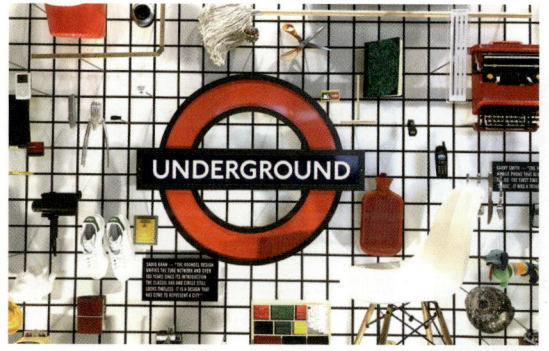

How to go 지하철 센트럴Central 라인 홀란드 공원Holland Park 역에서 도보 7분 **Add** Holland Park, 224-238 Kensington High Street, London
Open 10:00~18:00, 매월 첫 번째 금요일 10:00~20:00
Day Off 12월 24~26일
Web designmuseum.org
Map P.383-D

템스강변의 버몬지에 영국 디자인계의 아버지 테레스 콘란이 세운 디자인 마니아들의 성지로 2015년 홀란드 파크 안으로 이전했다. 연방 연구소를 리모델링한 건물로 독특한 스타일의 쌍곡선 지붕이 눈길을 끈다. 인더스트리얼 디자인, 그래픽, 복식, 가구, 건축 등 여러 분야의 디자인을 시대별로 구분하여 전시하고 있다.

켄싱턴의 대표적인 쇼핑 스트리트
켄싱턴 하이 스트리트
Kensington High Street ★

19세기 후반부터 발전하기 시작한 백화점 스트리트로 런던의 젊은 층을 위한 브랜드 숍들이 모여 있다. 지금은 2005년부터 시작된 도시계획으로 주거지역으로도 변모하고 있으며 기존과 다른 스타일의 상권이 형성되어, 주거와 상권, 과거와 현재가 공존하는 도시계획의 성공 사례로 꼽히고 있다.

How to go 지하철 서클Circle·디스트릭트District 라인 하이 스트리트 켄싱턴High Street Kensington 역에서 도보 4분
Map P.383-A, B

앤티크 마니아들의 성지
포토벨로 로드 Portobello Road ★★★

노팅힐 마켓은 영국 로맨스 코미디의 고전이 된 영화 〈노팅힐〉의 영향으로 런던 여행자들의 필수 코스가 되었다. 포토벨로 로드는 매주 토요일마다 엄청난 인파가 몰리는 노팅힐 마켓의 중심거리로 '노팅힐 마켓 거리'로 잘 알려져 있다. 포토벨로 마켓은 과일과 채소 등 식재료를 파는 시장과 골동품 시장 등으로 이루어져 있다. 영화 〈노팅힐〉에 나오는 노팅힐 트래블 북숍The Notting Hill Travel Bookshop은 내부공사로 인해 영화에 나왔던 모습과는 차이가 있지만, 여전히 여행자들이 즐겨 찾는다. 이곳에서 기념 촬영을 하려면 기부금을 내야 한다.

How to go 지하철 센트럴Central·서클Circle·디스트릭트District 라인 노팅힐 게이트Notting Hill Gate 역에서 도보 14분, 서클Circle·해머스미스 & 시티Hammersmith&City 라인 래드브로크 그로브Ladbroke Grove 역에서 도보 4분 **Add** 노팅힐 트래블 북숍 13-15 Blenheim Crescent, Nothing Hill, London **Map** P.383-A

영화 〈패딩턴〉의 배경이 된 기차역
패딩턴 기차역 Paddington Station ★

런던 북서부에 위치한 패딩턴 기차역은 1854년 오픈한 이래 처음의 모습을 유지하며 서서히 발전해 가고 있다. 영국이 자랑하는 토목기술자 이점바드 브루넬 Isambard Brunel이 설계했으며, 특히 9~12번 플랫폼의 지붕은 에드워드 왕 시절에 지어진 원형을 그대로 보존해 사람들의 시선을 끈다. 영화 〈패딩턴〉을 비롯해 동화 《패딩턴 베어》, 애거사 크리스티의 소설 《패딩턴 발 4시 50분》, 영화 〈뱅크 잡〉, 드라마 〈셜록 시즌 2〉 등 영화, 드라마, 소설 등의 배경으로도 등장해 작품의 분위기를 느껴보려는 여행자들이 많이 찾는다.

How to go 지하철 베이커루Bakerloo·서클Circle·디스트릭트District·해머스미스 & 시티Hammersmith & City 라인 패딩턴Paddington 역에서 도보 1분 **Add** Paddington Station, London **Tel** 084 5711 4141 **Map** P.383-B, C

켄싱턴 & 노팅힐의 레스토랑

여행의 추억이 묻어나는 레스토랑 & 숍
샐리 클라크 숍 Sally Clarke Shop

주인장 샐리가 해외 생활과 여행 경험을 토대로 문을 연 가게이다. 어린 시절 휴가차 방문한 프랑스에서 요리에 대한 영감을 얻고 파리 유학 중 다양한 레스토랑에서 일하며 경험을 쌓았다고 한다. 특히 캘리포니아의 주방과 와이너리에서 음식과 와인에 심취하게 되었는데, 이후 런던으로 돌아와 현재 위치에 베이커리와 레스토랑을 열었다. 영국과 지중해에서 신선한 아이디어를 얻어 편안하면서 개성 있는 제철 요리를 내놓는다.

How to go 지하철 센트럴Central, 서클Circle, 디스트릭트District 라인 노팅힐 게이트Notting Hill Gate 역에서 도보 4분
Add 121 Kensington Church Street, London
Open 월~토요일 09:00~18:00, 일요일 08:00~16:00
Fare 점심 메뉴 £38, 메인 코스 £36~
Tel 020 7229 2190
Web www.sallyclarke.com
Map P.383-A

한층 업그레이드 된 한식을 즐길 수 있는 곳
불고기 Bulgogi

블랙의 깔끔한 외관과 패치워크 스타일로 목재를 배열해 포인트를 준 인테리어가 인상적인 한식당이다. 독특한 플레이팅 또한 매력적이다. LA갈비와 김밥, 치킨 가스, 돌솥비빔밥 등 대표적인 한식부터 김치 볶음밥, 부대찌개 등 다양한 메뉴를 갖추고 있으며, 맛 또한 준수한 편이다.

How to go 지하철 센트럴Central·서클Circle·디스트릭트District 라인 노팅힐 게이트Notting Hill Gate 역에서 도보 3분 **Add** 145 Notting Hill Gate, London **Open** 월~목요일 12:00~15:00, 18:00~23:00, 금요일 12:00~15:00, 17:30~23:00, 토~일요일 12:00~23:00, 18:00~22:30 **Day Off** 12월 24~25일, 1월 1일 **Fare** 비빔밥 £11.50, 불고기 £12.50 **Tel** 020 7792 1760 **Map** P.383-A

맥주와 음식 모두 훌륭한 가스트로 펍
프린스 보나파르트 The Prince Bonaparte

노팅힐과 패딩턴 사이에 자리한 가스트로 펍으로 벽난로가 있어 따뜻한 분위기가 돋보이는 가게다. 가자미부터 쇠고기까지 숯으로 그을려 만든 음식은 훈연 향이 훌륭하고, 맛있는 에일 맥주와 사과주를 곁들이면 즐거움이 배가된다. 그릴에 구운 포크 립아이나 등심 스테이크, 피시 & 칩스를 추천한다.

How to go 지하철 서클Circle, 해머스미스 & 시티Hammersmith & City, 웨스트번 파크Westbourne Park 역에서 도보 8분 **Add** 80 Chepstow Road, London **Open** 월~토요일 12:00~23:00, 일요일 12:00~22:30 **Fare** £20~ **Tel** 020 7313 9491 **Web** www.theprincebonapartew2.co.uk **Map** P.383-A

> **TIP**
> **가스트로노미 Gastronomy**
> 불어로 '식도락'이라는 뜻으로 펍과 파인 다이닝을 겸하는 곳을 뜻한다.

진한 돼지고기 국물 맛이 일품

돈코츠 Tonkotsu(Notting Hill)

흐리고 서늘한 런던의 날씨에 딱 어울릴 만한 국물 요리를 찾는다면 돈코츠로 가보자. 일본에서 공수한 기계로 뽑아내 쫄깃함이 살아있는 면에 돼지고기를 푹 끓여 만든 진한 국물로 완성한 돈코츠 라멘은 이곳의 대표 메뉴다. 신선한 해산물을 곁들여 내놓는 시푸드 라멘, 쫄깃하고 시원한 맛으로 여름철에 인기 있는 히야시 라멘도 추천한다. 라멘 한 그릇에 키에츠 드라이 맥주 한 잔을 곁들이면 금상첨화. 노팅힐점을 비롯해 소호, 스트랫퍼드 등 런던에만 열 개가 넘는 지점이 있다.

How to go 지하철 서클Circle·해머스미스 & 시티Hammersmith & City 라인 래드브로크 그로브Ladbroke Grove 역에서 도보 6분 **Add** 7 Blenheim Crescent, London **Open** 월~목요일 12:00~22:00, 금~토요일 12:00~22:30 **Fare** 라멘 £10~ **Tel** 010 7221 8280 **Web** tonkotsu.co.uk **Map** P.383-A

호주의 유명 셰프가 진출한 노팅힐의 맛집

그랜저 앤 코 Granger and Co 👍

호주의 유명 셰프 빌 그랜저Bill Granger가 영국에 문을 연 레스토랑 중 하나. 노팅힐에서 브런치로 인기 있는 곳으로 오전에도 긴 줄이 이어질 때가 많다. 오렌지 주스나 아몬드 밀크에 카카오, 바나나 등을 넣은 빌스 로우 스무디, 아보카도와 달걀을 곁들인 토스트, 리코타 치즈 케이크 등이 아침 식사 인기 메뉴다.

How to go 지하철 서클Circle·해머스미스 & 시티Hammersmith & City 라인 웨스트본 파크Westbourne Park 역에서 도보 7분 **Add** 175 Westbourne Grove, London **Open** 월~토요일 07:00~22:30, 일요일 08:00~21:30 **Fare** 클래식 아침 메뉴 £8~, 샐러드 £13.50~, 버거 £17.50~ **Tel** 020 7229 9111 **Web** www.grangerandco.com **Map** P.383-A

켄싱턴 & 노팅힐의 카페

포르투갈의 로컬 제과점에서 느끼는 그 맛
리스보아 파티스리 Lisboa Patisserie

골본 거리Golborne Road의 중심부에 위치한 포르투갈 제과점으로 포르투갈 전통 타일로 장식되어 있어 소박하면서도 현지의 느낌이 물씬 느껴진다. 전통 조리 방법을 고수해 늘 한결같은 맛으로 런던 시민에게 사랑받고 있다. 우리나라에서도 인기 있는 에그 타르트(Pastel de Nata)와 치즈 케이크는 언제나 베스트셀러로, 제품을 구매하려는 사람들로 매일 아침 7시부터 문전성시를 이룬다.

How to go 메트로 서클Circle, 해머스미스 & 시티Hammersmith & City 라인 웨스트번 파크 Westbourne Park 역에서 도보 8분 **Add** 57 Golborne Road, London **Open** 화~토요일 07:00~17:30, 일요일 07:30~17:30 **Day Off** 월요일 **Fare** 음료와 케이크 £4~ **Tel** 020 8968 5242 **Map** P.383-A

전 세계 유명 커피 산지와 거래하는 커피 하우스
커피 플랜트 Coffee Plant

포토벨로 마켓의 명소인 일렉트릭 시네마Electric Cinema와 마주하고 있는 커피 하우스. 공정무역으로 사들인 좋은 품질의 유기농 원두를 로스팅하여 전국의 커피 숍에 납품한다. 깊은 향미를 지닌 르완다산, 라테로 즐길 때 훌륭한 볼리비아산, 균형잡힌 맛이 특징인 파푸아뉴기니산 등 다양한 산지의 원두를 로스팅해 판매한다. 크루아상, 케이크 등도 저렴하게 즐길 수 있고, 가벼운 아침 식사도 할 수 있다.

How to go 지하철 서클Circle·해머스미스 & 시티 Hammersmith & City 라인 래드브로크 그로브Ladbroke Grove 역에서 도보 7분 **Add** 180 Portobello Road, London **Open** 월~금요일 07:00~16:00, 토요일 08:00~16:00, 일요일 08:00~16:00 **Fare** 커피 £2~ **Tel** 020 7221 8137 **Web** www.coffee.uk.com **Map** P.383-B

채식요리를 주류로 끌어올린 스타 셰프의 레시피
오토렝기 Ottolenghi 👍

이스라엘 출신 셰프 요탐 오토렝기Yotam Ottolenghi가 지중해요리에 뿌리를 둔 건강식을 소개한다. 로컬 푸드 생산자들에게 공급받은 영양 가득한 곡물과 신선한 과일 및 채소, 허브와 향신료를 독창적인 요리법으로 조리하여 채식요리도 든든한 한끼가 될 수 있음을 증명하고 있다. 신선함이 입 안 가득 전해지는 샐러드에 시금치, 양파와 크림을 넣어 만든 키슈, 좋은 재료로 만든 달콤한 케이크 등 아침 식사나 브런치로 즐겨도 손색없을 건강한 요리들로 하루를 시작해 보자.

How to go 지하철 서클Circle·해머스미스 & 시티Hammersmith & City 라인 웨스트본 파크Westbourne Park 역에서 도보 6분 **Add** 63 Ledbury Road, London **Open** 매일 08:00~19:00 **Fare** 아침 식사 £15~ **Tel** 020 7727 1121 **Web** ottolenghi.co.uk **Map** P.383-B

달달한 컵케이크가 생각날 때
허밍버드 베이커리
The Hummingbird Bakery

2004년 오픈한 이후 꾸준히 마니아층을 형성하며 런던과 두바이 등 여러 지점을 운영하고 있는 컵케이크 전문점. 알록달록한 색감에 앙증맞은 토핑이 보는 즐거움을 주는 컵케이크를 판매한다. 누텔라, 바닐라, 초콜릿, 솔트 캐러멜 등 기호에 맞는 컵케이크를 골라 먹는 재미가 있다. 브라우니, 쿠키 등도 판매해 디저트를 좋아하는 여행자에게는 후회 없는 선택이 될 것이다.

How to go 지하철 서클 Circle·해머스미스 & 시티Hammersmith & City 라인 래드브로크 그로브Ladbroke Grove 역에서 도보 6분 **Add** 133 Portobello Road, London **Open** 매일 10:00~17:00 **Fare** 커피 £5~ **Tel** 020 7851 1795 **Web** hummingbirdbakery.com **Map** P.383-A

켄싱턴 & 노팅힐의 쇼핑

심플 라이프를 추구하는 사람들의 로망
네이티브 & 코
Native & Co(Notting Hill) 👍

일본과 대만의 심플 디자인의 가정용품을 큐레이팅하는 공예 및 식기전문 숍. 전통 공예가와 전문 제작자의 긴밀한 협력으로 만들어지는 수준 높은 제품들을 판매하며, 런던 디자인 페어에 자주 출품되기도 한다. 단아한 색깔의 하사미 도자기, 오랜 역사를 지닌 일본의 세라믹 도자기 토코나메 야키와 대만의 러시 직조 등의 공예품을 만날 수 있다. 킨포크 스타일을 좋아하는 사람들에게는 더할 나위 없이 매력적인 숍이다.

How to go 지하철 센트럴Central·서클Circle·디스트릭트District 라인 노팅힐 게이트Notting Hill Gate 역에서 도보 9분 **Add** 116 Kensington Park Road, London **Open** 월~토요일 11:00~18:30, 일요일 12:00~17:00 **Day Off** 12월 25일~1월 4일 **Tel** 020 7243 0418 **Web** nativeandco.com **Map** P.383-A

런던을 대표하는 유기농 식료품점
데일스포드 오가닉
Daylesford Organic(Notting Hill)

아이들에게 건강한 음식을 제공하려는 목표와 음식에 대한 열정으로 성장해 온 유기농 전문 숍. 이곳에서는 신선하고 건강한 토양에서 자란 제철채소와 성장촉진제나 호르몬을 투여하지 않은 건강한 축산물, 유기농 음료, 빵, 와인 등의 식료품과 주방용품이나 에코백 등 생활용품을 판매하고 있다.

How to go 지하철 서클Circle·해머스미스 & 시티Hammersmith & City 라인 웨스트본 파크Westbourne Park 역에서 도보 12분 **Add** 208-212 Westbourne Grove, London **Open** 월~토요일 08:00~20:00, 일요일 09:00~18:00 **Tel** 020 7313 8050 **Web** daylesford.com **Map** P.383-A

파스텔 톤의 예쁜 패키징이 돋보이는 초콜릿
멜트 초콜릿 Melt Chocolates

노팅힐과 홀란드 파크에 지점을 두고 있는 초콜릿 브랜드로, 파스텔 톤의 예쁜 초콜릿 패키지가 사랑스럽다. 신선한 원료로 만드는 초콜릿은 입 안에 넣는 순간 절로 미소를 짓게 한다. 캐러멜에 소금을 가미하여 달콤함과 짭짤함이 동시에 느껴지는 솔트 캐러멜과 피스타치오가 들어간 화이트 바 초콜릿 등이 베스트셀러로 사랑받고 있다. 선물용으로도 제격이다.

How to go 지하철 서클Circle·해머스미스 & 시티Hammersmith & City 라인 웨스트본 파크Westbourne Park 역에서 도보 6분 **Add** 59 Ledbury Road, London **Open** 월~토요일 10:00~18:30, 일요일 11:00~16:00 **Tel** 020 7727 5030 **Web** www.meltchocolates.com **Map** P.383-A

식사와 쇼핑을 한번에 즐길 수 있는 대형 쇼핑몰
웨스트필드 Westfield

옥스퍼드 서커스에서 지하철로 15분 거리에 위치한 대형 쇼핑몰. 딤섬으로 유명한 핑퐁PingPong, 미국의 3대 수제 버거 중 하나인 파이브 가이즈Five Guys, 캐주얼 멕시코 요리를 표방하는 와하카Wahaca 등 50여 개의 레스토랑과 샴페인 바, 멀티 플렉스 영화관, 상점 등 265개의 매장이 입점해 있다. 또한 레벨1(한국의 2층)에는 고급 슈퍼마켓인 웨이트 로즈 & 파트너스 Waitrose & Partners도 있어서 다양한 식료품을 구입하기에도 좋다.

How to go 지하철 서클Circle·해머스미스 & 시티Hammersmith & City 라인 우드 레인Wood Lane 역에서 도보 4분 **Add** 4006 Ariel Way, Shepherds Bush, London **Open** 월~토요일 10:00~21:00, 일요일 12:00~18:00 **Tel** 020 3371 2300 **Web** uk.westfield.com/london **Map** P.383-A

AREA 8

부유한 런더너들의 쇼핑 구역

나이츠브리지 & 첼시
Knightsbridge & Chelsea

메이페어에서 하이드 파크를 지나면 만날 수 있는 지역으로 영국 역사에서 가장 부유했던 시기에 형성되어 그 화려함이 남다르다. 해러즈 백화점을 중심으로 펼쳐진 쇼핑 스트리트에서는 세계적인 명품 숍을 만나볼 수 있다. 슬론 스퀘어를 따라 이어지는 첼시는 영국에서 부유한 계층이라 할 수 있는 귀족이나 문인들, 학자들이 사는 지역으로 고급스럽고 젠틀한 분위기가 감돈다. 영국 상류층의 문화를 간접적으로나마 체험하고 싶다면 이곳을 찾아가보는 것도 좋겠다.

여행 포인트
관광 ★★
미식 ★★★
쇼핑 ★★★★★

나이츠브리지 & 첼시 찾아가기

가까운 지하철역

- 나이츠브리지Knightsbridge 지하철역
  (피커딜리Piccadilly 라인)
- 사우스 켄싱턴South Kensington 지하철역
  (서클Circle·디스트릭트District·피커딜리
  Piccadilly 라인)
- 슬론 스퀘어Sloane Square 지하철역
  (서클Circle·디스트릭트District 라인)
- 하이드 파크 코너Hyde Park Corner 지하철역
  (피커딜리Piccadilly 라인)

어떻게 다닐까

한가로운 공원, 다채로운 문화시설이 모여 있어 관광, 산책, 쇼핑을 골고루 즐길 수 있다. 아이 쇼핑만으로도 즐거운 나이츠브리지와 슬론 스퀘어에서 기분 좋은 하루를 시작해 보자. 현대 작가들의 작품을 만날 수 있는 사치 갤러리를 관람한 후 근처에서 가볍게 점심 식사나 브런치를 즐긴다. 이곳은 관광 명소와 쇼핑 스폿이 포진해 있으나 지하철역과는 거리가 있으므로 효율적으로 여행하려면 우버나 택시를 이용하는 것이 좋다.

일일 추천 코스

예상 소요시간 약 10시간

각종 관광 명소와 쇼핑 스폿, 카페가 즐비한 나이츠브리지 & 첼시는 런던 그 어느 지역보다도 여유로움과 우아함이 넘치는 곳이다. 첼시 피직 가든에서 느긋하게 시간을 보내거나 칼라일 하우스에 들러 철학가의 발자취를 따라가다 보면 어느새 하루가 지나간다.

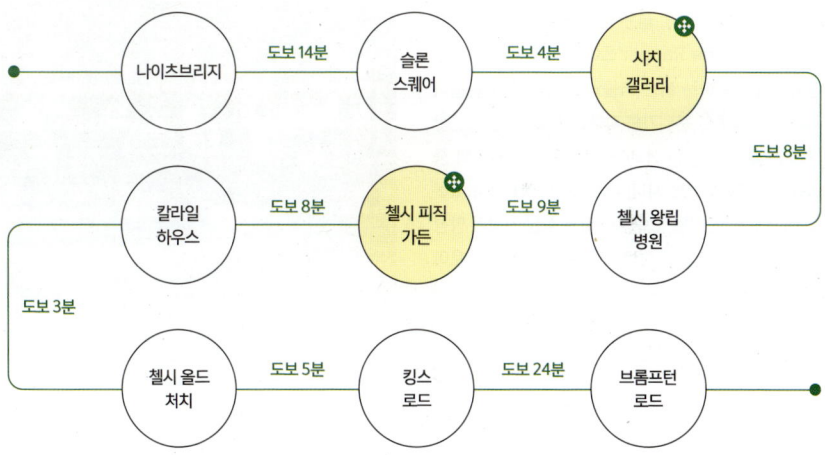

나이츠브리지 & 첼시의 관광 명소

영국 상류층의 일상을 볼 수 있는 쇼핑 스트리트
슬론 스트리트 Sloane Street ★

한스 슬론의 이름을 딴 슬론 스트리트는 메이페어의 본드 스트리트처럼 명품 숍들이 즐비하다. 1990년대 이후 아랍에미리트의 자본이 들어와 이 지역부동산의 대부분을 차지했고, 슬론 스퀘어 남쪽은 영국 상류층의 거주지역이며 여러 국가의 대사관도 몰려 있어 치안이 좋은 편이다. 특히 덴마크 대사관 건물은 북유럽식의 현대 건축물로 눈여겨볼 만하다.

How to go 지하철 피커딜리Piccadilly 라인 나이츠브리지Knightsbridge 역에서 도보 2분 **Add** Sloane Street, London **Map** P.384-C

주요 브랜드 26번지 펜디, 31번지 디올, 45번지 프라다, 167번지 샤넬, 182번지 몽클레어, 190번지 루이비통

영국의 극장문화를 선도하는 문화발전소
슬론 스퀘어 Sloane Square ★

첼시의 대표적인 랜드마크로 킹스 로드와 슬론 스트리트를 연결하고 있으며, 젊은 영국 상류층을 일컫는 '슬론 레인저Sloane Ranger'들이 즐겨 찾는 지역이다. 상류층이 거주하는 붉은 벽돌의 건물이 광장을 둘러싸고 있어 독특한 분위기를 자아낸다. 2002년 오픈한 '카도건 홀Cadogan Hall'과 영국 현대 연극사의 중심에 있는 '로열 코트 시어터Royal Court Theatre'도 이곳에 있다. 로열 코트 시어터는 젊은 극작가 양성소와 같은 곳으로 연극 마니아들과 연극학도들이 모이는 곳이다.

How to go 지하철 서클Circle·디스트릭트District 라인 슬론 스퀘어Sloane Square 역에서 도보 6분 **Map** P.384-C

컨템포러리 아트의 전당
사치 갤러리 Saatchi Gallery ★★★

세계적인 광고회사 '사치 & 사치Saatchi & Saatchi'의 설립자이자 콜렉터인 찰스 사치Charles Saatchi가 운영하는 갤러리다. 연간 1,500만 명이 넘는 사람들이 방문하는 컨템포러리 아트의 전당이다. 갤러리 내에는 전시 공간과 서점, 카페 등이 자리하며 홈페이지에서는 갤러리 투어 영상도 제공한다. 최근 중국, 한국 등 아시아 컬렉션을 전시하며 영역을 넓혀가고 있다.

How to go 지하철 서클Circle·디스트릭트District 라인 슬론 스퀘어Sloane Square 역에서 도보 3분
Add Duke of York's HQ, King's Road, London
Open 10:00~18:00(마지막 입장 17:30)
Tel 020 7811 3070 **Web** www.saatchigallery.com
Map P.384-C

5천여 종의 식물과 만날 수 있는 정원
첼시 피직 가든
Chelsea Physic Garden ★★★

옥스퍼드 대학 식물원 다음으로 영국에서 두 번째로 오랜 역사를 간직한 식물원으로 약 5천여 종에 이르는 식물을 보유하고 있다. 1673년 약재상의 정원으로 시작되었으며, 명칭 피직Physic도 '과학적인 치료'라는 의미를 지녔다. 식물연구 분야에서는 세계적으로 인정받는 기관이며, 공공 교육기관으로서 영국의 유기농 산업이나 허브 산업에 종사할 인재를 양성하고 있다. 식물이 우거진 싱그러운 공간으로 몸과 마음을 쉬게 하는 도심 속 오아시스 역할을 한다. 식물원 바깥 정원에는 올리브와 자몽 나무가 심어져 있어 남유럽의 정취를 느낄 수 있으며, 식물원 내의 탠저린 드림 카페Tangerine Dream Café에서는 간단한 식사와 티를 즐길 수 있다.

How to go 지하철 서클Circle·디스트릭트District 라인 슬론 스퀘어Sloane Square 역에서 도보 16분
Add 66 Royal Hospital Road, London **Open** 겨울 시즌(11월 4일~2월 28일) 월~금·일요일 11:00~16:00, 메인 시즌(3월 1일~10월 30일) 월~금·일요일 11:00~18:00 **Fare** 성인 £10.50(비수기 £9.50), 학생·만 5~18세 £6.50(비수기 £5), 만 5세 이하 무료 **Tel** 020 7352 5646 **Web** chelseaphysicgarden.co.uk **Map** P.384-F

토마스 칼라일의 생활상을 볼 수 있는 역사적 장소
칼라일 하우스 Carlyle's House ★★

빅토리아 시대를 대표하는 영국의 문인이자 철학자 그리고 역사학자였던 토마스 칼라일Thomas Carlyle이 살던 집이다. 칼라일의 작품은 영국의 화려한 시기를 대변하고 있으며, 당시 화려했던 런더너들의 삶을 보여주고 있다. 집 내부의 모습을 그대로 보존하고 있어 과거로 돌아간 듯한 느낌을 준다.

How to go 지하철 서클Circle·디스트릭트District 라인 슬론 스퀘어Sloane Square 역에서 도보 20분
Add Carlyle's House, 24 Cheyne Row, Chelsea, London **Open** 수~일요일 11:00~17:00(티켓 판매 ~16:30)
Fare 성인 £9, 어린이 £4.50, 패밀리(4인 기준) £22.50
Tel 020 7352 7087 **Web** nationaltrust.org.uk/carlyles-house
Map P.384-E

TIP
토마스 칼라일은 누구?
스코틀랜드 출신으로 에든버러 대학에서 수학한 후, 영국식 경험론 철학과 공리주의를 내세운 대표적인 지식인이다. 영국 출신이었으나 독일에서 더 열광적인 지지를 받았고, 그의 강의내용을 기록한 《영웅과 영웅숭배》를 통해 철학자 니체의 '초인' 개념에 일조하기도 했다.

옛 영국 왕의 전용도로
킹스 로드 King's Road ★

1830년까지 영국 왕의 전용도로로 사용되었으며, 찰스 2세 왕이 자주 산책을 즐겼다고도 전해진다. 1960년대에는 런던 패션의 심장부였던 곳이다. 영국 패션 브랜드 메리 퀀트와 비비안 웨스트우드가 탄생한 거리로 지금까지도 패셔니스타들의 사랑을 받고 있다.
개성이 살아 숨 쉬는 빈티지 숍, 로컬 카페, 음식점, 꽃집, 인테리어 숍 등이 늘어서 있어 지루함을 느낄 겨를도 없이 거리를 걷게 된다. 이 거리는 영국 대중음악사에 있어서도 중요한 의미를 갖는데, 484번지에 자리한 레드 제플린Led Zeppelind의 '스완 송 레코드'나 535번지의 '큐브 레코드', '엘렉트라 레코드' 등 음반 제작사가 자리하여 영국 대중음악 마니아들에게 추억의 공간으로 사랑받고 있다.

How to go 지하철 서클Circle·디스트릭트District·피커딜리Piccadilly 라인 사우스 켄싱턴South Kensington 역에서 도보 15분 **Add** King's Road, London **Map** P.384-C, E

런던 토박이들의 럭셔리한
쇼핑 스트리트

브롬프턴 로드
Brompton Road ★★

나이츠브리지 지하철역에서 사우스 켄싱턴 지하철역 근처에 이르는 거리. 본드 스트리트만큼 화려하고 럭셔리한 분위기를 가지고 있는 런던의 쇼핑 스트리트다. 본드 스트리트가 양복점이나 골동품점, 예술상에 의해 성장한 거리라면, 이곳은 근처에 거주하는 런던 상류층과 5성급 호텔을 찾는 손님들에 의해 형성된 거리라는 점에서 차이가 있다.

브롬프턴 로드와 설로우 플레이스Thurloe Place가 맞닿은 곳에 자리한 브롬프턴 예배당Brompton Oratory은 후기 고전주의 양식의 가톨릭 성당으로, 영국 국보 2등급으로 지정되어 있다. 이탈리아 르네상스 양식과 로마 바로크 양식이 조화를 이룬 인테리어는 화려함을 뽐낸다. 1895년 이탈리아 시에나 성당에서 가져온 회화 〈12사도〉도 놓쳐서는 안 될 볼거리다. 그 밖에도 영국의 대표적인 성공회 교회인 홀리 트리니티 브롬프턴 교회, 세계적으로 유명한 해러즈 백화점 등이 브롬프턴 로드에 자리하고 있다.

How to go 지하철 피커딜리Piccadilly 라인 나이츠브리지Knightsbridge 역에서 도보 2분 **Add** Brompton Road, London **Map** P.384-B

나이츠브리지 & 첼시의 레스토랑

사랑받는 아시아 요리 메뉴를
파인 다이닝 스타일로 재해석
훠 Huō

중국과 동남아시아 지역 요리를 맛볼 수 있는 레스토랑. 매일 바뀌는 제철 특별 요리를 비롯해 비건 메뉴 등 신선한 재료를 사용한 요리를 선보인다. 특히 일본과 중국의 색채가 묻어나는 칵테일을 식전에 다이닝 카운터에서 즐길 수 있다는 점도 이색적이다. 수석 셰프의 특선 메뉴인 딤섬으로 시작하는 스타터, 아스파라거스와 마늘을 곁들인 광어, 스파이시 블랙 페퍼 소스를 곁들인 쇠고기는 반드시 즐겨볼 것.

How to go 메트로 서클Circle, 디스트릭트District, 피커딜리Piccadilly 라인 사우스 켄싱턴
South Kensington 역에서 도보 15분 **Add** 9 Park Walk, London **Open** 월~토요일 12:00~24:00, 일요일 12:00~23:00 **Fare** 딤섬 £9~, 고기, 생선 등 본식 £18~ **Tel** 020 3696 9090
Web huo.london **Map** P.384-E

품격 있는 디자인과 훌륭한 식사가 보장되는 캐주얼 다이닝
아이비 켄싱턴 브라스리 The Ivy Kensington Brasserie

세련된 데커레이션에 시크한 분위기의 내부와 화사한 외관이 눈길을 끄는 곳이다. 현대적인 영국식 그릴과 가정식을 선보이고 있으며, 제철 재료를 사용하여 신선함을 강조하고 있다. 애피타이저로 나오는 로브스터 리소토와 21일간 숙성하여 조리하는 립 아이 스테이크, 런던에서 손꼽히는 맛을 자랑하는 피시 앤 칩스, 풍부한 육즙의 아이비 버거 등이 추천 메뉴다. 아침 식사와 주말 브런치 서비스도 운영하고 있다.

How to go 지하철 서클Circle·디스트릭트District·피커딜리Piccadilly 라인 글로스터 로드Gloucester Road 역에서 도보 10분 **Add** 96 Kensington High Street, London
Open 월~목요일 08:00~24:00, 금~토요일 08:00~익일 00:30, 일요일 08:00~23:30
Fare 주중 점심 식사 2코스 £17.95, 3코스 £21, 애프터눈 티 £21.50
Tel 020 3301 0500 **Web** theivykensingtonbrasserie.com **Map** P.384-A

나이츠브리지 & 첼시의 카페

웨딩 케이크로 유명한 파티셰의 솜씨
페기 포셴 Peggy Porschen(Belgravia) 👍

알록달록한 색감이 예쁜 컵케이크를 진열하고 있는 공간으로 베이비 핑크의 외관이 사랑스러움을 더한다. 샤넬을 비롯한 세계 유명 브랜드의 주요행사나 스타들의 웨딩 케이크를 만들며 유명해진 페기 포셴과 그의 남편이 함께 운영하는 베이커리다. 엔터테인먼트 매거진 〈바니티 페어〉에서 '최고의 컵케이크'라는 찬사를 보냈을 정도로 실력을 인정받고 있다. 또한 베이킹 스쿨도 운영해 제과기술을 전수하고 있다.

How to go 지하철 서클Circle·디스트릭트District 라인 슬론 스퀘어Sloane Square 역에서 도보 8분 **Add** 116 Ebury Street, London **Open** 월~토요일 09:00~18:00, 일요일 10:00~18:00 **Fare** 티 £3.50~, 컵케이크 £5.40~ **Tel** 020 7730 1316 **Web** www.peggyporschen.com **Map** P.384-C

나이츠브리지 & 첼시의 쇼핑

세계에서 가장 화려한 백화점
해러즈 백화점 Harrods

런던을 비롯한 전 세계 상류층들과 부호들이 찾는 백화점. 런던에서 최초로 에스컬레이터를 설치한 건물로 알려져 있다. 1848년 홍차 상인이었던 찰스 헨리 해러즈의 작은 가게에서 시작해 지금에 이르렀으며, 현재 330여 개의 숍이 들어서 있다.

커다란 테디베어가 시선을 끄는 브랜드 숍에서는 다양한 생활잡화에 해러즈 로고를 넣어 판매하고 있다. 품질이 뛰어난 것은 물론이고 감각적인 디자인이 돋보여 여행 기념품으로 좋다. 특히 실론과 다즐링을 블렌딩한 해러즈 No.14 티가 인기 있다.

이집트 출신의 사장의 영향으로 이집트 홀이 마련되어 있는데, 스핑크스나 금빛으로 장식된 파라오 등의 이집트 조형물은 색다른 즐거움을 준다. 그 외에도 백화점 내의 레스토랑들과 간단한 식사를 즐길 수 있는 푸드코트, 지하 1층의 고급 식료품점 등이 가볼 만하며, 고 다이애나 왕세자비를 추모하기 위한 '결백한 희생자비'도 자리하고 있다.

How to go 지하철 피커딜리Piccadilly 라인 나이츠브리지Knightsbridg 역에서 도보 4분 **Add** 87-135 Brompton Road, London
Open 월~토요일 10:00~21:00, 일요일 11:30~18:00 **Tel** 020 7730 1234
Web www.harrods.com
Map P.384-B

젊은 패셔니스타들에게 인기 있는 백화점
하비 니콜스 백화점 Harvey Nichols

애든버러, 맨체스터 등 영국 지방도시와 홍콩, 두바이 등 세계 주요 도시에 지점을 두고 있는 백화점. 5개 층으로 운영되며 럭셔리 브랜드들이 입점해 있다. 유명 디자이너 브랜드뿐만 아니라 신진 디자이너들의 패션 아이템을 소개하고 있어 패션에 민감한 젊은 층에서 인기가 높다.
건물 꼭대기의 푸드 마켓에서는 하비 니콜스와 독점 계약을 맺은 600여 종의 제품들을 소개하고 있으며, 식당가는 런더너들의 약속 장소로도 많이 이용된다.

How to go 지하철 피커딜리Piccadilly 라인 나이츠브리지 Knightsbridge 역에서 도보 1분 Add 109-125 Knights-bridge, London Open 월~토요일 10:00~18:00, 일요일 11:30~18:00 Tel 020 7235 5000
Web www.harveynichols.com Map P.384-C

영국 왕실 공식식료품점
파트리지 Partridges(Sloane Square)

사치 갤러리 근처에 자리한 식료품점으로 다양한 종류의 고급 식료품을 판매한다. 이곳의 제품들은 영국 왕실에 납품되고 있을 정도로 뛰어난 품질을 자랑하며, 일반 매장에서는 구하기 힘든 제품도 많이 갖추고 있어 보물찾기하듯 구경하는 재미가 있다. 패키지에 영국 왕실 인증 로고가 그려져 있는 아쌈, 얼 그레이 등의 티는 선물용으로 제격이다. 매주 토요일 오전 10시부터 오후 5시까지는 파트리지 푸드마켓이 열린다.

How to go 지하철 서클Circle·디스트릭트District 라인 슬론 스퀘어Sloane Square 역에서 도보 5분 Add 2-5 Duke of York Square, London
Open 매일 08:00~22:00
Day Off 12월 25~26일 Tel 020 7730 0651 Web www.partridges.co.uk Map P.384-C

AREA 9

다양한 문화권의 사람들과
런던 지성인들이 활보하는 구역

블룸즈버리
& 이즐링턴
Bloomsbury & Islington

런던 대학교와 영국 박물관, 영국 도서관이 자리해 지성인들이 활보하는 거리다. 대학생들을 위한 저렴하고 분위기 있는 카페나 레스토랑들이 곳곳에 숨어 있으며, 서점이나 개성 넘치는 쇼핑 스폿도 많다. 최근에는 세인트 판크라스 기차역으로 유로스타가 연결되면서 여행자들의 방문이 많아져 글로벌한 분위기로 바뀌어가는 중이다. 런던의 빈티지·인디 문화를 엿볼 수 있는 이즐링턴은 특색있는 상점과 레스토랑, 카페들이 많이 자리해 젊고 역동적인 런던을 만날 수 있다.

여행 포인트
관광 ★★★★★
미식 ★★★
쇼핑 ★★★

블룸즈버리 & 이즐링턴 찾아가기

가까운 지하철역

블룸즈버리
- 토트넘 코트 로드Tottenham Court Road 지하철역
  (센트럴Central·노던Northern 라인)
- 러셀 스퀘어Russell Square 지하철역
  (피커딜리Piccadilly 라인)
- 홀번Holborn 지하철역
  (센트럴Central·피커딜리Piccadilly 라인)

이즐링턴
- 킹스 크로스 세인트 판크라스King's Cross St. Pancras 지하철역
  (서클Circle·해머스미스 & 시티Hammersmith & City·메트로폴리탄Metropolitan·노던Northern·피커딜리Piccadilly·빅토리아Victoria 라인)
- 에인절Angel 지하철역
  (노던Northern 라인)

어떻게 다닐까

블룸즈버리에서 이즐링턴까지 이어지는 이 지역은 세계적으로 유명한 영국 박물관과 '지성의 심장'이라 일컫는 영국 도서관이 자리하고 있다. 아기자기하고도 독특한 매력을 뽐내는 앤티크 마켓이 곳곳에 자리한 이즐링턴도 놓칠 수 없는 스폿이다. 각종 드라마와 영화에 출연해 한국 여행자에게도 익숙한 패딩턴 기차역까지 다녀오려면 하루 종일 걸어야 하므로 쉽게 지칠 수 있으니 중간중간 카페에 들러 간식과 음료로 에너지를 보충하며 유유자적하며 하루를 보내보자.

일일 추천 코스

예상 소요시간 약 10시간

런던에서 지성과 감성을 동시에 채울 수 있는 최적의 여행지, 블룸즈버리 & 이즐링턴. 세계적으로 중요한 유물을 소장한 영국 박물관과 2억 장서를 소장한 영국 도서관, 고풍스런 마켓까지 두루 살펴보는 동선을 계획해 보자.

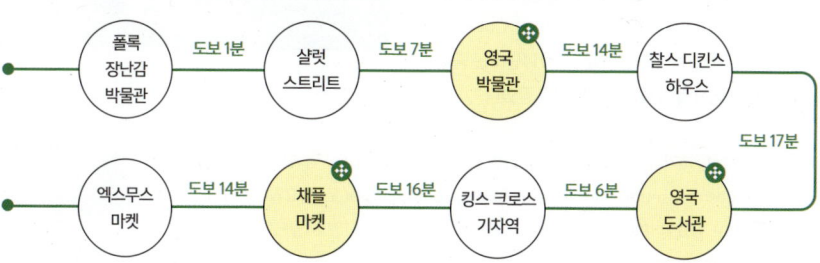

블룸즈버리 & 이즐링턴의 관광 명소

장난감에서 느껴지는 작은 감동의 순간
폴록 장난감 박물관
Pollock's Toy Museum ★

빅토리아 시대의 장난감 사업가 벤자민 폴록Benjamin Palluck의 이름을 딴 장난감 박물관이다. 그가 만든 장난감극장은 당시 어린이들에게 크게 유행했다. 찰리 채플린을 비롯한 예술가들도 폴록의 작품에 많은 영향을 받았다고 한다. 폴록이 세상을 떠난 후 그의 장난감 극장을 그리워한 마가렛 포드리Marguerite Fawdry가 그의 작품을 모으기 시작했고, 1969년 스칼라 스트리트에 폴록의 이름을 딴 장난감 박물관을 오픈했다. 이곳에서는 벤자민 폴록의 장난감극장, 인형, 보드게임, 블록 등 19~20세기의 장난감들을 전시하고 있다. 빼곡하게 전시된 장난감들을 보고 있으면 두세 시간은 훌쩍 지나가 버릴 정도. 어린이들은 물론 어른들도 추억에 젖어 기분 좋은 웃음을 짓게 하는 공간이다.

How to go 지하철 노던Northern·빅토리아Victoria 라인 워렌 스트리트Warren Street 역에서 도보 2분
Add Pollock's Toy Museum, 1 Scala Street, London
Open 월~토요일 10:00~17:00(마지막 입장 16:30)
Day Off 일요일·뱅크 홀리데이 **Fare** 성인 £9, 학생 £8, 어린이 £4.50, 만 3세 이하 무료 **Tel** 020 7636 3452
Web pollockstoys.com **Map** P.385-D, E

인류역사의 비밀을 보여주는 문화저장고
영국 박물관 The British Museum ★★★

세계 고고학계에서 손꼽히는 중요유물들을 전시하고 있는 곳으로 인류의 역사나 문화를 이해하는 데 있어서나 교육하고 연구하는 데 있어 중요한 위치에 있는 박물관이다. 1753년 한스 슬론이 자신의 수집품을 영국 정부에 기부하면서 박물관이 설립되었다. 제2차 세계대전 당시에는 영국 각지로 유물을 분산시키기도 했다. 2000년에는 '그레이트 코트The Great Court'라는 세계 최대 실내 스퀘어를 완성했고, 2014년에는 증축을 거듭해 세계 최고의 박물관으로 입지를 굳혔다.

How to go 지하철 피커딜리Piccadilly 라인 러셀 스퀘어Russell Square 역에서 도보 9분
Add The British Museum, Great Russell Street, London **Open** 토~목요일 10:00~17:00(마지막 입장 16:00), 금요일 10:00~20:30(마지막 입장 19:30) **Day Off** 12월 24일~26일
Tel 020 7323 8299 **Map** P.385-D, E

전 세계의 주요문헌을 소장한 지성의 전당
영국 도서관 The British Library ★

'영국 지성의 심장'이라 일컫는 영국의 자랑이자 학문·연구·자료 보관의 메카로 책과 각종 자료, 디지털 문서, 기록물 등 약 2억 종에 달하는 장서를 소장하고 있다. 1973년에 건립된 영국 도서관은 영국 박물관의 일부였다가 영국 도서관법에 의해 분리되어 지금에 이르렀다. 건립 초기에는 런던 시내 곳곳에 보관장소를 만들어 운영하다가, 1997년부터 2009년까지 분산되어 있는 자료들을 현재의 장소로 이전해 세계에서 가장 많은 장서를 보유한 도서관이 되었다. 세계 최초의 인쇄물인 금강경부터 구텐베르크 성경, 다빈치의 연구 노트에 이르기까지 인류 역사에 한 획을 그은 각종 문서와 자료들도 보존되어 있다. 영국과 아일랜드에서 출간된 약 8천 부에 달하는 도서가 매일 이곳으로 입고되며, 전자책을 비롯한 디지털 자료도 보유하고 있다. 특별전시나 무료전시를 관람할 수 있는 전시관도 있다. 1,200석 규모의 열람실은 사전에 가입한 회원들에게만 출입을 허가하고 있으며 자료 대출은 금지하고 있다.

How to go 지하철 서클Circle·해머스미스 & 시티Hammersmith & City·메트로폴리탄Metropolitan·노던Northern·피커딜리Piccadilly·빅토리아Victoria 라인 킹스 크로스 세인트 판크라스 Kings Cross St. Pancras 역에서 도보 6분 **Add** The British Library, 96 Euston Road, London **Open** 월~목요일 09:30~20:00, 금요일 09:30~18:00, 토요일 09:30~17:00, 일요일 11:00~17:00 **Day Off** 12월 25일, 1월 1일
Fare 전시 및 행사요금은 홈페이지 확인
Tel 019 3754 6060 **Web** www.bl.uk **Map** P.385-D

문학가의 집을 찾아 나서다
찰스 디킨스 하우스 Charles Dickens Museum ★★

1837년부터 1839년까지 찰스 디킨스가 실제로 살았던 집이다. 전형적인 조지안 스타일의 테라스가 돋보이는 집으로, 찰스 디킨스는 이곳에서 대표작《올리버 트위스트》,《픽윅 문서》등 많은 작품을 집필했다. 이 건물은 찰스 디킨스가 다른 곳으로 이사하고 사라질 위기에 처해있으나 '디킨스 펠로우'라는 협회에서 매입한 후 1925년 찰스 디킨스 박물관으로 오픈해 찰스 디킨스와 관련된 자료를 전시하고 있다. 특히 이곳에 전시된 화가 로버트 윌리엄 버스의 그림〈디킨스의 꿈〉은 찰스 디킨스 마니아들과 미술 애호가들에게도 인정받고 있는 작품이다. 찰스 디킨스의 작품을 감명 깊게 읽었거나, 그의 작품세계가 궁금한 사람이라면 한 번쯤 들러볼 만하다.

How to go 지하철 피커딜리Piccadilly 라인 러셀 스퀘어 Russell Square 역에서 도보 8분
Add Charles Dickens Museum, 48 Doughty Street, London **Open** 10:00~17:00(마지막 입장 16:00) *매달 세 번째 토요일 13:00~ **Fare** 성인 £12.50, 학생 및 만 65세 이상 £10.50, 만 6~16세 £7.50, 만 6세 이하 무료
Tel 020 7405 2127
Web dickensmuseum.digitickets.co.uk
Map P.385-E

사랑스러운 앤티크 마켓이 발길을 멈추게 하는 곳
이즐링턴 Islington ★★

이즐링턴은 주로 에인절Angel 지하철역과 하이버리 & 이즐링턴Highbury & Islington 지하철역 사이의 어퍼 스트리트를 중심으로 한 지역을 말한다. 한때는 런던에서 가장 위험한 우범지역이었으나, 최근 런던 힙스터들과 사업을 하고자 하는 젊은이들이 몰려들어 런던에서 가장 젊고 핫한 동네로 급부상했다. 남쪽으로 세인트 존 스트리트St. John Street를 따라 내려가면 영국 현대 무용의 자존심이라 불리는 매튜 본Matthew Bourne의 홈그라운드 격인 '새들러스 웰즈 시어터Sadler's Wells Theatre'가 있다. 북쪽에는 옛 영화관을 매입하여 만든 영화관 '에브리맨 스크린 온 더 그린Everyman Screen on the Green'과 영국 현대 실험연극의 메카인 '알메이다 시어터Almeida Theatre', '킹스 헤드 시어터 펍King's Head Theatre Pub'나 '올드 레드 라이언The Old Red Lion Theatre Bar', '헨 & 치킨스 시어터 바Hen & Chickens Theatre Bar'와 같은 옛날식 극장 펍도 찾아볼 수 있다. 사실상 웨스트엔드보다 더 다양한 영국의 공연 문화를 즐길 수 있는 곳이 이곳인 듯하다.

극장뿐만 아니라 캠든 패시지 마켓과 같은 귀금속 및 골동품 벼룩시장과 젊은 바리스타들의 뛰어난 솜씨를 엿볼 수 있는 커피 하우스들은 이즐링턴의 매력을 한층 더 높여주고 있다.

How to go 지하철 노던Northern 라인 에인절Angel 역에서 하차 **Map** P.385-C, F

영화 〈해리 포터 시리즈〉로 관광 명소가 된 기차역
킹스 크로스 기차역 King's Cross Station ★★

영화 〈해리 포터 시리즈〉 마니아라면 런던 여행 중 절대 빠뜨려서는 안 될 곳이 킹스 크로스 기차역이다. 작중 호그와트 급행열차가 출발하는 9와 4분의 3 승강장이 있기 때문. 이곳에서는 영국 동부해안을 따라 스코틀랜드 동부까지 연결되는 기차노선을 운영하고 있으며, 애든버러나 리즈, 뉴 캐슬, 케임브리지 등으로 가는 기차를 탈 수 있다.

킹스 크로스 기차역은 근대적 기능성에 중점을 둔 건물로 건축사적 가치가 높았으나, 2005년에 발생한 폭탄 테러로 인해 많은 부분이 훼손되었다. 옛 모습 그대로 복원하기가 어려워 지금과 같은 현대적이고 깨끗한 모습으로 재탄생하게 되었다.

〈해리 포터 시리즈〉로 유명해지기 시작하면서 기차역 측에서는 9번과 10번 플랫폼 통로에 호그와트 급행열차의 현판을 달아두었고, 훌륭한 포토 스폿이 되었다. 여담으로 〈해리 포터 시리즈〉의 해당 장면은 9번과 10번 플랫폼 사이가 아닌 4번과 5번 플랫폼 통로에서 촬영되었고, 기차역 외관도 킹스 크로스 기차역이 아니라 좀 더 고전적인 느낌을 주는 세인트 판크라스 기차역이었다고 한다. 〈해리 포터 시리즈〉뿐만 아니라 1955년에 제작된 영화 〈레이디 킬러〉의 배경으로도 유명하며, 소설 〈셜록 홈즈 시리즈〉에서도 홈즈와 왓슨이 이 역을 거쳐 이동하는 장면들이 나오기도 했다.

How to go 지하철 서클Circle·해머스미스 & 시티Hammersmith & City·메트로폴리탄Metropolitan·노던Northern·피커딜리Piccadilly·빅토리아Victoria 라인 킹스 크로스 세인트 판크라스King's Cross St. Pancras 역에서 바로 **Add** King's Cross Station, Euston Road, London **Open** 05:00~막차시간 **Tel** 084 5711 4141 **Map** P.385-D

런더너들이 즐겨 찾는 잡화 마켓
엑스무스 마켓 Exmouth Market ★

새들러스 웰즈 시어터에서 로즈베리 애비뉴를 따라 걷다보면 19세기 건물에 둘러싸인 시장 엑스무스 마켓을 만나게 된다. 시장의 중앙에 있는 엑스무스 암즈Exmouth Arms라는 펍에서 이름을 따왔으며 '런던 마을Village London'이라고도 불리는 이곳에는 다양한 상점이 들어서 있다. 100년이 넘는 역사를 자랑하는 공간에 인디 디자이너들이 상권을 형성하고 있어 과거와 현재가 어우러지는 모습을 보여준다. 카페나 음식점, 펍 등도 곳곳에 자리하고 각국의 푸드 마켓도 매일 열려 점심시간마다 북새통을 이룬다. 마켓 중앙에는 런던에서 유일한 이탈리아 바실리카 양식의 교회가 자리하고 있으며, 시장 뒤편의 공원 '스파 필즈Spa Fields'는 1730년부터 리조트 휴양지로 이용되었던 곳이다.

How to go 지하철 노던Northern 라인 에인절Angel 역에서 도보 12분 **Add** 24 Exmouth Market, Farringdon, London **Open** 월~금요일 07:00~19:30, 토~일요일 08:00~19:00 **Web** exmouth.london **Map** P.385-E, F

부담 없이 즐길 수 있는 작은 벼룩시장
캠든 패시지 마켓
Camden Passage Market ★

'작은 통로'라는 의미의 이름이 말해주듯 좁고 기다란 골목길을 중심으로 아기자기한 앤티크 마켓이 열려 앤티크 마니아들에게 추천하고 싶은 장소다. 빈티지 디자이너의 주얼리나 고급스러운 문장이 새겨진 도장, 예쁜 쟁반이나 은도금 수저, 법랑 주전자 등은 여행 기념품으로 소장하기 좋다. 고집스러운 상인들에게 물건 값을 흥정하는 것이 쉬운 일은 아니니 자신이 생각하는 가격과 상인이 제시하는 가격 사이에서 절충하여 결정하자. 굳이 물건을 구입하지 않더라도 눈요기하기 좋은 아기자기한 카페나 상점이 많아 산책하듯 둘러보면 좋다.

How to go 지하철 노던Northern 라인 에인절Angel 역에서 도보 12분 **Add** 1 Camden Passage, London **Open** 수·토요일 09:00~17:30 **Day Off** 월·화·목·금·일요일 **Web** camdenpassageislington.co.uk **Map** P.385-C

블룸즈버리 & 이즐링턴의 레스토랑

디자이너 톰 딕슨의 창의력을 엿볼 수 있는 키친
코올 오피스 Coal Office

천재 가구 디자이너 톰 딕슨Tom Dixon의 레스토랑이다. 톰 딕슨의 상징과도 같은 무광의 블랙 팬던트와 다이닝 체어, 캔들 등의 제품으로 꾸민 모던 브리티시 스타일의 감각적인 인테리어가 돋보인다. 이스라엘 출신의 셰프 아사프 그라닛Assaf Granit가 선보이는 창의적인 영국 음식과 중동 음식을 즐길 수 있다. 트러플 아리사 소스를 넣은 문어요리, 이스라엘식 쿠스쿠스, 토마토 스튜를 곁들인 대구요리 등을 맛볼 수 있으며, 계절에 따라 메뉴에 변화를 주고 있다.

How to go 지하철 서클Circle·해머스미스 & 시티Hammersmith & City·메트로폴리탄Metropolitan·노던Northern·피커딜리Piccadilly·빅토리아Victoria 라인 킹스 크로스 세인트 판크라스King's Cross St. Pancras 역에서 도보 6분 **Add** 2 Bagley Walk, London **Open** 브런치 토~일요일 12:00~16:00, 점심 목~금요일 12:00~15:00, 저녁 월~토요일 17:30~23:00, 일요일 17:30~22:30 **Fare** £20~ **Tel** 020 3848 6085 **Web** coaloffice.com **Map** P.385-A

인더스트리얼 앤티크와 좋은 음식의 하모니
카라반 Caravan 👍

빅토리아 시대에 지은 곡물창고에 자리하고 있는 레스토랑으로 킹스 크로스 기차역과 세인트 마틴 패션 스쿨 근처에 있다. 아름다운 분수대를 바라보며 식사를 즐길 수 있는 테라스 석은 햇살이 내리쬐는 맑은 날에 인기 있으며, 인더스트리얼 스타일로 꾸며진 실내는 레스토랑과 카페로 나뉘어 운영되고 있다. 카페에서는 신선하게 로스팅된 커피를 비롯한 다양한 음료와 음식을 즐길 수 있다. 훈제 대구요리, 페스토와 민트를 곁들인 오리 콩피, 파마산 크림과 달걀, 베이컨 칠리 소스를 넣은 피자 등이 추천 메뉴다.

How to go 지하철 서클Circle·해머스미스&시티 Hammersmith & City·메트로폴리탄Metropolitan·노던 Northern·피커딜리Piccadilly·빅토리아Victoria 라인 킹스 크로스 세인트 판크라스King's Cross St. Pancras 역에서 도보 6분 **Add** 1 Granary Square, London **Open** 월~목요일 08:00~23:00, 금요일 08:00~24:00, 토요일 09:00~24:00, 일요일 09:00~17:00 **Fare** 피자 £11.50~, 메인 £16.50~ **Tel** 020 7101 7661 **Web** www.caravanrestaurants.co.uk **Map** P.385-A

런던에서 즐기는 오스트리아 요리
킵펠 Kipferl

런던 시내의 작은 식료품점에서 시작하여 품질이 뛰어난 케이크와 소시지, 비엔나 커피로 대중의 인기를 얻은 후 오픈한 오스트리아 요리 전문점. 아기자기한 앤티크 골목인 캠든 패시지 마켓에 자리하다. 세련된 감각이 돋보이는 공간 속에서 오스트리아식 송아지 돈가스인 슈니첼, 헝가리 스타일의 굴라쉬 등을 즐길 수 있다.

How to go 지하철 노던Northern 라인 에인절Angel 역에서 도보 5분
Add 20 Camden Passage, London **Open** 월~목요일 10:00~22:00, 금~토요일 10:00~23:00, 일요일 10:00~19:00
Fare £12~ **Tel** 020 7704 1555 **Web** www.kipferl.co.uk **Map** P.385-C

60년 넘는 전통을 지켜 온 피시 앤 칩스 전문점
긱스 피시 앤 칩스 Gigs Fish & Chips

1958년 오픈한 이래 한자리를 지켜온 피시 앤 칩스 전문점이다. 작은 규모이지만 식사시간에는 많은 사람들로 북적인다. 신선한 대구를 노릇노릇하게 튀겨내고, 감자튀김을 곁들인 피시 앤 칩스는 대구의 쫄깃한 식감과 감자튀김의 바삭함이 조화를 이룬다. 주문을 하면 금세 음식이 나와 오래 기다리지 않아도 되며, 포장 구매로도 즐길 수 있다.

How to go 지하철 노던Northern 라인 구즈 스트리트Goodge street 역에서 도보 1분 **Add** 12 Tottenham Street, London **Open** 월~토요일 09:00~22:30 **Day Off** 일요일
Fare 피시 앤 칩스 £16.90
Tel 020 7636 1424 **Web** gigsfishandchips.com **Map** P.385-D

블룸즈버리 & 이즐링턴의 카페

이즐링턴 주민들의
아침 식사를 책임지는 곳
포팜스 베이커리
Pophams Bakery

7년간 자동차 경주 대회에서 케이터링을 맡으며 실력을 쌓은 창업자가 운영하는 베이커리. 런던을 소개하는 많은 잡지와 책자에 이름을 올리고 있다. 초콜릿, 아몬드를 넣은 크루아상과 베스트셀러인 베이컨 & 메이플, 페이스트리 등이 인기 메뉴다. 갓 구운 부드러운 빵과 맛있는 커피 한잔으로 아침 식사를 하며 하루를 시작하기에 좋은 곳이다.

How to go 지하철 노던Northern 라인 에인절Angel 역에서 도보 8분
Add 19 Prebend Street, London   **Open** 화~토요일 08:00~16:00, 일요일 08:30~16:00   **Day Off** 월요일   **Fare** 커피 £ 2.50~   **Tel** 020 8525 1416
Web www.pophamsbakery.com   **Map** P.385-C

이즐링턴의 사랑방 같은 카페
드레이퍼스 암즈 The Drapers Arms

이즐링턴에서 오랫동안 자리를 지켜왔으며 이곳 주민들이 사랑방처럼 드나드는 곳이다. 치즈 버거와 스테이크, 치킨 등은 점심 식사로 인기 있으며, 일요일에는 여기서 선데이 런치Sunday Lunch를 즐기려는 사람들로 긴 줄을 이루기도 한다. 와인과 맥주, 칵테일 등 주류도 갖추고 있어 저녁이면 가볍게 한잔 즐기며 하루를 마무리하는 사람들로 북적이기도 한다.

How to go 지하철 빅토리아Victoria 라인 하이버리 & 이즐링턴Highbury & Islington 역에서 도보 7분 **Add** 44 Barnsbury Street, London **Open** 월~금요일 12:00~15:00, 18:00~22:30, 토요일 12:00~16:00, 19:00~22:30, 일요일 12:00~20:30 **Fare** 점심 식사 메인 메뉴 £13.50~, 저녁 식사 메인 메뉴 £16~ **Tel** 020 7619 0348 **Web** www.thedrapersarms.com **Map** P.385-B

북적이는 앤티크 마켓에서 즐기는 차 한 잔의 여유
카츠테 100 Katsute 100 👍

영국의 전통 티 문화에 일본 스타일을 더한 티 룸. 북적이는 에인절 벼룩시장 한가운데서 은은한 차 향기와 고요함을 느낄 수 있는 곳이다. 일본 교토의 전통찻집에 온 듯한 느낌을 주는 오리엔탈 스타일의 목재가구와 소품들에 클래식한 영국식 인테리어가 묘하게 어우러져 색다른 분위기를 자아낸다. 튀긴 현미와 녹차를 로스팅해 만든 겐마이차Genmaicha, 쌉쌀하고 깊은 맛이 우러나는 고급 녹차 교쿠로Gyokuro, 티와 어울리는 달콤한 말차 치즈 케이크나 겹겹이 쌓인 말차 크레이프 등이 추천 메뉴다.

How to go 지하철 노던Northern 라인 에인절Angel 역에서 도보 3분 **Add** 100 Islington High Street, London **Open** 월~금요일 11:00~20:00, 토~일요일 10:00~20:00 **Fare** £5~ **Tel** 020 7354 8395 **Web** www.katsute100.com **Map** P.385-F

제대로 된 브런치 카페의 정석
더 테이블 카페 The Table Café

15년 넘게 서더크과 뱅크 사이드의 터줏대감으로 이름을 알려온 브런치 카페. 영국의 여행 매거진 《Timeout》 등 다양한 매체에서 선정한 추천 카페이기도 하다. 와플과 팬케이크, 프렌치 토스트를 비롯하여 계란 후라이, 베이컨, 소시지, 홈메이드 베이크드 빈, 버섯이 들어간 풀 잉글리시 브렉퍼스트가 훌륭하다. 점심 식사로는 피시 앤 칩스와 푸짐한 양의 샐러드, 피클과 베이컨, 체더 치즈 등이 들어간 테이블 버거가 시그니처 메뉴로 사랑받고 있다.

How to go 메트로 주빌리Jubilee 라인 서더크Southwark 역에서 도보 7분 **Add** 83 Southwark Street, London **Open** 월~금요일 08:00~16:00, 토·일요일 09:00~16:00 **Tel** 020 7401 2760 **Fare** 브런치 £13~, 칵테일 £8.50~ **Web** www.thetablecafe.com **Map** P.385-D

> **TIP**
> ### 스페셜티 커피
> 특별한 환경에서 자라고 재배되어 독특한 풍미를 자랑하되 맛에 결점이 없는 커피 중에서 '미국 협회 SCAA'의 평가를 거쳐 기준점수 80점 이상을 받은 우수한 등급의 커피를 지칭한다.

스페셜티 커피와 맛있는 초콜릿
알랭 뒤카스 카페 Le Cafe Alain Ducasse 👍

세인트 판크라스 기차역 뒤편에 새로이 들어선 카페로, '알랭 뒤카스 초콜릿 숍'과 이웃하고 있다. 알랭 뒤카스 카페는 파리에 문을 연 두 개의 매장 이외에 해외 지점으로는 첫 번째로 문을 열었다. 커피 전문가들이 향미, 맛, 보디 등 10가지 항목을 평가해서 80점 이상을 획득한 A++ 등급의 스페셜티 커피를 즐길 수 있다. 카페와 함께 운영 중인 초콜릿 숍은 인더스트리얼 스타일의 건물 외관과 잘 어울리는 럭셔리한 분위기다. 장인이 만드는 초콜릿의 섬세한 모양은 물론이고 맛도 매우 뛰어나니 카페에서 커피를 마시고 들러보는 것도 좋다.

How to go 지하철 서클Circle·해머스미스 & 시티Hammersmith & City·메트로폴리탄Metropolitan·노던Northern·피커딜리Piccadilly·빅토리아Victoria 라인 킹스 크로스 세인트 판크라스 King's Cross St. Pancras 역에서 도보 8분 **Add** Unit 15, Bagley Walk Arches, Coal Drop Yard, London **Open** 월~토요일 10:00~20:00, 일요일 12:00~18:00 **Fare** 커피 £3~ **Tel** 020 3668 7753 **Web** www.lecafe-alainducasse.com **Map** P.385-A

패션 브랜드에서 운영하는 힙한 카페
칼하트 WIP 커피 숍 Carhartt WIP Coffee Shop

칼하트는 스케이트 보더 사이에서 후드 집업과 후리스 재킷 열풍이 불면서 세계적인 유행을 이끈 미국 스트리트 패션 브랜드다. 런던 판크라스 로드의 칼하트 매장 안에는 칼하트 WIP 커피숍이 자리한다. 팬던트 램프와 콘크리트 느낌의 바닥, 2117년의 매거진을 미리 보여주는 벽면의 디스플레이가 조화를 이룬 실내 인테리어는 마치 미래세계로 와 있는 듯한 느낌이다. 런던의 유명 카페 '올프레스 에스프레소'에서 위탁관리하고 있어 높은 수준의 커피 맛과 친절한 서비스를 보장하고 있다.

How to go 지하철 서클Circle·해머스미스 & 시티Hammersmith & City·메트로폴리탄Metropolitan·노던Northern·피커딜리Piccadilly·빅토리아Victoria 라인 킹스 크로스 세인트 판크라스King's Cross St. Pancras 역에서 도보 6분 **Add** Unit 3, 2 Pancras Square, London
Open 월~금요일 08:00~17:00, 토~일요일 10:00~16:00 **Fare** 커피 £2~
Web www.carhartt-wip.com **Map** P.385-D

좋은 철학과 좋은 커피 그리고 좋은 사람들
리뎀션 로스터즈
Redemption Roasters

영국 법무부와 협조하여 재소자들에게 로스팅과 바리스타 기술을 가르치고, 밀턴 케인스 칼리지에서 바리스타 아카데미를 운영하는 회사에서 운영하는 카페로 2018년 10월 코올 드롭스 야드에 입점했다. 코코넛과 화이트 초콜릿 맛이 나는 에티오피아 예가체프, 브리오슈와 라임 맛이 느껴지는 케냐 키마티AB 원두로 만든 드립 커피는 이곳의 베스트셀러다.

How to go 지하철 서클Circle·해머스미스 & 시티Hammersmith & City·메트로폴리탄Metropolitan·노던Northern·피커딜리Piccadilly·빅토리아Victoria 라인 킹스 크로스 세인트 판크라스King's Cross St. Pancras 역에서 도보 8분
Add Unit 109, Lower Stable Street, King's Cross, London
Open 월~목요일 08:00~18:00, 토~일요일 08:00~19:00 **Fare** 커피 £3~ **Tel** 020 8404 1927
Web www.redemptionroasters.com **Map** P.385-A

블룸즈버리 & 이즐링턴의 펍

아일랜드인이 운영하는 모던 아이리시 바
홈보이 이즐링턴 Homeboy Islington 👍

애론 월과 클라란 스미스가 문을 연 아일랜드 위스키 바. 두 사람은 런던 칵테일 클럽과 럭셔리 호텔인 도체스터 호텔 등에서 경력을 쌓아온 실력자로, Best Bar 50을 비롯해서 이미 많은 수상 경력을 쌓았다. 아일랜드 펍의 상징인 토끼풀로 장식하지 않은 대신 아늑한 거실처럼 꾸며진 실내에서 세련된 아이리시 위스키 바. 기네스 등 아일랜드 맥주도 즐길 만하지만 민트와 시금치 시럽을 곁들인 위스키 스매시, 아이리시 커피를 강력 추천한다.

How to go 지하철 그레이트 노던Great Northern 라인 에섹스 로드Essex Road에서 도보 3분
Add 108 Essex Road, London **Open** 일~목요일 15:00~23:00, 금~토요일 15:00~익일 01:00
Fare 홈보이 브렉퍼스트 £16, 본식 £12~, 칵테일 £10~ **Web** homeboybar.com **Map** P.385-C

블룸즈버리 & 이즐링턴의 쇼핑

빈티지 가구와 장난감이 만났을 때
애프터 노아 After Noah

앤티크 가구복원 전문가 로버트 키예Robert Keyes의 가업을 물려받은 손자 마튜 크로포드Matthew Crawford가 텍스타일 디자이너로 활동하던 아내와 이즐링턴에 오픈한 숍이다. 1층에는 장난감 가게가 있고 지하에는 1900년대 중반에 만들어진 가구를 비롯해 다양한 앤티크 가구와 빈티지 가구, 소품들을 진열하고 있다.

How to go 지하철 노던Northern 라인 에인절Angel 역에서 도보 8분 **Add** 121-122 Upper Street, London
Open 월~토요일 10:00~19:00, 일요일 11:00~18:00 **Tel** 020 7359 4521 **Web** afternoah.com **Map** P.385-C

런던에서 가장 핫한 쇼핑몰
코올 드롭스 야드 Coal Drops Yard 👍

빅토리아 양식으로 지어진 벽돌 건물로 영화 세트장, 아티스트들의 문화공간 등으로 이용되었으나 킹스 크로스 기차역 주변 정비계획을 통해 대형 쇼핑몰로 다시 태어났다. 디자이너 톰 딕슨의 쇼룸과 코올 오피스 레스토랑, 프랑스 패션 브랜드 A.P.C., 영국 최대 빈티지숍 비욘드 레트로, 인디펜던트 레코드숍 어니스트 존스, 패션 디자이너 폴 스미스의 의류매장, 북유럽 디자인을 대표하는 코스와 신진 디자이너들의 개성 넘치는 숍 등 50여 개의 숍과 레스토랑, 카페가 입점해 있다.

How to go 지하철 서클Circle·해머스미스 & 시티Hammersmith & City·메트로폴리탄Metropolitan·노던Northern·피커딜리Piccadilly·빅토리아Victoria 라인 킹스 크로스 세인트 판크라스King's Cross St. Pancras 역에서 도보 8분 **Add** King's Cross, London
Open 상점 월~토요일 10:00~20:00, 일요일 10:00~18:00(상점마다 영업시간 상이)
Web www.coaldropsyard.com **Map** P.385-A

지구상에서 가장 핫한 디자이너
톰 딕슨 Tom Dixson 👍

튀니지 출신의 유명 디자이너 톰 딕슨의 디자인 세계를 엿볼 수 있는 쇼룸으로, 킹스 크로스의 옛 공장 건물에 들어섰다. 쇼룸에서는 금속을 매끈하게 가공한 미러볼과 동으로 마감된 세련된 향초 등 창의적이고 실용적인 가구들을 만날 수 있으며, 비누, 로션 등 소소한 생활용품들도 판매하고 있다.

How to go 지하철 서클Circle·해머스미스 & 시티Hammersmith & City·메트로폴리탄Metropolitan·노던Northern·피커딜리Piccadilly·빅토리아Victoria 라인 킹스 크로스 세인트 판크라스 King's Cross St. Pancras 역에서 도보 6분 **Add** Arches, Coal Drops Yard, 4-10 Bagley Walk, London
Open 월~토요일 10:00~19:00, 일요일·뱅크 홀리데이 11:00~17:00 **Tel** 033 0363 0030
Web www.tomdixon.net **Map** P.385-A

AREA 10
아티스트와 프리랜서가 만드는 창의성 넘치는 지역

쇼디치 & 컬럼비아 로드 & 베스널 그린
Shoreditch & Columbia Road & Bethnal Green

이곳은 18세기 이후로 다소 낙후된 지역이었으나 인디 아티스트들이 모여들고 반달리즘 예술이 유행하여 독특한 지역색이 살아나면서 최근 런던에서 가장 핫한 지역으로 떠올랐다.
쇼디치에서 시작한 지역발전은 현재 달스턴Dalston, 베스널 그린Bethnal Green, 해크니Hackney까지 넓어지고 있다. 특히 베스널 그린은 쇼디치에서 치솟는 월세를 감당하지 못한 사람들이 이주해 오면서 호텔과 부티크, 카페들이 우후죽순 생겨났고, 낙후되었던 지역은 점차 활기를 찾아가고 있다. 독특한 개성을 지닌 런던 힙스터들의 일상을 관찰하기에 이만한 곳이 없다.

여행 포인트
관광 ★★
미식 ★★★★
쇼핑 ★★★★

쇼디치 찾아가기

가까운 지하철역

- 혹스턴Hoxton, 케임브리지 헤스Cambridge Heath, 런던 필즈London Fields 지하철역 (오버그라운드Overground 라인)
- 올드 스트리트Old Street 지하철역 (노던Northern 라인)
- 베스널 그린Bethnal Green 지하철역 (센트럴Central 라인)
- 리버풀 스트리트Liverpool Street 지하철역 (센트럴Central·서클Circle·해머스미스 & 시티Hammersmith & City·메트로폴리탄Metropolitan 라인)

어떻게 다닐까

브릭 레인 마켓과 컬럼비아 로드의 플라워 마켓은 일요일에만 열린다. 굳이 일요일이 아니더라도 컬럼비아 로드의 작고 개성 있는 가게들은 평일에도 문을 여는 곳이 많으므로 가볼 만하다. 다만 외곽에 위치해 오버그라운드나 버스로 이동해야 할 때가 있다. 시간 여유가 없을 때는 구글 지도가 추천해 주는 대중교통 정보를 적절히 이용해 효율적으로 이동하자.

일일 추천 코스

예상 소요시간 약 8~10시간

활기찬 스피탈필즈 마켓에서 시작해 브릭 레인 마켓을 지나 컬럼비아 로드로 향하는 길에는 그라피티와 예술가들의 즐겨 찾는 예술서점, 카페, 숍들이 즐비하다. 일요일에 열리는 브릭 레인 마켓과 컬럼비아 로드의 플라워 마켓을 여유롭게 돌아본 후 런던 어린이들의 생활상을 엿볼 수 있는 빅토리아 앨버트 어린이 박물관으로 가보자. 축구 마니아라면 에미리트 스타디움에서 하루를 마무리하는 것도 좋은 선택이다.

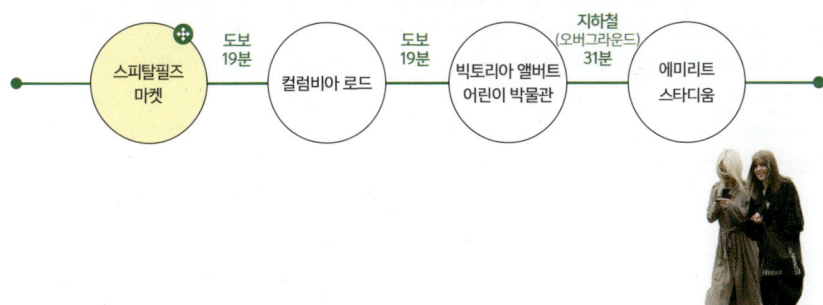

쇼디치 & 컬럼비아 로드 & 베스널 그린의 관광 명소

앤티크 마켓의 매력 속으로
스피탈필즈 마켓 Spitalfields Market ★★★

빅토리아 시대부터 이어져 온 오래된 대형 아케이드 안에 자리한 시장. 옷, 신발, 인테리어 소품, 액세서리 등의 다양한 물품을 판매하고 있다. 오랜 전통을 자랑해 '올드 스피탈필즈 마켓Old Spitalfields Market'이라고도 불린다. 매주 목요일에는 앤티크 마켓이 열려 빈티지 패션, 미술, 도자기 등의 물건들을 만날 수 있고, 토요일에는 현지 디자이너들의 개성 있는 의류나 소품을 살 수 있다.

스페셜티 커피를 판매하는 런던의 대표 카페 클림슨 & 손즈Climpson & Sons와 나폴리 피자를 판매하는 수드 이탈리아 피자 트럭Sud Italia Pizza Truck도 있어 허기를 달래기도 좋다. 그 밖에도 빈티지 아이웨어 숍 클라식Klasik, 귀여운 친환경의류를 판매하는 리틀 넥스트 도어 클로딩 Little Next Door Clothing, 포멀한 런던 스타일의 패션 브랜드 마빈 브라운Marvin Browne 등도 가볼 만하다.

How to go 지하철 센트럴Central·서클Circle·메트로폴리탄Metropolitan·해머스미스 & 시티Hammersmith & City 라인 리버풀 스트리트 Liverpool street 역에서 도보 5분
Add Old Spitalfields Market, 16 Horner Square, London
Open 월~금요일 08:00~23:00, 토~일요일 09:00~23:00, 리테일 숍 매일 10:00~18:00, 레스토랑 월~금요일 10:00~21:30, 토~일요일 10:00~16:00
Web oldspitalfieldsmarket.com
Map P.386-F

일요일에 열리는 생활용품 중고 마켓
브릭 레인 마켓 Brick Lane Market ★★

런던을 대표하는 벼룩시장 중 하나로 매주 일요일마다 잡화, 음식, 가구, 의류 등 런더너들의 다양한 물건을 중고로 거래할 수 있다. 빼곡하게 진열된 물건들 중에서 자신의 취향에 맞는 아이템을 찾는 재미가 꽤 쏠쏠하다. 옛 양조장을 개조한 올드 트루먼 브루어리Old Truman Brewery 주변으로는 선데이 업 마켓과 푸드 마켓도 함께 열린다. 거리 양옆으로 길게 늘어선 상점과 바, 레스토랑들은 영국과 아시아의 느낌이 뒤섞인 이색적인 분위기를 풍기기도 한다.

How to go 지하철 오버그라운드Overground 라인 쇼디치 하이 스트리트Shoreditch High Street 역에서 도보 6분 **Add** Brick Lane, Spitalfields London **Open** 일요일 10:00~17:00(평일은 상점마다 상이) **Map** P.386-F

플라워 마켓과 개성 있는 가게가 몰려있는 골목
컬럼비아 로드 Columbia Road ★★

컬럼비아 로드에서는 매주 일요일이면 플라워 마켓이 열린다. 거리 양옆으로 화사한 꽃과 싱그러운 식물들이 가득한 모습은 보기만 해도 기분이 상쾌해진다. 식물뿐만 아니라 각종 가드닝 재료와 접시, 문구류 등의 예쁜 소품들을 판매하기도 한다. 거리 곳곳에는 앤티크 상점이나 소품가게, 갤러리, 카페, 바 등도 자리하고 있으므로 꼭 일요일이 아니더라도 가볼 만하다.

How to go 지하철 오버그라운드Overground 라인 혹스턴Hoxton 역에서 도보 7분 **Add** Columbia Road, London **Open** 플라워 마켓 일요일 08:00~15:00 **Web** www.columbiaroad.info **Map** P.386-C

과거에서 현재까지 영국 어린이들의 일상을 한눈에
빅토리아 앨버트 어린이 박물관 Victoria Albert Museum of Childhood ★★

1872년 베스널 그린 뮤지엄으로 시작해 1974년 이후 빅토리아 앨버트 박물관에서 어린이와 관련된 컬렉션만 분리해 어린이 박물관으로 다시 태어났다. 높은 천장이 개방감을 주는 철골구조의 건물 내부에는 어린이들을 위한 다양한 장난감과 놀이 관련 전시 공간, 아이들이 즐길 수 있는 놀이들이 마련되어 있어 가족관람객들의 발걸음이 끊이지 않고 있다. 1층에는 샌드위치나 컵케이크, 커피 등을 편히 즐길 수 있는 카페가 있다.

How to go 지하철 센트럴Central 라인 베스널 그린Bethnal Green 역에서 도보 1분
Add Cambridge Heath Road, London **Open** 10:00~17:45 * 2023년 3월 현재 보수 공사로 임시 휴관중
Day Off 12월 24~26일 **Tel** 020 8983 5200 **Web** www.vam.ac.uk **Map** P.386-C

연중 다양한 행사와 즐거운 사람들이 함께하는 공간
북 클럽 The Book Club ★

빅토리아 양식으로 지어진 창고를 개조한 복합공간. 레스토랑, 바, 이벤트, 전시 등의 다양한 공간이 자리해 많은 사람들이 오가며 생기가 넘친다. 저녁이 되면 사람들이 모여들어 삼삼오오 둘러 앉아 칵테일을 즐기며 대화를 나누고 탁구를 치는 등 여가생활을 즐긴다. 때때로 시 낭송회나 영화 감상회 등도 열린다.

How to go 지하철 노던Northern 라인 올드 스트리트Old Street 역에서 도보 4분
Add 100-106 Leonard Street, London
Open 월~목요일 08:30~24:00, 금요일 08:30~익일 02:00, 토요일 10:00~익일 02:00, 일요일 10:00~24:00
Tel 020 7684 8618 **Web** www.wearetbc.com **Map** P.386-B

낭만 가득한 힐링 정원
달스턴 이스턴 커브 가든 Dalston Eastern Curve Garden ★★

2010년 이스턴 커브 기차를 매입하여 발전시킨 지역 문화공간으로 다양한 문화 프로그램들과 이벤트가 진행된다. 각종 식물로 아름답게 꾸민 정원에서 자연과 함께 호흡할 수 있는 도심 속 힐링 스폿이다. 카페로도 운영되어 정원에서 직접 기른 친환경재료로 만든 베이커리를 음료와 함께 즐길 수 있다. 토, 일요일에는 장작에 구운 피자를 즐길 수 있는 레스토랑을 운영한다.

How to go 지하철 오버그라운드Overground 라인 달스턴 정션Dalston Junction 역에서 도보 1분 **Add** 13 Dalston Lane, London **Open** 월~수요일 11:00~19:00, 목~일요일 11:00~22:00(매월마다 상이) **Fare** £3~ **Web** dalstongarden.org **Map** P.386-B

축구 마니아라면 반드시 들러야 할 성지
에미리트 스타디움
Emirates Stadium ★

2006년에 개장한 아스널 FC 홈구장으로 정식명칭은 '애시버튼 그로브Ashburton Grove'다. 아랍 에미리트 항공과 1억 파운드에 명명권계약을 하여 15년간 에미리트 스타디움으로 불리게 되었다. 전체 수용인원은 6만여 명이며, 네 개의 층으로 이루어진 관중석은 지붕으로 덮여 있다. 경기장 외관에는 아스널의 역사에 한 획을 그은 축구선수들의 활약을 기념한 동상과 사진이 전시되어 있다. 1996년에 아스널에 부임해 10회의 우승과 49경기 무패행진을 보여준 전 감독 아르센 벵거의 흉상을 비롯 아스널의 역사를 보여주는 자료들을 전시한 경기장 내부는 스타디움 투어를 통해 관람할 수 있다.

How to go 지하철 피커딜리Piccadilly 라인 아스널Arsenal 역에서 도보 5분 **Add** Hornsey Road, London **Open** 월~토요일 10:00~18:30(마지막 입장 18:15), 일요일 10:30~16:30(마지막 입장 16:15) **Fare** 스타디움 투어 일반 £32, 만 65세 및 학생 £26, 5~15세 £21 **Web** www.arsenal.com **Map** P.386-A

쇼디치 & 컬럼비아 로드 & 베스널 그린의 레스토랑

쇼디치에서 새롭게 떠오르는 레스토랑
르로이 Leroy

오픈한 지 1년도 채 되지 않은 2019년에 미슐랭 1스타 레스토랑이 되어 실력을 인정받은 곳이다. 요리에 대한 열정이 남다른 셰프가 만드는 슬로우푸드와 유기농 와인을 선보이는 소믈리에의 셀렉션이 환상의 조화를 이룬다. 캐주얼한 분위기에 가격 또한 합리적인 편. 가급적 예약 후 방문하는 것이 좋다.

How to go 지하철 노던Northern 라인 올드 스트리트Old Street 역에서 도보 4분 **Add** 18 Phipp Street, London **Open** 점심 식사 화~토요일 12:00~14:30, 저녁 식사 월~금요일 18:00~21:45 **Day Off** 일요일
Fare 점심 식사 2코스 £32, 3코스 £35 **Tel** 020 7739 4443 **Web** www.leroyshoreditch.com **Map** P.386-B

미슐랭 1스타에 빛나는 캐주얼 다이닝
라일스 Lyle's

유명 셰프 제임스 로위James Lowe의 레스토랑. 홍차 회사 립톤의 건물 일부를 사용하고 있으며, 화이트로 마감된 실내는 원목 테이블이 놓여있고 커다란 창문을 통해 햇살이 들어와 따스함이 느껴진다. 영국 곳곳에서 배송되는 신선한 재료로 계절 메뉴를 선보이는데, 특히 저온의 오븐에서 조리되어 나오는 야생오리요리가 인상적이다. 메뉴는 매일 바뀌며, 점심 식사는 단품 메뉴, 저녁 식사는 코스로 맛볼 수 있다.

How to go 지하철 오버그라운드Overground 라인 쇼디치 하이 스트리트Shoreditch High Street 역에서 도보 1분 **Add** Tea Building, 56 Shoreditch High Street, London **Open** 점심 식사 화~토요일 12:00~14:15, 저녁 식사 화~토요일 18:00~21:00
Day Off 일~월요일 **Fare** 점심 식사 £25~, 저녁 식사 £59~
Tel 020 3011 5917 **Web** www.lyleslondon.com **Map** P.386-C

바오 만두의 성공에 이은 새로운 도전
바오 누들 Bao Noodle

런던에서 이미 바오로 큰 성공을 거둔 이후, 후속편으로 준비한 우육면 레스토랑. 화이트 컬러의 타일로 포인트를 주고 브라운 계열로 마감한 인테리어가 세련된 느낌을 준다. 지하에는 노래방이 있다. 우육면에 들어가는 면은 글루텐이 3% 함유된 것으로 대만에서 주문 생산하여 수입하며, 12시간동안 닭뼈와 소뼈를 넣고 고아 낸 매콤한 국물과 두툼한 쇠고기가 일품이다. 지하에는 노래방 시설이 구비되어 있다.

How to go 지하철 오버그라운드Overground 라인 쇼디치 하이 스트리트Shoreditch High street 역에서 도보 4분
Add 1 Redchurch Street, London
Open 월요일 17:00~23:00, 화~목요일 12:00~15:00, 17:00~23:00 금~일요일 12:00~23:00
Fare £15~ **Tel** 020 7739 9333 **Web** baolondon.com **Map** P.386-C

탁 트인 공간에서 즐기는 캐주얼 다이닝
피자 이스트 Pizza East

베스널 그린 로드와 쇼디치 하이 스트리트의 코너에 있는 더 티 빌딩The Tea Building 1층에 자리한 피자 가게로 화덕에서 구워낸 피자와 매일 바뀌는 신선한 재료로 만드는 이탈리아 음식을 즐길 수 있다. 인더스트리얼 앤티크 스타일로 꾸며진 탁 트인 실내에는 멋진 음악이 흐른다. 주말 오전에는 브런치도 운영하며, 저녁에는 맛있는 피자에 술 한잔을 즐기며 하루의 피로를 푸는 사람들로 북적인다.

How to go 지하철 오버그라운드Overground 라인 쇼디치 하이 스트리트Shoreditch High Street 역에서 도보 1분
Add 56 Shoreditch High Street, London
Open 월~수요일 12:00~23:00, 목~금요일 12:00~24:00, 토요일 11:00~24:00, 일요일 11:00~23:00
Day Off 12월 24~26일 **Fare** 샐러드 £11~, 피자 £13~
Tel 020 7729 1888 **Web** pizzaeast.com
Map P.386-C

도심 속의 오아시스
로셸 캉틴 Rochelle Canteen 👍

오래된 학교 건물에 자리한 테라스가 멋진 레스토랑이다. 멜라니 아놀드, 마고 핸더슨이 유명 레스토랑인 세인트 존에서 함께 일했던 경험을 토대로 운영 중이다. 커다란 공유 테이블 하나에서 시작한 이 레스토랑은 톰 아저씨네 농장, 벤스 피시를 비롯한 영국 최고의 생산자에게 재료를 공급받아 깔끔하면서도 풍부한 요리를 제공한다. 테라스에 앉아 햇살의 축복을 맞으며 식사하는 오후는 더없이 행복하다. 예약은 필수이니 방문 전 미리 예약하자.

How to go 지하철 오버그라운드Overground 라인 쇼디치 하이 스트리트Shoreditch High Street 역에서 도보 5분
Add 16 Playground Gardens, London **Open** 수~토요일 12:00~15:00, 17:30~19:45, 일~화요일 12:00~15:00
Fare £20~ **Tel** 020 3928 8328 **Web** www.rochellecanteen.com **Map** P.386-C

영국에서 베이글을
가장 많이 파는 화제의 가게
베이글 베이크
Beigel Bake

1974년에 처음 문을 연 베이글 전문점으로 쇼디치 브릭 레인에 자리 잡고 있다. 소금과 겨자 소스를 뿌린 쇠고기와 새콤한 피클을 푸짐하게 채워 넣은 솔트 비프 베이글Salt Beef Beigel과 크림 치즈와 연어를 넣은 스모크드 살몬 & 크림치즈 베이글Smoked Salmon & Cream Cheese Beigel이 베스트셀러. 하루에 판매되는 베이글만 7천 개에 달하고, 24시간 영업을 하지만 늦은 시간에도 줄을 설 정도로 인기 있는 곳이다.

How to go 지하철 오버그라운드Overground 라인 쇼디치 하이 스트리트 Shoreditch High Street 역에서 도보 5분 **Add** 159 Brick Lane, London
Open 24시간 **Fare** £3~6 **Tel** 020 7729 0616 **Map** P.386-C

뿌리치기 힘든
스페인 음식의 유혹
라세로 Laxeiro

40년 가까운 전통을 자랑하는 스페인 타파스 전문점. 스페인 출신의 가족이 운영해 현지의 맛을 그대로 느낄 수 있다. 스페인을 대표하는 쌀과 닭고기, 초리조, 홍합, 오징어 등이 들어간 파에야부터 킹새우 바비큐인 바르바코아, 로즈마리 이베리코 립 등이 추천 메뉴다.

How to go 지하철 오버그라운드Overground 라인 쇼디치 하이 스트리트Shoreditch High Street 역에서 도보 9분 **Add** 93 Columbia Road, London **Open** 화~토요일 12:00~15:00, 18:00~23:00, 일요일 09:30~16:00 **Day Off** 월요일 **Fare** 샐러드 & 베지테리언 음식 £6.50~, 파에야 £17 **Tel** 020 7729 1147 **Web** laxeiro.co.uk **Map** P.386-C

24시간 문을 여는 동네 밥집
폴로 바 Polo Bar

1953년 리버풀 스트리트 기차역 인근에 문을 연 식당으로 24시간 운영하며 홈메이드 음식들을 판매한다. 그릴에 조리한 베이컨과 소시지, 스크램블드 에그로 구성된 영국식 아침 식사인 폴로 바 스페셜이나 그릴에 조리한 닭고기와 베이컨, 아보카도 등을 넣은 가든 토스트 샌드위치는 아침 식사로 무난하다. 점심 식사 메뉴로는 28일간 숙성한 립 아이 스테이크나 폴로 바 스테이크 버거 등을 추천한다.

How to go 지하철 센트럴Central·서클Circle·해머스미스 & 시티Hammersmith & City·메트로폴리탄Metropolitan 라인 리버풀 스트리트Liverpool Street 역에서 도보 1분 **Add** 176 Bishopsgate, London **Open** 24시간 **Fare** 브렉퍼스트 & 브런치 £8~, 피시 앤 칩스 £13.50~ **Tel** 020 7283 4889 **Web** polo24hourbar.co.uk **Map** P.386-E

비스트로 펍의 새 장르를 연 실력자
프린세스 오브 쇼디치
The Princess of Shoreditch

비스트로 펍을 런던에 유행시킨 곳으로, 맛있는 맥주와 음식을 즐길 수 있다. 페퍼 소스가 들어간 스테이크 앤드 칩스, 레몬 버터 소스가 들어간 감자가 사이드 메뉴로 나오는 대구요리 등의 음식에서는 세심한 셰프의 손맛이 느껴진다. 이곳은 영국인들이 일요일 점심 식사로 즐기는 선데이로스트 맛집으로도 유명한데, 애버틴 앵거스 비프 스테이크나 쇠고기, 닭고기, 돼지고기가 함께 나오는 믹스드 로스트가 괜찮다.

How to go 지하철 노던Northern 라인 올드 스트리트 Old Street 역에서 도보 6분 **Add** 76-78 Paul Street, London **Open** 바 월~수요일 16:00~22:30, 목~토요일 12:00~22:30, 일요일 12:00~21:00 다이닝 수요일 18:00~21:00, 목~토요일 12:00~15:00, 18:00~21:00, 일요일 12:00~19:00 **Fare** £25~ **Tel** 020 7729 9270 **Web** theprincessofshoreditch.com **Map** P.386-B

내추럴 와인이 유명한 레스토랑
브라운 Brawn 👍

점심 식사를 즐길 때면 따스한 햇살이 내리쬐는 길모퉁이에 자리한 레스토랑. 모던 브리티시 스타일에 프렌치 터치가 가미된 음식을 제공한다. 미슐랭 평가단이 가성비 좋은 레스토랑에게 수여하는 빕 구르망 상을 받았으며 월드 베스트 레스토랑 50의 디스커버리 레스토랑으로 선정되기도 했다. 오징어 먹물과 메밀 폴렌타, 치커리, 레몬이 들어간 돼지 등심 요리를 추천하며 90여 종에 달하는 내추럴 와인 리스트 또한 놓쳐선 안 된다.

How to go 오버그라운드Overground 라인 혹스턴 Hoxton 역에서 도보 8분 **Add** 49 Columbia Road, London **Open** 월요일 18:00~22:30, 화~토요일 12:00~15:30, 18:00~22:30 **Day Off** 일요일 **Fare** 메인 £21~ **Tel** 020 7729 5692 **Web** www.brawn.co **Map** P.386-C

한창 주가를 올리고 있는
수제 피자 전문점
피자 필그림즈
Pizza Pilgrims

에이스 호텔 맞은편에 위치한 피자 가게. 초록색으로 포인트를 준 외관과 뉴욕 스타일의 실내는 캐주얼한 분위기로, 영화 〈람보 2〉의 대형 포스터와 스태프들의 사진이 인상적이다. 도우에 트러플을 비롯한 다양한 버섯을 올리고 화덕에 구워낸 나폴리 피자는 자꾸 먹고 싶어질 만큼 매력적이다.

How to go 지하철 오버그라운드Overground 라인 쇼디치 하이 스트리트Shoreditch High Street 역에서 도보 6분 Add 136 Shoreditch High Street, London Open 월~토요일 12:00~23:00, 일요일 12:00~21:00 Fare 피자 £9.75~ Tel 020 3019 7620 Web www.pizzapilgrims.co.uk Map P.386-B

런던 피시 앤 칩스의 절대강자
포피스 Poppies

브릭 레인 마켓과 스피탈필즈 마켓으로 향하는 길목에 자리한 피시 앤 칩스 전문점. 1952년부터 영업을 시작하여 연륜이 느껴지는 곳이다. 1970년대 미국을 연상케 하는 레트로 스타일 인테리어에 직원의 친절한 미소, 그리고 겉은 바삭하고 속은 쫄깃한 피시 앤 칩스의 뛰어난 맛이 절대 잊히지 않을 장소다. 캠든 마켓에도 지점이 있다.

How to go 지하철 디스트릭트District·해머스미스 & 시티Hammersmith & City 라인 알게이트Algate 역에서 도보 12분 Add 6-8 Hanbury Street, London Open 일~수요일 11:00~22:00, 목~토요일 11:00~23:00 Fare 피시 앤 칩스 £15.95~ Tel 020 7247 0892 Web poppiesfishandchips.co.uk Map P.386-F

쇼디치 & 컬럼비아 로드 & 베스널 그린의 카페

좋은 재료로 승부하는 디저트숍
바이올렛 케이크 Violet Cakes 👍

브로드웨이 시장 노점상으로 시작해 현재 작가이자 푸드 스타일리스트, 레시피 개발자로 종횡무진 활동 중인 클레르 프탁Claire Ptak이 운영하는 베이커리 카페. 유기농 재료와 마다가스카르산 바닐라, 사탕수수 등 좋은 품질의 재료를 사용해 만드는데, 신선한 과일 퓌레와 발로나 다크초콜릿, 꽃소금으로 만든 다크 캐러멜 등이 인기다.

How to go 지하철 오버그라운드Overground 라인 하크니 센트럴Hackney Central 역에서 도보 11분
Add 47 Wilton Way, London
Open 월~수요일 08:00~16:00, 목~일요일 08:00~17:00
Fare £4.50~ **Tel** 020 7275 8360
Web www.violetcakes.com
Map P.386-C

편안한 분위기의 델리 & 카페
라일라즈 Leila's 👍

소녀 취향의 인테리어가 마음을 설레게 하는 델리 겸 카페. 옛 향수를 불러일으키는 빈티지 스타일의 오픈식 주방과 빈티지 가구로 꾸며진 실내는 브런치나 점심 식사를 즐기려는 사람들로 늘 북적인다. 홈메이드 잼과 신선한 빵, 샐러드에 맛있는 콜멘 커피를 곁들인 가벼운 식사를 즐기기에 좋다. 식료품점도 겸하고 있어 신선한 친환경 식재료도 살 수 있다.

How to go 지하철 오버그라운드Overground 라인 쇼디치 하이 스트리트Shoreditch High Street 역에서 도보 6분 **Add** 15-17 Calvert Avenue, London
Open 숍 화~금요일 12:00~16:00, 토요일 10:00~16:00, 카페 수~토요일 12:00~15:00
Day Off 일·월요일 **Fare** £3~ **Tel** 020 7729 9789
Web 인스타그램 @leilas_shop **Map** P.386-C

포르투갈산 와인을 즐기기에 편안한 느낌의 카페
어 포르투게즈 러브 어페어 델리-카페 A Portuguese Love Affair Deli-Cafe

가슴 설레게 하는 이름과는 달리 살짝 허름해 보이는 외관이지만 안으로 들어가면 깔끔한 빈티지 느낌의 인테리어가 마음을 편안하게 해준다. 타르트와 쿠키, 샌드위치, 샐러드 등을 즐길 수 있는 델리 겸 카페이자 와인 바로, 가성비 좋은 포르투갈산 와인과 함께 가벼운 식사를 즐기고 싶은 사람에게 열려 있는 공간이다. 컬럼비아 로드에 있는 동명의 숍에서는 와인을 비롯해 식료품, 뷰티 용품, 문구류, 책 등 감각적인 생활용품을 판매하고 있다.

How to go 지하철 센트럴Central 라인 베스널 그린Bethnal Green 역에서 도보 9분
Add 326 Hackney Road, London   **Open** 수~금요일 12:00~22:00, 토요일 11:00~23:00, 일요일 11:00~19:00
Day Off 월·화요일, 12월 24일~1월 6일   **Tel** 020 3490 2662   **Web** www.aportugueseloveaffair.co.uk
Map P.386-C

건강한 커피 문화를 선도하는 카페
어텐던트
Attendant(Shoreditch)

신선한 제철 재료로 만든 음식을 통해 건강한 식문화를 선보이는 브런치 카페. 넓고 쾌적한 공간에서 여유롭게 아침 식사를 즐길 수 있다. 좋은 원두로 내리는 에스프레소는 언제나 뛰어난 맛을 자랑한다. 피츠로비아와 클럭켄웰에도 지점이 있다.

How to go 지하철 노던Northern 라인 올드 스트리트Old Street 역에서 도보 4분   **Add** 74 Great Eastern Street, London   **Open** 월~금요일 08:00~17:00, 토~일요일 09:00~17:00   **Fare** 커피 £2.50~   **Web** the-attendant.com   **Map** P.386-B

스페셜티 커피를 제대로 즐길 수 있는 아트 카페
오리진 카페 Origin Café

쇼디치의 중심에 자리한 오리진 커피의 플래그십 스토어. 런던에만 일곱 개의 지점이 있다. 일러스트레이터의 귀여운 작품이 입구에서 고객들을 반기고, 카페 내부의 벽면에는 지역 아티스트들의 작품을 전시한다. 2016년 영국 바리스타 챔피언을 비롯해 다양한 커피 대회에서 수상한 경력이 있는 단 펠로우Dan Fellows가 전 세계를 여행하며 찾아낸 좋은 원두를 자신만의 노하우로 로스팅해 내린 커피 맛이 일품이다.

How to go 지하철 노던Northern 라인 올드 스트리트 Old Street 역에서 도보 4분 **Add** 65 Charlotte Road, London **Open** 월~금요일 08:00~16:00, 토요일 09:00~16:00, 일요일 10:00~16:00 **Fare** 커피 £2.50~ **Tel** 020 7729 6252 **Web** www.origincoffee.co.uk **Map** P.386-B

스페셜티 커피의 실력자가 운영하는 카페
올프레스 에스프레소 로스터리 앤 카페
Allpress Espresso Roastery and Cafe

올프레스 에스프레소 카페의 로스팅 하우스 겸 카페로 넓은 공간에서 한적하게 커피를 즐기기에 좋다. 1980년대 후반, 미국 시애틀에서 스페셜티 커피를 접한 창업자 마이클 올프레스Micheal Allpress의 이름을 딴 브랜드다. 핫 에어 로스팅 과정을 거쳐 생산한 원두는 200g에 £8~12라는 저렴한 가격에 살 수 있다.

How to go 지하철 오버그라운드Overground 달스턴 정션Dalston Junction 역에서 도보 4분 **Add** 55 Dalston Lane, London **Open** 월~금요일 08:00~16:00, 토~일요일 09:00~16:00 **Fare** £3~ **Tel** 020 7749 1780 **Web** uk.allpressespresso.com **Map** P.386-C

이스트 런던을 대표하는 카페
클림슨 & 손즈 카페
Climpson & Sons Café

런던 동부지역에서 스페셜티 커피의 선구자로 인정받고 있는 곳으로 2002년에 문을 열었다. 좋은 원두와 훌륭한 로스팅 기술을 바탕으로 맛과 향기 모두 수준급인 커피를 생산한다. 런던 시내에만 네 개의 매장을 운영하고 있으며, 커피 아카데미를 열어 바리스타 양성에도 힘을 기울이고 있다. 최근 이곳에서 추천하는 니트로 커피 마티니는 런던의 칵테일 바와 레스토랑, 카페 등에서 좋은 반응을 얻고 있다.

How to go 지하철 오버그라운드Overground 라인 달스턴 정션Dalston Junction 역에서 도보 6분
Add 67 Broadway Market, London
Open 월~금요일 07:00~17:00, 토요일 08:30~17:00, 일요일 09:00~17:00 **Fare** £3~ **Tel** 020 7254 7199
Web www.climpsonandsons.com **Map** P.386-C

공연이 어우러지는 카페
카페 오토 Cafe Oto

10년이 넘는 오랜 시간동안 달스턴 주민들과 같이 호흡해 온 카페다. 이곳에서는 뮤지션과 관객이 함께 어우러지는 공연이 열려, 카페를 넘어 문화공간으로서의 의미를 지닌다. 가수 오노 요코Ono Yoko와 색소폰 연주가 앤소니 브랙스턴Anthony Braxton 등 유명 뮤지션들의 공연이 펼쳐지기도 했다.

How to go 지하철 오버그라운드Overground 라인 달스턴 정션Dalston Junction 역에서 도보 1분
Add 18-22 Ashwin Street, London
Open 월~토요일 09:00~17:00, 일요일 10:00~17:00
Fare £3~ **Tel** 020 7923 1251 **Web** cafeoto.co.uk **Map** P.386-B

뉴질랜드에서 온 커피 전도사들
오존 커피 로스터즈
Ozone Coffee Roasters

바리스타의 자질과 다양성을 존중하는 한편 전 세계 커피 생산자들을 존중한다는 철학을 바탕으로 2012년에 오픈한 카페다. 볼리비아, 에티오피아, 과테말라 등의 싱글 오리진을 직접 로스팅해 블렌딩한 커피는 훌륭한 맛을 자랑한다. 오믈렛, 팬케이크 등의 브런치 메뉴는 주말 오전 8시 30분부터 오후 4시 30분까지 즐길 수 있으며, 영국 스타일의 스테이크 샌드위치나 바질, 구운 마늘, 방울토마토가 들어간 버섯 리소토는 점심 식사 메뉴로 인기다.

How to go 지하철 노던Northern 라인 올드 스트리트Old Street 역에서 도보 3분
Add 11 Leonard Street, London   **Open** 월~금요일 07:30~16:30, 토~일요일 08:30~17:00   **Fare** £3~   **Tel** 020 7490 1039
Web ozonecoffee.co.uk   **Map** P.386-B

사랑방 분위기의 아담한 북 카페
페이퍼 앤 컵 Paper and Cup

쇼디치 주민들의 사랑방 역할을 하는 북 카페로 쇼디치 하이 스트리트 뒷골목에 있다. 아담한 규모에 소박한 인테리어가 마음을 편하게 해준다. 카페 한쪽 벽을 가득 채운 서가에서 마음에 드는 책을 꺼내 읽으며 진한 커피 한잔과 맛있는 케이크로 여유로운 시간을 보낼 수 있다. 다양한 장르의 책은 사회적 기업과의 연계로 확보하고 있으며, 문학 관련 이벤트도 종종 열린다.

How to go 지하철 오버그라운드Overground 라인 쇼디치 하이 스트리트Shoreditch High Street 역에서 도보 6분
Add 18 Calvert Avenue, London   **Open** 월~토요일 10:00~18:00, 일요일 11:00~17:00   **Fare** £3~   **Tel** 020 7739 5458
Web www.paperandcup.co.uk   **Map** P.386-C

쇼디치 & 컬럼비아 로드 & 베스널 그린의 펍

맛있는 맥주 한 잔이 생각날 때 들르면 좋을 곳
버드케이지 Birdcage

캠든 타운, 쇼디치 등에 13개의 지점을 운영하는 펍으로 지난 20년간 주류 관련 사업을 해온 양조회사에서 운영한다. 로컬 맥주를 비롯해 다양한 병맥주와 캔맥주를 갖추고 있어 원하는 스타일의 맥주를 골라 마실 수 있다. 영국 전통음식인 키드니 파이와 스테이크, 고구마와 아보카도, 세 종류의 콩이 들어간 부리토 등의 메인 메뉴와 맥주와 곁들여 먹을 수 있는 나초, 치킨 윙 등을 추천한다.

How to go 지하철 노던Northern 라인 올드 스트리트Old Street 역에서 도보 11분
Add 80 Columbia Road, London
Open 월~토요일 12:00~24:00, 일요일 09:00~22:30
Day Off 12월 25일 **Fare** £6~ **Tel** 020 7739 5509
Web www.brewdog.com/uk/birdcage
Map P.386-C

쇼디치 & 컬럼비아 로드 & 베스널 그린의 쇼핑

명품 브랜드 버버리를 좋은 가격에 만날 수 있는 아웃렛
버버리 아웃렛 Burberry Outlet

트렌치코트의 대명사인 버버리 코트를 비롯해 각종 의류와 잡화 등 명품 브랜드 버버리를 연중 할인된 가격으로 살 수 있는 곳. 나이키와 아쿠아스큐텀Aquascutum Chatham 팩토리 아웃렛과도 이웃하고 있어 한꺼번에 돌아보기 좋다. 런던 근교에 있는 아웃렛 몰까지 갈 여유가 없다면 이곳에서 쇼핑을 즐기는 것도 좋은 방법이다.

How to go 지하철 오버그라운드Overground 라인 해크니 센트럴Hackney Central 역에서 도보 4분
Add 29-31 Chatham Place, London
Open 월~토요일 10:00~18:00, 일요일 11:00~17:00
Tel 020 8328 4287 **Web** uk.burberry.com
Map P.386-C

작지만 개성 넘치는 라이프 스타일 숍
트라이앵글 숍 Triangle Shop

단순히 유행만을 좇기보다 좋은 디자인의 제품을 최소한의 금액으로 소비하게 하여 자원의 낭비를 막는다는 철학을 가진 오너가 운영하는 편집 숍. 심플하면서도 활용도가 높고, 디자인이 뛰어난 제품을 엄선해 소개한다. 패션 아이템부터 집안을 꾸미는 데 필요한 라이프 스타일 제품을 디스플레이하고 있다.

How to go 지하철 오버그라운드Overground 라인 호머튼Homerton 역에서 도보 7분
Add 81 Chatsworth Road, London
Open 화~일요일 11:00~17:00 **Day Off** 월요일
Tel 020 8510 9361 **Web** trianglestore.co.uk
Map P.386-C

아담한 규모의 에지 있는 편집 숍
달링 골드 숍 Darling Gold Shop

모던 빈티지를 추구하는 주인의 큐레이팅 실력이 돋보이는 아담한 가게로 베스널 그린 로드에도 지점이 있다. 패션과 액세서리, 보디 케어 제품은 물론 도자기로 만든 식기류에 이르기까지 다양한 아이템들을 매번 새롭게 선보인다. 실시간으로 입점된 아이템들을 블로그에 소개하니, 방문 전에 확인하면 효율적인 쇼핑을 할 수 있다.

How to go 지하철 오버그라운드Overground 라인 호머튼 Homerton 역에서 도보 6분 **Add** 20 Chatsworth Road, London **Open** 월~토요일 11:00~18:00, 일요일 11:00~17:00 **Tel** 078 2500 4727 **Web** www.darlingandgold.com
Map P.386-C

쇼디치에 둥지를 튼 복합 리테일 공간
블루 마운틴 스쿨
Blue Mountain School

패션 브랜드 호스템Hostem의 창업자인 제임스 브라운과 크리스티 펠스가 기획한 복합 리테일 공간. 잘 알려져 있는 도쿄의 아트 앤 사이언스와도 비슷한 성격의 공간인데, 숍과 유명 셰프인 테오 클렌치와의 컬래버레이션으로 운영되는 레스토랑, 수제 도자공예품과 오브제, 페인팅, 인테리어 전시 공간, 음악 감상실 등이 한 건물 안에 있다. 숍과 레스토랑, 전시장을 방문하기 위해서는 반드시 전화나 이메일로 미리 예약해야 한다.

How to go 오버그라운드Overground 쇼디치 하이 스트리트Shoreditch High Street에서 도보 4분
Add 9 Chance Street, London
Open 수~토요일 10:00~18:00 **Day Off** 일~화요일
Tel 020 7739 9733 **Web** www.bluemountain.school
Map P.386-C

세계 최초의 컨테이너 쇼핑몰
박스파크
Boxpark(Shoreditch)

모던 스트리트푸드와 로컬 브랜드가 입점한 컨테이너 쇼핑몰. 대중의 호응을 얻어 뉴질랜드, 아랍에미리트 두바이 등에도 진출했다. 60여 개의 쇼핑몰에는 영국 로컬 브랜드 위주로 입점되어 있다. 스트리트푸드 중에서는 이탈리아 음식이나 치킨 버거와 맥주를 추천한다.

How to go 지하철 오버그라운드Overground 라인 쇼디치 하이 스트리트Shoreditch High Street 역에서 도보 1분
Add 2-10 Bethnal Green Road, London **Open** 월~수요일 11:00~23:00, 목~토요일 11:00~23:45, 일요일 11:00~22:30 **Tel** 020 7186 8800 **Web** www.boxpark.co.uk **Map** P.386-C

로즈 라테 한잔을 즐기면서 쇼핑을
아이다 AIDA

2012년 4월에 문을 연 멀티 패션 브랜드 숍. 남성의류, 여성의류, 슈즈, 액세서리, 홈웨어 등의 제품을 갖추었다. 수시로 미술, 음악, 디자인과 관련된 이벤트가 열리기도 한다. 이곳에 자리한 카페에서는 신선한 과일로 만든 건강한 착즙 주스나 장미잎을 넣어 향긋한 로즈 라테를 맛볼 수 있다.

How to go 지하철 노던Northern 라인 올드 스트리트Old Street 역에서 도보 11분
Add 133 Shoreditch High Street, London **Open** 숍 월~토요일 11:00~18:00, 일요일 12:00~18:00 카페 월~토요일 11:00~17:30, 일요일 12:00~17:30 **Tel** 020 7739 2811 **Web** www.aidashoreditch.co.uk **Map** P.386-B

작지만 알찬 아트 북숍계의 거인
아트워즈 북숍 Artwords Bookshop

전 세계의 아트북과 패션, 건축, 영화, 인테리어, 디자인 등 여러 분야의 매거진을 취급하는 아담한 서점으로 쇼디치와 런던 필즈에 지점을 두고 있다. 쇼디치점은 아티스트들이 밀집해 있는 혹스턴의 중심에 있다. 감각적인 천장장식 아래 가지런히 놓인 책들이 한눈에 들어오는 매장에서는 직원들의 도움을 받아 원하는 책을 구입할 수 있다. 또한 아티스트와 관련된 도서들을 출간하며, 유럽과 북미 지역의 외서를 수입하고 있다.

How to go 지하철 노던Northern 라인 올드 스트리트Old Street 역에서 도보 9분
Add 69 Rivington Street, London
Open 월~금요일 09:00~20:00, 토요일 09:00~18:00, 일요일 10:00~18:00 **Tel** 020 7729 2000
Web www.artwords.co.uk **Map** P.386-B

숨어 있는 보물을 찾는 즐거움
비욘드 레트로
Beyond Retro(Brick Lane)

런던과 스웨덴 스톡홀름에 매장을 두고 있는 빈티지 숍. 빈민단체를 위해 사람들이 기부한 옷이나 액세서리를 사들여 선별한 후, 깔끔하게 손질하여 판매한다. 차곡차곡 진열된 상품들을 잘 찾아보면 명품의 빈티지 아이템을 득템하는 행운도 누릴 수 있다. 각 아이템들을 색깔별로 정리해 두어 쇼핑하기에 편리하다.

How to go 지하철 오버그라운드Overground 라인 쇼디치 하이 스트리트Shoreditch High Street 역에서 도보 8분 **Add** 110~112 Cheshire Street, London **Open** 월~토요일 11:00~19:00, 일요일 12:00~18:00 **Tel** 020 7729 9001 **Web** www.beyondretro.com **Map** P.386-C

신성한 노동의 즐거움을 재치 있게 해석한 도구들이 가득
라보 앤 웨이트 Labour and Wait 👍

초록색 타일로 마감되어 시원한 느낌을 주는 외관이 인상적이다. 문을 열고 들어가면 세련되고 기능성 좋은 가드닝 용품과 생활용품을 마주하게 된다. 주인이 전 세계를 다니며 엄선한 아이템들이 주를 이루며, 새로운 상품과 빈티지 상품을 함께 갖추고 있다. 공구를 수납할 수 있는 도구 박스, 먼지를 터는 데 유용한 깃털 먼지떨이, LED 필라멘트, 감각적인 디자인 문구 등은 고객들의 지갑을 무장해제시킨다.

How to go 지하철 오버그라운드Overground 라인 쇼디치 하이 스트리트Shoreditch High Street 역에서 도보 3분 **Add** 85 Red Church Street, London
Open 매일 11:00~18:00
Tel 020 7729 6253
Web www.labourandwait.co.uk **Map** P.386-C

셀럽들의 시크릿 놀이터
LN-CC LN-CC

달스턴의 뒷골목에 위치한 간판 하나 제대로 없는 편집 숍이지만 그만큼 비밀스런 쇼핑을 즐기려는 셀럽들에게 환영받는 장소다. 2010년에 홈페이지로 시작하여 지금은 갤러리 겸 콘셉트 스토어로 자리 잡았다. 매장은 꼼 데 가르송 숍의 인테리어 및 스와치의 시계 디자인에 참여한 디자이너가 설계했으며, 트렌디한 명품과 패션 포토그라피, 음반, 아트 북 등도 만날 수 있다. 방문하려면 전화나 메일로 예약을 해야 한다.

How to go 지하철 오버그라운드Overground 라인 달스턴 정션Dalston Junction 역에서 도보 8분 **Add** 18-24 Shacklewell Lane, London **Open** 월~금요일 10:00~18:00 **Day Off** 토·일요일 **Tel** 020 3174 0744 **Web** www.ln-cc.com **Map** P.386-B

세계적인 스트리트 아트의 성지
넬리 더프 Nelly Duff

타투, 그래픽 아트 등 폭넓고 기발한 스트리트아트계에서 인정받고 있는 작가들의 오리지널 작품부터 한정판 작품에 이르기까지, 다양한 작품들을 합리적인 가격으로 만나볼 수 있는 곳이다. 작품 전시뿐만 아니라 발전 가능성이 높은 아티스트들을 발굴하는 데 혁혁한 공을 세우고 있어, 스트리트아트 관계자들의 발길이 끊이지 않고 있다.

How to go 지하철 센트럴Central 라인 베스널 그린 Bethnal Green 역에서 도보 16분 **Add** 156 Columbia Road, London **Open** 월~금요일 09:00~18:00, 토요일 11:00~18:00, 일요일 09:00~17:00 **Tel** 020 7033 9463 **Web** www.nellyduff.com **Map** P.386-C

빈티지 스타일을 원하는 패션 러버들의 성지
로킷 Rokit(Brick Lane)

1986년 캠든 타운에 매장을 연 빈티지 숍으로 전 세계적으로 명성이 자자한 빈티지 마니아들의 파라다이스다. 깔끔한 빈티지 의류와 잡화들을 보기 좋게 진열하고 있다. 코벤트 가든, 브릭 레인에 매장을 운영하고 있는데, 이 지점은 동네 분위기에 걸맞게 펑키한 스타일과 1920~80년대의 빈티지 캐주얼에 집중하고 있다. 빈티지 초보자라면 의류보다는 잡화를 추천한다.

How to go 지하철 센트럴Central·서클Circle·해머스미스 & 시티Hammersmith & City·메트로폴리탄Metropolitan 라인 리버풀 스트리트Liverpool Street 역에서 도보 13분 **Add** 101 Brick Lane, London
Open 매일 11:00~19:00
Tel 020 7375 3864 **Web** www.rokit.co.uk
Map P.386-F

도쿄의 라이프 스타일을 표방하는 바이크 전문점
도쿄바이크 Tokyobike

'도쿄 슬로우'라는 콘셉트에 맞춰 도시의 컬러와 잘 어울리는 심플한 디자인으로 오랫동안 탈 수 있는 자전거를 갖추고 있는 바이크 숍. 트렌드에 앞서나가는 쇼디치 주민들 사이에서 꾸준한 사랑을 받고 있다. 여행자의 입장에서 자전거를 구입하기는 어렵겠지만, 안전 헬멧이나 레인 점퍼, 백팩, 체인 등 자전거 액세서리는 욕심내 볼 만한 가치가 있다.

How to go 지하철 노던Northern 라인 올드 스트리트 Old Street 역에서 도보 5분 **Add** 87-89 Tabernacle Street, London **Open** 화~금요일 11:00~18:30, 토~일요일 11:00~17:00
Tel 020 7251 6842 **Web** www.tokyobike.co.uk **Map** P.386-B

HELLO, SUBURBS

근교여행 정보

· 근교 도시 ·

해안선이 아름다운 휴양지

브라이턴
Brighton

영국 남동부 지역 이스트 서식스 East Sussex 주에 속한 휴양도시 브라이턴은 19세기 초까지 작은 어촌마을에 불과했으나 조지 4세 왕이 별궁을 지은 후로 발전하기 시작해 지금은 바다 풍경을 감상하며 쉬어가려는 런더너들의 주말 나들이 코스로 각광받고 있다. 또한 런던에서 기차로 1시간 거리에 위치해 접근성이 뛰어나 런던의 베드 타운으로도 인기를 얻고 있다. 1899년에 조성된 브라이턴 해변 인근에는 놀이공원과 수족관, 산책로, 상점들이 들어서 있으며, 여름철이면 해수욕을 즐기기 위해 이곳을 찾는 사람들로 활기를 띤다.

> ## 브라이턴 찾아가기

런던에서 직선거리로 85km정도 떨어진 브라이턴까지는 기차나 시외버스로 갈 수 있다. 편리하고 빠르게 가고 싶다면 기차를 추천하며 하룻밤 머물며 느긋하게 즐기고 싶다면 가격이 저렴한 버스를 이용하는 것도 좋다.

1 기차

런던 빅토리아Victoria 역에서 서던Southern 라인의 기차를 타거나 세인트 판크라스Saint Pancras 역·블랙프라이어스Blackfriars 역·런던 브리지London Bridge 역 중 하나에서 템스링크Thameslink 라인의 기차를 타고 브라이턴 Brighton 기차역에 하차한다. 브라이턴 해변으로 곧장 가고 싶다면 브라이턴 기차역 앞에 있는 브라이턴 호브Brighton Hove 부스에서 1일 버스 티켓(£4.70)을 구매해 버스 정류장 브라이턴 역Brighton Station(Stop A)에서 승차한다(7, 8, 27, 52번).

서던 레일웨이Southern Railway
Hours 58분 **Interval** 15분
Fare 편도 £5.50~
Web ticket.southernrailway.com

템스링크 Thameslink
Hours 1시간 10분~25분
Fare 편도 £12.90~

2 버스

빅토리아 코치 스테이션Victoria Coach Station에서 브라이턴 코치 스테이션Brighton Coach Staiton까지 내셔널 익스프레스National Express 버스로 갈 수 있다. 브라이턴 코치 스테이션은 바닷가인 브라이턴 팰리스 피어Brighton Palace Pier 근처에 있다. 요금에 비해 소요시간이 너무 길어 하루 일정으로 다녀올 여행자에겐 추천하지는 않는다.

내셔널 익스프레스 버스National Express bus
Hours 2시간 45분~3시간 20분
Interval 1시간
Fare £10.60~ **Web** www.nationalexpress.com

> ## 어떻게 다닐까

시내 중심부의 로열 파빌리온과 해변 등의 관광 명소는 걸어서 이동이 가능하다. 휴양지답게 감각적인 앤티크 상점들이 곳곳에 자리하고, 해변에서 한가로이 시간을 보내는 사람들이 눈에 띈다. 죽기 전에 꼭 봐야 할 관광 명소로 꼽히는 '세븐 시스터즈Seven Sisters'는 1일 버스 티켓으로 다녀올 수 있다. 버스 정류장 브라이턴 역(Stop D)에서 승차한다(7, 18, 13X번).

TIP
브라이턴 관광안내소
Add King's Road, Brighton
Open 10:00~17:00
Tel 012 7329 0337
Web www.visitbrighton.com

브라이턴의 관광 명소

이색적인 건축물
로열 파빌리온
Royal Pavilion ★★★

19세기 초반에 지어졌으며, 이오닉 양식 기둥과 인도 타지마할Taj Mahal을 연상시키는 지붕이 인상적으로 소설 《아라비안 나이트》에 나오는 궁전을 떠올리게 한다. 1783년 조지 4세 왕이 궁전설계를 지시했으며, 유명건축가 존 내시가 개축하여 지금의 모습에 이르렀다. 이후 빅토리아 여왕이 이 건물을 브라이턴 시의회에 팔면서 지금은 브라이턴 시 소유의 건물이 되었다. 제1차 세계대전 중에는 부상병을 치료하는 병원이었다가 지금은 콘서트 홀과 박물관으로 사용되고 있다. 내부 사진 촬영은 금지하고 있다.

How to go 브라이턴Brighton 기차역에서 도보 12분
Add 4/5 Royal Pavillion Building, Brighton
Open 4~9월 09:30~17:45(마지막 입장 17:00), 10~3월 10:00~17:15(마지막 입장 16:30), 12월 24일 10:00~14:30 **Day Off** 12월25~26일
Fare 성인 £17, 5~18세 £10.50, 패밀리(성인 2명+어린이 2명) £44.50
Tel 012 7329 2822 **Web** brightonmuseums.org.uk **Map** P.387-A

브라이턴의 역사와 다양한 테마 전시를 만날 수 있는 곳
브라이턴 박물관 & 아트 갤러리 Brighton Museum & Art Gallery ★

로열 파빌리온 내에 자리한 박물관이다. 브라이턴 시의 역사를 말해주는 전시는 물론 고대 이집트 문화, 아프리카 패션, 20세기 아트 및 디자인과 관련한 전시 등 다양한 상설·기획전시가 열리는 곳이다. 가구 디자이너 찰스 레니 매킨토시Charles Rennie Mackintosh, 론 아라드Ron Arad, 찰스 임스Charles Eames 등의 전시도 열리며, 그 밖에 아르데코나 아르누보와 관련한 오브제도 만날 수 있다.

How to go 브라이턴Brighton 기차역에서 도보 12분
Add 12A Pavillon Parade, Brighton
Open 화~일요일 10:00~17:00
Day Off 월요일, 12월 25~26일 **Fare** 성인 £7.50, 5~18세 £3.60, 패밀리 £18.50
Tel 030 0029 0290 **Web** brightonmuseums.org.uk **Map** P.387-C

클래식한 소규모 놀이동산
브라이턴 팰리스 피어 Brighton Palace Pier ★★

1899년에 세워진 길이 500여m의 목조다리로 브라이턴의 명물이다. 2003년에 화재로 일부가 손실되었다가 복원되었다. 다리 위에는 소규모 놀이동산과 가게들이 늘어서 있어 인파가 몰린다. 놀이동산에는 크레이지 마우스와 롤러코스터 터보 등 몇 가지의 놀이기구와 오락실이 있다. 자녀를 동반한 가족 여행객의 방문이 많은 편이며, 탁 트인 바다의 전경과 어우러진 낭만적인 분위기로 커플들의 데이트 코스로도 인기 있다.

How to go 브라이턴Brighton 기차역에서 도보 17분
Add Madeira Drive, Brighton
Open 10:00~21:00
Web brightonpier.co.uk **Map** P.387-C

브라이턴 바다 속 생태계를 한눈에
시 라이프 브라이턴 Sea Life Brighton ★

1872년 건축가 유지니어스 버치 Eugenius Birch가 지은 건물로 아름다운 빅토리아 양식의 아케이드를 그대로 살린 실내공간이 볼만하다. 1991년 해저 터널이 추가되어 상어와 해마, 해파리, 거북, 불가사리 등 각양각색의 해양생물을 살펴볼 수 있다. 어린이들에게 인기가 많은 스폿으로 자녀를 동반한 가족 여행객에게 추천한다.

How to go 브라이턴Brighton 기차역에서 도보 18분 **Add** Marine Parade, Brighton **Open** 10:00~17:00(날짜마다 폐관시간 상이. 홈페이지 참조) **Day Off** 12월 25일 **Fare** 성인 £23(온라인 예매 시 £17), 3~14세 £17.95(온라인 예매 시 £14.50) **Tel** 087 1226 6770 **Web** www.visitsealife.com/brighton **Map** P.387-C

브라이턴의 쇼핑

빈티지 마니아를 위한 마켓
노스 레인 바자 Notrh Laine Bazaar

앤티크로 유명한 브라이턴의 노스 레인 바자North Laine Bazaar의 마켓 중 하나. 1960년대 전후의 물건이 주를 이루며, 빈티지 가구, 키치한 의류, 오래된 사진, 세컨드 핸드북, 주얼리에 이르는 다양한 아이템으로 가득하다. 시간이 맞지 않아 주말에 열리는 벼룩시장에 갈 수 없는 여행자에게 추천하고 싶은 곳으로, 작은 액자, 핸드백이나 거울과 같은 소품을 £30가 안되는 가격에 살 수 있다.

How to go 브라이턴Brighton 기차역에서 도보 6분 **Add** 5, 5A Upper Gardner Street, Brighton **Open** 월~금요일 10:00~17:30, 토요일 10:00~18:00, 일요일 11:00~16:30 **Tel** 012 7360 0894 **Map** P.387-A

브라이턴의 카페

앤티크 제품으로 가득한 공간에서 즐기는 카페
스누퍼스 파라다이스
Snoopers Paradise

7,000㎡의 거대한 공간에 자리잡은 앤티크 숍. 빈티지 웨딩 드레스부터 사슴 박제에 이르기까지 독특한 아이템을 파는 90여 개의 상점이 한데 모여 있다. 미로처럼 얽힌 상점 안에서 복고풍 가구, 그릇, 안경 등 보물을 발견하려면 부지런히 구석구석을 살펴야 한다. 영국의 <데일리 텔레그래프>지에서 선정한 영국에서 가장 쇼핑하기 좋은 6개 장소로 선정되었다.

How to go 브라이턴Brighton 기차역에서 도보 6분
Add 7/8 Kensington Gardens, Brighton **Open** 월~토요일 10:00~17:45, 일요일 11:00~17:00 **Tel** 012 7360 2558 **Web** snoopersparadise.co.uk
Map P.387-A

일간지 <뉴욕 타임즈>에도 소개된 카페
레드로스터 카페 Redroaster Café

럭셔리한 삶을 추구하는 보보스들의 놀이터로 자연에 둘러싸인 듯 식물이 우거진 공간에서 직접 볶아낸 커피 한잔과 맛있는 음식을 즐길 수 있다. 커피 외에도 아침 식사, 브런치, 점심 식사를 즐기기 좋은 곳이다. 풀 잉글리시 브렉퍼스트(£11.40), 베이컨 치즈 버거(£8.90)가 인기 있으며, 캐주얼하고 다이내믹한 분위기를 즐기고 싶은 사람들에게 추천한다.

How to go 브라이턴Brighton 기차역에서 도보 15분
Add 1D St. James's Street, Brighton
Open 일~화요일 08:00~17:00, 수~토요일 08:30~23:00 **Fare** 아침 메뉴 £7.60~, 메인 £10.90~
Tel 012 7368 6668 **Web** www.redroaster.co.uk
Map P.387-C

· 근교 도시 ·

그리니치 천문대를 품은 도시

그리니치
Greenwich

전 세계 시간의 기준이 되는 구 영국 왕립 천문대가 중심에 자리한, 아담하고 조용한 분위기가 인상적인 도시다. 지리상으로 런던 동쪽에 위치하며, 햇살이 좋은 날이면 많은 사람들이 구 영국 왕립 해군대학과 그리니치 공원을 찾아와 평온하게 휴식을 취하며 시간을 보낸다. 런던 도심의 빌딩 숲에서 잠시 탈출하고 싶다면 평화로운 그리니치로 발걸음을 옮겨보자.

그리니치 찾아가기

런던에서 그리니치까지는 경전철인 도클랜드 라이트 레일웨이, 유람선 등으로 이동할 수 있다. 경전철은 가장 경제적인 교통수단이며, 템스강의 정취를 느낄 수 있는 유람선은 맑은 날 시간적 여유가 있는 여행자에게 추천한다. 숙소가 런던 브리지 기차역 인근이거나 캐논 스트리트 쪽이라면 기차를 이용하는 것이 좋다.

1 도클랜드 라이트 레일웨이 DLR

오이스터 카드를 이용해서 경전철 DLR 라인 커티 사크Cutty Sark 역에 하차하는 것이 가장 저렴하고 일반적인 방법이다.

Hours 23분(카나리 워프Canary Wharf 역 출발 기준) **Interval** 10분 **Fare** 피크 타임 £1.70, 오프 피크 £1.50
*피크 타임 월~금요일 06:30~09:30, 16:30~19:00

2 기차

런던 시내의 런던 브리지 기차역이나 캐논 스트리트 기차역, 세인트 판크라스 기차역에서 사우스이스턴 Southeastern 기차로 그리니치 역까지 갈 수 있다. 그리니치 역에서 구 영국 왕립 천문대, 해군 박물관이 있는 중심부까지는 도보 5분이면 갈 수 있다.

사우스이스턴 레일웨이 Southeastern Railway
Hours 런던 브리지 기차역에서 10분, 캐논 스트리트 기차역에서 15분, 세인트 판크라스 기차역에서 25분
Interval 13~26분
Fare £3.90

3 유람선

런던 시내에 위치한 선착장에서 출발하는 유람선 템스 클리퍼스Thames Clippers를 이용해 그리니치 피어 Greenwich Pier까지 가보자. 오이스터 카드로 결제하면 할인혜택도 받을 수 있다.

Hours 런던 브리지 피어에서 25분, 런던 아이 피어에서 40분, 런던 타워 피어에서 20분 **Interval** 1일 20~25회 **Fare** 왕복 일반 £9.60, 학생 및 만 65세 이상 £4.80, 어린이 5~15세 *트래블 카드 소지 시 성인 £7, 어린이 £3.50 **Web** www.thamesclippers.com

어떻게 다닐까

도클랜드 라이트 레일웨이 이용 시 카나리 워프에서 커티 사크 호까지는 도보로 12분 정도 걸리고, 유람선을 이용 시 그리니치 피어까지는 도보로 1분이 걸린다. 선실을 관람하는 것에 관심이 없다면 외관만 감상하고 구 영국 왕립 해군대학, 퀸즈 하우스, 구 영국 왕립 천문대 순서로 돌아보자. 녹지가 많아 피크닉을 즐기기에 좋으므로 런던에서 출발할 때 간식을 챙겨 가보자.

> **TIP**
> **그리니치 관광안내소**
> **Add** The Old Royal Naval College, 2 Cutty Sark Gardens, London
> **Open** 10:00~17:00 **Day Off** 12월 24~26일 **Tel** 020 8305 5235
> **Web** visitgreenwich.org.uk

그리니치의 관광 명소

세계에서 단 세 척밖에 남지 않은 복합구조의 범선
커티 사크 호 The Cutty Sark ★

1869년에 만들어진 쾌속 범선으로 증기선이 만들어지기 전까지 영국 차 무역의 중심에서 활약했다. 이후 영국과 중국을 오가는 여객선으로 이용되다가 1938년 마지막 항해를 끝으로 구 영국 왕립 해군대학이 있는 현재 위치로 옮겨와 일반 대중에게 공개되고 있다. 본래 모습을 그대로 유지하고 있는 커티 사크 호는 철골구조의 뼈대에 목재로 뒤덮은 복합구조로 이루어졌다. 영국 항해역사, 선원들의 생활모습 등을 전시한 박물관에서 직원들의 설명도 들을 수 있다.

How to go DLR 커티 사크Cutty Sark 역에서 도보 3분 **Add** King William Walk, Greenwich, London **Open** 10:00~17:00(마지막 입장 16:15) **Fare** 성인 £16, 학생(만 16~24세) £10, 만 5~15세 £4 **Tel** 020 8312 6608 **Web** www.rmg.co.uk **Map** P.388-A

본초자오선의 기준이 되는 곳
구 영국 왕립 천문대
The Old Royal Observatory ★

전 세계시간의 기준이 되는 구 영국 왕립 천문대는 그리니치의 랜드마크로 세계 천문학의 역사와 함께해 온 곳이다. 1675년 찰스 2세 왕의 명으로 설립되었으며, 20세기에 들어서면서 공해와 스모그 현상으로 관측에 어려움을 겪어, 천문학 본부를 서식스와 케임브리지로 이전했다. 현재 이곳은 천문학과 관련된 유물이나 천문학의 역사 등을 대중에게 소개하는 관광 명소 역할만 맡고 있다. 지구를 동반구와 서반구로 나누는 자오선이 시작되는 기준으로 1884년의 국제협정에 의해 세계 대부분의 국가들이 그리니치 평균시를 따르고 있다. 이 건물을 가로지르고 있는 본초자오선은 기념 촬영 스폿으로 인기 있다. 높은 곳에 위치해 그리니치 풍경을 한눈에 담기 좋으며, 특히 해가 진 후에는 로맨틱한 야경을 즐길 수 있다. 예약은 홈페이지에서 할 수 있다.

How to go DLR 커티 사크Cutty Sark 역에서 도보 15분 **Add** Blackheath Avenue, Greenwich, London **Open** 10:00~17:00(마지막 입장 16:30) **Fare** 성인 £16, 학생(만 16~24세) £10, 어린이 £8 **Tel** 020 8858 4422 **Web** www.rmg.co.uk **Map** P.388-D

고전건축의 교과서 같은 장소
구 영국 왕립 해군대학 The Old Royal Naval College ★

1696년부터 건축가 크리스토퍼 렌이 설계한 영국 왕립 해양병원 건물을 1873년부터 영국 왕립 해군대학의 캠퍼스로 사용하기 시작했으며, 지금은 그리니치 대학과 트리니티 음악전문학교의 캠퍼스로 사용하고 있다. 멋진 건물과 푸른 잔디밭이 평온한 느낌을 주어 피크닉 스폿으로 각광받고 있다. 최근에는 런더너들의 결혼식 장소로 인기가 있어, 운이 좋으면 이곳에서 펼쳐지는 이벤트를 볼 수 있다. 제임스 톤힐 경이 18세기에 디자인한 페인티드 홀은 4만㎡에 육박하는 벽과 천장에 왕족, 신화 속 생물 등을 빼곡히 묘사하고 있어 볼만하다.

How to go DLR 커티 사크Cutty Sark 역에서 도보 2분 **Add** The Old Royal Naval College, Greenwich, London **Open** 정원 월~토요일 08:00~23:00, 일요일 08:00~22:30, 건물 10:00~17:00 **Day Off** 12월 24~26일 **Fare** 페인티드 홀·블러드 & 배틀 일반 £16, 학생(만 16~24세) £8.50 **Tel** 020 8269 4799 **Web** www.ornc.org **Map** P.388-B

애프터눈 티 파티를 즐기려면
퀸즈 하우스 Queen's House ★

1637년 건축가 인디고 존스가 지은 영국 왕실의 거주지다. 영국 고전주의 건축사에서 중요한 건축물로 꼽힌다. 그레이트 홀의 천장벽화 및 바닥장식, 유령 출몰설이 있는 나선형의 튤립 계단 등 아름다운 내부 인테리어를 감상할 수 있다. 지금은 국립 해양 박물관으로 운영된다.

How to go DLR 커티 사크Cutty Sark 역에서 도보 8분 **Add** Queen's House, Greenwich, London **Open** 10:00~17:00(마지막 입장 16:30) **Fare** 무료 **Tel** 020 8858 4622 **Map** P.388-D

그리니치의 레스토랑

미니 양조장에서 만드는 신선한 맥주와 음식
올드 브루어리 The Old Brewery

유서 깊은 구 영국 왕립 해군대학 안에 위치한 펍. 따사로운 햇살 아래에서 식사를 할 수 있는 테라스 석이 가장 인기 있다. 신선한 맥주와 제철 재료로 만든 음식이 잘 어우러져 런더너들에게 좋은 평가를 받고 있다. 아침 식사를 비롯해 브런치, 디저트도 제공한다.

How to go DLR 커티 사크Cutty Sark 역에서 도보 3분 **Add** The Old Royal Naval College, London **Open** 레스토랑 월~금요일 12:00~21:00, 토요일 10:00~21:00, 일요일 10:00~20:30 바 월~금요일 11:00~23:00, 토요일 10:00~23:00, 일요일 10:00~22:00 **Fare** £20~ **Tel** 020 3437 2222 **Web** oldbrewerygreenwich.com **Map** P.388-A

따뜻한 국물이 생각날 때
포 스트리트 Pho Street

그리니치에서 성공한 아시안 레스토랑 중 하나로 집안에서 전해져오는 레시피를 바탕으로 만든 베트남 요리를 내놓는다. 애피타이저로 새우가 들어간 파파야 샐러드, 깊고 진한 국물로 원기를 회복할 수 있는 베트남 쌀국수, 피크닉 추천 메뉴인 베트남식 샌드위치와 버블 티를 즐길 수 있다.

How to go DLR 커티 사크Cutty Sark 역에서 도보 4분 **Add** 17 King William Walk, London **Open** 매일 11:30~22:30 **Fare** £10~ **Tel** 020 8858 6956 **Map** P.388-C

그리니치의 쇼핑

유네스코 세계문화유산 안에 자리한 마켓
그리니치 마켓
Greenwich Market

그리니치 마켓에는 생활용품을 비롯해 주얼리, 의류, 뷰티 용품, 앤티크 장인이 만드는 수공예품 등 다양한 품목을 취급하는 상점들과 세계 각국의 스트리트푸드를 맛볼 수 있는 푸드 마켓이 모여 있다. 그리니치의 관광 명소와도 가까우니, 오가는 길에 들러 그리니치 주민들의 생생한 일상을 느껴보는 것도 좋을 듯하다.

How to go DLR 커티 사크Cutty Sark 역에서 도보 2분
Add 5B Greenwich, London
Open 매일 10:00~17:00 **Tel** 020 8269 5096
Web greenwichmarket.london
Map P.388-A

SPECIAL SPOT

큐 가든을 거닐며 즐기는 슬로우 힐링 라이프
리치먼드 Richmond

리치먼드는 런던 외곽의 템스강 상류에 있는 평화롭고 아기자기한 지역으로 북쪽으로는 큐 가든, 남쪽으로는 리치먼드 파크를 끼고 있다. 16세기에 헨리 7세 왕의 리치먼드 팰리스가 있던 곳으로, 리치먼드라는 이름은 당시 이 지역을 영지로 가지고 있던 리치먼드 백작 이름에서 유래했다. 엘리자베스 1세 여왕이 말년을 보낸 지역으로 알려져 있다. 휴일이면 런더너들이 피크닉 장소로 즐겨 찾는 큐 가든이 유명하다.

리치먼드 찾아가기

1 기차
런던 워털루Waterloo 기차역에서 사우스 웨스턴South Western 열차를 타고 큐 브리지Kew Bridge 기차역 하차, 800m 떨어진 엘리자베스 게이트Elizabeth Gate로 입장한다.

사우스 웨스턴 레일웨이 South Western Railway
Hours 16~56분
Interval 8~17분
Fare £6
Web www.southwesternrailway.com

2 지하철
지하철 디스트릭트District 라인 또는 오버그라운드 Overground 라인 큐 가든Kew Gardens 역에서 하차(3존) 후, 500m 떨어진 빅토리아 게이트Victoria Gate로 입장한다.

Hours 30분
(런던 웨스트민스터Westminster 역 출발 기준)
Interval 10분
Fare 피크 타임 £3.60, 오프 피크 £2.90
Web tfl.gov.uk

세계에서 가장 많은 종류의 식물을 보유한 정원
큐 가든 Kew Gardens ★★

정식명칭은 로열 보타닉 가든Royal Botanic Gardens으로 식물 채집가였던 조셉 뱅크스가 18세기 후반에 조성해 지금에 이르고 있다. 4만여 종에 이르는 다양한 식물들과 약 7백만 가지의 식물 표본을 보유하고 있으며, 75만 권의 식물도감, 17만 5천 점에 이르는 일러스트 및 드로잉 자료를 소장한 세계 최대 규모의 식물원이자 영국 정원사 및 원예학 연구의 중심부다.
1299년 에드워드 1세 왕 때 영국 왕실의 정원으로 사용되었으며, 1631년 조지 3세 왕의 궁전으로 사용하기 위해 건축한 큐 팰리스와 1840년대에 설계된 팜 하우스, 1899년에 지어진 온실 등, 오랜 역사를 가진 건축물들이 정원 곳곳에 자리하고 있다.

How to go 지하철 디스트릭트District·오버그라운드Overground 라인 큐 가든Kew Gardens 역에서 도보 5분
Add Kew Gardens, Richmond, London
Open 월~목요일 10:00~18:30, 금~일요일 10:00~20:30
Day Off 12월 24~25일 **Fare** 일반 성수기 £21.50(온라인 예약 시 £17), 비수기 £14(온라인 예약 시 £12), 만 16~29세 및 학생 성수기 £9(온라인 예약 시 £8.50), 비수기 £6.50(온라인 예약 시 £6) **Tel** 020 8332 5655 **Web** kew.org

· 근교 도시 ·

영화 〈해리 포터 시리즈〉의
촬영지가 된 대학도시

옥스퍼드
Oxford

런던에서 북서쪽으로 90km 떨어진 옥스퍼드는 영국 남부의 옥스퍼드셔Oxfordshire 주에 속해 있다. 영화 〈해리 포터 시리즈〉를 비롯한 많은 작품들의 배경으로 등장하며, 영국의 명문 옥스퍼드 대학으로 유명한 지역이다. 지난 200여 년간 옥스퍼드 대학 출신의 영국 총리만 16명에 이를 정도로, 오래 전부터 저명한 정치가와 학자를 배출하고 있는 대학으로 이름나 있다.
옥스퍼드 대학의 40개 칼리지와 6개의 상설학당이 흩어져 있는 시가지에는 중세에 지어진 건물들이 즐비하다. 고풍스러운 분위기의 거리를 거닐다보면 과거로 시간여행을 떠난 듯한 느낌이 든다.

옥스퍼드 찾아가기

미리 교통편을 예약할 수 있다면 비용과 시간을 아낄 수 있는 기차를 추천하지만, 급하게 예약한다면 버스가 경제적이다. 비용을 절감할지 시간을 아낄지는 결국 여행자의 선택에 달려 있다.

1 기차

런던 패딩턴Paddington 기차역에서 출발하는 기차로 갈 수 있다. 기차는 수시로 운행되어 이용하기 편리하다.

Hours 57분~1시간 8분
Interval 8~22분
Fare 편도 £5.40~
Web gwr.com

2 버스

빅토리아 코치Victoria Coach 기차역 맞은편에 있는 공항버스·시외버스 승차장에서 시외버스인 옥스퍼드 튜브Oxford Tube에 승차한다. 티켓은 현장에서 버스기사에게 구입해도 되지만, 홈페이지에서 구입하는 것이 저렴하다. 옥스퍼드 튜브는 옥스퍼드의 카팍스 타워에서 도보로 6분 거리의 하이 스트리트(Stop J1) 버스 정류장을 이용한다. 저가 버스인 메가 버스Mega Bus도 있으며, 미리 예약하면 다른 교통수단보다 저렴하게 이동할 수 있다. 런던의 마블 아치Marble Arch에서 승차한다.

옥스퍼드 튜브 Oxford Tube
Hours 1시간 40분
Fare 편도 일반 £12, 만 16~25세 및 만 65세 이상 £11
Web oxfordtube.com

메가 버스 Mega Bus
Hours 1시간 8분
Fare 편도 £12, 왕복 £24 (예약 수수료 £1)
Web uk.megabus.com

어떻게 다닐까

옥스퍼드 시내는 걸어서 하루만에 충분히 돌아볼 수 있다. 옥스퍼드 기차역에서 카팍스 타워까지는 도보로 12분 정도 걸린다. 보들리안 도서관, 래드클리프 카메라, 탄식의 다리, 크라이스트 처치 칼리지를 차례로 돌아보는 일정으로 하루를 보내자.

옥스퍼드의 관광 명소

옥스퍼드를 한눈에 볼 수 있는 전망대
카팍스 타워
Carfax Tower ★

카팍스는 라틴어에서 유래한 이름으로 교차로라는 뜻이다. 11세기에 지어진 세인트 마틴스 교회St. Martin's Church 주변의 거리를 확장하기 위해 카팍스 타워만 남기고 철거해 지금과 같은 모습으로 남게 되었다. 부활절기간을 기점으로 겨울에는 오전 10시부터 오후 3시까지, 여름에는 오후 5시 30분까지 탑(전망대)을 개방한다.

How to go 옥스퍼드Oxford 기차역에서 도보 12분 **Add** Queen Street, Oxford **Open** 탑(전망대) 11~2월 10:00~15:00, 3월 10:00~16:00, 4~9월 10:00~17:00, 10월 10:00~16:10 **Fare** 일반 £3, 어린이 £2 **Tel** 018 6579 2653 **Map** P.389-C

TIP

래드클리프 카메라 Radcliffe Camera

18세기에 지어진 래드클리프 카메라는 존 래드클리프John Radcliffe의 기부로 지어져 이러한 이름이 붙었다. 여기서 카메라는 라틴어로 방이라는 뜻이다. 처음에는 다양한 분야의 책들을 소장하고 있었으나, 화학자 조지 윌리엄스 George Willams에 의해서 과학 분야 위주의 도서관으로 전환되었다. 현재는 보들리안 도서관의 열람실로 이용되며, 관계자의 가이드에 따라 방문할 수 있으니 참고하자.

How to go 옥스퍼드Oxford 기차역에서 도보 16분 **Add** Radcliffe Square, Oxford **Open** 월~금요일 09;00~21:00, 토요일 09:00~18:00, 일요일 11:00~19:00(대학 행사마다 상이, 홈페이지 참조) **Tel** 018 6527 7162 **Map** P.389-B

영국에서 가장 오래된 도서관
보들리안 도서관 Bodleian Libraries ★★

옥스퍼드 대학의 자랑으로 런던 영국 도서관에 이어 영국에서 두 번째로 많은 장서를 보유하고 있다. 도서관 서가의 총 길이는 145km가 넘고 550만 권이 넘는 서적과 1백만 점이 넘는 지도, 1만 5천여 권의 필사본을 소장하고 있다. 가이드 투어와 오디오 투어 프로그램도 운영하고 있다. 30분, 60분, 90분 투어, 오디오 투어 등이 있으며, 30분 투어는 15세기에 지어진 신학교와 듀크 험프리 도서관Duke Humfrey's Library을 관람할 수 있고, 60분 투어는 30분 투어에 집회소와 교육감 법원 관람이 추가된다.

How to go 옥스퍼드Oxford 기차역에서 도보 16분 **Add** Broad Street, Oxford **Open** 30분 투어 월~토요일 12:30, 15:00, 15:30, 16:00, 16:30, 일요일 12:30, 14:15, 14:45, 15:15, 16:00, 16:30, 60분 투어 월~토요일 10:30, 11:30, 13:00, 14:00, 일요일 11:30, 14:00, 15:00(대학 행사마다 상이, 홈페이지 참조) **Fare** 보들리안 도서관·래드클리프 카메라 가이드 투어(영어) £9 (예약 필수) £15 **Tel** 018 6527 7162 **Web** bodleian.ox.ac.uk **Map** P.389-B

성적표를 받아들고 탄식하며 지난다는 다리
탄식의 다리 Bridge of Sighs ★

이탈리아 베네치아의 두칼레 팰리스에서 재판을 받고 나오던 죄수들이 절망감에 탄식하며 건넜다는 다리와 같은 이름을 지닌 석조다리다. 옥스퍼드 대학의 하트퍼드 칼리지Hertford College의 신·구 건물을 연결하고 있다. 예상보다 좋지 않은 성적표를 받아든 학생들이 탄식하며 건너는 다리라는 우스갯소리가 있으며, 일반인의 출입을 제한하고 있다.

How to go 옥스퍼드Oxford 기차역에서 도보 16분 **Add** New College Lane, Oxford **Map** P.389-B

옥스퍼드 최대 규모의 칼리지
크라이스트 처치 칼리지 Christ Church College ★★★

소설 《이상한 나라의 앨리스》의 저자 루이스 캐럴 Lewis Carrol, 영국의 종교개혁자 존 웨슬리John Wesley를 비롯해 13명의 영국 총리를 배출한 명문 칼리지다. 1170~1190년에 지어진 예배당에서는 스테인드글라스 작품과 천사장 마이클이 군대를 이끌고 악마를 무찌르는 요한계시록의 한 장면을 묘사한 스테인드 글라스 작품들을 만날 수 있다. 옥스퍼드에서 가장 큰 칼리지 홀로 기록되는 그레이트 홀은 영화 〈해리 포터 시리즈〉에서 호그와트 대강당으로 나와 많은 여행자들이 찾는다. 실제로도 이곳은 학생들이 식사를 하는 공간이며, 식사시간에는 일반 대중의 출입을 금하고 있다.

How to go 옥스퍼드Oxford 기차역에서 도보 13분
Add Christ Church, St. Aldates, Oxford **Open** 월~토요일 10:00~17:00, 일요일 14:00~17:00(마지막 입장 16:15)
Fare 멀티미디어 가이드 투어 성인 £18(온라인 예약가 £16), 만 18세 이하 £17(온라인 예약가 15£) 가이드 투어 30분 £10, 60분 £20 **Tel** 018 6527 6150 **Web** chch.ox.ac.uk **Map** P.389-D

옥스퍼드의 펍

소설 《나니아 연대기》 상상력의 시발점이 된 곳
터프 타번 Turf Tavern

옥스퍼드 중심부에 자리한 유서 깊은 펍. 시작점을 찾자면 1381년까지 거슬러 올라야 하는 이 펍은 한때 불법 도박 장소로 이용되기도 했으며 대학 관리기관의 눈을 피해 성벽 바깥쪽에 자리잡았다는 이야기도 전해진다. 리처드 버튼, 엘리자베스 테일러, 토니 블레어, C.S. 루이스를 비롯한 명사들이 다녀갔으며 해리포터 영화 출연진과 제작진을 위한 아지트 역할을 한 것으로도 유명하다. 28일간 숙성한 플랫 아이언 스테이크, 맥주로 반죽한 대구와 감자 튀김이 시그니처 메뉴이다.

How to go 옥스퍼드Oxford 기차역에서 도보 16분 **Add** 4 Bath Place, Oxford **Open** 매일 11:00~23:00
Fare 본식 £11.50~ **Tel** 018 6524 3235 **Map** P.389-B

옥스퍼드의 쇼핑

지붕으로 덮여 있는 실내시장
커버드 마켓 The Covered Market

1774년부터 시작된 커버드 마켓은 옥스퍼드 시내 중심가에 자리하며 콘마켓 스트리트, 하이 스트리트 등 여러 거리와 연결되어 있다. 다양한 먹을거리를 비롯해 의류와 여러 가지 생활용품을 갖추고, 주민들의 편의를 위한 각종 서비스까지 이루어지는 곳으로, 옥스퍼드 주민들의 생활을 엿볼 수 있다.

How to go 옥스퍼드Oxford 기차역에서 도보 14분 **Add** The Covered Market, Market Street, Oxford
Open 월~토요일 08:00~17:30, 일요일 10:00~17:00 **Tel** 018 6525 0133
Web oxford-coveredmarket.co.uk **Map** P.389-D

소설 《이상한 나라의 앨리스》 팬들의 집합소
앨리스 숍 Alice's Shop

크라이스트 처치 칼리지 건너편에 있는 가게. 옥스퍼드 대학의 교수이자 소설 《이상한 나라의 앨리스》 작가 루이스 캐럴이 오픈한 숍으로 지금은 소설과 관련된 기념품을 판매하고 있다. 소설 속 장면을 재현한 인테리어로 마치 소설 속으로 들어와 있는 듯한 느낌을 준다.

How to go 옥스퍼드Oxford 기차역에서 도보 16분
Add 83 Saint Aldate's, Oxford
Open 매일 10:30~17:00 **Day Off** 12월 25~26일 **Tel** 018 6572 3793 **Web** aliceinwonderlandshop.com
Map P.389-D

집안을 예쁘게 꾸밀 수 있는 마법의 가게
오브젝트 오브 유스 Objects of Use 👍

뛰어난 디자인과 높은 실용성으로 세월이 흘러도 가치를 잃지 않을 생활용품들을 판매한다. 홈 인테리어에 관심이 있는 사람들의 소장 욕구를 불러일으키는 제품들이 가득하다.

How to go 옥스퍼드Oxford 기차역에서 도보 15분
Add 6 Lincoln House, Market Street, Oxford
Open 월~금요일 10:30~17:00, 토요일 10:30~17:00
Day Off 일요일
Tel 018 6524 1705 **Web** objectsofuse.com
Map P.389-D

· 근교 도시 ·

수많은 노벨상 수상자를 배출한
대학도시

케임브리지
Cambridge

런던에서 북동쪽으로 90km 떨어진 캠 강 유역에 자리한 이 도시의 역사는 로마시대로 거슬러 올라간다. 케임브리지는 명문대학들이 밀집된 지역으로 알려져 있다. 도심은 중세시대에 세워진 건축물들이 빼곡하며, 킹스, 트리니티 등 31개의 단과대학이 곳곳에 자리하고 있다. 1209년 옥스퍼드 대학의 소요사태로 많은 학자들이 케임브리지로 자리를 옮기게 된 것을 계기로 대학도시로서의 명성을 얻게 되었다. 81명의 노벨상 수상자를 배출하는 등 세계적인 석학들의 발자취를 따라가 볼 수 있는 케임브리지로 지성과 감성을 채우는 여행을 떠나보자.

> 케임브리지 찾아가기

런던에서 버스와 기차를 이용해서 케임브리지로 갈 수 있다. 당일치기로 다녀오기에도 충분하다. 버스는 요금이 저렴하지만 기차보다 2~4배가량 시간이 더 걸리므로, 여유 있게 케임브리지를 돌아보고 싶다면 기차를 이용하는 것이 좋다.

1 기차

런던 킹스 크로스Kings Cross 기차역에서 그레이트 노던Great Northern 기차를 타고 갈 수 있다. 기차역에서 트리니티 칼리지까지는 도보로 약 30분 소요된다. 시간이 많지 않다면 기차역 앞 버스 정류장(STOP 9)에서 시내버스(£1)에 승차한다(CITY 1·3번, U Universal, Park & Ride).

그레이트 노던 레일 Great Northern Rail
Hours 54분 **Fare** £27.50
Web www.greatnorthernrail.com

2 버스

빅토리아 코치 스테이션에서 내셔널 익스프레스 버스가 케임브리지까지 운행한다. 버스는 케임브리지 시내 파크 사이드Park side 버스 정류장에 도착하는데 여기에서 트리니티 칼리지까지는 도보로 16분 정도 걸린다.

내셔널 익스프레스 버스 National Express Bus
Hours 2시간 5분 **Fare** £4~
Web nationalexpress.com

> 어떻게 다닐까

케임브리지 기차역에서 관광 명소가 모여 있는 중심지 초입에 자리한 피츠윌리엄 박물관까지는 도보로 20분 걸린다. 쉬엄쉬엄 걸으며 갈 수도 있지만 체력과 시간을 절약하려면 유 유니버설U Universal 버스를 이용하는 것이 좋다. 피츠윌리엄 박물관 관람 후, 시계방향으로 퀸즈 칼리지, 킹스 칼리지, 세인트 존스 칼리지, 트리니티 칼리지 등을 차례로 돌아본다. 여유가 있다면 나무배를 타고 캠 강을 유람하는 펀팅Punting을 경험해보는 것도 좋다.

트래디셔널 펀팅 Traditional Punting

Add Landing Stage Thompsons Lane, Cambridge
Open 10:00~17:00
Fare 셰어 £20~, 프라이빗 펀팅 £79~, 6명 이하 가족 £30~
Tel 012 2378 2306
Web traditionalpuntingcompany.com **Map** P.390-C

케임브리지 VS 옥스퍼드 Cambridge VS Oxford

옥스퍼드와 케임브리지는 영국에서 전통과 연구, 기초 학문을 강조하는 명문대 쌍두마차이자 라이벌이다. 떠도는 말에 의하면 옥스퍼드 대학교의 학생들과 주민들 사이의 분쟁으로 인해 사람이 죽고 다치는 일이 벌어지자 이에 불만을 가진 교수들이 따로 나와 개교한 것이 케임브리지라고 한다.

케임브리지

1209년부터 공립 연구 대학으로 운영되기 시작했다. 과목별로 교수님과 학부생을 매칭하는 슈퍼비전 시스템이 있으며 수업 시간 배운 내용을 주제로 주 1회 또는 격주 1회 1시간 정도의 튜토리얼이 진행된다. 총 31개의 칼리지, 100개 이상의 학부, 1만 2천 명의 학부생과 1만 1천 명의 석박사생으로 이뤄져 있다. 특히 자연 과학 분야가 정평이 나있으며 옥스퍼드에는 없는 건축과가 있다. 세계 대학 중에서 가장 많은 노벨상 수상자 117명을 배출했으며 진화론의 창시자인 찰스 다윈, 양자 중력 연구로 유명한 물리학자 스티븐 호킹, 우리나라의 유명 경제학자 장하준 교수 등이 있다.

옥스퍼드

1096년부터 가르침을 전하기 시작한 옥스퍼드 대학은 조용한 분위기의 케임브리지에 비해 규모가 크고 분위기가 활기차다. 38개의 칼리지로 운영되어 있으며 교수 한 명이 학부생 2~3명의 튜터가 되어서 에세이 과제를 내주고 학생이 본인이 쓴 에세이를 주제로 토론한다. 인문 정치 사회 분야에서 강세를 보이며 케임브리지에 없는 순수예술 학과가 있다. 영국 경제에 미치는 영향력이 대단하며 배출한 인재로는 〈이상한 나라의 앨리스〉의 저자이자 수학자인 루이스 캐럴, 미스터 빈으로 유명한 배우 로완 앳킨슨, 영국 총리 마거릿 대처, 미국 대통령인 빌 클린턴, 감리교의 창시자인 존 웨슬리 그리고 〈반지의 제왕〉을 쓴 천재작가 J.R.R. 톨킨 등이 있다.

케임브리지의 관광 명소

케임브리지에서 만나는 고대 유물
피츠윌리엄 박물관 The Fitzwilliam Museum ★

피츠윌리엄이 자신의 소장품을 기증한 것을 계기로 1816년에 설립되었다. 고대 이집트 문명부터 근대 미술품에 이르기까지 수많은 고고학 자료와 예술품을 소장 중이다. 박물관 1층에는 고대 그리스와 이집트의 유물을, 2층에는 클로드 모네, 파블로 피카소, 빈센트 반 고흐, 렘브란트 판 레인, 폴 세잔 등 유명작가들의 작품을 전시하고 있다.

How to go 케임브리지Cambridge 기차역에서 도보 21분 또는 유 유니버설 버스(STOP 8)로 피츠윌리엄 박물관 Fitzwilliam Museum 버스 정류장 하차, 14분 소요
Add Trumpington Street, Cambridge
Open 화~토요일 10:00~17:00, 일요일 12:00~17:00
Day Off 월요일, 성 금요일, 12월 24~26·31일, 1월 1일
Tel 012 2333 2900
Web www.fitzmuseum.cam.ac.uk **Map** P.390-D

케임브리지 관광의 하이라이트
퀸즈 칼리지
Queen's College ★★

1448년 앙리 6세 왕의 왕비였던 마그리트 앙주에 의해 설립되었고, 에드워드 4세 왕의 왕비 엘리자베스가 완성시킨 학교로 두 여왕의 업적을 기리며 '퀸즈 칼리지'로 명명되었다. 1902년 캠 강 위에 세워진 '수학의 다리'는 아이작 뉴턴의 설계로 만들어졌는데 볼트와 너트를 사용하지 않고 만들었다고 한다.

How to go 케임브리지Cambridge 기차역에서 도보 28분 또는 유 유니버설 버스(STOP 8)로 실버 스트리트, 퀸즈 칼리지Silver Street, Queens' College 버스 정류장 하차, 12분 소요 **Add** Queens' College, Cambridge
Open 2023년 7월 30일~12월 21일 10:00~16:30, 2024년 1월 4일~4월 14일 10:00~16:30
Day Off 2023년 4월 17일~6월 30일, 2023년 7월 6~7일, 2023년 12월 22일~2024년 1월 3일 **Fare** £5(만 12세 이하 무료) **Tel** 012 2333 5500 **Web** www.queens.cam.ac.uk **Map** P.390-D

세계적인 석학을 배출한 명문 칼리지

킹스 칼리지 King's College ★★★

1441년 헨리 6세 왕이 건립했으며 1445년에 왕의 인가를 거쳐 이튼 칼리지를 졸업한 70명의 학생으로 운영되기 시작했다. 교내 성당에 걸려 있는 루벤스의 미술품 〈동방 박사의 경배〉가 유명하다. 킹스 칼리지의 성가대 공연은 크리스마스 시즌에 BBC방송을 통해 전 세계에 방영된다.

How to go 케임브리지Cambridge 기차역에서 도보 26분 또는 유 유니버설 버스(STOP 8)로 팸브로크 스트리트Pembroke Street 버스 정류장 하차, 13분 소요 **Add** King's Parade, Cambridge
Open 수시 변동하므로 방문 전 사이트 확인
Day Off 일요일 **Fare** 성인 £10, 학생 및 어린이(5~17세) £8 **Tel** 012 2331 100
Web www.kings.cam.ac.uk **Map** P.390-C

럭비 명문 칼리지
세인트 존스 칼리지 St. John's College ★★

1511년에 앙리 7세 왕의 어머니 마가렛 보포르Margaret Beaufort가 설립한 단과대학이다. 2011년 대학 설립 500주년을 맞았다. 이탈리아 베네치아의 다리를 모방해서 만들었다는 탄식의 다리가 캠 강의 좁은 수로 위에 있다. 다리를 건널 수는 없지만, 배를 타고 다리 밑을 지나가며 외관을 구경할 수 있다.

How to go 케임브리지Cambridge 기차역에서 도보 30분 또는 유 유니버설 버스로 플레잉 필드Playing Field 버스 정류장 하차, 24분 소요 **Add** St. John's College, St John's Street, Cambridge **Open** 10:00~15:00(수시로 변동되므로 사이트 통해 방문 전 확인 필요) **Day Off** 1월 14일~3월 20일 **Fare** 성인 £7, 만 12~16세, 학생 및 만 65세 이상 £6 **Tel** 012 2333 8600 **Web** www.joh.cam.ac.uk **Map** P.390-C

아름다운 정원이 자랑인 곳
트리니티 칼리지 Trinity College ★★

1546년 헨리 8세 왕에 의해 설립된 케임브리지 최대 규모의 단과대학. 시인 바이런Byron, 철학자 프란시스 베이컨Francis Bacon과 찰스 왕세자를 비롯해 32명의 노벨상 수상자를 배출했으며, 아이작 뉴턴이 33년간 교수로 재직한 학교다. 중세시대의 건물과 넓은 정원이 매력적이다. 캠 강 옆에 있는 도서관에는 문학작품과 주요학술서를 보관하고 있다.

How to go 킹스 칼리지에서 도보 5분 **Add** Trinity College, Cambridge **Open** 그레이트 코트 및 예배당 10:00~17:00(마지막 입장 16:30) **Day Off** 일요일 **Fare** £2.20 **Tel** 012 2333 8400 **Web** www.trin.cam.ac.uk **Map** P.390-C

케임브리지의 카페 & 펍

건강한 재료로 만드는 수제 아이스크림
잭스 젤라토 Jack's Gelato

유기농 우유, 공정무역으로 수입한 재료에 파티셰의 기술이 더해진 아이스크림을 선보이는 곳이다. 매일 다른 종류의 아이스크림을 선보여 케임브리지 주민들의 재방문율이 높으며, 여행자들 또한 많이 찾는다. 바닐라, 피스타치오, 민트 초콜릿 칩, 레몬, 생강 등 다양한 종류의 아이스크림을 고루 갖추고 있어 골라 먹는 재미가 있다.

How to go 케임브리지Cambridge 기차역에서 도보 24분 또는 CITY 3번, 유 유니버설 버스로 팸브로크Pem-broke 스트리트 버스 정류장 하차, 도보 12분 **Add** 6 Bene't Street, Cambridge **Open** 매일 10:00~23:00 **Fare** 싱글 £2.50, 더블 £4.50 **Tel** 079 0922 4178 **Web** www.jacksgelato.com **Map** P.390-C

DNA 분자구조 모델의 스토리가 시작된 펍
이글 The Eagle

이 도시에서 가장 유명한 펍으로 16세기에 지어졌다. 1953년 프란시 크릭과 제임스 왓슨이 DNA 분자구조 모델에 대해 발표한 역사적인 장소이기도 하다. 맛있는 맥주를 즐기기 좋은 펍이지만, 음식 메뉴도 괜찮은 편이라 한끼 식사를 해결하기 위해 찾아도 좋다.

How to go 케임브리지Cambridge 기차역에서 도보 24분 또는 유 유니버설 버스로 팸브로크Pembroke 스트리트 버스 정류장 하차, 도보 17분
Add 8 Bene't Street, Cambridge
Open 매일 11:00~24:00
Day Off 일요일 **Tel** 012 2350 5020
Web www.greeneking-Pubs.co.uk
Map P.390-C

> 케임브리지의 쇼핑

알코올 애호가를 위한 와인상점
케임브리지 와인 머천 Cambridge Wine Merchants

1993년 두 명의 와인 마니아가 설립한 와인 상점으로, 영국에서 세 차례나 최고의 와인 상점으로 뽑힐 정도로 업계에서 인정을 받는 곳이다. 옥스퍼드와 케임브리지 대학에도 와인을 공급하고 있으며, 100여 석을 갖춘 와인 바도 함께 운영하고 있다. 전 세계 와인은 물론 위스키의 본고장답게 스카치 위스키도 두루 갖추고 있다. MD가 추천하는 위스키와 와인은 케임브리지 여행 기념품으로도 구입하기 좋다.

How to go 케임브리지Cambridge 기차역에서 도보 24분 또는 유 유니버설 버스로 크라이스트 칼리지Christ's College 버스 정류장 하차, 도보 14분
Add 32 Bridge Street, Cambridge
Open 월~목요일 10:00~21:00, 금~토요일 10:00~22:00, 일요일 11:00~20:00 **Tel** 012 2356 8989
Web www.cambridgewine.com **Map** P.390-C

· 근교 도시 ·

고대 로마가 건설한 온천도시

바스
Bath

온화한 기후와 안정적인 도시 분위기로 영국에서 가장 살기 좋은 도시인 바스. 로마시대부터 이곳에서 온천욕을 즐기는 사람들이 많았던 것에서 바스가 불리게 되었다. 영국 역사의 중흥기라 불리는 조지 3~4세 왕 시대와 빅토리아 시대를 거치며 휴양도시로 발전해왔고, 그 아름다움을 그대로 보존하고 있다. 1987년 도시 전역이 유네스코 세계문화유산으로 지정될 정도로 로마시대부터 19세기에 이르는 막대한 건축유산이 바스를 지키고 있다. 체더치즈나 크림 티 등, 바스 특산물도 즐겨보기를 추천한다.

> **TIP**
>
> **바스 프린지 페스티벌**
>
> 매년 5월 말~6월 초에는 자유로운 예술가들의 바스 프린지 페스티벌Bath Fringe Festival과 음악축제가 열린다. 이 기간에 런던에 간다면 꼭 바스를 방문해 보자.

바스 찾아가기

런던에서 당일치기로 다녀오려면 기차를 추천한다. 이른 새벽부터 늦은 밤까지 일정을 계획했거나 1박 2일 정도로 여유롭게 다녀올 수 있다면 버스를 이용해도 좋다.

1 기차

런던 패딩턴Paddington 기차역에서 출발하여 바스까지 직행하는 그레이트 웨스턴 레일웨이GWR 기차가 있다.

그레이트 웨스턴 레일웨이Great Western Railway
Hours 1시간 30분 Interval 30분
Fare 편도 £26.20~ Web www.gwr.com

2 버스

빅토리아 코치 스테이션에서 내셔널 익스프레스 버스를 이용한다. 현장의 티켓 부스에서 티켓을 살 수도 있지만, 홈페이지에서 미리 구매하는 것이 더 저렴하다.

내셔널 익스프레스 버스 National Express Bus
Hours 3시간 10분~4시간 32분 Fare 편도 £7.90~
Web www.nationalexpress.com

TIP
버스를 저렴하게 예약하려면

영국의 출퇴근 시간을 피한 오프 피크(오전 9시 30분) 이후에 운행하는 버스가 저렴한 편이다. 최소 3일 전에 홈페이지에서 미리 예약하면 저렴하게 버스 티켓을 구할 수 있다.

어떻게 다닐까

바스 스파Bath Spa 기차역에서 나와 강변을 따라 걷자. 퍼레이드 가든Parade Garden을 지나 왼편에 있는 수도원까지 5분이면 도착한다. 로마 목욕탕과 펄트니 브리지, 서커스 & 로열 크레센트를 차례로 둘러보면 바스 시내 관광을 마무리할 수 있다. 참고로 '제인 오스틴 센터The Jane Austen Centre'는 그의 작품세계를 사랑하는 사람이라면 가볼 만하겠지만 특별한 볼거리가 아닌 영어 가이드의 설명 위주여서 흥미롭지 않을 수 있다.

바스의 관광 명소

매년 1백만 명이 방문하는 관광 명소
로마 목욕탕 The Roman Baths ★★★

실제 로마시대에 지어졌던 목욕탕을 그대로 복원하여 보존하고 있는 곳으로 이탈리아에 있는 로마 목욕탕 유적과 비교해도 뒤지지 않는다. 현재는 유적지로 관리하며 박물관으로 운영하고 있다. 컴퓨터 그래픽을 이용해 목욕탕의 옛 모습과 주변배경을 현재 모습과 비교해서 볼 수 있고, 로마시대의 유물들을 접할 수 있다. 종종 로마시대의 복장을 한 사람이 관광객들과 기념 촬영을 하거나 이곳에 대한 이야기를 들려주는 행사를 열기도 한다. 출구 쪽에 위치한 기념품 숍에서는 이곳의 풍경을 담은 엽서나 목욕용품 등의 여행 기념품을 판매한다.

How to go 바스 스파Bath Spa 기차역에서 도보 5분
Add Stall Street, Bath
Open 월~금요일 10:00~18:00(마지막 입장 17:00), 토·일요일 09:00~18:00(마지막 입장 17:00)
Day Off 12월 25~26일
Fare 주중 일반 £18, 학생 및 만 65세 이상 17£, 어린이 £10.50 주말 일반 £20.50, 학생 및 만 65세 이상 £19.50 어린이 £13(온라인 예약 시 10% 할인)
Tel 012 2547 7645
Web www.romanbaths.co.uk **Map** P.391-D

오랜 역사와 전통을 가진 영국 성공회 사원
바스 수도원 Bath Abbey ★

로마 목욕탕, 서커스 & 로열 크레센트와 더불어 바스를 대표하는 필수 관광 명소로 꼽힌다. 7세기에 지어진 이후로 헨리 8세 왕 시기 종교개혁에 의해 파괴되었다가 1860년 지금의 모습으로 복원되었다. 오랜 역사를 자랑하는 이 건물은, 영국 남서부지역에서 가장 큰 고딕 양식의 건물이다. 수도원 입구 정면 양쪽에 조각된 야곱의 사다리를 오르내리는 천사의 모습은 주교 올리버 킹Oliver King의 꿈에 나타난 환상을 새긴 것이라고 전해진다.

How to go 바스 스파Bath Spa 기차역에서 도보 7분 **Add** Bath Abbey, Bath
Open 월요일 09:30~17:30, 화~토요일 09:00~17:30, 일요일 13:00~14:30, 16:30~17:30
Tel 012 2542 2462 **Web** www.bathabbey.org **Map** P.391-D

바스 시내를 가로지르는 아름다운 다리
펄트니 브리지 Pulteney Bridge ★

펄트니 브리지는 18세기에 바스가 휴양도시로 발전할 무렵 건설된 다리로, 로마시대 유적을 간직하고 있는 바스의 특성에 맞게 이탈리아의 건축가 안드레아 팔라디오의 스타일을 모방하여 디자인됐다. 건축기간만 20년 가까이 소요되었으나, 완공 직후 홍수로 인해 크게 손상을 입었다고 한다. 이후 복원하여 지금은 다양한 상점들이 들어서 있는 옛 모습을 갖춘 다리로 많은 여행자들의 사랑을 받고 있다. 특히 다리 건너편의 카페는 다리를 조망하며 차 한잔을 즐길 수 있어 바스 주민들의 사랑을 받는 곳이다.

How to go 바스 스파Bath Spa 기차역에서 도보 8분 **Add** Pulteney Bridge, Bath **Map** P.391-B

화려한 건축예술의 절정
서커스 & 로열 크레센트 The Circus & Royal Crescent ★

서커스는 바스 시내의 언덕에 위치한 관광 명소로 지금은 거주공간 및 사무실로 이용되고 있다. 이 건물을 위에서 내려다보면 열쇠 모양으로 보이기도 하며, 가운데에는 커다란 고목이 중심을 잡고 있다. 건축가 존 우드John Wood가 이탈리아 로마 콜로세움에 영감을 받아 지은 건물로, 칸칸이 나누어진 건물구조나 둥근 원형은 꼭 콜로세움을 보는 듯하다.

로열 크레센트는 30개의 집이 나란히 붙어 있는 거대한 초승달 모양의 건물로 내부는 다른 용도로 변경되었지만, 외부는 건축 당시의 모습을 그대로 유지하고 있다. 영국의 여러 유명 인사들이 이곳에 거주했거나 거주하기를 희망하며, 지금도 영국 전역에서 많은 사람들의 희망거주지로 손꼽히며 아름다움과 명성을 자랑하고 있다.

How to go 바스 스파Bath Spa 기차역에서 도보 17분
Add 서커스 The Circus, Bath 로열 크레센트 1 Royal Crescent, Bath **Map** P.391-B

바스의 레스토랑

지중해요리를 전문으로 하는 캐주얼 레스토랑
클레이톤즈 키친 Clayton's Kitchen 👍

2012년부터 미슐랭 3스타 레스토랑을 비롯한 여러 유명 레스토랑에서 경험을 쌓은 셰프가 모던 프랑스 요리와 지중해요리를 선보이는 레스토랑을 열었다. 화이트 와인 피시 소스를 곁들인 클레이톤즈 피시 앤 칩스, 레드 와인 소스와 퓨레가 함께 나오는 잉글리시 로스트 필레 비프 등이 추천 메뉴다.

How to go 바스 스파Bath Spa 기차역에서 도보 11분 **Add** 15A George Street, Bath **Open** 수~목요일 12:00~14:30, 18:00~21:30, 금~토요일 12:00~15:00, 17:30~22:00, 일요일 12:00~15:00, 17:30~21:00 **Day Off** 월·화요일, 1월 1일, 12월 25~26일 **Fare** 2코스 £20, 3코스 £25 **Tel** 012 2558 5100 **Web** www.claytonskitchen.com **Map** P.391-B

과거 상류사회의 여흥을 느낄 수 있는 곳
펌프 룸 레스토랑
The Pump Room Restaurant

1790년에 온천을 즐기기 위해 로마 목욕탕을 찾던 상류층 사람들이 애프터눈 티를 즐기거나 사교모임을 갖던 장소로 200여 년의 시간이 흐른 지금까지도 지역주민들의 사랑을 받고 있다. 소설가 제인 오스틴의 《노생거 수도원Northanger Abbey》을 비롯한 문학작품에도 등장했던 곳이다. 바이올린과 첼로, 피아노 트리오 '펌프 룸 트리오The Pump Room Trio'의 연주를 들으며 식사나 애프터눈 티를 즐길 수 있다.

How to go 바스 스파Bath Spa 기차역에서 도보 6분 **Add** 13 Abbey Churchyard, Bath **Open** 09:30~16:30 **Fare** 점심 식사 메뉴 3코스 £28, 애프터눈 티 £19.50~27 **Tel** 012 2544 4477 **Web** thepumproombath.co.uk **Map** P.391-D

바스의 카페

바스 주민들의 사랑방
코민즈 티 Comins Tea

어머니와 즐기던 애프터눈 티를 그리워한 오너가 운영하는 바스의 티 전문 카페다. 녹차, 인도, 스리랑카, 중국, 일본 등지에서 얻은 티에 관한 지식을 바탕으로 다양한 티를 선보이고 있다. 우롱차, 홍차 등의 싱글 티와 일본 디자이너의 손길을 거친 티 웨어, 액세서리 등을 판매하며, 조용한 분위기의 티 룸에서는 티를 음미하며 시간을 보내기 좋다.

How to go 바스 스파Bath Spa 기차역에서 도보 9분
Add 34 Monmouth Street, Bath
Open 화~금요일 11:00~16:00, 토요일 11:00~17:00
Day Off 일·월요일, 12월 24~27일
Fare 아침·케이크·스콘 £3~, 점심 식사 £5.50~
Tel 012 5847 5389
Web cominstea.com   **Map** P.391-D

전통을 고스란히 간직한 식당
샐리 룬 Sally Lunn's

1482년에 지어진, 바스에서 가장 오래된 건물에 자리한 곳. 종교박해를 피해 프랑스에서 도망쳐 온 샐리 룬이 1680년부터 바스에 정착하여 빵집을 운영하기 시작했다. 샐리 룬의 시그니처 빵 '샐리 룬 번The Sally Lunn Bun'은 버터와 잼을 발라 먹으면 달콤하고 부드러운 빵 맛을 제대로 즐길 수 있다. 홈메이드 수프와 치킨·돼지·쇠고기요리, 디저트로 즐기기 좋은 푸딩 등의 가벼운 식사 메뉴도 갖추고 있다.

How to go 바스 스파Bath Spa 기차역에서 도보 6분 **Add** 4 North Parade Passage, Bath
Open 매일 10:00~22:00 * 저녁 식사는 예약 필수 **Fare** 아침 식사 £8.90~, 점심 식사 £16.50~ 애프터눈 티 £9.50~, 저녁 메인 £14~ **Tel** 012 2546 1634 **Web** www.sallylunns.co.uk **Map** P.391-D

바스에서 가장 유명한 로컬 레스토랑 중 하나
서커스 레스토랑 The Circus Restaurant

타임지가 선정한 20곳의 영국 레스토랑 중 4위에 선정된 레스토랑으로, 모던한 유럽풍 요리와 전 세계의 유명 와인을 함께 즐길 수 있는 곳이다. 마늘과 칠리 소스를 곁들인 돼지 고기 전식과 플랫 아이언 스테이크, 립 아이와 등 고기 요리가 한결같이 사랑받는 주메뉴이다.

How to go 바스 스파Bath Spa 기차역에서 도보 17분
Add 34 Brock Street, Bath
Open 모닝 커피 10:00~12:00, 런치 12:00~14:30, 애프터눈 티·커피·음료 15:00~, 디너 17:00~22:30
Day Off 일요일 **Fare** 본식 £19.30~ **Tel** 012 2546 6020
Web www.thecircusrestaurant.co.uk
Map P.391-B

ⓒThe Circus Restaurant

SPECIAL SPOT

영국 최대 명품 쇼핑 명소
런던 비스터 빌리지 London Bicester Village

유럽은 물론 아시아에 이르기까지 세계 곳곳에 11개의 쇼핑몰을 운영하는 비세스터 그룹의 아웃렛으로 옥스퍼드셔 교외에 자리한다. 160여 개의 브랜드를 최대 60% 할인된 가격으로 구매할 수 있다. 쇼핑을 즐기다 지칠 때는 건강한 식사나 커피 한잔을 즐기며 쉬어가면 된다.

주요 브랜드

겐조, 골든 구스 디럭스, 구찌, 뉴발란스, 돌체 & 가바나, 디올, 로에베, 몽클레어, 발리, 발망, 버버리, 발렌시아가, 보스, 보테가 베네타, 봉푸앙, 비비안 웨스트우드, 산드로, 생 로랑, 셀린느, 스마이슨, 스텔라 매카트니, 아크네 스튜디오, 알렉산더 맥퀸, 자딕 앤 볼테르, 조르지오 아르마니, 지미 추, 지방시, 코치, 클로에, 테드 베이커, 토즈, 톰 딕슨, 페라가모, 펜디, 폴 스미스, 폴로 랄프 로렌, 프라다 *가나다 순

영업시간

매일 09:00~19:00
*버버리, 코치, 디올, 돌체 & 가바나, 보스, 구찌, 마이클 코어스, 몽클레어, 폴로 랄프 로렌, 프라다, 테드 베이커, 토즈는 일요일 11:30~18:00

런던 비스터 빌리지 찾아가기

1 기차

런던 메릴본Marylebone 기차역에서 기차를 타고 비스터 빌리지 Bicester Village 기차역까지 갈 수 있다. 기차역에서 아웃렛까지는 도보 5분 정도 걸린다.

Hours 50분
Interval 1시간 2회
Fare £29.80

칠턴 레일웨이
Chiltern Railways

Web www.chilternrailways.co.uk

2 버스

럭셔리 코치 Luxury Coach
하드 록 호텔The Hard Rock Hotel London, 힐튼 런던 켄싱턴Hilton London Kensington, 골든 투어스Golden Tours 티켓 부스 앞에서 출발하는 럭셔리 코치를 타고 비스터 빌리지까지 갈 수 있다.

Hours 1시간 **Fare** 성인 £28, 만 5~12세 £20

* 런던에서 출발하는 코치는 일시 중단 상태로, 런던에서 옥스퍼드까지 간 다음 환승해서 가는 방법이 있다. 옥스퍼드 맥덜린 스트리트Oxford Magdalen Street에서 15분에 1대꼴로 비스터 빌리지까지 운행되는 버스가 있다. 소요시간은 약 16분이다.

내셔널 익스프레스 버스 National Express Bus
빅토리아 코치 스테이션에서 오전 9시에 출발하는 내셔널 익스프레스 버스를 이용해서 갈 수 있다. 단, 크리스마스에는 운행하지 않는다. 런던으로 돌아가는 버스는 월~목요일 오후 4시 5분, 금~일요일 오후 4시 10분에 출발한다.

Hours 1시간 40분 **Fare** £7

SPECIAL SPOT

영화 〈해리 포터 시리즈〉 테마 파크

메이킹 오브 해리 포터

Warner Bros. Studio Tour London - The Making of Harry Potter

무명작가 J. K. 롤링을 일약 스타 작가로 만들어낸 소설 《해리 포터 시리즈》와 동명의 영화에 기초해 만들어진 테마 파크. 《해리 포터 시리즈》는 약 5억 부의 판매를 기록하는 베스트셀러로 세계에서 가장 많이 팔린 소설 시리즈로 기록되고 있다. 이곳에서는 영화 속에 나온 그리핀도르 기숙사, 덤블도어의 방, 마법약 제조실, 9와 4분의 3 승강장과 호그와트 급행열차 등을 재현해 놓았고, 영화 속에서 사용된 특수효과에 대해서도 살펴볼 수 있다. 워너 브라더스 사에서 운영하며, 해리 포터 마니아들의 성지이자 전 세계에서 수많은 관광객들이 몰리는 인기 스폿이므로 최소 2~3개월 전에는 홈페이지를 통해 예약해야 한다. 예약 없이는 입장할 수 없으며, 홈페이지를 통해 예약이 불가능하다면 티켓 구매 대행업체에 잔여 티켓이 있는지 확인해 볼 것을 추천한다.

Open 10:00~20:00(개관시간 연중 상이) *방문 전 예약 필수 **Fare** 스튜디오 투어 성인 £51.50~, 어린이(5~15세) £40, 패밀리(성인 2명+어린이 2명) £160, 0~4세 무료(수시로 가격 변동되므로 홈페이지 확인 요망)
Tel 080 0640 4550 **Web** wbstudiotour.co.uk

메이킹 오브 해리 포터 찾아가기

1 기차 & 셔틀

런던 노스웨스턴London Northwestern 기차로 런던 유스턴Euston 기차역에서 와트포드 정션Watford Junction 기차역까지 간다. 약 20분 정도 소요되며 시간당 약 5회 운행한다. 와트포드 정션 기차역에 도착하면 메이킹 오브 해리 포터 셔틀버스를 탈 수 있다. 셔틀버스는 하루 종일 운행되며 버스 티켓은 차내에서 구입할 수 있다. 티켓에 기입된 입장시간 1시간 전까지 와트포드 정션 기차역에 도착해야 한다. 셔틀버스는 와트포드 정션 기차역 앞 4번 정류장(Stop 4)에서 출발하며, 탑승 전 예매확인증 또는 티켓을 제시해야 한다.

Boarding Place Place Watford Junction Railway Station(Stop 4)
Hours 약 20분 **Fare** 왕복(기차) £18.60, 왕복(셔틀버스) £3

2 버스

골든 투어Golden Tours 사에서 메이킹 오브 해리 포터행 셔틀버스를 탈 수 있다. 버스는 입장시간 2시간 전에 출발하고 버스 체크인은 버스 출발시간 15분 전에 마감된다. 최소 2시간 20분 전에는 버스 탑승장에 도착해야 한다(입장시간 오전 9시는 출발시간 오전 7시 30분). 돌아올 때는 코치 스테이션(빅토리아, 베이커 스트리트, 킹스 크로스)에서 하차한다.

Boarding Place 4 Fountain Square, 121-151 Buckingham Palace Road, Victoria, London(골든 투어 인포메이션 센터) **Fare** 왕복 £85~(시기에 따라 변동될 수 있음) **Hours** 왕복 약 8시간(관광 4시간+이동시간 왕복 4시간)

영화 세트 Sets

기숙사 학생들과 교직원이 모이는 호그와트 대연회장

호그와트 급행열차가 출도착하는 9와 4분의 3 승강장

온갖 마법물건들을 살 수 있는 다이애건 앨리

영화 소품 Props

마법약 수업이 열리는 지하 1층 마법약 제조교실

위즐리 형제가 발명한 '꾀병용 과자 세트' 디스펜서

분장 효과 Creature Effects

해그리드가 애지중지 키우는 히포그리프 벅빅

영화 〈해리 포터 시리즈〉에 등장하는 난쟁이 두상

연출 효과 SFX & VFX

시리아수의 하늘을 날아다니는 오토바이

움직이는 버드나무와 날아다니는 포드 앵글리아

TM & © 2020 Warner Bros. Entertainment Inc. Harry Potter Publishing Rights © JKR.

ACCOMMO-DATION

런던의 숙소

ACCOMMODATION

런던의 숙소

런던의 숙소는 크게 호텔, 호스텔, 민박 등으로 나뉜다. 여행자들에게 가장 보편적인 숙소는 호텔로 런던에는 최고급 호텔부터 중저가 호텔까지 다양한 가격대의 호텔이 있어 예산에 맞게 선택할 수 있다. 호스텔은 젊은 층이 주로 이용하는 숙소로 세계 각국의 사람들과 교류할 수 있다. 호스텔은 도미토리 형식으로 보통 4~20명이 한 방에 같이 묵는데, 간혹 남녀혼숙을 하는 도미토리 룸도 있으니 사전에 확인하도록 한다. 여성여행자라면 여성전용객실이나 개인실이 있는 호스텔을 알아보는 것이 좋다. 한국인이 운영하는 민박집은 한식을 제공하는 장점이 있으나, 영국 정부의 허가 없이 운영되는 곳이 많으니 주의한다. 에어비앤비로 예약할 것을 권한다.

TIP

숙소를 저렴하게 구하고 싶다면

① 얼리버드 세일을 노려라. 여행 일정이 확정되고 항공권 예약까지 마쳤다면 숙소 예약을 서두르자. 해당 숙소 홈페이지의 세일을 이용하라. 숙소는 예약 사이트에 커미션을 지불하는 대신 고객에게 할인 혜택을 주는 경우가 많다.

② 아래 홈페이지에서 원하는 숙소의 가격 정보나 프로모션을 확인한다. 여러 숙박 예약 홈페이지를 비교하여 가장 합리적인 곳에서 예약하자. 보통은 해당 숙소 홈페이지에서 제공하는 프로모션이 저렴한 경우가 많지만, 숙박 예약 홈페이지에서 객실 물량을 확보했거나 땡처리로 잔여 객실을 판매하는 경우 가격이 내려가기도 한다.

숙박예약 홈페이지
부킹닷컴 www.booking.com   호텔스닷컴 www.hotels.com
호텔스컴바인 www.hotelscombined.co.kr   아고다 www.agoda.com
익스피디아 www.expedia.com   트리바고 www.trivago.com
와우셔 www.wowcher.co.uk

허니문을 위한 럭셔리 호텔

런던의 환상적인 스카이라인을 즐기려면
샹그리라 호텔 앳 더 샤드 The Shangri-La Hotel at The Shard 서더크

런던에서 가장 높은 곳에 자리한 5성급 호텔로 샤드의 34~52층에 자리한다. 객실 디자인은 각기 다른 우아한 오리엔탈 스타일로 꾸며져 있다. 대형 창문을 통해 내려다보이는 런던 시내의 풍경, 대리석으로 마감된 고급스런 욕실과 침구류가 주는 안락함이 이곳의 특징. 35층의 시그니처 레스토랑 겸 라운지 팅TĪNG과 52층의 바 공GŌNG 에서도 환상적인 야경을 즐길 수 있다.

How to go 지하철 주빌리Jubilee·노던Northern 라인 런던 브리지London Bridge 역에서 도보 4분
Add 31 St. Thomas Street, London **Fare** 싱글·더블 룸 £595~ **Tel** 020 7234 8000
Web www.shangri-la.com **Map** P.382-E

유명 인사들의 보금자리
사보이 The Savoy 소호

1889년에 문을 열었다. 템스강변에 위치해 로맨틱한 풍경을 즐길 수 있고, 나이츠브리지, 메이페어와 인접해 쇼핑을 즐기기에도 좋다. 267개의 객실은 다양하게 구분되어 인원이나 여행목적에 맞게 선택할 수 있다. 그 밖에 영국에서 가장 오래된 바와 헐리우드 스타들이 자주 들르는 레스토랑 사보이 그릴Savoy Grill 등 부대시설도 흠잡을 것이 없다.

How to go 지하철 서클Circle·디스트릭트District 라인 템플Temple 역에서 도보 7분 **Add** Strand, London **Fare** 싱글·더블 룸 £680~
Tel 020 7836 4343 **Web** www.thesavoylondon.com **Map** P.379-F

영화 〈노팅힐〉에서 여주인공이 묵었던 호텔
리츠 런던 The Ritz London 웨스트민스터

스위스 출신 세자르 리츠가 1906년에 오픈한 5성급 호텔. 24시간 운영되는 리셉션과 루프톱 테라스, 뷰티 살롱, 카지노 등이 있으며 미슐랭 스타 레스토랑인 '리츠 레스토랑The Ritz Restaurant'과 분위기 좋은 바에서 즐기는 칵테일도 훌륭하다. 대형 샹들리에가 드리워진 레스토랑 팜 코트The Palm Court의 애프터눈 티는 인기가 높다.

How to go 지하철 주빌리Jubliee·피커딜리Piccadilly·빅토리아Victoria 라인 그린 파크Green Park 역에서 도보 1분
Add 150 Piccadilly, London **Fare** 싱글·더블 룸 £759~ **Tel** 020 7493 8181
Web www.theritzlondon.com **Map** P.378-A

엘리자베스 2세 여왕과 샤를 왕자가 방문한 호텔
코너트 The Connaught 메이페어

19세기 초 메이페어에 처음 문을 연 호텔로 편안한 침구, 차분한 톤의 커튼과 가구들을 배치하는 한편 현대 작가들의 작품을 걸어두어 객실의 포인트로 삼았다. 최근 들어 레스토랑을 집중적으로 업그레이드 중인데, 파리의 미슐랭 스타 셰프들의 레스토랑을 잇달아 열면서 식도락가들의 방문이 늘어나고 있다.

How to go 지하철 센트럴Central·주빌리Jubliee 라인 본드 스트리트Bond Street 역에서 도보 7분
Add Carlos Place, London **Fare** 싱글 룸 £600~, 트윈·더블 룸 £750~ **Tel** 020 7499 7070
Web www.the-connaught.co.uk **Map** P.380-E

도심 한복판에 위치한 럭셔리 호텔
더 딜리 The Dilly 소호

전 세계 130여 개국에 6,700여 개의 호텔을 보유한 호텔체인 메리어트 그룹에서 운영한다. 웨스트엔드의 심장부에 위치한 건물은 1660년에 지어져 오랜 역사를 자랑하는 동시에 리노베이션을 통해 깔끔하고 안락한 시설도 갖췄다. 다양한 부대시설도 잘 갖추고 있다.

How to go 지하철 베이커루Bakerloo·피커딜리Piccadilly 라인 피커딜리 서커스Piccadilly Circus 역에서 도보 2분
Add 21 Piccadilly, London **Fare** 싱글·트윈 룸 £323 ~ **Tel** 020 7734 8000
Web www.lemeridienpiccadilly.co.uk **Map** P.379-D

밝고 깨끗한 4성급 체인 호텔
래디슨 블루 에드워디안 블룸즈버리 스트리트
Radisson Blu Edwardian, Bloomsbury Street

메릴본/피츠로비아/캠든 타운/프림로즈 힐

블룸즈버리에 위치해 있어 비즈니스 여행자들이 주로 찾는다. 때문에 초고속 인터넷과 24시간 리셉션 및 룸서비스를 운영해 고객의 니즈를 충족시키고 있다. 레스토랑과 애프터눈 티 카페를 갖추고 있다.

How to go 지하철 센트럴Central·노던Northern 라인 토트넘 코트 로드Tottenham Court Road 역에서 도보 3분 **Add** 9-13 Bloomsbury Street, London **Fare** 싱글·더블 룸 £247.51~ **Tel** 020 7636 5601 **Web** www.radissonblu-edwardian.com **Map** P.381-F

컨벤션 센터를 갖춘 대형 호텔
파크 플라자 웨스트민스터 브리지 런던
Park Plaza Westminster Bridge London   웨스트민스터

싱글 룸부터 킹 스위트 듀플렉스 룸에 이르기까지 다양한 형태의 객실이 있어 선택의 폭이 넓은 것이 특징이다. 스시 바와 프렌치 베이커리, 스파, 수영장 등의 부대시설을 갖추고 있다.

How to go 지하철 베이커루Bakerloo·주빌리Jubliee·노던Northern·워털루 & 시티Waterloo & City 라인 워털루Waterloo 역에서 도보 6분 **Add** 200 Westminster Bridge Road, London **Fare** 싱글·더블 룸 £177.85~ **Tel** 033 3400 6112 **Web** www.parkplaza.com **Map** P.378-F

완벽한 런던 출장과 여행을 만족시켜줄 수 있는 호텔
풀만 런던 세인트 판크라스
Pullman London St. Pancras   블룸즈버리/이즐링턴

유로스타가 출발·도착하는 세인트 판크라스 기차역 근처에 위치한 호텔이다. 안락하고 안정적인 느낌을 갖게 하는 실내공간에서 편안하게 휴식을 즐기거나 업무를 볼 수 있다. 모던 유러피안 스타일의 가 레스토랑Ga Restaurant, 편안한 분위기의 가 바Ga Bar 등이 있다.

How to go 지하철 서클Circle·해머스미스 & 시티Hammersmith & City·메트로폴리탄 Metropolitan·노던Northern·피커딜리Piccadilly·빅토리아Victoria 라인 킹스 크로스 세인트 판크라스King's Cross St. Pancras 역에서 도보 5분 **Add** 100-110 Euston Road, London **Fare** 싱글·더블 룸 £292~ **Tel** 020 7666 9000 **Web** www.pullmanhotels.com **Map** P.381-D

런던 아이 뒤에 위치한 호텔
런던 메리어트 호텔 카운티 홀
London Marriotte Hotel County Hall

웨스트민스터

런던 아이와 이웃하고 있어 빅벤을 비롯한 주요 관광지로의 이동이 용이하다. 객실에서는 템스강과 어우러지는 빅벤의 모습을 조망할 수 있다. 최근 리노베이션을 마치고 깔끔하게 단장했다. 호텔 내 길레이스 스테이크 하우스 & 바는 런던에서 가장 맛있는 스테이크를 맛볼 수 있는 곳이자 100여 종의 진을 보유하고 있다.

How to go 지하철 베이커루Bakerloo 라인 람베스 노스 Lambeth North 역에서 도보 8분
Add London County Hall, London
Fare 싱글·더블 룸 £300~
Tel 020 7928 5200
Web www.marriott.com
Map P.378-F

시스템을 잘 갖춘 미국계 호텔체인
힐튼 런던 메트로폴
Hilton London Metropole

메릴본/피츠로비아/캠든 타운/프림로즈 힐

뮤지컬 공연장이 모여 있는 웨스트엔드에서 도보 10분 거리에 위치한 힐튼 호텔 런던 지점이다. 리노베이션을 통해 깔끔하고 밝은 분위기를 자랑하며, 부족함 없는 편의시설로 비즈니스를 위해 런던을 찾는 여행자들에게도 인기가 있다.

How to go 지하철 베이커루Bakerloo 라인 에드웨어 로드 Edware Road 역에서 도보 4분
Add 225 Edware Road, London
Fare 싱글·더블 룸 £135~
Tel 020 7402 4141
Web www.hiltonhotels.com
Map P.381-A

쇼핑 마니아에게 편리한 호텔
렘브란트 호텔 The Rembrandt Hotel

켄싱턴/노팅힐

쇼핑 스트리트인 사우스 켄싱턴에 자리한 호텔로 빅토리아 앤 앨버트 박물관과 해러즈 백화점 등이 주변에 있어 관광과 쇼핑을 동시에 할 수 있다. 194개의 객실은 모던한 가구와 격식 있는 구조가 조화를 이루며, 2~3개의 베드룸이 있는 객실도 마련되어 가족이나 단체여행자에게 좋다. 룸서비스는 24시간 이용할 수 있다.

How to go 지하철 서클Circle·디스트릭트District·피커딜리Piccadilly 라인 사우스 켄싱턴South Kensington 역에서 도보 5분 **Add** 11 Thurloe Place, London **Fare** 싱글 룸 £179~, 더블 룸 £211~ **Tel** 020 7589 8100 **Web** www.sarova-rembrandthotel.com **Map** P.383-E

타워 브리지가 마주 보이는 호텔
타워 호텔
Tower Hotel 시티

객실에서 타워 브리지를 조망할 수 있어 로맨틱한 밤을 즐기고 싶은 여행자에게 추천한다. 800여 개의 객실을 갖춘 대형 호텔로 아르데코 양식의 객실은 아늑한 느낌을 준다. 스위트 룸에는 부엌과 거실이 딸려 있어 편리하다.

How to go 지하철 서클Circle·디스트릭트District 라인 타워 힐Tower Hill 역에서 도보 6분 **Add** St. Katharine's Way, London **Fare** 싱글·더블 룸 £120~ **Tel** 020 7523 5063 **Web** www.guoman.com **Map** P.382-F

100년 전 런던에서 화려한 하룻밤
네드 런던 호텔
The Ned London 시티

뉴욕과 도하에도 지점이 있는 체인형 럭셔리 호텔. 1920년대의 화려함을 느낄 수 있는 250개의 침실이 있다. 맞춤형 꽃무늬 벽지와 빅토리아 시대의 실크 전등갓, 대리석 모자이크로 마감된 욕실의 디테일은 마치 과거로 여행을 떠나온 듯한 기분이 들게 한다.

How to go 지하철 센트럴Central, 노던Northern, 워털루 & 시티Waterloo & City 라인 뱅크Bank 역에서 도보 1분 **Add** 27 Poultry, London **Fare** 싱글·더블 룸 £340~ **Tel** 020 3828 2000 **Web** www.thened.com **Map** P.382-B

유로스타 이용 시 가장 편리한 호텔
세인트 판크라스 르네상스 호텔 런던 St. Pancras Renaissance Hotel London
블룸즈버리/이즐링턴

세인트 판크라스 기차역과 연결된 건물을 사용해 다른 인접국가로의 이동이 용이하고, 관광 명소로의 접근성 또한 우수하다. 룸서비스와 룸 컨디션도 고급 호텔의 수준에 맞게 뛰어나다. 부대시설로 있는 칵테일 바와 레스토랑에서는 만족스러운 시간을 보낼 수 있다.

How to go 지하철 서클Circle·해머스미스 & 시티Hammersmith & City·메트로폴리탄 Metropolitan·노던Northern·피커딜리Piccadilly·빅토리아Victoria 라인 킹스 크로스 세인트 판크라스King's Cross St. Pancras 역에서 도보 10분 **Add** Euston Road, London **Fare** 싱글·더블 룸 £234~ **Tel** 020 7841 3540 **Web** www.marriott.com **Map** P.385-D

개성을 추구하는 여행자를 위한 디자인 호텔

프랑스 디자이너의 새로운 도전
마마 셸터 런던 Mama Shelter London
쇼디치/컬럼비아 로드/베스널 그린

전 유럽으로 지점을 넓혀가고 있는 마마 셸터 그룹에서 2019년에 런던에 호텔을 열었다. 시크하면서도 유머러스한 인테리어가 흥미를 자아낸다. 여러 나라의 음식을 즐길 수 있는 바와 레스토랑, 파리 디자이너가 선보이는 디자인 제품, 야외노래방 등을 갖추고 있다.

How to go 지하철 오버그라운드Overground 라인 케임브리지 히스Cambridge Heath 역에서 도보 3분 **Add** 437 Hackney Road, London **Fare** 싱글·더블 룸 £80~ **Tel** 020 7613 6500 **Web** www.mamashelter.com **Map** P.386-C

힙스터를 위한 미국계 호텔체인
원 헌드레드 호텔 One Hundred Hotel
쇼디치/컬럼비아 로드/베스널 그린

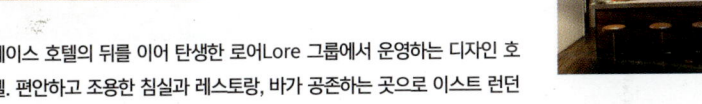

에이스 호텔의 뒤를 이어 탄생한 로어Lore 그룹에서 운영하는 디자인 호텔. 편안하고 조용한 침실과 레스토랑, 바가 공존하는 곳으로 이스트 런던의 에너지를 느낄 수 있는 곳이다. 부대시설로는 오존 커피 로스터의 커피를 즐길 수 있는 커피숍, 쇼디치의 파노라믹 뷰를 즐길 수 있는 루프톱 바, 갓 구운 피자와 버거, 스낵 등을 즐길 수 있는 로비 바 등이 있다.

How to go 오버그라운드Overground 쇼디치 하이 스트리트Shoreditch High Street에서 도보 5분 **Add** 100 Shoreditch High Street, London **Fare** 싱글·더블 룸 £173~ **Tel** 020 7613 9800 **Web** www.onehundredshoreditch.com **Map** P.386-C

디자이너 필립 스탁의 손길을 거친 호텔
세인트 마틴 레인 런던 St. Martin Lane London 소호

세계적인 프랑스 디자이너 필립 스탁Philippe Starck의 디자인으로 화제가 된 호텔이다. 코벤트 가든의 심장부에 위치해 관광 명소 및 쇼핑 스폿과의 뛰어난 접근성과 깔끔한 룸 컨디션이 장점이다. 레스토랑과 카페도 부대시설로 자리한다.

How to go 지하철 노던Northern·피커딜리Piccadilly 라인 레스터 스퀘어Leicester Square 역에서 도보 2분 **Add** 45 St. Martin's Lane, London **Fare** 싱글·더블 룸 £267~ **Tel** 020 7300 5500 **Web** www.morganshotelgroup.com **Map** P.379-E

런던에서 가장 핫한 디자인 호텔
톰 딕슨, 타워 브리지, 오토그래프 컬렉션
Tom Dixon, Tower Bridge, Autograph Collection `서더크`

타워 브리지 근처에 위치한 디자인 호텔. 193개의 일반 객실과 스위트 룸은 영국을 대표하는 디자이너 톰 딕슨의 디자인으로 꾸며졌다. 클래식한 건물의 분위기를 살리면서 모던한 감각으로 재해석했다. 파스텔 톤의 레스토랑과 바는 1층에 위치하며, 이곳에서 잉글리시 브렉퍼스트나 뷔페식 아침 식사를 즐기며 든든하게 하루를 시작할 수 있다.

How to go 지하철 주빌리Jubilee·노던Northern 라인 런던 브리지London Bridge 역에서 도보 8분 **Add** 211 Tooley Street, London **Fare** 싱글·더블 룸 £237~ **Tel** 020 3959 2900 **Web** www.marriott.com **Map** P.382-F

모던 잉글리시 스타일의 호텔
소호 호텔 The Soho Hotel `소호`

개성 있는 감각이 돋보이는 96개의 객실을 갖춘 디자인 호텔. 모던 잉글리시 스타일의 화사한 룸은 개성 있는 디자인 가구에 현대 미술 작품이 어우러져 눈길을 끈다. 호텔 숙박객들이 이용할 수 있는 극장을 운영한다.

How to go 지하철 센트럴Central·노던Northern 라인 토트넘 코트 로드Tottenham Court Road 역에서 도보 6분 **Add** 4 Richmond Mews, London **Fare** 싱글·더블 룸 £510~ **Tel** 020 7559 3000 **Web** www.firmdalehotels.com **Map** P.379-A

평범한 외관과는 다른 환상적인 실내
샌더슨 런던 Sanderson London
`메릴본/피츠로비아/캠든 타운/프림로즈 힐`

웨스트엔드의 중심에 위치한 디자인 호텔로, 디자이너 필립 스탁이 1950년대의 업무용 건물을 초현실적인 분위기로 변신시켰다. 흰색을 바탕으로 바로크 양식과 모던 스타일이 절묘하게 조화를 이룬 실내는 심플하면서도 알차다.

How to go 지하철 베이커루Bakerloo·센트럴Central·빅토리아Victorial 라인 옥스퍼드 서커스Oxford Circus 역에서 도보 4분 **Add** 50 Berners Street, London **Fare** 싱글·더블 룸 £277~ **Tel** 020 7300 1400 **Web** www.sandersonlondon.com **Map** P.381-F

활기찬 색감으로 단장한 디자인 호텔
샬럿 스트리트 호텔 Charlotte Street Hotel
`메릴본/피츠로비아/캠든 타운/프림로즈 힐`

디럭스 룸부터 스위트 룸까지 각기 다른 스타일을 가진 12개 타입의 객실을 보유하고 있다. 객실마다 개성 넘치는 가구와 소품들로 꾸며져 있는데, 포인트 컬러가 객실에 활기를 불어넣는 듯하다. 영국인들이 일요일 점심에 먹는 전통적인 선데이 런치 코스로 유명한 오스카 레스토랑Oscar Restaurant은 가성비가 좋아 추천할 만하다.

How to go 지하철 노던Northern 라인 구즈 스트리트Goodge Street 역에서 도보 4분
Add 15-17 Charlotte Street, London
Fare 싱글·더블 룸 £462~ **Tel** 020 7806 2000
Web www.firmdalehotels.com **Map** P.381-F

런더너들이 사랑하는 놀이터
바운더리 쇼디치 Boundary Shoreditch
`쇼디치/컬럼비아 로드/베스널 그린`

루프톱 바와 그릴, 카페, 바, 식료품점 등이 들어서 있는 활기차고 실험적인 공간으로 런더너들에게도 인기가 많다. 브리티시 디자인부터 스칸디나비아 디자인에 이르기까지 모든 객실은 각기 다른 스타일로 꾸며져 있다. 호사스러울 정도로 미적 감각이 넘치는 공간 속에서 편안하게 휴식을 취할 수 있다. 주말에는 호텔 1층의 레스토랑에서 여유롭게 브런치를 즐길 수 있다.

How to go 지하철 오버그라운드Overground 라인 쇼디치 하이 스트리트Shoreditch High Street 역에서 도보 2분 **Add** 2-4 Boundary Street, London
Fare 싱글·더블 룸 £198~ **Tel** 020 7729 1051
Web boundary.london **Map** P.386-C

편리한 위치와 패셔너블한 인테리어가 인상적
헤이마켓 호텔 Haymarket Hotel `소호`

리젠트 스트리트, 내셔널 갤러리와 가까운 것이 강점으로 주변에는 극장을 비롯해 훌륭한 바와 레스토랑이 모여 있다. 50여 개 객실에는 아이팟 도킹 스테이션이 구비되어 있다.

How to go 지하철 베이커루Bakerloo·피커딜리Piccadilly 라인 피커딜리 서커스Piccadilly Circus 역에서 도보 5분
Add 1 Suffolk Place, London **Fare** 싱글·더블 룸 £540~ **Tel** 020 7470 4000
Web www.firmdalehotels.com **Map** P.379-E

싱그러운 프라이빗 가든에서 즐기는 애프터눈 티
넘버 식스틴 Number Sixteen
나이츠브리지/첼시

초록빛 수풀이 우거진 프라이빗 가든이 매력적이다. 이곳에서 즐기는 애프터눈 티는 지친 마음에 활기를 불어넣어 준다. 객실마다 분위기가 달라 취향에 맞는 객실을 선택하는 재미가 있다. 두 객실이 이어진 커넥팅 룸도 있어 가족이나 단체여행자들의 선호도가 높다.

How to go 지하철 서클Circle·디스트릭트District·피커딜리Piccadilly 라인 사우스 켄싱턴South Kensington 역에서 도보 3분 **Add** 16 Sumner Place, London **Tel** 020 7589 5232
Fare 싱글·더블 룸 £240
Web www.firmdalehotels.com **Map** P.384-B

런던에서 가장 핫한 디자인 호텔
혹스턴 쇼디치 The Hoxton Shoreditch 👍
쇼디치/컬럼비아 로드/베스널 그린

암스테르담, 파리, 포틀랜드, 시카고를 비롯해 런던의 홀번에 잇달아 지점을 열고 있는 디자인 호텔이다. 예술가나 크리에이터 등 유명 인사들이 많이 찾는다. 7평 남짓한 코지 룸은 소형 반려견 입실이 가능하다. 호텔 내 레스토랑 혹스턴 그릴Hoxton Grill에서는 오전 7시부터 다음 날 오전 2시까지 즐길 수 있다.

How to go 지하철 노던Northern 라인 올드 스트리트Old Street 역에서 도보 4분
Add 81 Great Eastern street, London
Fare 싱글·더블 룸 £169~ **Tel** 020 7550 1000
Web thehoxton.com **Map** P.386-B

안정적인 분위기의 디자인 호텔
메이플라워 호텔 Mayflower Hotel 나이츠브리지/첼시

메이플라워Mayflower에 자리한 호텔로 비즈니스 여행자는 물론 가족 여행객들에게도 사랑받는 호텔이다. 객실은 따스한 컬러를 사용해 편안한 느낌을 주고, 비비드한 컬러의 침구로 포인트를 주어 생동감을 더했다. 또한 모던 아트 작품을 벽에 걸어 밝은 분위기를 연출했다. 리셉션은 24시간 운영한다.

How to go 지하철 디스트릭트District·피커딜리Piccadilly 라인 얼스 코트Earl's Court 역에서 도보 2분
Add 26-28 Trebovir Road, London **Fare** 싱글·더블 룸 £67~ **Tel** 020 7370 0991
Web mayflowerhotel.co.uk **Map** P.384-A

영국 디자인 호텔체인
말메종 런던 Malmaison London `시티`

스타일리시한 객실 인테리어로 디자인 및 패션업계 종사자들이 눈여겨보는 호텔이다. 일요일 오전 브런치를 즐길 수 있는 레스토랑 쉐 말 레스토랑Chez Mal Brasserie과 가볍게 칵테일을 즐기기 좋은 바 쉐 말 라운지Chez Mal Lounge도 호평을 받고 있다.

How to go 지하철 서클Circle·해머스미스 & 시티Hammersmith & City·메트로폴리탄Metropolitan 라인 바비칸Barbican 역에서 도보 4분 **Add** 18-21 Charterhouse Square, London **Fare** 싱글·더블 룸 £169~ **Tel** 020 3750 9402 **Web** www.malmaison.com **Map** P.382-A

클래식한 스타일을 좋아하는 앤티크 마니아에게 추천
포토벨로 호텔 The Portobello Hotel `켄싱턴/노팅힐`

앤티크 가게들이 모여 있는 동네답게 클래식한 스타일의 고급스러운 객실이 인상적인 곳이다. 객실 크기는 작은 편이지만 작은 부분까지도 세심하게 신경쓴 인테리어로 숙박객들을 만족시킨다. 푸른 잔디밭이 펼쳐진 정원이 한눈에 들어오는 시그니처 룸은 포토벨로 호텔만의 자랑거리다. 크리스마스 시즌과 연말연시를 제외한 11~2월의 겨울 시즌에는 호텔 홈페이지에서 할인행사를 진행하니 참고하도록 하자.

How to go 지하철 센트럴Central 라인 홀란드 파크Holland Park 역에서 도보 10분 **Add** 22 Stanley Gardens, London **Fare** 싱글·더블 룸 £179~ **Tel** 020 7727 2777 **Web** www.portobellohotel.com **Map** P.383-A

실속파 여행자를 위한 체인형 호텔

작지만 실속 있는 호텔체인
포인트 A 호텔 런던-리버풀 스트리트
Point A Hotel London Liverpool Street

쇼디치/컬럼비아 로드/베스널 그린

대중교통이 편리한 리버풀 스트리트 지하철역 근처에 위치한 체인형 호텔이다. 객실 규모는 작지만 필요한 편의시설을 갖추었고 청결하다. 다만 저렴한 방에는 창문이 없는 경우도 있으니 예약 시 확인할 것을 권한다.

How to go 지하철 오버그라운드Overground 라인 쇼디치 하이 스트리트Shoreditch High Street 역에서 도보 4분
Add 13-15 Folgate Street, London
Fare 싱글·더블 룸 £81~ **Tel** 020 7456 0400
Web www.pointahotels.com **Map** P.386-E

웨스트필드 근처에 위치한 아담한 호텔
OYO 그랜틀리 호텔 OYO Grantly Hotel
켄싱턴/노팅힐

런던을 대표하는 대형 쇼핑몰 웨스트필드까지 걸어서 갈 수 있는 곳에 자리한 저가형 호텔. 최근 리노베이션을 마쳐 객실은 깨끗한 편이다. 지극히 기본적인 시설만을 갖추고 있으므로 하룻밤 묵어가는 여행자에게 추천한다.

How to go 지하철 센트럴Central 라인 셰퍼드 부시 Shepherd's Bush 역에서 도보 4분
Add 50-51 Sherphard's Bush Green London
Fare 싱글·더블 룸 £81~ **Tel** 020 8089 8579
Web www.oyorooms.com **Map** P.383-A

가족 여행을 위한 호텔

가족이 운영하는 아늑한 분위기의 호텔
오렌지 퍼블릭 하우스 & 호텔 The Orange Public House & Hotel 나이츠브리지/첼시

'당신의 집과 같은 편안한 호텔'을 표방하는 아담한 호텔로 4개의 객실이 있으며, 펍과 레스토랑을 함께 운영한다. 스탠다드와 수페리어 객실이 있으며, 숙박객에게는 무료로 아침 식사를 제공한다. 메릴본에는 자매 호텔 그레이징 고트The Grazing Goat가 있어 방이 없을 때에는 이곳으로 연결해주기도 한다.

How to go 지하철 서클Circle · 디스트릭트District 라인 슬론 스퀘어Sloane Square 역에서 도보 6분
Add 37 Pimlico Road, London   **Fare** 싱글·더블 룸 £260~   **Tel** 020 7881 9644   **Web** theorange.co.uk   **Map** P.384-C

저택을 개조한 4성급 호텔
베스트 웨스턴 스위스 코티지 호텔
Best Western Swiss Cottage Hotel
메릴본/피츠로비아/캠든 타운/프림로즈 힐

리젠트 파크에서 멀지 않은 고급 주택가 스위스 코티지에 위치한 베스트 웨스턴 계열의 호텔. 빅토리아 양식으로 지어진 호텔은 살롱, 클래식한 가구 등이 갖춰져 있어 마치 귀족의 저택 같은 느낌이다. 마담 투소 밀랍인형관, 옥스퍼드 스트리트, 빅벤, 웸블리 아레나로 연결되는 스위스 코티지Swiss Cottage 지하철역이 호텔 앞에 있어 편리하다.

How to go 지하철 주빌리Jublilee 라인 스위스 코티지 Swiss Cottage 역에서 도보 2분
Add 4 Adamson Road, London
Fare 싱글 룸 £99.75~, 더블 룸 £104.50~
Tel 020 7722 2281   **Web** www.bestwestern.com
Map P.381-A, B

가족이 머물기 좋은 아파트형 호텔
시타딘 트라팔가 스퀘어 런던
Citadines Trafalgar Square London
웨스트민스터

차링 크로스 지하철역 근처에 위치한 아파트형 호텔로 세인트 제임스 파크나 템스강변을 산책하기 좋다. 9평 크기의 원룸 객실에는 2명이, 13평 크기의 방 1개와 거실 1개가 있는 객실에는 4명이 지낼 수 있으며, 대가족이 머물 수 있는 객실도 있다. 빨래방과 아침 식사를 할 수 있는 공동공간도 마련되어 있다.

How to go 지하철 베이커루Bakerloo · 노던Northern 라인 차링 크로스Charing Cross 역에서 도보 4분
Add 18-21 Northumberland Avenue, London
Fare 싱글·더블 룸 £171~   **Tel** 020 7766 3700
Web www.citadines.com   **Map** P.378-C

출장자를 위한 비즈니스 호텔

가장 혁신적인 호텔 비즈니스의 모델
시티즌엠 타워 오브 런던 호텔 CitizenM Tower of London Hotel 시티

5성급 호텔의 안락함을 누릴 수 있는 3성급 호텔이다. 무인 체크인 카운터, 온라인 체크인 서비스로 인건비 절감을 꾀했다. 객실의 전망은 물론 객실 위치도 숙박객 취향에 맞게 선택할 수 있다. 킹 사이즈의 침대와 심플한 가구들이 쾌적한 객실을 채우고 있다. 예술적 감각이 엿보이는 부대시설은 젊고 생동감 넘친다.

How to go 지하철 서클Circle·디스트릭트District 라인 타워 힐Tower Hill 역에서 도보 1분 **Add** 40 Trinity Square, London **Fare** 싱글·더블 룸 £134~ **Tel** 020 3519 4830 **Web** www.citizenm.com **Map** P.382-D

무난한 시설을 갖춘 비즈니스 호텔
프리미어 인 런던 카운티 홀 호텔 Premier Inn London County Hall Hotel 웨스트민스터

구 시청사 내에 자리한 호텔로 빅벤, 런던 아이, 웨스트민스터 사원 등 런던의 관광 명소들과 가깝고 템스강 경관이 바로 아래 있어 여행자들에게 제격이다. 게다가 런던 시내의 호텔 가운데 비교적 저렴한 축에 속해 국내 여행자 사이에서도 꽤 알려져있다. 군더더기 없이 깔끔한 객실에 자리한 킹 사이즈 침대는 여행으로 쌓인 피로를 싹 풀어줄 만큼 안락함을 자랑한다.

How to go 지하철 베이커루Bakerloo · 주빌리Jubliee · 노던Northern · 워털루 & 시티 Waterloo & City 라인 워털루Waterloo 역에서 도보 5분 **Add** County Hall, Belvedere Road, Westminster, London **Fare** 싱글·더블 룸 £119.50~ **Tel** 087 1527 8648 **Web** www.premierinn.com **Map** P.378-C

공원 산책과 뮤지컬 관람에 편리한 위치

시슬 켄싱턴 가든 호텔 Thistle Kensington Gardens Hotel
켄싱턴/노팅힐

켄싱턴 가든과 하이드 파크가 인접해 있어 오전 산책이나 조깅을 하며 상쾌한 하루를 시작할 수 있는 호텔. 단정한 객실은 채광이 좋아 따스한 느낌을 준다. 칵테일 바와 레스토랑 등의 부대시설을 갖추고 있다.

How to go 지하철 센트럴Central 라인 퀸즈웨이Queensway 역에서 도보 5분
Add 104 Baywater Road, London
Fare 싱글·더블 룸 £112.50~ **Tel** 020 7523 5058
Web www.thistle.com **Map** P.383-B

베스트 웨스턴 계열 중저가 호텔

더 화이트 시티 하우스 The White city house
나이츠브리지/첼시

과거 BBC 방송 텔레비전 센터에 문을 연 새로운 호텔로 1960년대 스타일의 레트로 인테리어를 선보인다. 루프톱에는 수영장과 세 곳의 극장이 있으며, 8층에는 여유를 즐기며 한 잔의 술로 피로를 달랠 수 있는 테라스가 있다. 그 밖에도 당구대와 바가 있어 보다 활기찬 여가를 보낼 수 있도록 꾸며진 9층 등 복합 공간을 포함하고 있다.

How to go 지하철 센트럴Central 라인 화이트 시티White City 역에서 도보 1분
Add 2 Television Center, 101 Wood Lane, London
Fare 싱글·더블 룸 £235~
Tel 020 7870 0000
Web www.sohohouse.com
Map P.384-A

쇼핑 마니아들에게 제격인 호텔
카벤디시 런던
The Cavendish London

웨스트민스터

메이페어와 피커딜리에 위치한 4성급 디럭스 호텔. 차분한 톤으로 단장된 230개의 객실을 갖춘 중대형 호텔이다. 웨스트엔드, 리젠트 스트리트와 인접해 있어 쇼핑이 용이하다. 모든 유러피언 스타일의 음식과 애프터눈 티를 제공하는 레스토랑을 운영한다.

How to go 지하철 주빌리Jubliee·피커딜리Piccadilly·빅토리아Victoria 라인 그린 파크Green Park 역에서 도보 4분 **Add** 81 Jermyn Street, London
Fare 싱글·더블 룸 £250~
Tel 020 7930 2111
Web www.thecavendish-london.co.uk
Map P.378-B

빅토리아 역 인근의 교통이 편리한 호텔
로드 밀너
Lord Milner

나이츠브리지/첼시

빅토리아 기차역과 빅토리아 코치 역에서 가까운 주택가인 벨그라비아Belgravia에 위치한 부티크 호텔이다. 싱글, 디럭스, 이그제큐티브, 가든 스위트 룸의 네 종류의 11개의 객실을 운영하고 있다. 건물이 좁아 아침 식사 공간 외 편의시설은 마련되어 있지 않다.

How to go 지하철 서클Circle·디스트릭트District·빅토리아Victoria 라인 빅토리아Victoria 역에서 도보 7분
Add 111 Ebury Street, London
Fare 싱글·더블 룸 £165.75~ **Tel** 020 7881 7730
Web www.lordmilner.com
Map P.384-C

기본에 충실한 작은 호텔
애런 하우스 호텔
Arran House Hotel

블룸즈버리/이즐링턴

영국 박물관과 런던 유니버시티 칼리지 근처에 있다. 기본에 충실한 소박한 분위기의 방은 가성비가 훌륭하다. 테라스에서는 편안하게 휴식을 취하기 좋다.

How to go 지하철 서클Circle·해머스미스 & 시티Hammersmith & City·메트로폴리탄Metropolitan 라인 유스턴 스퀘어Euston Square 역에서 도보 2분
Add 77-79 Gower Street, Bloomsbury, London
Tel 020 7636 2186 **Fare** 싱글·더블 룸 £75~
Web crowngroupofhotels.com
Map P.385-D

가성비 좋은 호텔
파크 그랜드 패딩턴 코트 런던
Park Grand Paddington Court London

켄싱턴/노팅힐

조용한 주택가의 오래된 건물에 위치한다. 비즈니스 호텔로 단기 여행자에게 추천한다. 지내기에 나쁘지는 않지만 서비스나 시설을 기대하기에는 아쉬움이 있다.

How to go 지하철 센트럴Central 라인 랑케스터 게이트 Lancaster Gate 역에서 도보 7분
Add 1 Queens Gardens, London
Fare 싱글·더블 룸 £102.60~ **Tel** 020 7745 1200
Web www.parkgrandlondon.com
Map P.383-B, C

아담하지만 잘 꾸며진 디자인 호텔
인해빗 호텔 Hotel Inhabit `켄싱턴/노팅힐`

런던 서부에 2개의 지점을 갖고 있는 웰니스 호텔. 더 나은 수면을 유도하는 회복의 공간, 건강한 마음을 위한 휴식의 공간을 컨셉으로 시작되었다. 88개의 객실을 갖춘 패딩턴 지점은 스칸디나비아의 인테리어와 전형적인 영국 디자인이 결합된 형태로 차분한 분위기를 유지하고 있으며, 골동품과 현대적인 미술 작품을 적절히 배치하여 세련된 분위기를 보여준다.

How to go 지하철 엘리자베스Elizabeth 라인, 히드로 익스프레스 Heathrow Express, GWR 패딩턴Paddington 역 하차 도보 6분
Add 25-27 Southwick Street, Paddington, London
Fare 싱글 룸 £93~, 더블 룸 £108~
Tel 020 7479 2333
Web southwick.inhabithotels.com **Map** P.383-C

`NEW!` 유로스타 이용 시 편리한 디자인 호텔
더 스탠더드 런던 The Standard London
`블룸즈버리/이즐링턴`

킹스 크로스에 새로 문을 연 호텔. 아늑한 작은 룸부터 야외 욕조가 있는 테라스 스위트룸까지 총 266개의 객실 중 원하는 방을 선택할 수 있다. 음악, 상점, 멋진 레스토랑이 즐비한 킹스 크로스의 활기찬 분위기를 즐기기에 좋은 곳이다. 미슐랭 스타 셰프인 피터 산체스Peter Sanchez-Lglesias가 선보이는 스페인 요리와 멕시코의 스타일이 결합된 레스토랑 데시모 Decimo도 이 호텔의 명물로 사랑받는다.

How to go 지하철 서클Circle, 메트로폴리탄Metropolitan, 피카딜리Piccadilly, 빅토리아Victoria, 노던Nothern, 해머스미스 & 시티 Hammersmith & City 라인 킹스 크로스Kins's Cross 역에서 도보 5분 **Add** 10th Floor, The Standard, 10 Argyle Street, London **Tel** 020 3981 8888 **Fare** 싱글·더블 룸 £189~ **Web** www.standardhotels.com **Map** P.385-D

젊은 여행자를 위한 호스텔

전 세계 젊은이들이 함께하는 호스텔
움밧 호스텔 Wombats Hostel 시티

유럽 주요 도시에 지점을 운영하는 호스텔 체인. 프라이빗 트윈 룸부터 4·6·8인 도미토리 룸, 여성전용 6인 도미토리 룸도 갖추고 있다. 요리를 할 수 있는 공동주방과 자유로운 분위기의 1층 로비, 지하의 바가 있어 편리하다.

How to go 지하철 서클Circle·디스트릭트District 라인 타워 힐Tower Hill 역에서 도보 6분
Add 7 Dock Street, London **Fare** £21.87~
Tel 020 7680 7600 **Web** www.wombats-hostels.com **Map** P.382-C

NEW! 최근 핫한 달스턴에서 뜨는 숙소
킹스랜드 로크 Kingsland Locke 쇼디치

런던에서 최근 개발되고 있는 지역이자 가장 많은 관심을 받고 있는 지역 중 하나인 달스턴Dalston의 중심부에 새로 오픈한 디자인 호텔. 대조적인 질감과 색조, 재활용 소재로 만든 친환경적인 공간이다. 객실뿐 아니라 레스토랑, 바는 물론 팝업 코너를 통해 새로운 아티스트들의 솜씨를 엿볼 수 있는 흥미로운 공간도 함께 제공한다.

How to go 오버그라운드Overground 달스턴 킹스랜드 Dalston Kingsland에서 도보 4분
Add 130 Kingsland High Street, London
Fare 153£~ **Tel** 020 4529 6160
Web www.lockeliving.com **Map** P.386-B

댄스 룸이 있는 젊은이들의 쉼터
제너레이터 런던
Generator London 블룸즈버리/이즐링턴 👍

코벤트 가든, 리젠트 파크, 영국 박물관과 가까운 이 호스텔은 과거 경찰서였던 건물을 파격적인 디자인으로 탈바꿈시켰다. 하얀색의 깔끔한 객실은 다양한 컬러의 포인트 벽이 생기를 불어넣는다. 여성전용 도미토리 룸과 영화관, 휴게공간 및 짐 보관실이 따로 마련돼 있다.

How to go 지하철 피커딜리Piccadilly 라인 러셀 스퀘어Russell Square 역에서 도보 4분 **Add** 37 Tavistock Place, London **Fare** 도미토리 £13~, 트윈 룸 £44~ **Tel** 020 7388 7666 **Web** generatorhostels.com **Map** P.385-D

READY TO TRAVEL

런던 여행 준비

Ticket & Accommodation Reservations

항공권 & 숙소 예약

여행의 시작은 항공권과 숙소 예약부터 시작된다.
무조건 저렴한 것을 택하기보다 여건에 맞게 구입하는 것이 좋다.
어떤 등급과 옵션을 추가해 예약할지는 여행자의 선택에 달려 있다.

항공권은 상황에 맞게 구입

항공권 클래스는 항공사마다 다르나 크게 세 가지로 나뉜다. 퍼스트, 비즈니스, 트래블(이코노미)을 기본으로 한다. 하지만 옵션 여부(변경 및 취소, 수하물 개수, 마일리지 적립 여부 등)에 따라 가격은 달라진다. 또한 한국 및 현지 상황에 따라 가격은 실시간으로 달라진다. 정리하자면 항공권에는 정해진 금액이 없다는 것. 각자가 중요시하는 옵션을 기반으로 구매할 것을 추천한다. 구매할 때는 변경 및 취소약관을 반드시 확인하자.

합리적인 가격, 저가항공권

최근 한국에서 가까운 국가로 향하는 저가항공사의 운항이 증가하고 있다. 저가항공권은 각종 프로모션 혜택을 추가하고, 옵션을 최소화한 합리적인 가격으로 여행자들에게 인기를 얻고 있다. 반드시 알아둬야 할 것은 옵션이 제한적이라는 점. 이를테면 항공권 변경 및 취소가 불가능하거나, 수하물은 별도의 비용이 추가되는 등 엄격한 규정이 적용된다. 그러므로 여행 일정 및 수하물의 무게 등을 고려해 신중하게 구매해야 한다.

두 여행지를 동시에, 스톱오버

스톱오버는 최종 여행지로 가기 전 경유지에서 일정 기간 체류할 수 있는 것을 말한다. 스톱오버를 선택하면 경유지에서 원하는 만큼 체류할 수 있다. 여행 일정이 넉넉하거나 새로운 여행을 원하는 경우에 고려해 볼 만하다. 경유 국가, 무비자 입국 가능 여부, 가격 등 세부조건을 고려해 선택하자. 간혹 추가요금이 높아지는 경우도 있으니 비교하며 결정하도록 한다.

홈페이지 스카이스캐너 www.skyscanner.co.kr

숙소 예약, 이렇게 해보자

1 여행지마다 여행자를 위한 최고급 호텔부터 호스텔까지 다양한 형태의 숙소가 준비되어 있다. 청결과 서비스의 질을 중시한다면 호텔, 감각적인 인테리어를 살펴보고 싶다면 디자인(부티크) 호텔, 다국적 사람들과 교류를 즐기고 싶다면 호스텔을 추천한다. 이건 어디까지나 개괄적인 이야기일 뿐 여행자의 성향, 동선에 맞게 선택하는 것을 최우선으로 한다.

2 아이 동반 혹은 대가족 단위 여행자는 아파트 형태의 호텔을 추천한다. 거실과 방이 분리되어 있고, 취사시설도 갖추고 있어 여러모로 편리하다.

3 숙소 예약 홈페이지에서 예약할 때는 평점과 후기를 같이 살펴보자. 호텔이나 숙소 예약 홈페이지에서는 알려주지 않는 현장정보를 얻는 데 도움을 받을 수 있다.

홈페이지 아고다 www.agoda.com, 에어비앤비 www.airbnb.co.kr, 트리바고 www.trivago.com, 엑스페디아 www.expedia.com, 카약 www.kayak.com, 라스트미닛 www.lastminute.com

Tip

항공사별 수하물 규정은 반드시 체크!

수하물은 기내에 가지고 들어가는 수하물과 체크인 시 맡겨 최종여행지 공항에서 받아보는 위탁수하물로 나뉜다. 구간, 수량, 사이즈(가로·세로·높이 도합), 무게를 잘 계산해서 준비하자. 귀국할 때는 쇼핑한 물건으로 짐이 늘어나는 경우가 많으므로 이를 감안해 무게를 계산해야 한다.

반려동물과의 여행

최근 반려동물을 키우는 사람들이 많아지면서 반려동물을 동반한 여행자도 늘어나고 있다. 항공사 또는 국가마다 반려동물 관련 별도 규정이 있으므로, 사전에 홈페이지를 통해 국가별 검역 조건과 수속 절차를 확인한 후 여행을 계획하도록 한다.

홈페이지 농림축산 검역본부
www.qia.go.kr

Passport Issue

여권 발급

여행 일정과 항공권, 숙소 예약까지 확정되었다면 여행에 필요한 것들을 하나씩 준비할 차례. 그중 가장 중요한 것은 여권이다. 비자는 나라마다 다르므로 사전에 확인하여 신청하자.

대한민국 여권

2020년 12월부터 차세대 전자여권으로 변경된다. 여권의 보안성을 강화하기 위해 신원정보 면을 폴리카보네이트 재질로 변경하고, 사진과 텍스트 정보는 레이저로 새겨 넣는다. 또한 홈페이지 및 우편배송 서비스도 예정되어 있어 여권신청이 한층 쉬워질 전망이다.

현행 여권은 유효기간 만료까지 사용가능하며, 여행자가 희망하는 경우에는 유효기간 만료 전이라도 차세대 전자여권으로 교체 가능하다.

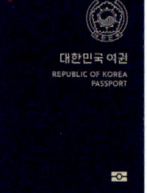

여권 발급 신청

여권발급은 여행자 본적, 거주지와 상관없이 가까운 발행관청에서 신청 가능하다. 접수는 평일 오전 9시부터 오후 6시까지 가능하지만, 각 관청마다 요일을 지정하여 오후 8시까지 야간업무를 보기도 한다. 발급소요기간은 평균 3~4일이지만, 성수기에는 10일 이상 걸리기도 하니 여행이 확정되었다면 바로 신청한다.

접수처 구청민원여권과(서울 기준), 재외공관(해외거주 국민)
수수료 일반인(48면) 53,000원(10년)
준비물 일반인 여권발급 신청서, 여권용 사진 1매, 수수료, 신분증, 병역관계서류
만 18세 미만 여권발급 신청서, 여권용 사진 1매, 수수료, 법정대리인 동의서 및 인감증명서, 미성년자 기본증명서, 가족관계증명서(친족확인 가능 서류)
* 법정대리인 혹은 2촌 이내 친족이 신청할 경우 방문자 신분증, 인감증명서, 위임장 등이 추가적으로 필요함.
현역 및 대체의무 복무자 여권발급 신청서, 여권용 사진 1매, 수수료, 신분증, 국외여행허가서
홈페이지 외교부 여권안내 www.passport.go.kr

여권 재발급

분실 및 훼손, 수록정보변경, 사증란 부족, 발행관청 착오 등으로 재발급을 받을 수 있다.

준비물 여권발급 신청서, 여권 사진 1매, 현 소지여권, 가족관계증명서, 신분증
* 현역 및 대체의무 복무자는 병역관계서류 필요

여행 중 여권 분실

여권을 분실하거나 도난당한 경우 해외에 있는 한국 대사관에 방문하여 임시여권 또는 여행증명서를 발급받아야 한다. 여권분실 즉시 인근 경찰서를 방문해 사고경위를 이야기한 후 분실신고서를 발급 받는다(소도시의 경찰서는 발급이 안 되는 경우도 있다). 경찰서에서 발급받은 서류와 임시여권 또는 여행증명서 발급 비용, 여권 사진 2매를 제출하면 대사관에서 발급해준다. 여권재발급신청서, 분실신고서, 수수료를 준비해야 한다. 만일의 경우를 대비해 여행 전 여권 사본과 여권 번호를 메모해 두는 것이 좋다.

비자 발급

영국은 일정요건을 충족하는 한국 여행자에 대해 일정기간 무비자로 영국에 체류할 수 있도록 허가해 주고 있다(대한민국 국적자 대상 자동입국심사 제도 시행 중). 그러나 입국 목적에 따라 무비자 허용 여부 및 허용 체류기간이 상이하므로 입국 전 반드시 영국 정부 홈페이지를 확인하도록 한다. 아울러 1박 2일 등 단기간으로 영국을 방문하면서 입국심사에서 방문 목적을 '관광'으로 신고하는 경우 '입국 목적 불분명'을 이유로 입국을 거부당하는 사례가 종종 발생하고 있다. 특히 솅겐 조약 가입국가에 무비자로 거주하며 체류 자격을 유지하기 위해 솅겐 조약 미가입국가인 영국을 단기간 방문하는 경우 입국이 거부될 가능성이 있으니 유의하도록 한다.
(출처 : 주영국 대한민국 대사관)

홈페이지 영국 정부(비자 관련) www.gov.uk/check-uk-visa

> **Tip**
>
> **주영국 대한민국 대사관**
>
> **Add** 60 Buckingham Gate, London
> **Open** 월~금요일 09:00~12:00, 13:30~17:30 **Day Off** 1월 1일, 3월 1일, 4월 7일, 5월 1·8·29일, 8월 15·28일, 10월 3·9일, 12월 25·26일
> **Tel** 020 7227 5500, 078 7650 6895(긴급 상황 시)
> **Web** facebook.com/koreanembassyuk

Various
Certificates & Vaccinations

각종 증명서 &
예방접종

꼼꼼하게 준비해서 떠난 여행에서도 예상치 못한 상황이 발생할 수 있다.
만일을 대비해 여행자보험과 예방접종 사항을 꼭 확인하자.
렌터카 여행을 계획한다면 국제운전면허증 발급 또한 필수다.

여행자보험

각 보험회사의 홈페이지나 모바일을 통해 가입할 수 있다. 미리 보험을 준비하지 못했다면 출국 직전 공항 내 보험 서비스 창구를 이용한다. 질병·사고로 인한 보상을 받으려면 현지병원이 발급한 진단서와 치료비 영수증, 약제품 영수증, 처방전 등을 챙긴다. 여행 중 도난사고가 발생했다면 현지경찰서에서 발급받은 도난증명서(사고증명서)가 필요하다. 여행 중 구입한 상품을 도난당했다면 물품 구입처와 가격이 적힌 영수증을 준비한다. 가입한 보험상품에 따라 보상내용과 범위가 다르므로 가입 전 보험약관을 꼼꼼히 읽어본다. 국내 여행자 보험은 출국 후에는 가입이 불가능하므로 출국 전 가입하도록 한다.

여행자 보험사 DB 다이렉트 www.directdb.co.kr, 현대 해상 여행자보험 www.direct.hi.co.kr, KB 다이렉트 해외 여행자 보험 www.direct.kbinsure.co.kr

렌터카

국가 및 회사별로 다르지만 보통 렌탈비에 포함되는 항목은 세금, 규정속도, 보험 등이며, 포함되지 않는 것은 운전자 추가, 어린이 좌석, 내비게이션, 무선 인터넷, 반납시간 연장 등이다. 예약할 때 어떤 항목이 포함되는지 확인하고, 추가로 원하는 항목이 있으면 옵션으로 선택한다. 차량 픽업 시 차량예약정보 출력물, 여권, 대한민국 영문 국제 운전면허증, 본인 명의 신용카드를 제시해야 한다.

홈페이지 허츠 www.hertz.com, 에이비스 www.avis.com, 유로카 www.europcar.com, 식스트 www.sixt.co.uk, 엔터프라이즈 www.enterprise.co.uk

예방접종

질병관리본부 홈페이지에서 여행 국가 감염병 발생 정보를 확인하고, 출국 2주 전까지 예방접종을 완료한다. 황열, 콜레라 접종은 국제공인 예방접종 지정기관에서, 그 외 나머지 질병(A형 간염, 장티푸스, 폴리오 등)은 가까운 의료기관 및 보건소에서 접종 가능하다. 영국은 필수적으로 예방접종이 필요한 국가는 아니지만, 개인용 의약품을 챙겨갈 경우 처방전 및 의사소견서(영문)를 가져가야 한다.

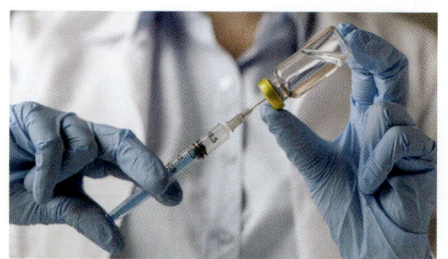

홈페이지 질병관리본부 www.cdc.go.kr

Tip

학생이라면, 국제학생증

국제학생증으로 관광지, 교통, 숙박요금을 할인받을 수 있다. 국제학생증은 ISIC, ISEC 두 가지로 나뉜다. 발급기관이 다르고 할인내용에도 조금씩 차이가 있다.

발급처 ISIC, ISEC 사무실 및 제휴대학교, 제휴은행, 제휴여행사
비용 ISIC 17,000원(1년), 34,000원(2년) ISEC 15,000원(1년), 28,000원(2년)
유효기간 ISIC 1년, ISEC 2년
문의 ISIC 02-733-9494, ISEC 1688-5578
홈페이지 ISIC www.isic.co.kr, ISEC www.isecard.co.kr

렌터카 여행을 계획한다면, 국제 운전면허증

렌터카 여행을 계획한다면 국제 운전면허증은 필수다. 대한민국 운전면허증 소지자라면 가까운 운전면허 시험장이나 경찰서에서 발급받을 수 있다. 위임장을 구비하면 대리신청도 가능하다. 일부 국가에서는 대한민국 운전면허증과 여권을 함께 지참하지 않으면 무면허 운전으로 처벌받을 수 있으니 참고한다. 2019년부터 영문 운전면허증 발급이 시행되어 기존 대한민국 운전면허증 뒷부분에 영문 운전면허증 내용이 표기된다. 운전면허 시험장에 가면 당일 신청 및 수령이 가능하다

발급처 전국 운전면허 시험장
준비물 국내면허증, 여권, 여권용 사진 1매
비용 8,500원(유효기간 1년)
Tel 1577-1120
홈페이지
도로교통공단 운전면허 서비스 www.safedriving.or.kr

Credit Card & Duty Free Shop

신용카드 & 면세점 쇼핑

주거래은행에서 환전하며 현금을 챙기는 것도 중요하지만 만일을 대비해 신용카드 혹은 현금카드도 준비하자. 여행의 '덤'과도 같은 면세점 쇼핑도 챙기자.

신용카드

약간의 수수료 부담이 있지만 편리하면서도 보편적으로 사용되는 보조결제 수단이다. 항공권, 숙박, 렌터카를 예약할 때 간혹 신분증 역할까지 겸하므로 하나 정도는 소지하길 권한다. 국제신용카드 브랜드는 비자Visa, 마스터 Master, 아메리칸익스프레스American Express 등이 있다. 기존에 소지한 카드가 외국에서도 사용 가능한지 반드시 확인하고, 사전에 카드 뒷면 서명란에 사인해 두자. 코로나 이후 서명 대신 접촉으로 결제가 되는 카드 서비스가 도입되었다. 미리 신청해 두면 소액 결제할 때 편리하게 이용할 수 있다.

현금카드

한국에서 발행한 해외 현금카드로 현지 ATM에서 현지통화로 인출할 수 있다. 현금보다 안전하고, 신용카드보다 알뜰한 소비가 가능하다. 현금카드에는 비자VISA, 시러스Cirrus 등의 마크가 붙어 있다. 현지에서는 자신의 카드에 붙어 있는 마크와 일치하는 ATM을 찾아 인출하면 된다.

면세점 쇼핑

출국일이 확정되었다면, 시내면세점이나 온라인 면세점 또는 모바일을 통해 사전에 쇼핑을 할 수 있다. 면세점에서는 여권 정보, 항공권 정보를 요구하며, 온라인 면세점 이용 시 제품은 공항 내 면세품 인도장에서 수령할 수 있다.

Tip

인천 국제공항 입국면세점 개장

2019년부터 인천 국제공항 입국장에 면세점이 운영되고 있다. 입국장 면세점은 총 세 곳으로 제1터미널 수하물 6·7번 수취대 맞은편과 16·17번 수취대 맞은편, 제2터미널 수하물 수취대 중앙에 있으며, 연중무휴로 운영된다. 입국면세점에서는 담배 및 가공육 등을 제외하고 구입할 수 있으며(전자담배 기계 구매 가능) 쇼핑 후, 세관검사를 마치고 바깥으로 나갈 수 있다.

국내 입국 시 면세 허용 한도
총 $800 이하의 일반 물품, 주류 2병(총 2L 이하·$400 미만), 담배 200개비(1보루), 시가 50개비, 향수 60mL 이하

Exchange & Packing

환전 & 짐싸기

여행예산에 맞게 환전하는 것도 중요한 일과다. 여행을 준비하면서도 틈틈이 환율정보도 챙겨보자. 알맞은 때에 환전하면 예산을 조금이나마 아낄 수 있다.

현금환전

영국 통화인 파운드(£, GBP)로 환전한다. 보통은 주거래은행에서 환전해야 환율 우대혜택을 더 많이 받을 수 있지만, 최근에는 온라인 및 모바일 뱅킹으로 환전을 예약해도 환율 우대 혜택을 받을 수 있다.

여행 특화 카드

코로나19 상황이 완화된 이후로 여행객을 위한 상품이 속속 개발되고 있으니 절대 놓치지 말 것. 특히 여행 특화 카드를 사용하면 환전이 편리할 뿐만 아니라 환전 수수료, 해외 결제 수수료, 해외 ATM 인출 수수료가 할인 또는 면제되어 여행자들로부터 크게 각광받고 있다. 단, 카드별로 혜택, 한도, 환전 가능한 통화가 다르니 잘 알아보고 여행 상황에 맞게 이용하자.

얼마나 환전할까

여행자의 여행 동선과 현지 물가를 확인해 일평균 소비 예산을 가늠해보자. 크게 1일 숙박비, 식비, 교통비, 각종 박물관 입장료, 커피 외 간식비 등으로 나뉜다. '환전과 런던 물가 (p.88)' 편에 런던 물가, 하루 예산, 1일 평균 소비예산이 나와 있으므로 참조하며 예산을 내보자. 여기에 돌발상황에 대비한 비상금(전체 예산의 10% 정도)를 더하면 최종예산이 나온다.

짐싸기

하루에도 몇 번이고 날씨가 변하는 런던. 계절에 맞게 의류를 가져가도록 하자. '런던, 언제 가면 좋을까 (p.84)' 편에서 기후를 확인하여 가져가도록 한다. 옷은 가볍고 신축성이 좋은 소재와 여러 벌 겹쳐 입을 수 있는 것으로 챙긴다. 기내 및 위탁수하물 규정에 맞게 짐을 싸는 것도 팁. 100mL 이하 화장품 및 액체류는 기내에 반입할 수 있지만, 그 이상은 위탁수하물로 처리해야 한다.

Tip / 체크 리스트

- 보조가방(작은 가방) ☐
- 각종 전자제품과 충전기 ☐
- 선글라스 ☐
- 여벌옷과 속옷 ☐
- 여행용 멀티 어댑터 ☐
- 방수 점퍼 ☐
- 세면도구와 화장품 ☐
- 비상약품(필요 시 영문 처방전) ☐
- 우양산 ☐
- 신발(실내 슬리퍼) ☐
- 손톱깎이 ☐

Leaving & Return

출국하기 & 귀국하기

여행의 시작과 끝, 출국 & 귀국일이 다가왔다.
빠트린 물건은 없는 꼼꼼히 챙기고, 최종점검을 하자.
출발시간 2시간 전에는 공항에 도착해야 한다.

리무진 버스

가장 대표적인 교통수단. 수도권 및 전국 각지에서 인천 국제공항까지 오가는 노선이 있다. 서울 시내에서 출발하는 리무진 버스는 김포공항 또는 주요 지역을 경유해 공항까지 오는데, 제1터미널까지 50분, 제2터미널까지 70분 정도 걸린다. 요금은 15,000원 정도. 정류장 위치, 시간표, 배차 간격, 요금정보는 공항 홈페이지나 리무진 버스 홈페이지를 참조한다.

홈페이지
인천 국제공항 www.airport.kr,
리무진 버스
www.airportlimousine.co.kr

공항철도

서울, 김포공항, 인천 국제공항을 최단시간에 연결하는 교통수단. 모든 역에 정차하는 일반열차와 서울역에서 인천 국제공항까지 무정차로 운행하는 직통열차로 나뉜다.

홈페이지 www.arex.or.kr
Hours 서울역 출발 06:10~22:50, 인천국제공항 제1터미널 출발 05:23~22:48, 인천국제공항 제2터미널 출발 05:15~22:40

	직통열차
Time	제1터미널 43분 제2터미널 51분
Fare	성인 9,500원 어린이 7,500원 (온라인 예매 시 500원 할인)
	일반열차
Time	제1터미널 59분 제2터미널 66분
Fare	성인 4,350원(편도기준)

택시

이동시간이 빠듯할 때는 택시를 이용하자. 요금은 서울 출발 기준 5~6만 원, 여기에 공항 고속도로 통행료까지 별도로 내야 한다. 네 명 이상 탑승한다면 리무진 버스와 요금이 비슷해 택시를 이용하는 것도 괜찮은 방법이다.

Fare 서울 출발 기준 5~8만 원(통행료 포함)

 인천국제공항 제2터미널 이용 항공사(2023년 3월 기준)
대한항공 / 델타항공 / 에어프랑스 / KLM네덜란드항공 / 가루다인도네시아 / 샤먼항공 / 중화항공

MAP OF
LONDON

런던 여행 지도

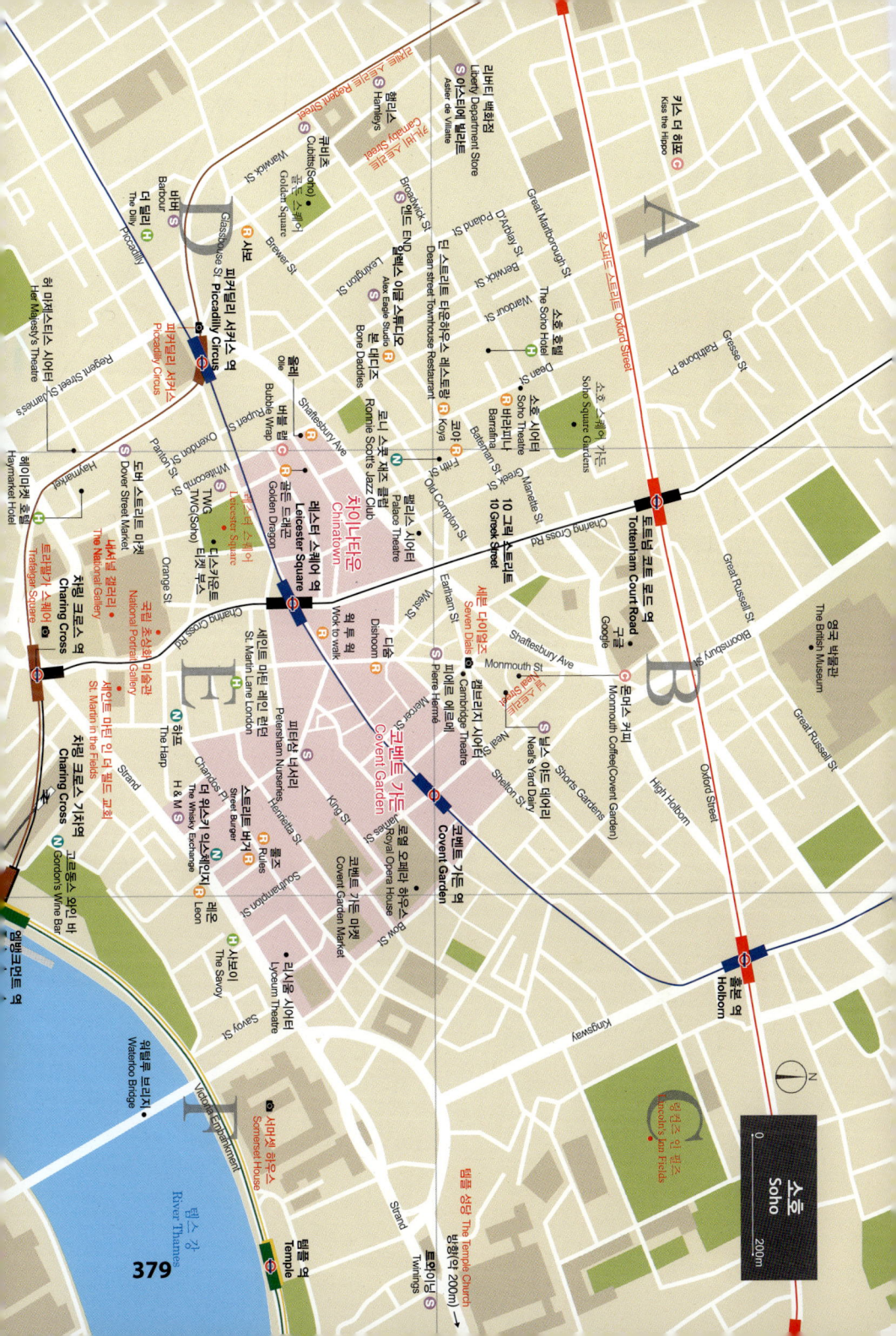

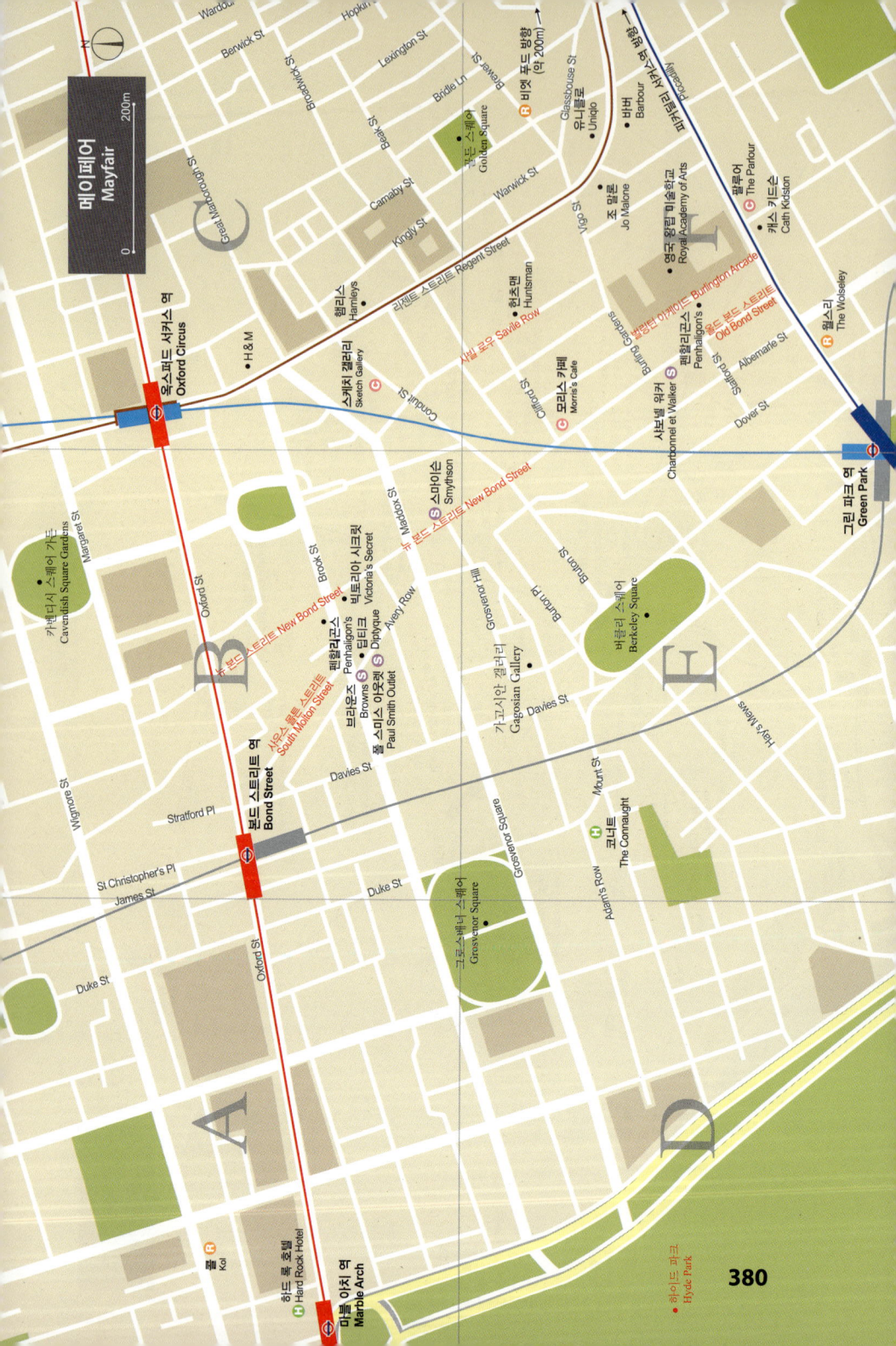

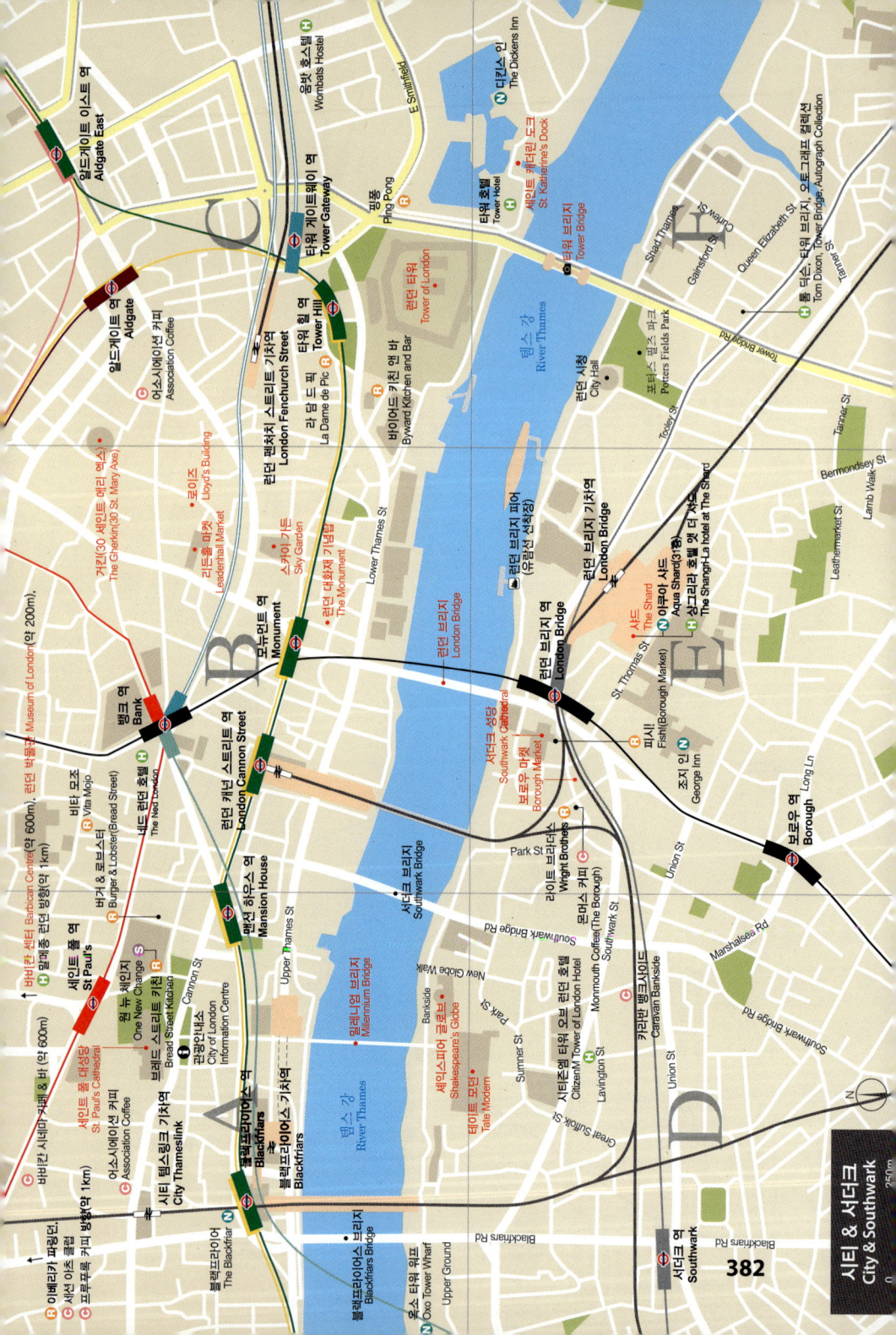

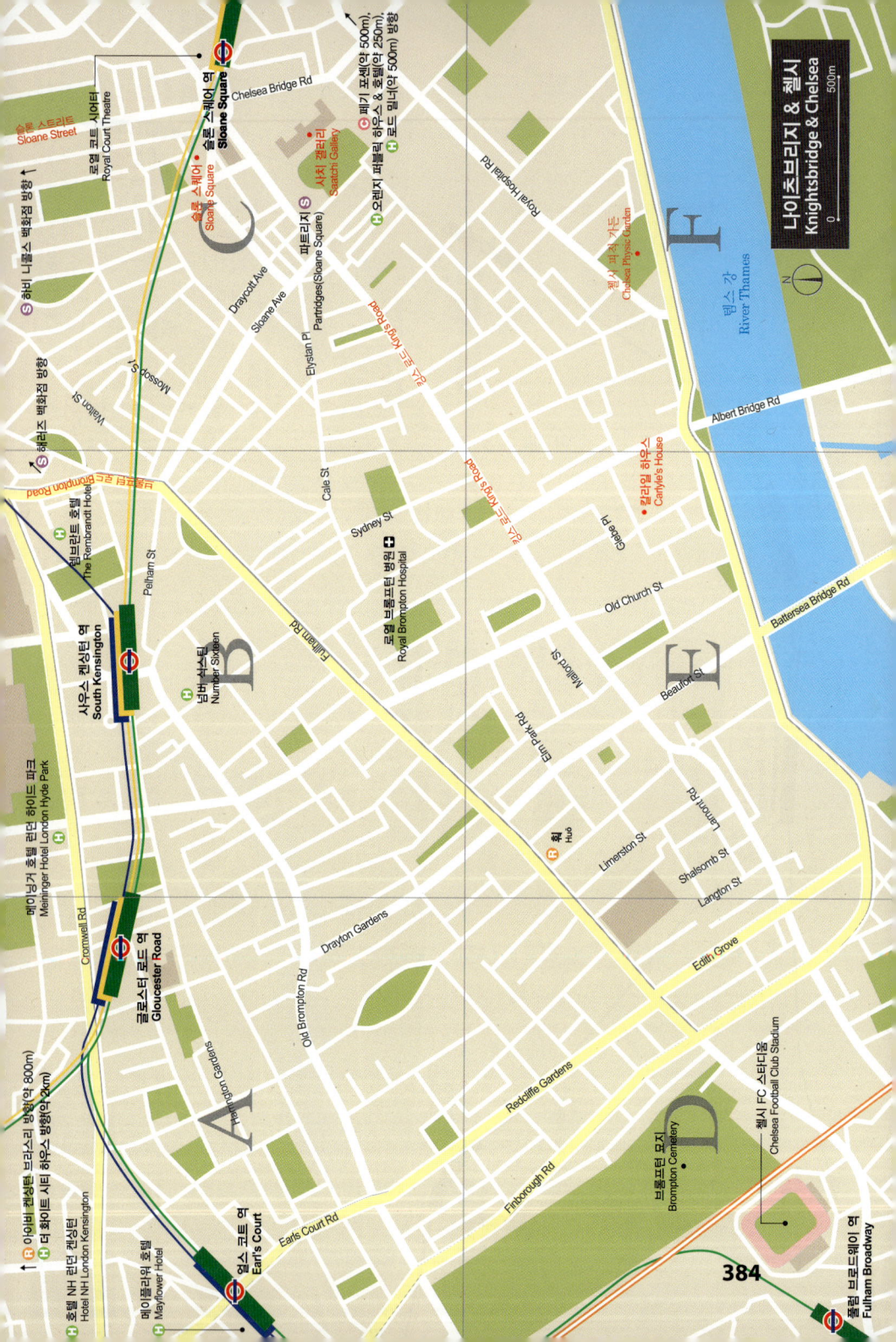

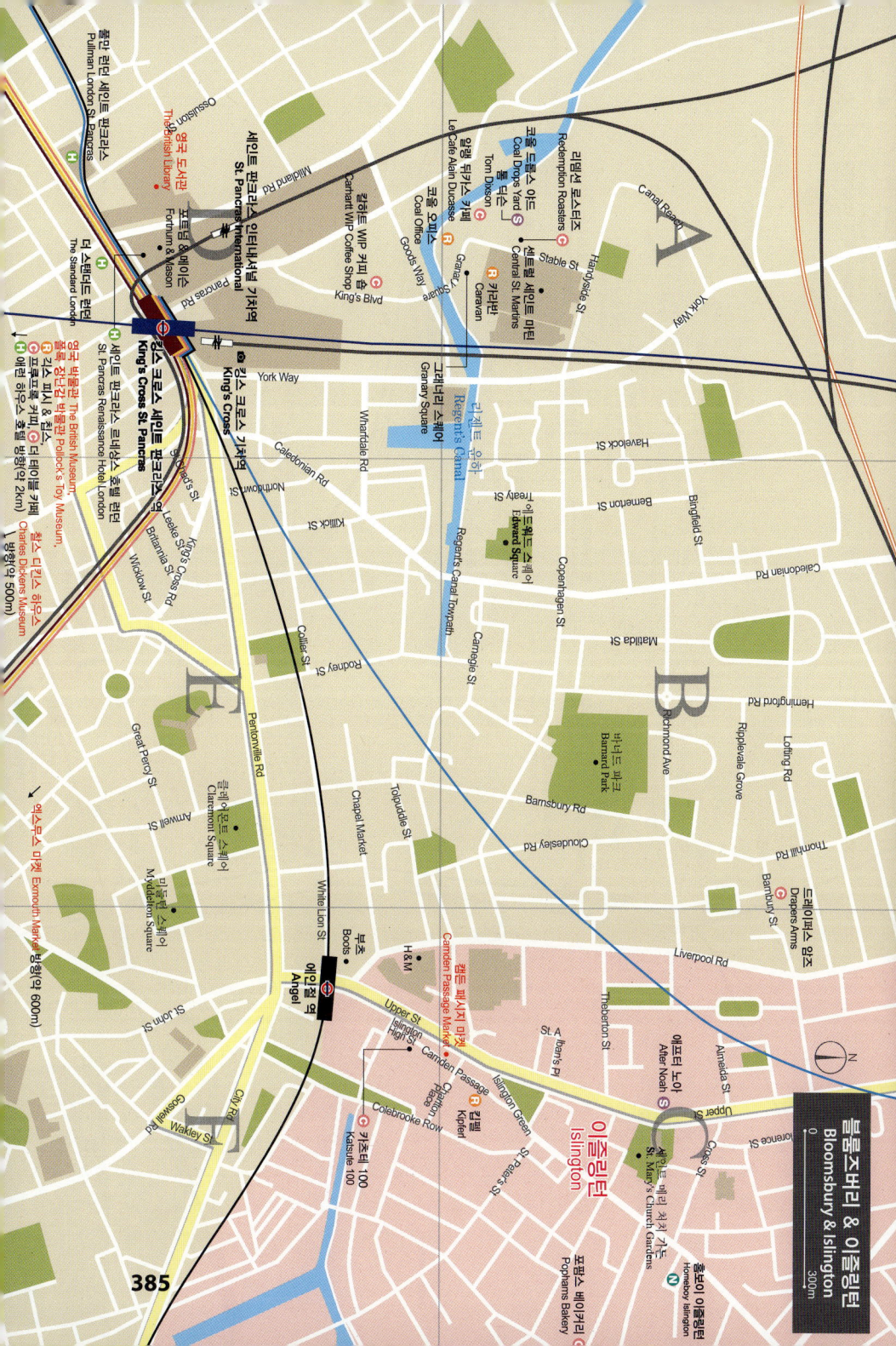

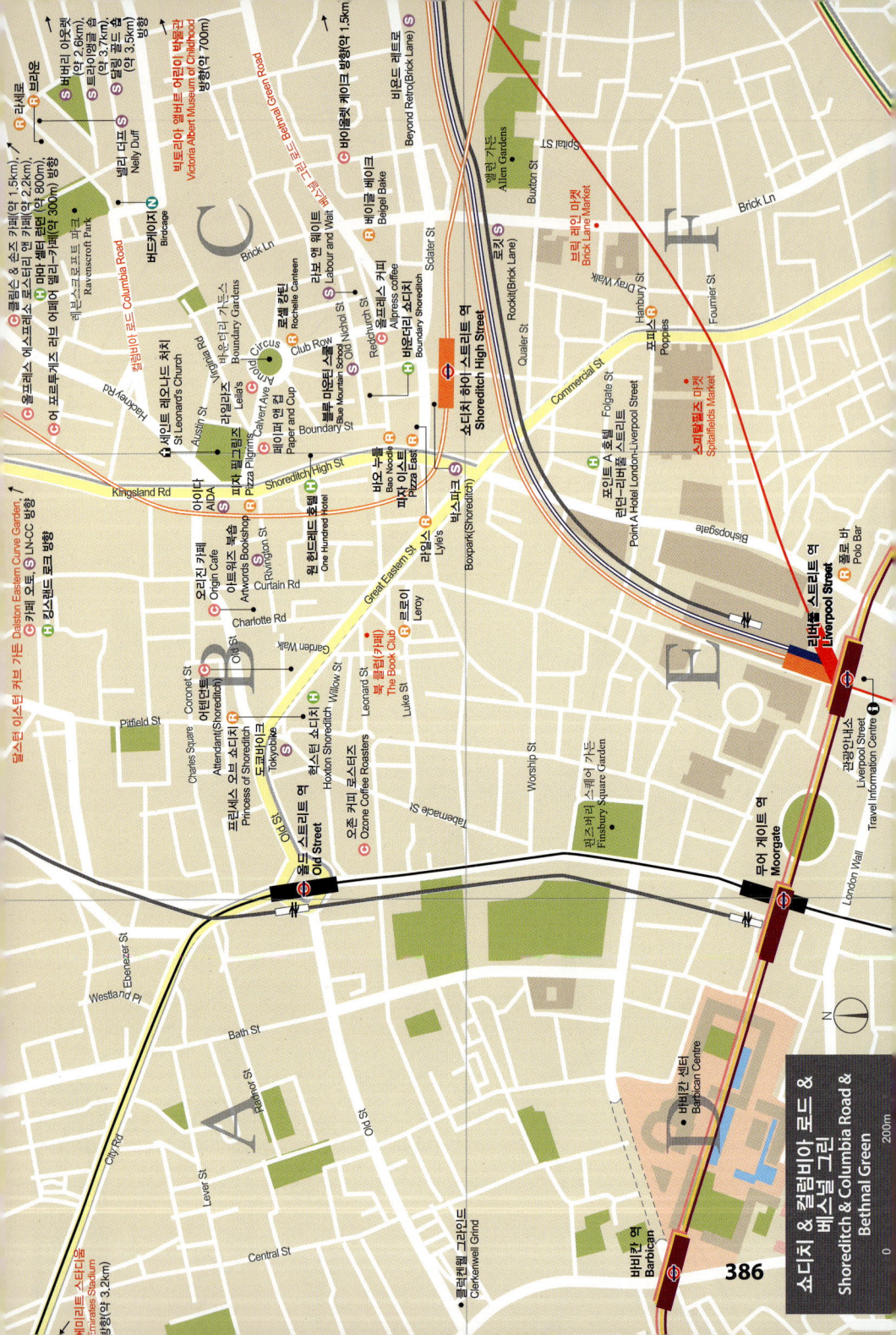

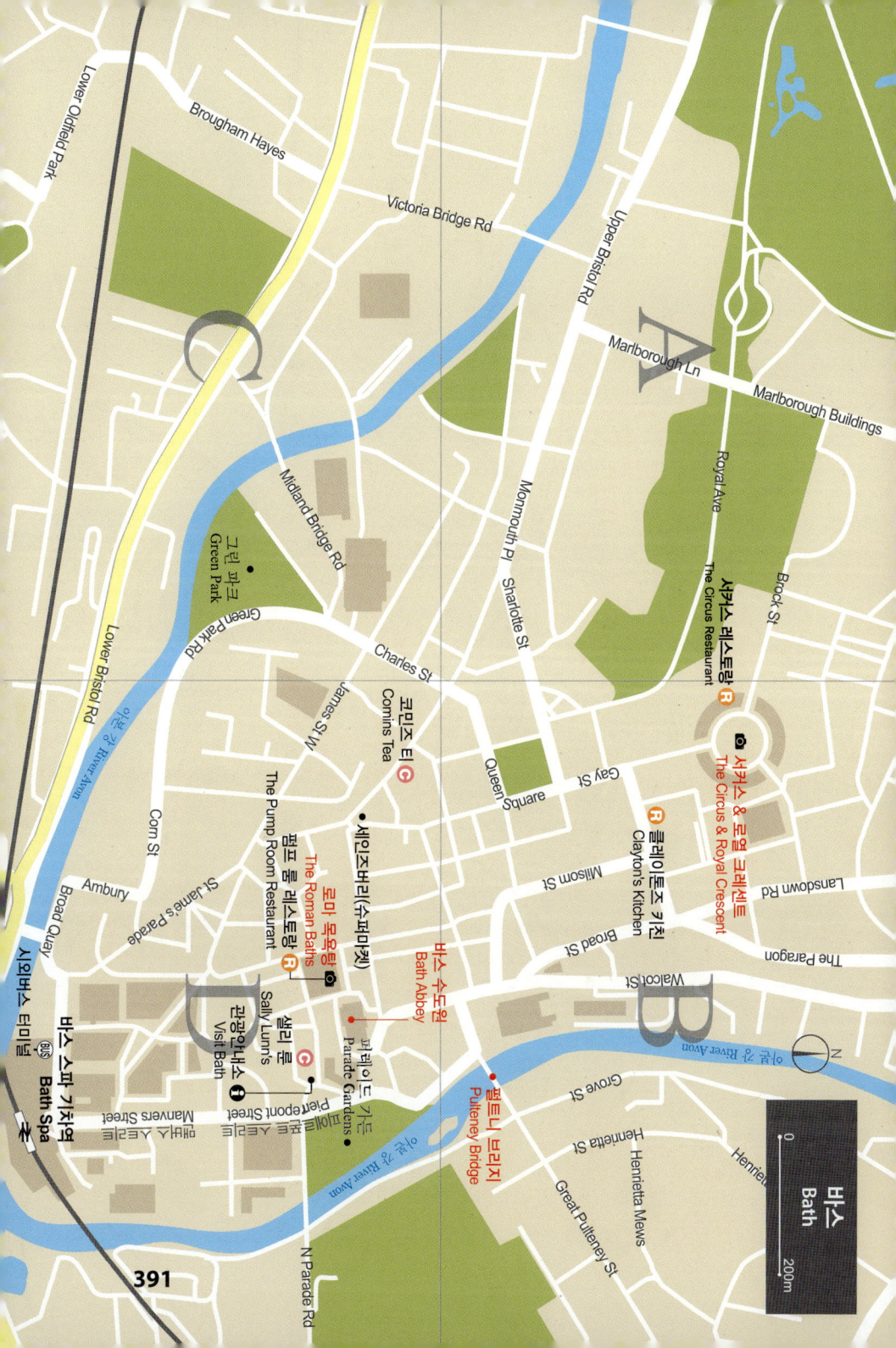

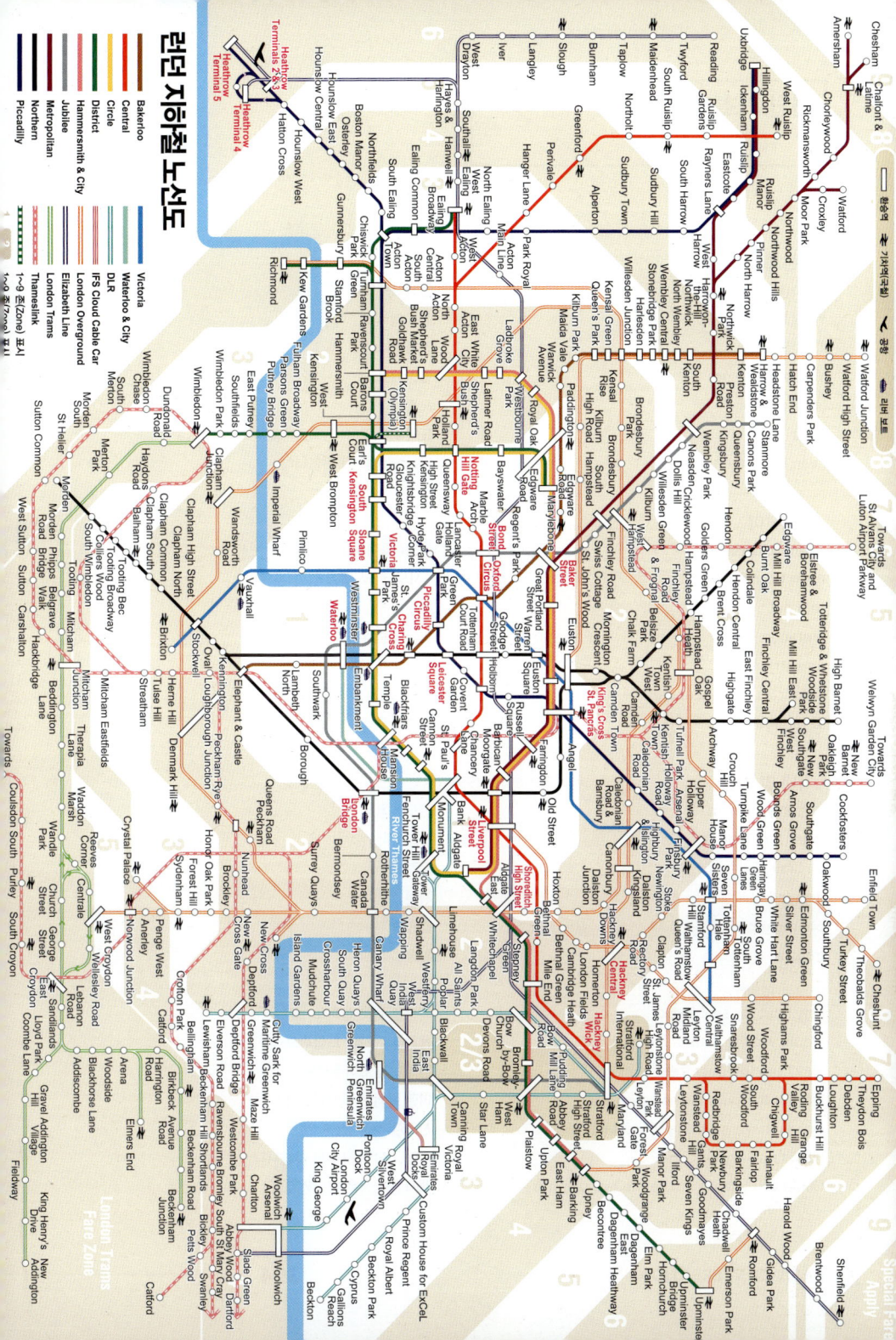

런던 기초 여행 회화

• **기본회화**

Hello(Hi)	안녕하세요
Yes / No	예 / 아니오
Thank you	감사합니다
You're welcome	천만에요
I don't know	모릅니다
Help	도와주세요
I can't speak english	나는 영어를 잘 못합니다

• **기본단어**

open / closed	개점(개관) / 폐점(폐관)
open from~ to~	~시부터 ~시까지 영업(운영)
sold out	매진
entrance / exit	입구 / 출구
no entry	출입금지
vacancies / no vacancies	빈자리 있음 / 빈자리 없음
ID required	신분증명서 필요

• **기내 및 공항**

one way / return	편도 / 왕복
departure time	출발시각
on time	정각에
delayed	지연
boarding pass	탑승권
transfer	환승

May I put my seat back?	의자를 뒤로 눕혀도 될까요?
Would you like something to drink?	음료를 가져다 드릴까요?
May I see the duty free items?	면세품을 보여주세요
What is the purpose of your trip?	여행 목적은 무엇입니까?
Do you have anything to declare?	신고할 것이 있습니까?
I can't find my luggage	여행 가방이 보이지 않습니다
Could you tell me where the taxi stand is?	택시 승차장은 어디인가요?

BASIC CONVERSATION

• 식당

I would like to make a reservation	레스토랑을 예약하고 싶습니다
What dish do you recommend?	추천 메뉴는 무엇인가요?
Our order hasn't come yet	요리는 아직 안 나오나요?
This is not what I ordered	이것은 주문한 것과 다릅니다
I think my change is wrong	거스름돈이 틀립니다
I dropped this spoon	스푼을 떨어뜨렸습니다
Check, please	계산해 주세요

• 상점

No, thanks. Just looking	괜찮습니다, 그냥 보는 중입니다
Can you give me a discount?	할인해 주세요
Can I try this one on?	입어봐도 될까요?
Can you tell me where the fitting room is, please?	탈의실은 어디 있나요?
This one please(I'll take this).	이거 주세요
Pay cash or in a credit card?	현금으로 지불하나요, 카드로 지불하나요?
Can I get tax refund?	세금환급을 받을 수 있나요?

• 숙소

I have a reservation for 000. Can I check in?	예약한 000입니다. 체크인 해도 될까요?
I would like to use your laundry service	세탁 서비스를 이용하고 싶어요
Please call a taxi	택시를 불러 주세요
I have left my key in my room	방에 열쇠를 두고 나왔어요
I would like to check out, please	체크아웃 하고 싶어요
What is this charge for?	이것은 무엇에 대한 요금입니까?
Do you accept(take) this credit card?	이 카드를 사용할 수 있나요?

• 돌발상황

I have left my purse(wallet) in the taxi	지갑을 택시에 두고 내렸습니다
Please cancel my credit card	신용카드를 정지시켜 주세요
Please give me a refund	환불해 주세요
Please take me to a hospital	병원에 데려다주세요
I have a fever	열이 있습니다
I have a pain in my stomach	배가 아픕니다
I have a headache	머리가 아픕니다

인덱스

관광 명소		페이지
ICA(인스티튜트 오브 컨템포러리 아트)	Institute of Contemporary Arts	124
거킨(30 세인트 메리 엑스)	The Gherkin(30 St. Mary Axe)	215
과학 박물관	Science Museum	243
구 영국 왕립 천문대	The Old Royal Observatory	316
구 영국 왕립 해군대학	The Old Royal Naval College	317
국립 초상화 미술관	National Portrait Gallery	140
국회의사당	House of Parliament	128
근위 기마대 사령부	The Household Cavalry Museum	125
내셔널 갤러리	The National Gallery	138
다우닝 스트리트(총리관저 10번지)	Downing Street	127
달스턴 이스턴 커브 가든	Dalston Eastern Curve Garden	287
디자인 박물관	Design Museum	245
런던 대화재 기념탑	The Monument	216
런던 동물원	London Zoo	186
런던 박물관	Museum of London	214
런던 브리지	London Bridge	220
런던 비스터 빌리지	London Bicester Village	344
런던 아이	London Eye	132
런던 타워	Tower of London	219
레스터 스퀘어	Leicester Square	145
로마 목욕탕	The Roman Baths	338
로열 파빌리온	Royal Pavilion	310
로이즈	Lloyd's Building	214
리든홀 마켓	Leadenhall Market	217
리젠트 스트리트	Regent Street	142
리젠트 운하	Regent's Canal	188
리젠트 파크	Regent's Park	186
링컨즈 인 필즈	Lincoln's Inn Fields	148
마담 투소 밀랍 인형관	Madame Tussaud's Planetarium	182

INDEX

메릴본 하이 스트리트	Marylebone High Street	184
메이킹 오브 해리 포터	Warner Bros. Studio Tour London – The Making of Harry Potter	346
밀레니엄 브리지	The Millennium Bridge	217
바비칸 센터	Barbican Centre	212
바스 수도원	Bath Abbey	339
뱅퀴팅 하우스	Banqueting House	126
버킹엄 팰리스	Buckingham Palace	120
벌링턴 아케이드	Burlington Arcade	173
보들리안 도서관	Bodleian Libraries	325
보로우 마켓	Borough Market	234
본드 스트리트	Bond Street	171
북 클럽	The Book Club	286
브라이턴 박물관 & 아트 갤러리	Brighton Museum & Art Gallery	311
브라이턴 팰리스 피어	Brighton Palace Pier	311
브롬프턴 로드	Brompton Road	259
브릭 레인 마켓	Brick Lane Market	285
빅토리아 앤 앨버트 박물관	Victoria and Albert Museum	243
빅토리아 앨버트 어린이 박물관	Victoria Albert Museum of Childhood	286
사빌 로우	Savile Row	172
사우스 몰튼 스트리트	South Molton Street	172
사치 갤러리	Saatchi Gallery	257
샤드	The Shard	235
샬럿 스트리트	Charlotte Street	185
서더크 성당	Southwark Cathedral	234
서머셋 하우스	Somerset House	148
서커스 & 로열 크레센트	The Circus & Royal Crescent	340
세븐 다이얼즈	Seven Dials	147
세인트 마틴 인 더 필드 교회	St. Martin in the Fields	141
세인트 제임스 파크	St. James's Park	122
세인트 제임스 팰리스	St. James's Palace	122
세인트 존스 칼리지	St. John's College	333
세인트 캐더린 도크	St. Katherine's Dock	220
세인트 폴 대성당	St. Paul's Cathedral	213
셜록 홈즈 박물관	The Sherlock Holmes Museum	183
셰익스피어 글로브	Shakespeare's Globe	233
스카이 가든	Sky Garden	216

스피탈필즈 마켓	Spitalfields Market	284
슬론 스퀘어	Sloane Square	256
슬론 스트리트	Sloane Street	256
시 라이프 브라이턴	Sea Life Brighton	312
아베이 로드	Abbey Road	185
애드미럴티 아치	Admiralty Arch	124
에미리트 스타디움	Emirates Stadium	287
엑스무스 마켓	Exmouth Market	271
영국 도서관	The British Library	267
영국 박물관	The British Museum	266
옥스퍼드 스트리트	Oxford Street	144
월리스 컬렉션	Wallace Collection	184
웨스트민스터 사원	Westminster Abbey	130
웨스트민스터 성당	Westminster Cathedral	131
이즐링턴	Islington	269
자연사 박물관	Natural History Museum	242
차이나타운	Chinatown	144
찰스 디킨스 하우스	Charles Dickens Museum	268
첼시 피직 가든	Chelsea Physic Garden	257
카나비 스트리트	Carnaby Street	143
카팍스 타워	Carfax Tower	324
칼라일 하우스	Carlyle's House	258
캠든 마켓	Camden Market	187
캠든 패시지 마켓	Camden Passage Market	271
커티 사크 호	The Cutty Sark	316
컬럼비아 로드	Columbia Road	285
켄싱턴 가든	Kensington Gardens	244
켄싱턴 하이 스트리트	Kensington High Street	245
코벤트 가든	Covent Garden	146
퀸즈 칼리지	Queen's College	331
퀸즈 하우스	Queen's House	317
큐 가든	Kew Gardens	321
크라이스트 처치 칼리지	Christ Church College	326
킹스 로드	King's Road	258
킹스 칼리지	King's College	332

INDEX

킹스 크로스 기차역	King's Cross Station	270
타워 브리지	Tower Bridge	218
탄식의 다리	Bridge of Sighs	325
테이트 모던	Tate Modern	232
템플 성당	The Temple Church	149
트라팔가 스퀘어	Trafalgar Square	141
트리니티 칼리지	Trinity College	333
패딩턴 기차역	Paddington Station	246
펄트니 브리지	Pulteney Bridge	339
포토벨로 로드	Portobello Road	246
폴록 장난감 박물관	Pollock's Toy Museum	266
프림로즈 힐	Primrose Hill	188
피츠윌리엄 박물관	The Fitzwilliam Museum	331
피커딜리 서커스	Piccadilly Circus	142
하이드 파크	Hyde Park	170
홀란드 파크	Holland Park	244

저스트고 런던

개정2판 1쇄 발행일 2023년 3월 24일
개정2판 2쇄 발행일 2023년 5월 10일

지은이 정기범·박서재

발행인 윤호권
사업총괄 정유한

편집 내도우리 **디자인** 김효정(표지) 말리북(본문) **마케팅** 정재영
발행처 ㈜시공사 **주소** 서울시 성동구 상원1길 22, 6-8층 (우편번호 04779)
대표전화 02-3486-6877 **팩스(주문)** 02-585-1755
홈페이지 www.sigongsa.com / www.sigongjunior.com

글 ⓒ 정기범·박서재, 2023

이 책의 출판권은 (주)시공사에 있습니다. 저작권법에 의해
한국 내에서 보호받는 저작물이므로 무단 전재와 무단 복제를 금합니다.

ISBN 979-11-6925-631-5 14980
ISBN 978-89-527-4331-2 (세트)

*시공사는 시공간을 넘는 무한한 콘텐츠 세상을 만듭니다.
*시공사는 더 나은 내일을 함께 만들 여러분의 소중한 의견을 기다립니다.
*잘못 만들어진 책은 구입하신 곳에서 바꾸어 드립니다.
*본문 내 출처 표시된 이미지는 저작권 협의 중입니다.